KB259939

교통사고의 수습과 해결

자동차사고의 법률적해법과 지식

편저: 대한교통사고법률연구회

법문 북스

차 례

제1편 교통사고 해결

제1장 교통사고 ·········3

제1절 교통사고란 무엇인가? ·········3
1. 교통사고의 정의 ·········3
2. 교통사고의 범위 ·········6

제2절 교통사고의 현장대처 ·········7
1. 사고현장에서의 조치사항 ·········7
2. 피해자의 대처방법 ·········11
3. 가해자의 대처방법 ·········20
4. 가해자와 피해자가 불분명한 경우의 현장대처 ·········26
5. 차량보유자의 현장대처 ·········28
6. 가벼운 접촉 사고시 대처방법 ·········30

제3절 병원에서의 조치 ·········32
1. 치료와 진단서 ·········32
2. 비용 ·········32

제4절 보험회사와의 합의 ·········35

1. 주의할 점 ···35
2. 피해자의 과실과 과실상계 ···············36

제2장 사망사고 ···47

제1절 사망사고의 처벌 ·································47

1. 사망사고 ···47
2. 법률규정과 양형기준 ························48
3. 선고사례 ···48
4. 항소 ···50

제2절 뺑소니사고 사망 ·······························52

1. 특가법에 의하여 무겁게 처벌 ·······52
2. 실제 형의 선고 ···································52
3. 법원 선고사례 ·····································53
4. 뺑소니 상해사고의 형량 ·················53
5. 뺑소니로 몰리지 않으려면 ·············54

제3절 사망사고의 배상 ·······························56

1. 일반적인 배상액 ·································56
2. 실손해액을 받을 수 있는 방법 ·······57
3. 후유장해의 금전환산 ·······················57

■ 판례로 살펴본 유형별 사고 ···················59

1. 버스, 택시 승객사고 ·························59
2. 화물차 적재함에 탑승중 사고 ·······60
3. 오토바이 뒤에 타고 가다 난 사고 ···61

4. 기차 승객 ···61

5. 도로별 사고 ···62

6. 택시를 잡다 사고를 당한 경우 ···············63

7. 도로에 누웠다가 사고를 당한 경우 ········64

8. 안전벨트 미착용 ·····································65

제3장 유형별 사고 ·······················70

제1절 뺑소니(도주) 교통사고 ··············70

1. 뺑소니사고 ···70

2. 뺑소니사고의 요건 ·································71

3. 판례를 통해 본 뺑소니사고 ···················73

제2절 음주운전사고 ·····························78

1. 음주운전이란 ···78

2. 음주운전사고시 형사처리 ·····················81

3. 보험처리 ···84

4. 음주운전 사고와 자손 보험 ··················85

제3절 무면허운전 사고 ·························92

1. 무면허운전 ··92

2. 보험처리 ···92

3. 무면허운전시 보험처리가 되는 경우 ·······93

4. 손해보험과 상해(생명)보험에서의 보험처리 ········94

제4장 가족사고 ·······························97

1. 가족사고 ···97

2. 보험회사의 입장 ······97
3. 법률의 규정 ······98
4. 판례 및 전문가들의 견해 ······98

제5장 보상금의 계산 ······101

제1절 상해사건의 경우 ······101

1. 보상금 기본 요소 ······101
2. 총수입 세부적으로 계산하기 ······104
3. 보상금액 산정하기 ······108
4. 보험회사 제시금액과 비교해 볼 것 ······109
5. 사례 보기 ······110
6. 마무리 ······112

제2절 무장해 상해사건의 경우 ······113

1. 보상금의 기본요소 ······113
2. 세부적으로 계산하기 ······114
3. 보상금액 산정하기 ······116
4. 사례 보기 ······119
5. 보험회사 제시 금액과 비교해 볼 것 ······121
6. 보험회사 보상금에 대한 대처방법 ······121

제3절 평생소득계산 ······124

1. 도시 가정주부/무직자의 평생소득 계산 ······124
2. 나이별 소득 ······125
3. 평생소득 계산시 주의사항 ······128

제6장 보험회사와의 교통사고 합의 ·············130

1. 교통사고 합의 ································130
2. 보험회사와 피해자, 변호사 ···················135
3. 소송에 대한 보험회사의 입장 ················136
4. 교통사고 소송의 특이성 ·····················137

제7장 교통사고 손해배상 소송 ·················150

1. 소제기의 이익 ·······························150
2. 소장 접수부터 조정, 조정 이후까지 ············151
3. 소장 작성요령 ······························152

제2편 교통사고 질의응답

◎ 고소권자도 불기소처분에 대한 헌법소원심판청구
가능한지 ·····································156
◎ 교통사고로 의식불명인 자의 배우자에게 법률행위
대리권이 있는지 ·······························158
◎ 교통사고 16년 후 후유증 발생시 손해배상청구권의
소멸시효 기산점 ·······························160
◎ 교통사고피해자의 보험회사에 대한 책임보험청구권의
소멸시효기간 ·································162
◎ 채권의 일부만 청구한 경우 채권 전부에 대한
소멸시효중단 여부 ·····························164
◎ 무보험자동차에 의한 상해담보특약상 보험금청구권의

6 차 례

소멸시효기간 ···166
◈ 응급환자의 치료비에 대한 연대보증의 경우
　보증책임범위를 감축할 수 있는지 ························168
◈ 형사사건의 가해자가 합의금조로 공탁한 돈을 찾을 경우
　그 효력 ···171
◈ 합의의 중요부분에 착오가 있는 경우 합의의 취소가
　가능한지 ···173
◈ 교통사고의 손해배상에 관한 합의시 불공정행위로
　무효가 되는 경우 ···175
◈ 교통사고합의서양식에 인쇄된 '부제소(不提訴) 합의'
　문구의 효력 ···178
◈ 16세의 자녀가 무면허 오토바이 운전으로 사고 낸 경우
　부모의 책임 ···180
◈ 유치원생이 귀가하던 중 교통사고를 당한 경우
　유치원교사의 책임 ···182
◈ 도로의 설치·관리상의 하자로 인한 국가배상청구권 ·············185
◈ 교통신호기의 고장으로 교통사고 발생시 누가
　책임지는지 ···188
◈ 일반 국도상의 적설로 인한 교통사고 발생시
　손해배상청구권 ···191
◈ 고속도로상 방치된 투하물을 피하려다 난 사고로 차량이
　파손된 경우 ···194
◈ 경찰이 추적하는 도주차량에 치어 중상을 입은 경우
　국가배상청구권 ···197
◈ 교통할아버지의 수신호 잘못으로 교통사고 발생시
　국가배상청구권 ···199

◪ 이전서류를 받은 자동차매수인이 명의 이전을 미루던 중
사고 난 경우 ···201

◪ 대물변제로 채권자에게 인도된 채무자명의 차량의
교통사고시 책임 ···204

◪ 열쇠를 꽂아둔 채 세워둔 자동차를 무단운전하여
사고 낸 경우 ···206

◪ 주차규칙을 위반하여 주차된 차량을 충돌한 경우
손해배상청구권 ···208

◪ 교통사고의 손해배상청구시 보험회사를 상대로 바로
할 수 있는지 ···210

◪ 화물차에서 하역작업 중 부상시 자동차손해배상보장법
적용여부 ···213

◪ 보험자가 피보험자의 손해배상청구권을 대위할 수
있는지 ···215

◪ 자동차수리업자의 종업원이 시운전중 사고 낸 경우
운행책임자 ···218

◪ 자동차의 임차인이 자동차손해배상보장법상의 운행자에
해당하는지 ···222

◪ 자동차 대여업자로부터 소개받은 운전사가 사고 낸 경우
운행책임자 ···225

◪ 피보험자로 취급되는 자가 사고를 낸 경우 보험자의
보험자대위권 ···227

◪ 화물운송 중 사고가 발생한 경우 운송의뢰인도
책임있는지 ···229

◪ 교통사고시 민사 이외에 별도로 형사상 위로금을
청구할 수 있는지 ·······231

◪ 가해운전자와 합의 후 차주에게 추가로 손해배상청구
할 수 있는지 ·······233

◪ 가해자가 피해자에게 지급한 형사합의금을 보험회사에
청구할 수 있는지 ·······235

◪ 호의동승자의 손해배상액을 호의동승을 이유로 감경
할 수 있는지 ·······238

◪ 교통사고로 사망한 자가 생명보험에 가입된 경우
생명보험금의 공제 여부 ·······241

◪ 쌍방 과실로 충돌된 차량 두 대의 각 책임보험사의
배상범위 ·······243

◪ 교통사고와 관련한 형사합의금이 손익상계의 대상이
되는지 ·······246

◪ 식물인간상태에서 손해배상합의 후 여명기간 연장된 때
추가청구 여부 ·······248

◪ 불법행위로 인한 손해배상청구시 일실소득의 산정기준 ·······251

◪ 두 가지 이상 업무에 종사하는 자의 일실소득의
산정기준 ·······254

◪ 의대 간호학과 4학년생인 피해자의 장래 일실소득
산정방법 ·······257

◪ 신체장해 피해자가 종전직장에 계속 근무할 경우
일실퇴직금의 산정 방법 ·······259

◪ 일시 체류 중 교통사고로 사망한 재외거주국민의
노동가능연한 ·······262

◙ 불법행위로 사망한 농민의 노동능력가동연한은 얼마인지 ⋯⋯264

◙ 교통상해 입은 16세의 여고생이 자살한 경우 일실수입의
　 산정 ⋯⋯⋯⋯⋯⋯⋯⋯⋯⋯⋯⋯⋯⋯⋯⋯⋯⋯⋯⋯⋯⋯⋯⋯267

◙ 군미필자의 일실수입 산정시 제외될 병역복무기간의
　 산정방법 ⋯⋯⋯⋯⋯⋯⋯⋯⋯⋯⋯⋯⋯⋯⋯⋯⋯⋯⋯⋯⋯270

◙ 직업이 있었던 장애인이 교통사고로 사망한 경우
　 일실수입의 산정 ⋯⋯⋯⋯⋯⋯⋯⋯⋯⋯⋯⋯⋯⋯⋯⋯⋯272

◙ 실제수입이 통계소득보다 낮은 경우 일실수입의
　 산정기준 ⋯⋯⋯⋯⋯⋯⋯⋯⋯⋯⋯⋯⋯⋯⋯⋯⋯⋯⋯⋯273

◙ 피해자 급료보다 일반일용노임이 많을 때 일실수입의
　 산정기준 ⋯⋯⋯⋯⋯⋯⋯⋯⋯⋯⋯⋯⋯⋯⋯⋯⋯⋯⋯⋯275

◙ 사망한 피해자의 종전 직장이 그 후 폐업한 경우
　 일실수입의 산정 ⋯⋯⋯⋯⋯⋯⋯⋯⋯⋯⋯⋯⋯⋯⋯⋯⋯277

◙ 교사임용 전에 당한 교통사고 후유증으로 교직을
　 그만 둔 경우 ⋯⋯⋯⋯⋯⋯⋯⋯⋯⋯⋯⋯⋯⋯⋯⋯⋯⋯279

◙ 과실상계된 손해배상액보다 치료비가 더 많은 경우
　 그 청구여부 ⋯⋯⋯⋯⋯⋯⋯⋯⋯⋯⋯⋯⋯⋯⋯⋯⋯⋯⋯281

◙ 사망으로 인한 손해배상청구시 부의금도 손익상계가
　 되는지 ⋯⋯⋯⋯⋯⋯⋯⋯⋯⋯⋯⋯⋯⋯⋯⋯⋯⋯⋯⋯⋯284

◙ 형의 운전 부주의로 동생 사망시 상속인인 부모의
　 손해배상청구권 ⋯⋯⋯⋯⋯⋯⋯⋯⋯⋯⋯⋯⋯⋯⋯⋯⋯285

◙ 공상군경이 교통사고로 사망한 경우 유족연금액의
　 공제여부 ⋯⋯⋯⋯⋯⋯⋯⋯⋯⋯⋯⋯⋯⋯⋯⋯⋯⋯⋯⋯288

◙ 1차사고 후 2차사고로 사망한 경우 1차사고 가해자의

손해배상범위 ··290

◙ 사망한 부(父)의 과실이 자(子)의 보험금산정시 과실로
  참작되는지 ··292

◙ 피해자 본인의 손해배상청구권포기시 부모의 위자료도
  포기되는지 ··294

◙ 보험회사가 손해배상 합의를 시도한 경우 소멸시효중단
  되는지 ··296

◙ 교통사고의 공동불법행위자 사이 구상금채권의
  소멸시효기간 ··300

◙ 공무원의 국가배상청구시 공무원연금법상 장해보상금
  공제 여부 ···304

◙ 주인차량의 사고로 동승한 종업원의 보험금산정시
  주인과실 참작되는지 ··307

◙ 노조합의로 회사에 반납한 급여의 일부가 일실수입에
  포함되는지 ··309

◙ 자동차보험금 수령을 위한 과거사실혼관계존재확인
  청구권 ··311

◙ 영혼결혼을 하면 혼인신고가 가능한지 ························313

◙ 재혼한 어머니가 친권을 행사할 수 있는지 ····················314

◙ 친권행사자인 부(父) 사망시 재혼한 모(母)가
  친권행사자로 되는지 ··318

◙ 부모가 모두 사망한 경우 후견인은 누가 되는지 ···············319

◙ 후견인이 후견감독인의 동의 없이 한 소송행위의 효력 ········321

◙ 재산상속에 있어서 법정상속인의 상속순위 ····················323

◙ 태아도 재산상속을 할 수 있는지 ····························325

◙ 남편과 아들이 동시에 사망한 경우 남편 재산의 상속인 ·······337

◙ 특별연고자의 상속재산분여 ··································330

◙ 만취 후 운전하여 교통사고를 낸 경우 심신장애로 인한
감경여부 ···332
◙ 공소권 없음으로 처리될 진범 대신 허위 진술한 경우
처벌여부 ···334
◙ 무권대리인의 자격모용에 의한 사문서작성죄의 성립여부 ·····337
◙ 말다툼 중 사기꾼이라고 한 경우 명예훼손죄 성립여부 ·········339
◙ 교통사고처리특례법상 예외사유 ································341
◙ 대학 구내에서 음주운전한 것이 도로교통법상
음주운전인지 ···343
◙ 횡단보도상에 누워있는 사람을 충격한 경우의 형사책임 ·······345
◙ 녹색등화가 점멸되고 있을 때 횡단보도진입 후 사고당한
경우 ···348
◙ 진행차선의 장애물을 피하기 위한 경우 중앙선침범 여부 ·····350
◙ 편도 1차로에 정차한 버스 앞서려고 황색실선중앙선
넘어간 경우 ···353
◙ 가상의 경계선인 중앙선을 넘은 경우 중앙선침범사고인지
···355
◙ 피해자를 병원에 후송 후 연락처를 남기지 않은 경우
도주인지 ···357
◙ 교통사고 후 처에게 뒤처리를 부탁하고 현장 이탈한
경우 ···359
◙ 교통사고 후 구호의무를 위반하고 도주한 경우의
가중처벌 ···361
◙ 교통사고피해자의 상해가 경미하여 구호조치 않은 경우 ·······364
◙ 경찰에 의해 피해자와 함께 병원후송된 후 말 없이 나온

12 차 례

경우 ···366

◘ 피해자와 합의 중 사정상 운전면허증만 주고 간 경우 ··········368

◘ 구호조치 취함 없이 목격자인 양 행동한 때 도주운전죄
여부 ···371

◘ 손해사정인이 보수 받고 피해자대리로 보험금청구 등을
한 경우 ··373

◘ 공무원이 형사처벌 받아 그 신분을 상실하게 되는 경우 ······375

◘ 고의로 교통사고를 발생시킨 경우 자동차보험 적용여부 ······378

◘ 공동불법행위자의 보험자 상호간 발생한 직접구상권의
소멸시효기간 ··380

◘ 보험자가 보험자대위로 취득한 다른 보험자에 대한
구상권의 소멸시효 ···384

◘ 피보험자가 피해자와 서면 합의한 배상액에 보험자는
구속되는지 ···386

◘ 무단운전자가 보험계약자의 동거가족인 경우 상법상
보험자대위여부 ··388

◘ 무면허운전사실을 인식 못한 경우 무면허운전면책
약관의 적용여부 ··390

◘ 피보험자가 손해배상판결에 항소하지 않아 확정시킨
경우 보험자 면책되는지 ···393

◘ 보험자가 피해자에 대한 손해배상확정판결상의
지연손해금까지 부담하는지 ··396

◘ 통계청자료인 한국인생명표상 기대여명이 법원에 현저한
사실인지 ··398

◘ 교통사고로 인한 손해배상청구시 부대항소로 청구취지
확장가능한지 ··400

◙ 피해자·피보험자간 손해배상판결의 기판력이 미치는 범위 ·····402

◙ 예납금 이외에 직접 지출한 신체감정비용은 어떻게
받아야 하는지 ·····404

◙ 집행유예기간 중 죄를 범한 피고인에 대한 보석
가능여부 ·····406

◙ 사망한 피해자의 부모가 형사소송법상 피해자에
해당되는지 ·····408

◙ 항소심에서 사회봉사명령 부과시 불이익인지 ·····411

◙ 경찰 대질신문 중 피고인의 자백을 들었다는 피해자
진술의 증거능력 ·····413

◙ 피고인의 상소권 포기 후 변호인이 상소제기를 할 수
있는지 ·····416

◙ 당연퇴직처분이 행정소송의 대상인 행정처분인지 ·····418

◙ 교통사고 불기소처분시 무사고운전경력이 될 수 있는지 ·····420

◙ 피해자과실로 인한 교통사고로 개인택시사업면허가
취소된 경우 ·····423

◙ 음주운전자에 대한 운전면허취소시 그 근거의 객관성
정도 ·····425

◙ 레이카크레인을 음주운전한 경우 1종 보통면허도
취소되는지 ·····428

◙ 면허정지처분시 면허종별없이 면허번호만 특정한 경우
그 효력 ·····430

◙ 음주운전으로 인한 운전면허취소처분의 기준 및
불복절차 ·····432

◙ 집행유예선고가 당연면직사유인 '금고 이상의 형 선고'에
해당되는지 ·····435

◙ 산업재해보상보험과 자동차보험과의 관계 ·····438

🔯 공무원이 출근 중 당한 사고가 공무수행 중의 재해인지 ·······441
🔯 정례회식 후 개별모임 중 당한 재해도 산재보험이
　적용되는지 ·······443
🔯 후유증에 대한 손해배상과 소멸시효 ·······445
🔯 손해배상 합의금을 보험회사에 청구할 수 있는지 ·······446
🔯 보험계약상 무면허운전 면책약관의 효력 ·······447
🔯 자동차전용도로상의 대인사고책임 ·······448
🔯 렌트차량의 사고와 배상책임 ·······449
🔯 호의동승과 손해배상액의 감경 ·······450
🔯 형사상 위로금과 민사상 손해배상과 관계 ·······451
🔯 수리비용이 차량가격을 초과할 경우 손해배상액 ·······452
🔯 교통사고와 의료과오가 경합한 경우의 책임 ·······453
🔯 피해자의 보험회사를 상대로 한 손해배상청구 ·······454
🔯 미성년자가 교통사고를 낸 경우 손해배상책임 ·······455
🔯 업무이탈행위로 발생한 재해에 대하여 산재보상을
　받는지 ·······456
🔯 업무수행 중 자동차사고를 당한 근로자의 보상청구권 ·······457
🔯 음주운전의 경우 운전면허취소처분의 기준 및 불복절차
　·······458
🔯 교통사고처리특례법상 예외사유 ·······459
🔯 손수레를 끌고 횡단보도를 건너는 자가 보행자인지 ·······460
🔯 교통사고 후 구호의무를 위반하고 도주한 경우의
　가중처벌 ·······461
🔯 사고운전자 사망시 보험가입 확인방법 ·······462

제3편 교통사고 관련서식

<구속적부심사청구서> ·· 465

<보석허가신청서> ·· 470

<교통사고합의서> ·· 475

<영수증> ·· 477

<탄원서> ·· 478

제1편. 교통사고 해결

제1장 교통사고

제1절
교통사고란 무엇인가?

2013년 한 해 동안 발생한 교통사고는 총215,354건이며, 사망자는 총5,092명, 부상자는 총328,711명입니다. 최근 10년간 교통사고 사망자 수는 줄어드는 추세이지만, 자동차 1만대 당 교통사고 사망자는 2.2명으로 OECD평균인 1.0명을 크게 상회하고 있습니다.

이와 같이 여전히 우리주위에서 빈번히 발생하고 있는 교통사고에 확실히 대처하며, 그 처리를 잘 할 수 있는 방법은 무엇인지 이하에서 상세히 살펴보기로 하겠습니다.

1. 교통사고의 정의

교통사고란 차의 교통으로 말미암아 사람이 사망 또는 상해를 입거나 물건이 손괴되는 것을 말합니다(도로교통법 제54조 1항, 교통사고처리특례법 제2조제2호).

가. 차

「차」란 도로교통법 제2조 제17호의 규정에 의한 차와 건설기계관리법 제2조 제1항 1호의 규정에 의한 건설기계를 말합니다. 즉 '차'란 자동차, 건설기계, 원동기장치자전거, 자전거, 사람 또는 가축의 힘이나 그 밖의 동력(動力)으로 도로에서 운전되는 것을 의미합니다. 다만, 철길이나 가설(架設)된 선을 이용하여 운전되는 것, 유모차와 안전행정부령으로 정하는 보행보조용 의자차는 제외합니다.

다음으로 '건설기계'란 건설공사에 사용할 수 있는 기계로서 대통령령으로 정하는 것을 말합니다.

(1) 자동차

「자동차」란 철길 또는 가설된 선에 의하지 아니하고 원동기를 사용하여 운전되는 차(견인되는 자동차도 자동차의 일부로 본다)로서 자동차관리법 제3조의 규정에 의한 승용자동차·승합자동차·화물자동차·특수자동차·이륜자동차 및 건설기계관리법 제26조 제1항 단서의 규정에 의한 건설기계를 말합니다. 다만, 도로교통법 제2조 제19호의 규정에 의한 원동기장치자전거를 제외합니다.

(2) 원동기장치자전거

「원동기장치자전거」란 자동차관리법 제3조의 규정에 의한 이륜자동차 가운데 배기량 125cc 이하의 이륜자동차 외 50cc 미만의 원동기를 단 차를 말합니다.

나. 교 통

「교통」이란 사람의 왕래 또는 화물의 운반을 위한 차의 운행을 말합니다.

운행이란 사람 또는 물건의 운송여부를 불문하고 자동차를 당해 장치의 용법에 따라 사용하는 것을 말합니다(자동차손해배상보장법 제2조 제2호). 학설과 판례는 원동기설→주행장치설→고유장치설→차고출입설의 순으로 발전하여 왔습니다. 현재 대법원은 고유장치설의 입장을 취하면서도 '운행 중'의 의미를 다소 넓게 인정하는 태도를 보이고 있습니다. 즉, 「자동차의 운행으로 인한 손해배상을 보장하는 자동차보험에 관하여 규정하고 있는 「자동차손해배상 보장법」에서 말하는 '자동차'라 함은 원동기에 의하여 육상에서 이동할 목적으로 제작한 용구 또는 이에 견인되어 육상을 이동할 목적으로 제작한 용구이고, 그 '운행'이라 함은 사람 또는 화물의 운송 여부에 관계없이 자동차를 그 용법에 따라 사용하거나 관리하는 것을 말하는데(같은 법 제2조 제1, 2호), 이때 '자동차를 그 용법에 따라 사용한다'는 것은 자동차의 용도에 따라 그 구조상 설비되어 있는 각종의 장치를 각각의 장치목적에 따라 사용하는 것을 말하는 것으로서, 자동차가 주행 상태에 있지 아니한 상태에서 각종 부수적인 장치를 사용하는 것도 이에 포함되고, 또한 자동차의 당해 장치의 용법에 따른 사용 이외에 그 사고의 다른 직접적인 원인이 존재하거나 그 용법에 따른 사용의 도중에 일시적으로 본래의 용법 이외의 용도로 사용한 경우에도 전체적으로 위 용법에 따른 사용이 사고발생의 원인이 된 것으로 평가될 수 있다면 역시 이에 포함 된다」고 판시하고 있습니다(대법원 2004. 7. 9. 선고 2004다20340, 20357 판결, 대법원 2005. 3. 25. 선고 2004다71232 판결 등 참조).

참고로, 대법원은 '운전'의 개념에 대해서는 「「도로교통법」에서 '운전'이라 함은 도로에서 차를 그 본래의 사용 방법에 따라 사용하

는 것을 말한다고 규정하고 있고(「도로교통법」 제2조 제24호),
그 중 '자동차운전'은 자동차의 원동기를 사용하는 고의의 운전행위
로서, 엔진의 시동뿐만 아니라 발진조작의 완료까지 요하는 것이므
로, 이는 주행 상태가 아닌 주행의 전후 단계로서 주·정차 상태에서
각종 부수적인 장치를 사용하는 것도 포함하는 「자동차손해배상
보장법」상 '운행'의 개념보다는 좁은 개념으로 해석되고 있다」고
판시하고 있습니다(대법원 1999. 11. 12. 선고 98다30834 판결,
대법원 2004. 4. 23. 선고 2004도1109 판결 등 참조).

이에 대하여 학설은 차량이 일단 차고로부터 나온 이상 그 사용
을 마치고 다시 차고로 들어갈 때까지는 그 도중에 주·정차에 의
하여 노상에 머무르고 있는 상태에서도 자동차의 운행을 계속하고
있는 것으로 보아야 한다는 차고출입설이 유력하게 주장되고 있습
니다.

2. 교통사고의 범위

교통사고에는 차의 운전 및 이에 수반되는 행위로 인한 사고가
모두 포함됩니다. 따라서 차가 달리고 있는 동안에 발생한 사고뿐만
아니라 운전을 위하여 일시적으로 정지하고 있는 중에 사고가 발생
한 경우도 교통사고에 포함됩니다. 예를 들면 정차중의 버스나 택시
등에서 승하차하면서 발생한 사고, 내리막길에 세워둔 차의 핸드 브
레이크가 풀려 발생한 사고 등도 모두 교통사고가 됩니다. 다만 화
물을 내리기 위하여 차를 세워놓고 작업하던 도중 인부가 짐을 잘
못 던져 다른 인부가 상해를 입은 것은 교통사고가 아닙니다.

제 2 절
교통사고의 현장대처

교통사고가 발생하면 대부분의 사람들은 당황해서 나중에 본인에게 손해를 입힐 행동을 합니다. 즉 가해자와 피해자가 바뀐다든지 증인이 없어서 현수막을 사고 위치에 걸어놓는 등의 결과를 가져오는 행동들입니다. 이러한 불상사를 막기 위해서는 다음에 기술되어 있는 두 가지 경우에 맞추어 행동하여 나중에 생길지도 모르는 불상사를 예방해야 합니다.

1. 사고현장에서의 조치사항

가. 현장을 그대로 유지하거나 그 흔적대로 스프레이를 뿌려 사고현장을 찍어둡니다(사고지점과 사고 후 최종위치).

나. 될 수 있으면 경찰관이나 목격자가 온 후 가해 운전자로부터 사고 경위서를 받고 사고차량을 옮기는 것이 좋습니다.

다. 경찰서에서 사고조서를 받을 때 가해자가 사고내용과 다르게 진술하였을 경우즉시 시정을 요구하고, 이 때 목격자나 현장에서 받은 가해운전자의 사고 경위서를 제출합니다.

라. 가해차량이 종합보험 등에 가입되었는지 여부에 따라 보상청구 방법이 달라지므로 잘 파악해두어야 합니다.

(1) 사고차량이 종합보험 등에 가입이 되어 있는 경우

사고차량이 자동차 종합보험에 가입되어 있어 피해자의 모든 손

해를 보상하게 된다면 가해자로부터는 별도의 보상을 받을 것이 없으므로(가해자가 민사 합의금과는 별도로 단순히 그의 처벌을 가볍게 할 목적으로 형사합의라는 것을 하면서 주는 형사합의금은 법률적으로 보장된 당연한 보상금이 아닌 가해자가 임의로 주는 돈으로서 차후 보험회사가 보상할 금액에서 공제되는 경우도 있다) 가해자의 재산 상태에 대해 알아야 할 이유가 없습니다.

(2) 사고차량이 무보험인 경우

교통사고 피해자는 사고로 인한 손해배상금을 가해자 등의 손해배상 의무자로부터 보상받아야 하므로 그들의 재산 상태에 대하여 알아두어야 할 실익이 있습니다. 만약 가해자 등이 자진해서 피해자에게 보상을 해주지 않을 때에는 피해자는 우선 자기 돈으로 치료비 등의 지출을 하고, 나중에 가해자 등에게 손해배상을 청구하여야 하므로, 추후 가해자가 재산회피 및 무자력이 될 수도 있음을 막기 위함입니다.

(3) 보험에는 들었으나 보상이 안되는 경우

이런 경우로는 고의에 의한 사고나 무면허운전사고 등을 들 수 있는데, 이 경우는 보험회사의 보상이 가능하지 않으므로 무보험인 경우와 같이 가해자나 그 외 손해배상 의무자로부터 보상을 받을 수밖에 없습니다.

(4) 피해자의 손해를 전부 보상할 수 없는 책임보험만 가입하였을 경우

책임보험에만 가입한 후 교통사고를 야기한 경우에는 인사사고(사람을 다치게 한 경우)가 있는 경우에만 청구 가능하고 피해물은 해당되지 않음에 유의하여야 합니다. 또한 책임보험에만 가입된 상태에서 대인사고를 내면 가해자는 형사처벌의 대상이 됩니다. 그러나 합의유예기간 동안(14일) 피해자측에 손해배상금을 지급하고 합의를 하면 형사처벌을 면할 수 있게 되는데 합의시에는 보험금을 누가(가해자 또는 피해자측) 수령할 것인지를 결정하여 보험회사에 보험금 지급청구 서류를 제출합니다.

마. 사고내용을 확인한다.

피해자는 경찰서 또는 보험회사에 신고된 교통사고내용을 확인해 볼 필요가 있습니다. 확인할 때는 경찰서에서 교통사고사실확인원을 떼어보거나 보험회사에 접수된 사고내용을 물어보면 됩니다. 만약 사고내용이 사실과 다르게 된 경우 이를 확인하고 시정하는 노력을 기울여야 합니다.

왜냐하면 사고내용에 따라 피해자과실이 적용되어 경우에 따라서는 보상금을 적게 받거나 치료비조차 본인이 부담하게 되는 경우도 생길 수 있기 때문입니다.

만약 사실과 다르게 조사가 되어 있다면, 사고현장의 교통여건이나 교통상황, 사고의 여러 흔적이 사고경위의 기억과 함께 사고내용을 조합해내는데 중요한 역할을 하므로 사고현장에서의 중요한 사항은 메모를 하고, 필요한 경우에는 사진촬영도 해둡니다. 또한 사고장소 주변을 탐문하여 사고광경이나 사고 후의 광경을 목격한 사람이 있을 경우에는 그의 얘기를 들어보고, 필요하다고 판단될 경우에는 나중을 위해 확인서를 받아두거나 연락처 및 인적사항을 메모해둡니다. 이렇게 해서 여러 증거와 증인이 확보되면 올바르게 시정되도록 재조사를 의뢰합니다.

민사배상을 해야 하나

교통사고가 나면 가해자와 피해자 모두 우왕좌왕하게 마련입니다. 법률적 지식도 없고 경험도 없는데다 주위에서 자칭 전문가들이 나타나 이러쿵저러쿵 코치를 하기 마련인데 이 사람들 이야기를 들어보면 명쾌하기는커녕 더 아리송하기만 합니다. 민사 문제가 어떻고 형사 문제가 따로 있다고 하고, 어떤 때는 종합보험에만 가입돼 있으면 형사합의는 필요 없다고 하고, 또 어떤 때는 형사합의를 하지 않았다고 구속된다고 합니다. 어떤 사람 말을 들어야 할지 난감한 경우가 적지 않습니다. 여기에서 교통사고에 대한 법률적 문제중 가해자의 민사배상관계를 알기 쉽게 정리하니 참고하기 바랍니다.

① 종합보험에 가입되어 있는 경우
- 가해자의 차량이 종합보험에 가입된 경우에는 가해자 대신 보험회사가 직접 나서서 민사배상을 해주게 됩니다. 종합보험은 보험회사뿐만 아니라, 공제조합에 가입된 경우도 같습니다.
- 피해자가 소송을 걸어올 때도 가해 차량이 가입된 보험회사를 상대로 하게 되므로 가해자는 피고가 되지 않습니다.
- 또한 사망, 뺑소니, 11대 중과실사고시에도 종합보험에 가입되어 있으면 보험처리가 됩니다. 예컨대 음주 사고시에도 보험처리가 됩니다.

※ 주의할 사항
무면허 사고만은 가해차량이 보험에 가입되어 있어도 보험처리가 되지 않습니다. 따라서 가해자가 피해자에게 직접 배상

해 주어야 합니다. 여기서 무면허라는 것은 가해자가 처음부터 면허를 취득하지 못한 경우뿐만 아니라, 면허 취득자가 면허정지, 취소된 상태에서 운전한 경우도 포함한다.

② 종합보험에 가입되어 있지 않는 경우

개인적으로 배상해 주어야 합니다. 배상내용은 피해자의 병원 입원비, 치료비, 후유 장해에 따른 장래 일실 소득, 위자료 등인데, 피해자의 직업, 나이, 피해정도에 따라 수백만원에서 수억원까지 배상해 주어야 합니다. 자칫 전 재산을 날릴 수도 있으므로 운전자는 반드시 보험에 가입해야 합니다.

2. 피해자의 대처방법

가. 현장대처

피해자란 교통사고로 인해 생명이나 신체에 상해를 입거나 재산을 손괴당한 자를 말합니다. 즉 사고로 피해를 입은 자입니다.

1) 증거의 수집·확보

교통사고 발생시에 민·형사 재판의 증거가 되는 것은 당사자 또는 목격자의 진술 및 현장상황 등입니다. 사고 이후의 손해배상 합의나 재판에서 유리하려면 사고 당시의 상황조사와 증거수집 및 손해정도를 정확하게 파악하여야 합니다. 현장상황이 보존되어 있지 않고 피해자가 사건경위나 상황을 불확실하게 기억한다면 가해자의 주장만이 받아들여질 것입니다. 실제로 손해배상의 합의나 소송에서는 손해배상액을 결정하는 요인은 가해자와 피해자가 주장하는 내용을 뒷받침할 증거에 의해 좌우됩니다. 특히 사고 당시에는 자신의 과실을 인정하던 가해자도 배상금의 합의나 소송에서 그 사실을 부인하는 경우가 많습니다. 이때 가해자가 피해자의 과실을 주장하고 피해자의 증거가 확보되지 못한 상황이라면, 예컨대 「피해자가 신호를 위반하였다」라고 하는 주장이 받아들여지게 되고 과실상계가 인정될 것입니다. 그렇게 되면 실제로 피해자가 과실이 없다고 할지라고 손해배상을 받지 못하는 부당한 결과가 발생하기도 합니다.

(1) 정확한 사건상황의 기억

피해자는 사건의 상황을 명확하게 기억해 두어야 합니다. 예컨대 당시의 신호등이 무슨 색이었는지, 상대방의 과실이 있었는지 등입니다. 특히 자신에게 유리한 사실은 일일이 기억하였다가 기록하여 두는 것이 필요합니다.

(2) 사고현장의 보존

사고현장은 교통사고가 누구에 의한 과실로 발생하였는지를 알려주는 최고의 증거가 됩니다. 따라서 사고현장의 보존은 가장 중요한 일 가운데 하나로. 사고상황의 보존을 위해서는 사진·도면 등을 이용하는 것이 바람직합니다. 피해자가 교통사고에서 확인할 사항으로는

① 차량의 최종위치, 차가 부서진 위치와 정도, 사고차량의 종류·등록번호·소유자

② 사고장소가 예컨대 교차로 혹은 횡단보도인지와 도로의 광협

③ 스키드 마크 등 사고발생시 미끄러진 타이어의 자국과 그 거리

④ 피해자에게 유리한 목격자의 진술

⑤ 가해자의 음주 여부와 그 정도 혹은 무면허인지 여부

⑥ 신호의 유무

⑦ 사고지점 부근의 지형이나 사고발생시의 기상 등을 파악, 보존하여야 합니다. 물론 교통혼잡지역에서 사고현장을 보존하기는 매우 어렵습니다. 그렇다고 해서 아무런 조치도 취하지 않고 상대편 가해운전자의 위협에 주눅이 들어 사고현장을 정리하거나 사고차량을 이동할 경우 피해자는 예측치 못한 불이익을 받을 우려가 있습니다. 특히 영업용차량이나 회사차량의 경우 교통사고담당자인 전문가가 교통사고를 전담하기 때문에 피해자에게 과실을 뒤집어씌우는 일이 발생하기 쉽습니다. 때문에 가급적 사고현장을 그대로 보존하는 것이 바람직하며 그것이 어렵다면 최소한의 조치를 취한 후에 사고현장을 정리하여야 합니다. 즉 가해자가 자신에게 불리한 증거를 인멸시킬 염려가 있기 때문에 피해자는 장소를 이동하더라도 유리한 증거를 유지할 수 있도록 표시를 해 두어야 합니다.

※ 최소한의 조치란

① 사고를 목격한 2~3인 이상의 증인을 확보하거나

② 인근의 경찰관에 즉각적인 현장조사를 요청해야 합니다.

③ 스프레이 등으로 사고현장의 유류품·피해자·가해차량·차량 파편 등의 위치를 표시하여야 합니다. 카메라 등으로 현장을 촬영해 놓는다면 가장 좋을 것입니다. 카메라에 의한 현장촬영은 그 어떤 증거보다 강력한 입증자료가 됩니다. 속도위반·신호위반·차선위반 등은 그 증거를 쉽게 찾을 수 없으므로 사고지점에서의 정황이 가장 유력한 증거가 될 것입니다.

(3) 목격자의 확보

현장상황만으로 누구의 과실인지를 파악하기 어려울 때 피해자는 자신의 기억을 주장할 것입니다. 그러나 혼자의 주장은 받아들여지기 어렵기 때문에 2~3인 이상의 목격자를 확보해 두는 것이 유리합니다. 목격자가 많을수록 경찰이나 재판에서 신빙성을 용이하게 인정받을 수 있습니다. 또한 목격자가 경찰·검찰 등 수사기관이나 법정에 증인이나 참고인으로 나오기 이전에 진술서를 받아둔다면 피해자에게 유리한 자료가 될 것입니다.

2) 병원 후송

사고로 인해 피해자가 부상을 당했을 경우 신속하게 병원에 옮겨지는 것이 중요합니다.

사고 현장을 보존하는 것이 아무리 중요하다고 해도 내 목숨을 잃으면서 보존하면 무슨 소용이 있겠습니까? 다행히 피해자와 함께한 탑승자가 있다면 현장보존은 그 사람에게 맡기고 병원으로 가야 합니다. 병원에 빨리 옮겨져 그 곳에서 정밀한 검진과 응급조치를 받도록 합니다.

3) 가해자의 신원확보와 가해차량의 확인

교통사고가 발생하였을 때에 가해자를 형사처벌하기도 하지만 그것보다 중요한 것은 피해를 배상받는 일입니다. 따라서 손해배상을 누구에게서 받을 것인가를 명확히 해야 합니다. 손해배상의 배상자로는

① 가해자인 운전자
② 가해운전자의 사용인
③ 사용자를 대신하여 고용인인 운전자를 감독하는자
④ 가해차량의 소유자
⑤ 운전자가 공무원인 경우 국가 또는 지방자치단체 등을 들 수

있습니다. 일반적으로 피해자는 가해자인 운전자에게 손해배상을 청구합니다. 그렇지만 피해자는 위의 모든 책임자들에 대하여 함께 소송을 제기할 수 있기 때문에, 운행자에게 재력이 없다면 그 배후의 자에게 손해배상을 받을 수 있습니다. 특히 가해 운전자를 고용한 사용자로서의 회사나 국가·지방자치단체로부터 손해배상을 받는 것이 보다 쉽고 확실합니다. 피해자는 이를 위하여 먼저 가해자인 운전자의 주소·성명·직업·근무처 등 가해자의 신원을 확보해 두어야 합니다. 동시에 운전면허증·차량번호·차량검사증 등을 알아둠으로써 차량소유자 등을 파악할 수 있습니다. 즉 피해자는 사고발생시에 이의 제시를 요구할 수 있습니다. 상대방이 제시를 거부하면 자동차번호를 통하여 등록청에 조회하여 그 소속회사의 소유번호를 알 수 있습니다.

4) 보험증서의 확인

사고발생시에 피해자는 가해자에게 보험가입증명서를 제시하도록 요구해야 합니다. 보험증명서를 통하여 어떤 사람의 명의로 어떠한 보험에 가입하였는지를 알 수 있기 때문입니다. 보험여부를 확인할 때에는 보험의 종류와 기간 등을 정확히 파악하여야 합니다. 왜냐하면 종합보험인지 자가운전보험인지에 따라 치료비 보상 등에 차이가 있기 때문입니다. 보험 여부를 제대로 파악하지 않고 보험료로 치료비를 보험회사로부터 지급받을 수 있다고 착각하여 일단 합의한다면, 후에 치료비지급을 받지 못한 것을 이유로 다시 합의를 취소하기 어렵습니다. 이와 함께 임의보험의 가입여부도 상세하게 알아둔다면 유리합니다.

5) 사고신고

교통사고의 신고는 가해 운전자의 의무입니다. 그러나 대부분의 사고차량의 운전자는 경찰의 개입 없이 사고를 처리하려 들 것입니다. 특히 운전자인 가해자는 피해자에게 손해배상을 해야 하는 민사상의 책임 이외에 형사책임과 운전면허의 정지·취소 등 행정처분을 받을 수 있기 때문에 보통 사고가 발생하면 손해배상을 약속하면서 경찰에 알리지 말 것을 부탁합니다. 이때 피해자가 가해자의 요청에 응하면 가해자가 후에 태도를 바꿈으로써 현장보존 불능 및 증거인멸 등으로 인하여 불이익을 입게 됩니다. 이럴 경우 피해자 스스로 경찰에 사고신고를 하는 것이 더 유리할 것입니다.

부상을 당했다면 반드시 경찰에 신고해야 합니다. 외상이 없어도 머리에 강한 충격을 받았을 때(뇌진탕)에는 의사의 진단을 받아두어야 나중에 후유증이 생겼을 때 손해배상을 청구할 수 있습니다.

경찰은 사고 당사자의 설명과 사고상황, 그리고 현장의 지형이나 기상 등을 조사하여 정확한 실황 조사서를 작성합니다. 이는 후에 재판에서 결정적인 증거가 될 공문서가 됩니다.

나. 민사배상

교통사고를 당한 피해자는 여러 가지로 손해가 많습니다. 사고가 경미하면 그래도 괜찮지만 중하면 병원 신세를 져야하고 자칫 불구가 될 수도 있으며 생업에 지장을 받을 수도 있습니다. 무서운 것은 후유증입니다. 전문적인 용어로는 후유장해라고 하는데 늙어 죽을 때까지 장해가 귀신처럼 붙어 다닙니다. 피해자는 후유증에 따른 재산상 손해, 병원비, 위자료 등을 청구하게 됩니다.

    청구의 상대방은 가해자입니다. 가해자가 종합보험에 가입되어 있으면 상대방은 보험회사가 됩니다. 사고가 나면 보험회사 보상과 직원이 합의하려고 나타납니다. 그러나 성급하게 합의할 일은 아닙니다. 보험회사는 소송에 의한 법원 판결 선고 금액보다 훨씬 못 미치는 금액으로 합의를 시도하려하기 때문입니다. 보험금을 적게 주어야 보험회사가 이익이 많이 남으므로 최대한으로 낮은 금액으로 합의하려합니다. 후유 장해는 평생을 따라다니므로 섣불리 합의하면 평생 후회하게 됩니다. 따라서 변호사와 상의한 뒤 합의여부를 결정하는 것이 가장 좋습니다. 보험회사와의 합의는 신속히 배상금을 수령할 수 있어 좋기는 하지만 승소시 받아낼 수 있는 금액의 반도 못되는 금액으로 합의를 하게 되니 엄청난 손해입니다. 실제로 지급해야 할 금액의 10%도 안되는 금액에 합의하는 당사자도 있습니다. 몸이 다 망가질 정도로 다쳤는데 보험회사 직원의 말만 듣고 1000만원에 합의를 한 것입니다. 실제로 이런 일은 비일비재합니다. 사람들이 소송을 귀찮아하고 두려워하는 점을 악용하여 보험회사가 엄청난 부당이득을 취하고 있는 것입니다. 보험료는 사고율과 보험금을 기초로 하여 정해진 것인데 자기들 멋대로 10~40% 만 지급하는 것은 무슨 경우인지 따져봐야 할 일입니다. 따라서 소송이 두렵다하여 100% 승소 가능한 교통사고 소송까지 포기하여 보험회사를 살찌울 이유가 없습니다. 다른 사건이야 소송이 최후 수단이지만 교통사고에 있어서만은 적극적으로 소송을 해야 합니다. 적어도 보험회사가 법원 판결금액을 합의금으로 지급할 때까지 계속해야 됩니다. 특히 교통사고 소송은 변호사가 비용을 모두 부담하고 소송해주므로 소송 3년에 변호사가 망하면 망했지 피해자가 망할 일은 없습니다.

가해자가 종합보험에 가입하지 않았으면 어떻게 될까? 이때는 피해자에게는 상당히 심각한 상황이 펼쳐지게 됩니다. 가해자가 경제적인 능력이 있다면 별문제가 없지만 능력이 없다면 치료비나 후유장해에 따른 손해배상금 어느 것 하나 제대로 받아낼 길이 없습니다. 오늘날 돌아다니는 차량의 20%가 무보험 차량이라 하는데 보험가입 차량만을 골라 사고를 당할 수도 없고 그저 운수소관에 맡길 수밖에 없습니다. 또한 상대가 경제적 능력이 있다 해도 재산을 빼돌리는 경우가 있으므로 우선 가압류부터 하고 볼일입니다.

다. 민·형사상합의

(1) 민사합의

소송과 보험회사와의 합의 중 어느 쪽을 선택하는 것이 좋을까?

보험회사의 보상기준, 즉 보험 약관에 정한 보상기준은 현실을 반영하지 못한 지나치게 적은 액수입니다. 보험회사도 하나의 장사꾼이고 한 푼이라도 적게 보험금을 내주어 회사의 이익을 챙기려 한다는 사실에 유의해야할 것입니다. 다시 말하면 소송을 통해서 1억 원을 지급 받을 수 있는 사고도 보험회사와 합의를 하면 3.000~5.000만원에 그친다는 사실입니다. 특히 중간이자 공제(왜 중간이자 공제를 하는가. 교통사고는 장래에 받을 수입을 청구 시점에서 일시금으로 수령하므로 현재가로 계산하는 것이다. 따라서 장래의 이자를 미리 공제해야 한다)를 보험회사는 '라이프니츠식'이라는 복리계산에 의해서 깎아대므로 피해자에게는 대단히 불리합니다. 이에 비해서 법원은 '호프만식'이라는 단리 계산법에 의합니다.

법원과 보험회사의 배상액이 어느 정도 차이가 있는지 위자료 하나만 가지고 예를 들어보겠습니다.

※ 사망사고시

□법원에서 판결하고 있는 위자료는 8,000만원

□보험회사는

—본인에게 4,500만원(20세~60세) 또는 4,000만원(20세 미만 또는 60세 이상)

—상기 위자료에는 배우자, 부모, 자녀, 형제자매, 시부모, 장인장모의 위자료가 포함

(2) 형사합의

가해자가 무보험이거나, 보험에 가입했어도 사망, 뺑소니, 11대 중과실 사고에 해당되면 가해자는 형사처벌을 받게 됩니다. 사고에 따라서는 가해자가 당장 구속될 수도 있습니다.

가해자가 구속 상태에서 보석 등으로 풀려 나오거나, 재판에서 집행유예를 받기 위해서는 형사합의가 반드시 필요합니다. 피해자는 경우를 나누어서 합의를 검토해야 합니다. 가해차량이 보험에 가입했을 경우에는 나중에 민사합의를 충분히 받을 수 있으므로 적정한 선에서 합의를 해주면 될 것입니다. 또 형사합의금은 민사배상시 공제되므로 과도하게 받을 필요도 없습니다.

그런데 가해자가 무보험 차량이고, 재산도 없는 경우에는 형사합의금으로 돈을 받지 못하면 나중에 배상받기가 불가능하므로 형사합의에 매달릴 수밖에 없습니다.

참고인 진술시 조사받는 요령

　병원에 후송되어 있건 현장에 남아 있건 간에 경찰로부터 참고인 진술을 받게 됩니다.

　이 조사는 뒤에 손해배상 청구시 중요한 증거로 남게 됩니다. 특히 이때 진술한 본인의 직업이나 현장 상황은 뒤에 손해액 산정이나 과실 상계에 있어서 귀중한 자료가 되는 것입니다.

　따라서 직업이나 현장 상황은 있는 그대로 진술하는 것이 좋습니다.

　기능공의 경우 철근공이나 목공이라고 정확하게 진술해야지 일용직이라 하여 자신을 낮춰 무직이라고 말하면 손해배상 산정시 철근공이나 목공보다 수입이 크게 낮은 일용노임으로 판단하게 됩니다.

　안전벨트 착용여부는 사고 조사시 잘 조사가 안되고 빠뜨려지는 단골 항목입니다.

　안전벨트 착용여부는 나중에 과실 상계 10%쯤 되는 항목인 만큼 안전벨트를 했을 경우 조서에 반드시 기재되도록 하는 것이 좋습니다.

　그리고 조사를 하는 경찰관이 자기가 한 말과 다르게 기재하는 경우 즉석에서 지적하고 정정해야지 나중에 이를 뒤집는 것은 불가능에 가깝습니다.

3. 가해자의 대처방법

가. 가해자의 현장대처

　가해자란 교통사고를 발생시켜 다른 사람의 생명을 사상시키거나 재산을 손상시킨 자를 말합니다. 즉 사고를 발생시킨 운전자입니다.

1) 가해자의 의무

(1) 응급조치

응급조치란 교통사고 발생시에 피해자 또는 피해차량의 상황을 확인하고 부상자 및 피해자에 대한 구호조치를 말합니다.

교통사고를 발생시키면,

① 즉시 차를 세우고 피해자 또는 피해차량의 상황을 확인해야 합니다.

② 피해자에 대한 구호조치를 취해야 합니다. 예컨대 차량에 깔린 부상자의 구출, 현장에서의 응급치료, 구급차의 요청, 병원으로의 이송 등 부상자를 위한 적절한 조치를 해야 합니다.

③ 교통사고로 인하여 당해 도로에서 다른 통행차량 등에게 미칠 연쇄사고의 위험을 방지해야 합니다. 사고로 어지럽혀진 현장을 정리하고 피해차량을 노면으로 옮기는 등 도로상의 위험방지를 위한 조치를 취해야 합니다. 다만, 현장은 누구의 과실인지를 결정해 주는 최고의 증거가 되므로 현장을 정리할 때에는 사고를 목격한 2~3인 이상의 증인을 확보하거나, 인근 경찰관에게 즉각적인 현장조사를 요청해야 합니다. 또한 스프레이 등으로 사고현장의 유류품·피해자의 위치·차량파편 등의 위치를 표시해야 합니다. 카메라 등으로 현장을 촬영해 놓는다면 가장 좋을 것입니다. 이러한 의무를 위반하게 되면 5년 이하의 징역 또는 1,500만원 이하의 벌금을 물게 됩니다. 사고를 발생시킨 후에 응급조치도 없이 뺑소니를 치면 특정범죄가중처벌등에관한법률의 위반으로 최고 사형 등의 엄한 처벌을 받게 됩니다.

(2) 교통사고의 신고

사고를 낸 운전자는 즉시 경찰에 신고를 해야 합니다. 물론 교통사고 후 제3자에 의하여 신고되어 경찰이 현장에 출동했다면 그럴 필요는 없습니다. 사고발생 신고 후 사고차량의 운전자는 경찰이 현장에 도착할 때까지 대기하면서 부상자 구호와 교통안전상 필요한 조치를 취해야 합니다.

교통사고가 발생했을 때 가해자인 운전자는 자신의 과실유무에 관계없이 부상자 구호 등의 응급조치를 하고 경찰공무원에게 사고를 신고하여야 할 의무가 있습니다(도로교통법 제54조).

사고신고는 위의 응급조치가 끝난 후에 현장에 있는 경찰공무원이나 가까운 경찰지서·지구대·출장소 등 경찰관서에 다음의 법정사항을 보고하는 것입니다.

① 사고가 일어난 곳

② 사상자의 수와 부상의 정도

③ 손괴된 물건과 그 손괴정도

④ 사고 후 취한 그 밖의 조치사항 등입니다. 피해자 구호 등으로 경황이 없을 때에는 다른 사람에게 신고를 부탁할 수도 있습니다. 또한 신고를 받은 경찰공무원이 가해자에게 현장을 떠나지 말라고 요구할 경우 가해자는 이에 따라야 합니다.

교통사고는 대인사고든 대물사고든, 경미한 접촉사고든 대형사고든 사고의 경중을 불문하고 모두 신고해야 합니다. 신고의무를 잊어버리고 신고하지 않았다가 나중에 발각되면 신고불이행에 따른 30만 원 이하의 벌금 또는 구류형에 처해지게 됩니다(도로교통법 제154조).

한편 가해자는 경찰에게 피의자 조사를 받게 됩니다.

사고 경위와 상황을 분명하고 정확하게 진술하여 사실과 달리 조사되어 불리한 처벌을 받는 일이 없도록 해야 합니다. 그리고 조사를 하는 경찰관이 자기가 한 말과 다르게 기재하는 경우 즉석에서 지적하고 정정해야 합니다. 진술내용을 나중에 뒤집는 것은 경험상 불가능에 가깝습니다. 예를 들어, 가해자가 처음 조사를 받을 때 뺑소니친 사실이 없다고 진술한 후 조서를 읽어보지도 않고 지장을 찍었는데, 나중에 재판을 받으면서 조서를 복사해보니 "뺑소니쳤습니다."고 기록되어 있는 경우에는 무죄 변론에 애를 먹게 되는 것입니다.

2) 가해자의 책임

일반적으로 자살의 경우를 제외하고는 교통사고시에 운전자의 과실이 인정됩니다. 예컨대 과속으로 달리거나 핸들을 잘못 틀어 사고가 발생한 경우 등은 명백하게 가해자인 운전자측에 일방적인 과실책임이 있습니다. 따라서 가해자는 피해자에게 민사상의 손해배상책임을 부담하며, 과실의 경중에 따라 형사처벌을 받게 되고, 동시에 운전면허의 취소·정지 등 행정상의 처분을 받게 됩니다. 형사상 불가항력적인 사고일 경우에는 통상 가해자가 불구속 입건으로 됩니다. 그러나 사고로 인하여 사람이 사망한 경우에 가해자는 원칙적으로 구속됩니다. 그밖에 교통사고처리특례법 제3조의 11개 예외조항에 해당되고 상해의 정도가 약 3~4주 이상이면 가해자가 구속됩니다. 피해자가 여러 사람이면 그 피해자 전원에 대한 진단기간을 합하여 처리합니다. 뺑소니 운전자의 경우 검거되면 당연히 구속됩니다. 민사상 가해자는 피해자에게 손해배상을 해야 합니다. 이때에는 당사자의 합의가 중요합니다. 사망사고의 경우에도 사고운전자의 과실이 경미하고 합의가 이루어진다면 검찰에서 벌금 300만원 내지 500만원 정도의 구약식으로 처리될 수 있습니다.

교통사고처리특례법 제3조

1. 신호기 또는 교통정리를 하는 경찰공무원 등의 신호나 통행의 금지 또는 일시정지를 내용으로 하는 안전표지가 표시하는 지시에 위반하여 운전한 경우
2. 중앙선을 침범하거나 고속도로, 자동차전용도로를 횡단, 유턴 또는 후진한 경우
3. 제한속도를 매시 20킬로미터를 초과하여 운전한 경우
4. 법(도로교통법 21·22·23·60조의2)의 규정에 의한 앞지르기의 방법·금지시기·금지장소 또는 끼어들기의 금지에 위반하여 운전한 경우
5. 건널목 통과방법(도로교통법 24조)을 위반하여 운전한 경우
6. 횡단보도에서의 보행자보호의무를 위반하여 운전한 경우
7. 운전면허 또는 건설기계조종사면허를 받지 않거나 국제운전면허증을 소지하지 않고 운전한 경우(면허의 효력이 정지·금지 중에 있는 경우 포함)
8. 주취중에 운전하거나 약물의 영향으로 정상적인 운전을 하지 못할 염려가 있는 상태에서 운전한 경우
9. 보도가 설치된 도로의 보도를 침범하거나 보도통행방법에 위반하여 운전한 경우
10. 승객의 추락방지의무를 위반하여 운전한 경우
11. 어린이 보호구역에서 도로교통법 제12조제1항에 따른 조치를 준수하고 어린이의 안전에 유의하면서 운전하여야 할 의무를 위반하여 어린이의 신체를 상해에 이르게 한 경우

3) 가해자의 자기방어

운전자인 가해자도 후술하는 피해자의 경우와 마찬가지로 사고 후의 현장보존과 목격증인을 확보하여야 합니다.

4) 운전자인 가해자가 취할 기타 조치

(1) 사용자 등에 대한 연락

사고 운전자가 특정 회사의 종업원인 경우에 사용자인 회사가 책임을 부담하는 경우가 많기 때문에 가해자인 운전자는 반드시 회사에 연락하여 지시에 따라야 합니다.

(2) 보험회사에 대한 통지

가해자가 대물배상보험이나 차량보험 등 자동차보험에 가입하고 있다면, 사고 즉시 보험회사에 통지하여야 합니다. 이에 따라 보험회사는 조사원을 즉각 사고현장이나 수리공장에 보내어 사고상황을 조사하고 수리비의 협정을 하게 됩니다.

현재 대부분의 손해보험 회사에서는 연중 무휴로 사고접수 및 보상처리 상담을 위한 '24시간 접수 창구'를 운용하고 있습니다.

나. 민·형사상 합의

형사합의는 통상 상대방에게 형사합의금을 주는 방법으로 하지만 꼭 돈을 건네야하는 것은 아닙니다. 말 한마디에 천냥 빚을 갚는다고 돈 수수 없이 합의되는 경우도 많습니다.

이 형사합의 여부에 따라서 가해자는 구속여부, 재판에서의 형량, 집행유예, 구속적부심, 보석 등에서 엄청난 차이가 납니다.

합의금을 피해자에게 건네주고 나중에 보험회사에서 돌려받으려면 합의서에 합의금을 정확하게 기재하고 이 합의서를 첨부하여 보험회사에 내용증명으로 보내는 것이 좋습니다. 이렇게 하는 것이 나중에 보험회사와의 분쟁 없이 돈을 받아내는 지름길입니다.

다. 형사처벌

교통사고의 가해자는 원칙적으로 형사처벌됩니다. 그러나 교통사고를 일으킨 자가 '보험업법', '여객자동차 운수사업법', 또는 '화물자동차 운수사업법' 등에 따라 보험 또는 공제에 가입된 경우에는 교통사고처리 특례법 제3조제2항 본문에 규정된 죄에 해당한다면 그 운전자에 대하여 공소를 제기할 수 없습니다. 단, 교통사고처리특례법 제3조제2항의 단서에 해당되거나, 피해자가 신체의 상해로 인하여 생명에 대한 위험이 발생하거나 불구 또는 불치나 난치의 질병에 이르게 된 경우, 보험계약 또는 공제계약이 무효 또는 해지되거나 계약상의 면책규정 등으로 인하여 보험회사, 공제조합 또는 공제사업자의 보험금 또는 공제금 지급의무가 없게 된 경우에는 공소를 제기할 수 있습니다(교통사고처리특례법 제4조).

4. 가해자와 피해자가 불분명한 경우의 현장대처

자동차 추돌사고가 발생하였을 때 가해자와 피해자가 명백하다면 별문제가 없겠으나 대부분 누구의 과실에 의한 사고인지가 불분명합니다. 따라서 교통사고가 발생하면 사고 당사자들 사이에 사고 원인에 대한 다툼으로 고성이 오가는 모습을 흔히 보게 됩니다.

사고가 발생하면 일단 침착, 신속하게 상황을 판단하여 냉정히 원인을 분석해보고, 자신에게 과실이 없는 경우에는 처음부터 상대방을 제압해야 합니다. 상대방에게 주도권을 빼앗겨 과실이 이쪽에 있는 것과 같이 뒤집어쓰는 일을 막아야 합니다. 다음으로는 상대방의 차량번호를 알아둠으로써 상대방이 도주하더라도 찾을 수 있도록 합니다. 상대방의 운전면허증을 확인하고 본인인지의 여부도 확인해야 합니다. 동시에 차량검사증이나 등록증 등도 확인하고, 상대방의 전화번호나 명함 등을 받고 자신의 주소와 연락처를 알려줍니다. 또한 증인이 있다면 사고의 규명이 더욱 확실해지기 때문에 증인의 주소나 성명 및 연락처 등을 기록해 두는 것이 바람직합니다.

자신에게 과실이 있을 경우에는 사고가 오직 과실에 의한 것이었음을 인식시키며 사과한 후에 합의를 보는 것이 좋습니다. 격한 감정으로 싸우다 보면 오히려 더 나쁜 결과를 가져올 염려가 있기 때문입니다. 상대방에게 과실이 있을 경우에는 그 사실을 분명히 인식할 수 있도록 하며, 상대방이 이성을 잃고 거칠게 나온다면 경찰관을 불러 해결해야 합니다. 다만 상대방을 진정시켜 잘못을 시인하도록 할 수 있다면 경찰관이 오기 전에 처리하는 것이 가장 좋습니다. 실제로 사고시에 경찰관에게 보고할 법률상의 의무가 있지만, 사안이 경미한 경우에 일반적으로 서로 합의로써 해결합니다.

일단 잘잘못이 가려진 후에는 합의에 들어가게 되는데, 먼저 차량 파손에 대해서는 자동차 수리공장에서 견적을 뽑는 것이 정확하며, 인체에 상해를 입혔을 때에는 치료비와 위자료 등을 계산에 포함시켜야 할 것입니다. 특히 위자료에는 수리기간 동안에 자동차를 운행하지 못함으로써 입는 손해도 합산할 수 있습니다.

합의금이 많을 때에는 그 지불을 보장받기 위하여 상대방의 근무

처나 차량보유자 등의 승낙을 받아두면 좋고, 어떠한 방법으로 합의
금을 지급받을지도 정해두어야 합니다. 만약 합의금이 소액이라면
당일에 해결하는 것이 이후까지 질질 끄는 것보다 바람직합니다.
일단 합의서를 교환하면 그 이후에는 변경할 수 없는 것이 원칙입
니다.

5. 차량보유자의 현장대처

가. 손해배상의 청구에 대한 대비

차량을 보유하는 회사는 대부분 보유차량을 운행하는 종업원이
교통사고를 발생시켰을 때 책임을 부담하는 것이 보통이므로 손해
배상의 청구에 대비하기 위한 조치를 취하여야 합니다.

(1) 철저한 사고원인규명

교통사고가 발생하면 운전자는 차량보유자인 회사에 사고에 대하
여 연락하도록 되어 있습니다. 따라서 차량보유자는 곧 교통사고 처
리담당자를 현장에 파견해야 합니다. 처리담당자는 운전자와 함께
사고당사자 가운데 누구의 과실에 의하여 사고가 발생했는지 등 사
고의 원인을 철저히 규명해야 합니다. 이에 따라 배상책임을 부담할
것인지를 결정하게 되며 과실상계를 할 때에 유리한 근거가 됩니다.

(2) 재판자료에 필요한 증거수집

사고원인의 규명에 의하여 사고가 처리된다면 다행이지만 만일의
경우 재판에까지 이르게 될 수 있습니다. 재판에서 가장 중요한 사
항은 사고에 관련된 증거이기 때문에 차량보유자인 회사는 증거수
집에 노력해야 합니다. 가장 확실한 증거는 사고 직후에 수집하는

것이 좋기 때문에 차량보유자는 운전자에게 미리 다음의 사항을 숙지시켜 두는 것이 바람직합니다.

① 사고현장의 확인 등 증거수집 : 사고현장은 시간이 지남에 따라 그 원래의 상태를 유지하기 어렵습니다. 때문에 운전자는 사고 당시에 가해자와 피해자 등 당사자의 위치와 피해정도 등을 확인해야 합니다. 사소한 흔적까지도 파악하여 표시해 두는 것이 좋습니다.

② 사고조서의 작성 : 경찰에서 작성하는 사고조서는 차후 재판에서 가장 중요한 증거가 됩니다. 따라서 정확하게 조서를 작성하도록 하며, 그 내용에 틀린 부분이 있거나 올바로 정정되지 않을 경우에 운전자는 서명·날인을 거부해도 됩니다. 사고조서로는 현장에서 경찰공무원이 작성하는 '실황조사서'와 '사고현장약도'가 있으며, 경찰관서에서 작성하는 '진술서' 등이 있습니다.

③ 목격자의 확보 : 교통사고에서 증거가 충분치 않을 경우에 목격자의 증언은 결정적인 증거가 될 수 있습니다. 따라서 사건현장을 목격한 목격자가 있다면 그의 주소와 성명을 확인해 두어야 합니다.

④ 사고 상대방의 확인 : 교통사고의 상대방이 누구인지를 확인해 두는 것이 꼭 필요합니다. 즉 상대방의 성명과 주소 및 근무처를 알아두어야 하며, 차량의 보험증서번호와 가입 연월일 등을 확인해 두어야 합니다. 동시에 사후의 협상을 위하여 상대방이 어떠한 주장을 하는지도 파악해 두는 것이 유리합니다.

나. 보험회사에 대한 통지

사고차량이 보험에 가입되어 있다면, 사고발생 즉시 보험회사에 통지해 주어야 합니다. 이를 소홀히 할 경우 보험금을 받지 못하는 불이익이 발생할 수도 있습니다.

6. 가벼운 접촉 사고시 대처방법

(1) 현장 합의

하루에도 전국적으로 수만 건의 교통사고가 발생합니다. 그런데 그들 대부분은 가벼운 접촉 사고입니다. 즉 부상자 없이 차끼리 살짝 부딪치는 경우가 대부분인 것입니다. 이런 접촉 사고를 당했을 때는 어떻게 해야 할까?

피해 정도가 가벼운 접촉사고는 보험처리를 하는 것보다 현장에서 곧바로 합의를 보는 것이 여러모로 이익입니다. 사고처리 비용뿐만 아니라 시간도 절약할 수 있기 때문입니다. 피해액의 산정은 부근 카센터에 가서 문의하거나 즉석에서 서로 가격제시를 하여 합의하면 됩니다.

(2) 보험처리를 할 것인가

운전자가 상대방에게 합의금으로 지급한 비용은 보험처리를 해야 할까?

이때는 보험 처리를 하지 않는 것이 좋습니다. 무턱대고 사고를 보험처리하게 되면 사고내용이나 피해 금액에 따라 보험계약 갱신시 보험료를 할증하기 때문에, 할증 또는 할인받을 금액보다 보험처리 금액이 적을 경우에는 결과적으로 손해를 보게 되는 것입니다.

그러면 어느 정도 금액까지 보험처리가 적당할까?

전문가들은 보통 50만원을 손익분기점이라고 보고 있습니다. 따라서 수리비용이 50만원 이내라면 50만원을 내 주머니에서 내주는 것이 유리하고, 그 이상이면 보험처리하는 것이 유리합니다.

제 3 절
병원에서의 조치

1. 치료와 진단서

피해자는 입원을 하게 되면 무엇보다 치료를 잘 받아야겠지만, 더욱 양질의 치료 및 충분한 보상을 받기 위해서는 병원에서 발부하는 진단서 병명을 알아볼 필요가 있습니다. 즉,

① 피해자의 다친 부위가 진단서에 빠짐없이 기재되어 있는가 확인하여 누락되어 있으면 주치의에게 증상을 이야기하여 전문검사를 통해 진단서에 기재될 수 있도록 합니다(추후 보상금 산정 때 아주 중요한 요소가 될 수 있음).

② 해당 병명에 대해 해당 전문의에게 제대로 치료를 받고 있는지 알아보아야 합니다. 특히 머리(뇌)부분은 매우 중요하고 알지 못하는 사이에 장해가 발생하는 경우도 있으므로 상태에 따라 신경외과 및 정신과치료를 받아야 합니다.

③ 사고로 인한 응급처치비 및 치료비 기타의 관련영수증을 잘 보관하여 나중에 청구를 하도록 합니다.

2. 비용

(1) 치아에 대한 보철비

치아에 대한 보철비는 기존의 보철물이 파손되었을 때에는 원상회복에 소요되는 비용을 지급하며, 당해 사고로 본인의 영구치가 파손되어 보철이 필요한 경우에는 우선 초회의 보철에 소요되는 치아

보철비와 10년 단위로 보철을 새로 하는데 필요한 비용을 지급합니다. 따라서 피해자의 성별과 연령을 기준하여 한국인의 평균여명표에 의해 여명을 구한 후 잔여기간을 10년 단위로 나누어 해당기간 동안의 중간이자 공제방식인 라이프니츠계수를 적용하여 산출된 향후 치아보철비를 지급합니다.

(2) 특수촬영에 소요되는 비용

근래에 들어 검사기기의 발달로 컴퓨터 단층촬영(CT)이나 자기공명촬영(MRI)과 같은 특수검사기기에 의한 고가의 검사를 시행하는 경우가 있습니다. 의료보험과 마찬가지로 자동차보험에서도 치료를 담당한 주치의가 치료목적상 필요하다고 인정하여 촬영의뢰서를 발급한 경우에 한하여 해당 검사비를 지급하고 있습니다. 따라서 의사의 지시 없이 피해자나 가족의 원에 의해 촬영하는 경우에는 해당 검사비를 보상받지 못하는 문제가 발생할 수 있습니다. 또한 이러한 고가의 검사비용은 의료법에 의거하여 촬영을 시행한 병원과 보험회사 간에 정산할 부분이기 때문에 피해자가 임의로 자비를 들여 촬영하는 것은 바람직하지 못합니다.

(3) 일반 대중병실과 상급병실의 차액 보상

병원의 사정상 병실이 부족하여 부득이하게 상급병실을 사용한 경우에는 7일 이내를 한도로 하여 보험회사에서 병실차액을 부담합니다. 그리고 남에게 전염 될 우려가 있거나 혐오감을 줄 수 있어 격리수용이 불가피하다고 의사가 판단할 때에 병실차액을 보험회사에서 부담하는 경우가 있습니다. 그러나 보험회사에서 부담하는 치료비는 손해배상의 법리에 의거, 사회통념상 보편적이고 일반적인 치료에 소요되는 비용을 부담하는 것이 원칙이므로 피해자나 가족의 원에 의해 상급병실을 사용한 경우에는 보상책임을 지지 않습니다. 또한 이 차액에 대하여는 가해자도 법률적으로 배상할 책임이 없다고 보는 것이 우리나라 법원의 입장이므로 피해자의 주장에 의해 상급병실을 사용한 때에는 본인이 부담하게 됨에 유의해야 합니다.

제 4 절
보험회사와의 합의

1. 주의할 점

교통사고로 인한 부상이 어느 정도 치유되면 보험회사로부터 합의를 위한 여러 가지 제안을 듣게 됩니다. 이를테면 앞으로 남은 치료기간에 해당하는 치료비를 피해자에게 직접 지급할 테니 퇴원하고 집에서 자가물리치료나 통원치료를 받으라든가, 혹은 과실이 많아 오랫동안 입원하면 보상금이 적어지니 빨리 퇴원하여 보상금이라도 조금 더 받으라든가 하는 등의 제안입니다.

원칙적으로 보험회사는 영리를 목적으로 하기 때문에 될 수 있으면 보상금을 조금만 주려고 하는 것이 당연합니다. 그러므로 감정적으로 보험회사와 상대할 것이 아니라 냉정하게 피해자를 위한 상황판단을 해야 합니다. 즉,

① 치료가 다 되었는지, 현재 치료는 다 되었지만 향후 치료를 받을 부분이 남아 있는지 여부

② 후유증은 남지 않았는지, 남았다면 해당 전문의에게 충분히 치료를 받고 그에 따른 장해진단을 보험회사의 개입 없이 공정하게 받았는지 여부

③ 경찰서의 사고조서는 제대로 되어 있는지 여부

④ 소득조사가 제대로 되었는지 여부

등 입니다. 할 수 있으면 합의를 하기 전 전문가(손해사정인,변호사)를 찾아 상담을 받아 보는 것도 권장할 만 합니다.

2. 피해자의 과실과 과실상계

가. 피해자 과실산정의 근거

교통사고를 일으킨 가해자에게는 물론 보행인에게도 스스로 자기 자신의 안전을 지키기 위해서 주의를 기울여야 할 '주의의무'가 있습니다. 이 의무는 아주 일반적인 주의의무를 말하는 것으로 도로교통법에도 그 근거가 있습니다. 이러한 주의의무를 게을리한 과실이 경합되어 사고가 발생했다면 발생된 손해에 대해서 피해자의 잘못만큼 보험금 지급시 참작합니다. 따라서 무단횡단한 사람, 야간에 운전자의 눈에 잘 띄지 않는 검은색 계통의 옷을 입고 길을 건넌 사람 등 주의의무를 다하지 못한 사람에 대하여는 과실상계를 하게 됩니다.

나. 과실상계

(1) 필요한 참작

법원은 손해배상의 책임 및 그 금액을 정함에 있어서 피해자에게 과실이 있는 때에는 직권으로 이를 참작하여야 합니다. 과실이 있는지의 여부에 대하여 자료가 부족하여 법관이 심증을 얻을 수 없는 때에는 그 불이익은 과실상계의 주장을 하는 피고에게 돌아갈 수밖에 없습니다. 실무상으로도 피해자는 당시 좌석 안전벨트를 매지 않았다든가, 안전모를 쓰지 않았다고 피고가 주장한 경우라도 이를 인정할 증거가 없다하여 과실상계를 배척한 예가 많습니다. 과실상계의 적용비율은 법원의 자유재량에 속합니다. 법원은 당사자의 주장에 구애받지 않으므로 피해자가 자인하는 비율보다 적게 과실상계하여도 당사자 처분권주의에 반하는 것은 아니지만, 과실의 정도를 비교 교량함에 있어서 지나치게 피해자에게 유리하거나 또는 불리하게 판단하는 것은 재량의 범위를 벗어난 처사로서 위법하게 됩니다.

(2) 과실의 의미

① 자신에 대한 부주의 과실상계의 과실은 가해자의 과실과 같이 의무위반이라는 강력한 과실이 아니고 사회통념상, 신의성실의 원칙상, 공동생활상 요구되는 약한 부주의로서 피해자 자신의 불이익을 방지할 주의를 게을리한 것을 말합니다. 피해자의 행위와 손해의 발생 또는 확대 사이에 책임원인으로서의 과실이 요구하는 정도의 인과관계가 없는 경우에도 그 결과발생에 대하여 관련성이 있으면 상당인과관계가 있다고 하여 그 과실을 참작합니다.

② 사고에 기여가 없는 경우 가해차량의 일방적 과실이 사고의 직접적인 원인이 되는 경우에 사고와 인과관계 없는 과실은 참작할 수 없습니다. 비록 피해자가 차량에 설치된 좌석 안전벨트를 매지 않거나 안전모를 쓰지 않았다 할지라도 그것과 사상의 결과발생 또는 확대와의 관련이 없는 경우에는 과실상계의 주장은 배척되는 것입니다.

(3) 피해자측의 범위

① 일반론

불법행위의 피해자 본인은 아니더라도 피해자가 동일시할 수 있는 제3자의 과실이 있는 경우에는 그 제3자의 과실은 이를 피해자측의 과실이라 하여 과실상계의 참작사유로 삼는 것이 일반적입니다. 즉 그 제3자의 과실을 피해자 본인의 과실과 동일하게 평가하여 과실상계비율을 정합니다. 이러한 이론은 전통적인 개인책임법리에 대한 중대한 수정입니다. 또한 피해자측의 과실을 언제나 피해자 본인의 과실과 동일하게 평가하는 것이 오히려 피해자 본인에게 가혹한 결과가 될 수 있습니다. 그렇다고 피해자 자신이 과실이 없다는 이유만으로 가해자에게 전적으로 책임을 지우는 것도 공평하지 않습니다. 따라서 그 중간영역을 인정하여 동 이론을 탄력적으로 적용하는 것이 바람직합니다.

이와 같이 볼 때에 피해자 본인과 피해자측에 해당하는 제3자 사이의 인적관계의 친밀도, 손익계산 귀속상의 실체적 일체성 등을 종합, 고려하여 판단해야 합니다. 다만 그 일반적 기준에 대하여는 아직 대법원은 이를 제시한 바 없으나 대체로 공동생활관계와 신분관계상의 일체성을 고려합니다. 원래 피해자측이라는 개념은 불명확한 것이므로 그 범위는 손해의 공평분담이라는 불법행위의 지도 원리에 따라 구체적으로 결정해야 할 문제입니다. 그 친밀도 내지 일체성이 강한 경우, 예컨대 감독의무자의 과실이나 사자의 과실의 경우에는 피해자측의 과실을 피해자 본인의 과실과 동일하게 평가하여 그 비율을 참작하되, 그렇지 않은 경우에도 그 친밀도에 따라 참작되는 피해자측의 과실비율을 감경하는 것이 합리적입니다. 다만 구상관계의 혼란을 방지하기 위하여 판결이유 중에 피해자측의 과실비율과 그 중 피해자의 과실로 참작되는 비율을 구별하는 것이 바람직합니다.

② 구체적 유형
㉮ 감독의무자의 과실

감독의무관계에 있어서 감독의무자의 과실은 피해자측의 과실로 참작됩니다.

판례는 책임능력이 없는 어린이에게는 과실상계할 수 없다고 합니다. 다만 일정한 연령에 의하여 획일적으로 결정하지는 않고, 구체적인 경우에 본인의 지능발달의 정도를 검토하여 개별적으로 결정합니다. 판례와 학설은 사리변별능력설의 입장에서, 즉 불법행위의 책임을 질 때 필요한 행위의 책임변식능력은 필요 없으나 그보다 낮은 단계인, 위험의 발생을 피하는데 필요한 주의를 할 능력인 사리변별능력만 있으면 된다고 봅니다. 구체적으로 보면 8세된 어린이, 초등학교 5학년생에 대해서는 각각 과실능력 내지 위험변별능력이 있다고 판시하였습니다. 일반적으로 7~8세 정도면 과실상계를 적용할 수 있다고 합니다.

사리변별의 능력이 없다고 인정되는 6세 이하의 어린이들 혹은 정신질환자로서 책임능력이 없는 경우에는 교통사고를 당한 피해자 자신에게는 과실상계의 능력을 인정하지 않지만, 다음 단계로 그들에 대한 법정 감독의무자에게 구체적인 과실이 있는지의 여부를 살펴 과실상계하게 됩니다. 예컨대 감독책임이 있는 부모는 위험성이 있는 도로에서 아이를 놀지 못하도록 할 감독의무가 있으므로 과실이 인정됩니다.

㉯ 피용자의 과실

사용자관계에 있어서 피용자의 과실은 피해자의 과실에 포함됩니다. 즉 피해자가 사용자 본인인 경우 피용자의 과실을 피해자측의 과실로 참작합니다. 예컨대 피해자가 타인으로부터 오토바이를 빌려 친구에게 운전하게 하고 자신은 그 뒷좌석에 동승하고 가다 오토바이 운전자 및 상대방차량 운전자의 과실이 경합하여 사고가 발생한 경우, 피해자는 오토바이를 직접 운전한 자의 사실상의 사용자로서 오토바이 운전자의 과실을 피해자측의 과실로 참작한 바 있습니다.

㉯ 가족관계에 있는 자의 과실

㉠ 사자의 과실

불법행위로 인하여 직접의 피해자가 사망하고 그 부모, 배우자 등의 근친자가 자기의 손해(위자료, 장례비 등)에 관하여 고유의 권리로서 손해배상을 청구하는 경우에는 직접의 피해자인 사자의 과실을 참작하는 것이 일반적입니다.

㉡ 배우자의 과실

부부는 상호독립의 인격관계에 있는 것으로서 아동 등과 같은 책임무능력자와 감독의무자의 관계와는 동시할 수 없습니다. 특히 부부별산제라는 민법의 원칙에 비추어 배우자의 과실을 당연히 피해자측의 과실로 볼 수 있는지에 대하여 의문이 있으나 부부는 어느 관계보다 신분상, 생활관계상 일체성이 강하므로 그 쌍방의 과실은 각 그 상대방의 손해액 산정에 있어 마땅히 참작되어야 합니다.

㉢ 기타 친족의 과실

오빠가 운전하는 오토바이 뒷자석에 편승한 피해자에 대하여 오빠의 운전상의 과실, 조카가 운전하는 삼촌 소유의 차량에 피해자들인 그 삼촌과 숙모 및 그들의 자녀가 동승하여 설탕을 팔러 가다가 일어난 사고에서 피해자들에 대하여 조카의 과실, 아버지가 운전하는 차량에 아들이 동승하고 가다 일어난 사고에 대해 아버지의 운전상의 과실 등을 피해자측의 과실로 인정합니다.

㉰ 우호, 동료관계에 있는자의 과실-특히 무임(호의)동승의 경우

　　단순한 동료, 친구 등의 관계에 있다는 사정만으로는 그 중 1인의 과실을 피해자측의 과실로 참작할 수 없습니다. 이는 주로 무상동승의 경우에 문제가 되는데, 무상동승 자체를 과실상계에서의 과실개념으로는 다루지 않고 있습니다. 무상동승차량의 운전자의 과실과 또 다른 차량의 운전자의 과실이 경합하여 사고가 발생되고 그로 인하여 동승자가 사상하여 상대방 차량의 보유자를 상대로 손해배상을 청구하는 경우에, 동승차량 운전자의 과실을 피해자인 동승자의 과실로 간주하여 피해자측이 과실로서 상계할 수 있느냐에 관하여 일반적으로 이를 인정하는 견해는 없습니다. 따라서 현단계로서는 자동차손해배상보장법 제4조에 의하여 적용되는 민법상의 재규정에 의하여 개별적으로 해결할 수밖에 없을 것입니다.

　　한편, 동승피해자와 운전자 사이에 가족관계, 사용자관계, 일정한 우호관계 등이 있는 경우에는 피해자측의 과실이론에 의하여, 동승자에게 과실상계의 사유가 있는 경우에는 과실상계에 의하여, 그 밖의 경우에는 위자료 산정에 있어 이를 참작함으로써 손해액을 조정할 수 있을 것입니다. 무상동승의 경우에 가해자에게 일반의 교통사고와 같은 책임을 지우는 것이 신의칙, 형평의 원칙에 비추어 매우 불합리한 것으로 인정되는 경우에는 그 배상액의 감경사유로 삼을 수 있습니다. 이는 일정한 범위 내의 책임제한을 인정한 것입니다. 무상동승 자체를 상계하여야 할 과실의 하나로 본 것이 아니고, 무상동승자에게 그 운행에 의하여 얻는 이익과 그 운행에 미치는 지배의 정도에 따라 비율적인 운행자성취득을 인정한 취지로 보입니다. 이 때문에 무상동승의 경우에도 피해자 본인의 과실을 찾아내어 과실상계의 법리에 따라 그 손해액을 감경하고 있습니다. 그 인정여부는 양자의 신분관계나 친밀도 등의 인적관계와 운행목적, 운행경위 등을 종합 판단하여 신중히 결정해야 할 것입니다. 자동차종합보험약관에 의하면 동승한 자에 대하여 약관소정의 동승자 유형별 감액비율표에 따라 감액하게 됩니다.

(4) 공동불법행위와 과실상계

가해자들의 과실이 경합되어 불법행위가 발생한 경우, 그 가해자 1명에 대한 관계에 있어서만 피해자의 과실이 있다거나 각 가해자에 대한 피해자의 과실 비율이 다른 경우, 피해자가 1개의 청구로 각 가해자에 대하여 공동불법행위책임을 구하는 경우, 그 공동불법행위자가 부담하여야 할 책임의 범위가 문제됩니다.

먼저 가해자 1명에 대해서만 과실이 있는 경우에 관하여 판례는 공동불법행위자 1명에 대해 피해자의 과실이 있을 때에는 그 공동불법행위자 전원에 대한 관계에 있어 일률적으로 참작되어야 한다고 합니다. 다음으로 각 공동불법행위자에 대한 피해자의 과실비율이 다른 경우에 관하여도 공동불법행위 책임은 가해자 각 개인의 행위에 대하여 개별적으로 그로 인한 손해를 청구하는 것이 아니고 그 가해자들이 공동으로 가한 불법행위에 대하여 그 책임을 추궁하는 것으로서, 피해자의 과실은 그들 전원에 대한 과실로 전체적으로 평가하여야 한다는 위 판례이론에 따르는 한, 각 공동불법행위에 대한 피해자의 과실 중 보다 무거운 과실비율, 예컨대 피해자의 공동불법행위자 갑, 을에 대한 과실비율인 10% 및 20%를 전체적으로 적용하여야 할 것입니다.

다. 과실상계의 기준

  손해배상사건의 처리를 합리화하기 위하여, 재판에 대한 국민들의 신뢰유지 및 교통사고 당사자들 사이의 분쟁에 대한 지침을 마련해 준다는 의미에서 과실상계 비율을 정형화해 둘 필요가 있습니다. 사고의 유형은 크게 ① 열차사고 ② 차대차 사고 ③ 차대인 사고로 세분됩니다.

(1) 피해자에게 적용되는 과실상계비율의 산정기준

  피해자의 과실은 사고 당시의 상황을 종합적으로 판단하여 적용하며, 사고유형별로 기본과실을 우선 산정한 후 사고장소, 사고시간, 피해자의 형태, 가해자의 과실정도에 따라 가감산요소를 적용, 수정하게 됩니다.

(2) 동승자감액이란 무엇인가?

  타인의 자동차에 동승하여 가던 중 부상한 동승자의 경우에는 아무런 대가도 지급하지 않고 편의와 이익을 제공받은 점에 비추어 일반보행자 등이 부상한 것과 동등하게 손해배상금을 지급하는 것은 공평하지 않기 때문에 동승자의 동승유형과 동승하게 된 경위 등을 종합적으로 참작하여 최저 5%에서 최고 100%까지 손해배상금을 감액합니다. 그러나 전국의 카풀 실시차량에 대해서는 승용차 함께 타기 운동의 활성화 차원에서 승용차량을 이용한 출퇴근 중에 한하여 동승자에 대한 호의동승감액을 하지 않습니다.

〈동승자의 과실 상계율표〉

동승의 유형		운행의 목적	과 실 상계율
운전자(운행자)의 승낙이 없는 경우	강요동승 무단동승		100%

운전자의 승낙이 있는 경우	동승자의 요청	거의 대부분 동승자의 운행목적임	50%
		동승자의 주된 목적이며 운전자는 종됨	40%
		동승자와 운전자가 균등한 운행목적임	30%
		운전자의 주된 운행목적임	20%
	상호의논 합의	동승자의 주된 목적이며 운전자는 종됨	30%
		동승자와 운전자가 균등한 운행목적임	20%
		운전자가 주된 목적이며 동승자는 종됨	10%
	운전자의 권유	동승자가 주된 목적이며 운전자는 종됨	20%
		동승자와 운전자가 균등한 운행목적임	10%
		운전자가 주된 목적이며 동승자는 종됨	5%
		거의 대부분 운전자의 운행목적임	0%
동승자의 동승과정에 과실이 있는 경우에는 수정요소로서 10~20%의 수정비율 적용			

　위의 표에 따라 과실상계율은 0%~100%로 이루어지며 동승과정의 과실유무에 따라 10~20%의 수정요소가 적용됩니다. 특히 대도시 교통란 완화대책의 일환인 승용차 함께 타기를 실시하는 차량의 운행중 사고의 경우에는 감액비율의 최고한도를 5%로 하고 있습니다.

(3) 차대차 사고에서의 과실상계비율

　차대차 사고의 경우에도 사고 당시의 상황을 종합적으로 판단하여 차량별 기본 과실을 정하게 되며, 사고장소, 사고시간, 사고 당시 양차량 운전자의 운행형태 등이 종합적으로 검토된 후 가감산 요소를 적용하게 됩니다.

(4) 쌍방과실 사고의 경우

손해액 분담방법에는 각각 상대방에게 과실비율에 따라 상호교차로 배상하는 방법인 교차책임주의와 쌍방의 손해액을 합산한 금액에 쌍방의 과실비율을 곱하여 각각 자기부담금을 산출한 후 자기손해액을 공제하고 차액만을 배상하는 방법인 단일책임주의가 있습니다.

＊교차책임주의 사례

사고관련차량

	A차	B차
과실비율	70%	30%
손 해 액	300,000원	500,000원

주) 1. A차의 부담액은

B차에 대한 배상책임액 : 500,000×70% = 350,000

자차손해에 대한 자기부담액 : 300,000×70% = 210,000

2. B차의 부담액은

A차에 대한 배상책임액 : 300,000×30% = 90,000

자차손해에 대한 자기부담액 : 500,000×30% = 150,000

제 2 장 사망사고

제 1 절
사망사고의 처벌

1. 사망사고

"교통사고로 사람을 죽게 했다." 남 이야기면 몰라도 막상 나에게 그런 일이 닥치게 되면 심각한 일이 아닐 수 없습니다. 자동차가 1,000만대를 돌파한 현재, 자동차가 넘쳐나는 거리에 처음 면허를 따고 왕초보 운전자로 나설 때만 해도 사고를 우려하여 거북이걸음을 한 기억은 누구나 갖고 있을 것입니다. 그러나 운전 경력이 붙으면서 초보 때의 조심스러운 운전습관은 간데없고 교통 위반을 밥 먹듯이 하고 있는 자신을 발견할 것입니다. 아마도 나만은 사고와는 무관하다는 생각을 가지고 있기 때문에 그럴 것입니다. 그러나 사고는 갑자기 발생하는 것이다. 불과 1초도 안되는 짧은 시간에 사고가 나고 그리고 사람이 죽는 상상치도 못한 사태가 벌어지는 것입니다. 서울중앙지방검찰청은 교통사고 사망사고를 근절하기 위한 일환으로 과실이 중한 교통사고 사망사건에 대해 엄정 대처하는 방안을 마련하여 2014년 7월 1일부터 시행하였습니다. 즉, 음주·신호위반 등 교통사고처리특례법 제3조 제2항 단서의 11개 항목을 위반하여 사망사고를 일으킨 운전자에 대해서는 유족과 합의·공탁 여부를 불문하고 원칙적으로 구속수사를 하도록 하였습니다. 그 외 단순과실 사망사범의 경우 기존의 원칙(구속을 원칙으로 하되, ① 사망자 1명으로 운전자 과실이 경미하거나 사망자 과실이 중하고 합의된 경우와 ② 피해자 과실이 중하고 종합보험에 가입된 경우에는 불구속 가능)을 그대로 유지하되, 사망자가 2인 이상인 경우에는 적극 구속수사하도록 하였습니다.

이런 사망사고시 처벌은 어떻게 될까? 사람이 죽었는데 과연 얼마나 복역을 해야 하는 것인가?

2. 법률규정과 양형기준

교통사고처리특례법에 의하면 차의 운전자가 교통사고로 인하여 사람을 사망하게 하면 5년 이하의 금고 또는 2천만원 이하의 벌금에 처하도록 되어 있습니다. 형의 공소시효는 7년인데, 이러한 것을 법정형이라고 합니다. 법원에서 내리는 사망사고에 대한 선고 형량은 법원마다, 그리고 판사마다 조금씩 다릅니다.

사망사고의 경우 양형의 기준으로 가장 중요시하는 것이 피해자와의 합의 여부입니다. 그 밖에 중요한 양형 인자로는 무면허사고, 음주운전, 중앙선 침범, 신호위반 등입니다. 사고로 사망한 사람의 숫자 등도 중요한 인자입니다.

3. 선고사례

(1) 합의한 경우

교통사고 사망사고에서는 망인 유가족과의 합의 여부가 무엇보다도 중요합니다.

합의가 된 경우에는 금고 10월에 집행유예 2년이 선고되는 경우가 가장 많습니다(집행유예는 문자 그대로 형을 선고는 하되 교도소에서의 복역을 유예하는 것입니다. 집행유예가 선고되면 구속된 피고인은 그날 석방됩니다). 다음으로 많이 선고되는 것이 금고 1년에 집행유예 2년입니다. 이렇듯 교통사고 사망사고의 경우 망인과의 합의만 이루어지면 집행유예로 석방되는 것이 보통입니다. 그래도 사람이 죽었는데 몇 년은 복역해야 하는 것이 아닌가 하고 생각하는 사람도 많을 것입니다. 그러나 교통사고는 과실로 인한 것이어서 고의에 의한 살인과는 그 죄질이 전혀 다릅니다.

그렇다고 항상 집행유예가 선고되는 것은 아닙니다. 실형인 금고형이 선고되는 경우도 적지 않습니다. 보통 금고 10월에서 1년쯤 선고되는데, 집행유예 결격자(집행유예 기간 중이거나 전에 다른 죄로 교도소에 복역 후 출소한 지 5년이 안된 경우)는 예외 없이 실형이 선고됩니다. 또한 집행유예 결격자가 아니더라도 실형이 선고되는 경우가 있는데, 가해자의 과실이 심한 경우가 대부분입니다. 음주나 무면허, 중앙선 침범사고 같은 중대한 과실이 하나 또는 둘 이상 경합된 경우가 그것입니다. 또 피해가 심한 경우, 예컨대 여럿이 사망했거나 일가족이 모두 사망한 경우 등입니다.

한편 벌금형이 선고되는 경우도 있습니다.

망인에게 과실이 큰 경우입니다. 적색 신호등에서 횡단하거나 도로 중앙을 술에 취하여 걸어가다가 사고를 당한 경우 등 가해자보다 피해자에게 과실이 큰 경우에는 벌금형이 많이 선고됩니다. 또

가해자가 공무원이나 회사원 등으로서 집행유예가 그 직장에서 퇴직 등의 불리한 상황을 초래하는 경우에는 법원에서 달리 취급하여 벌금형을 선고하는 경우가 있습니다(특히 피해자와 합의되고 탄원까지 하는 경우).

(2) 공탁한 경우

합의와 공탁은 망인의 유족 입장에서는 큰 차이가 있습니다. 합의는 망인의 유가족과 가해자가 서로 처벌을 원하지 않는 의사표시의 합치가 이루어진 것인데 비하여 공탁은 망인 유가족의 의사와 관계없이 가해자 쪽에서 일방적으로 일정한 금전을 공탁하고 용서를 바라는 일방향 의사표시에 불과한 것입니다. 법원에서도 공탁은 합의와 달리 취급하고 있습니다.

따라서 합의가 되지 않고 공탁을 하게 되면 실형이 선고되는 것이 보통입니다. 보통 금고는 8월~1년 6월정도 선고되고 있습니다.

자료에 의하면, 운전 중 사망사고를 낸 경우 금 1,000만원을 공탁하였는데 벌금이 선고된 사례도 있습니다. 그러나 이것은 지극히 예외적인 경우이며 특히 집행유예 결격자들에게 실형이 선고되는 것은 거의 필연적입니다.

(3) 합의나 공탁이 안된 경우

합의도 공탁도 안된 경우는 피해자의 과실 여하에 따라 달라지겠지만 실형 1년~1년 6개월 정도 선고되는 것이 보통입니다.

4. 항소

1심 선고에 대하여 7일 이내에 항소할 수 있습니다.

1심에서 집행유예나 벌금형이 선고된 경우에는 항소하는 것이 큰 실익은 없지만 1심에서 실형이 선고된 경우에는 항소심에서 집행유예가 선고될 가능성이 있으므로 항소의 실익이 크다 하겠습니다.

특히 1심에서 합의가 안됐거나 공탁한 것에 불과하여 실형이 선고된 경우에는 항소심 선고시까지는 합의할 수 있는 기간이 충분히 있고 그렇게 합의되면 집행유예 가능성이 크므로 자포자기하여 항소를 포기할 일이 아닙니다.

또 공무원이나 직장인의 경우도 1심에서 집행유예가 선고된 경우에 항소심에서 벌금형이 선고될 가능성이 있으므로 적극적으로 항소하는 것이 좋습니다.

제 2 절
뺑소니사고 사망

1. 특가법에 의하여 무겁게 처벌

자동차 등의 교통사고로 인하여 사람을 사망에 이르게 하고 구호
조치를 취하지 아니하고 도주하거나, 도주 후에 피해자가 사망한 때
에는 법정형이 무기 또는 5년 이상의 징역에 처하도록 되어 있습니
다(상해의 경우는 1년 이상의 징역). 뺑소니사고의 감경 하한선은
징역 2년 6월이고, 공소시효는 15년입니다. 집행유예는 법률상 가
능합니다.

2. 실제 형의 선고

법정형에서 볼 때 단순 사망사고와 뺑소니사고는 그 형량에서 엄
청난 차이가 있습니다. 실제 법원에서도 뺑소니 사망사고는 단순 사
망사고보다 엄하게 처벌하고 있습니다. 그러나 뺑소니사고도 역시
망인 유가족과의 합의가 대단히 중요하여 피해자 쪽에서 처벌을 원
하지 않으면 법원에서도 그 점을 참작하게 됩니다. 즉 합의가 된 경
우 집행유예가 선고되기도 합니다. 그러나 뺑소니가 아무래도 죄질
이 좋지 않은 만큼 단순 사망사고에 비하여 집행유예 가능성은 훨
씬 적습니다. 합의가 됐어도 실형이 선고되는 경우가 많은 것입니다.
합의가 되지 않았을 경우에는 징역 2년 6월에서 3년형이 선고되는
것이 보통입니다. 공탁의 경우에도 합의된 것은 아니므로 실형이 선
고되는 경우가 대부분입니다. 형은 역시 2년 6월에서 3년형이 선고

됩니다.

3. 법원 선고사례

실제 뺑소니사고에 대한 선고사례를 하나 소개해 보도록 하겠습니다.

홍길동(가명)은 20대 후반의 남자인데 면허정지된 상태에서 친구의 차(책임보험만 가입)를 음주상태로 운전하던 중 횡단보도를 건너던 행인을 치여 사망케 하고는 그대로 도주하다 이를 추격하던 택시와 2차 충돌하여 체포되었습니다.

단순해 보이지만, 사망사고, 뺑소니(2회), 횡단보도사고, 음주사고, 중앙선 침범사고, 무면허·무보험사고 등 여러 개의 과실이 경합된 사건입니다.

떡장사를 하는 피고인의 어머니는 어렵게 살고 있어 합의도 보지 못하고 금 1,000만원을 공탁하였습니다. 1심에서 징역 3년이 선고되었으나 항소하면서 가족들이 피해자와 다시 접촉하여 합의를 하였고, 그 점이 참작되어 2심 법원에서는 집행유예가 선고되어 그날 풀려났습니다.

이 건을 놓고 볼 때 뺑소니 사망사고가 형량이 높다하여 미리 실형이 선고되리라 지레 겁을 먹고 포기할 일이 아닙니다. 끝까지 최선을 다하면 좋은 결과가 나올 것입니다.

4. 뺑소니 상해사고의 형량

특가법에 의하면, 자동차 등의 교통사고로 인하여 형법 제268조의 죄(업무상과실 치사상)를 범한 당해 차량의 운전자(이하 '사고운

전자'라 한다)가 피해자 구호조치를 취하지 아니하고 도주한 때에는
다음의 구분에 따라 처벌합니다.

  ① 피해자를 치상한 때에는 1년 이상의 유기징역 또는 500만원
    이상 3천만원 이하의 벌금

  ② 사고운전자가 피해자를 사고 장소로부터 옮겨 유기하고 도주
    하여 피해자를 치상한 때에는 3년 이상의 유기징역

한편 위 두 경우 모두 집행유예가 가능합니다.

5. 뺑소니로 몰리지 않으려면

(1) 사고 직후의 조치

교통사고가 나면 운전자가 가장 신경 써야 할 것은 뺑소니로 몰리지 않는 일입니다. 만일 교통사고를 내 사람이 다쳤다면 모든 일 중 우선순위로 둘 일이 ① 첫째는 피해자 구호조치와 ② 자신의 연락처를 피해자에게 알려주는 것입니다.

이 두 가지 조치로 운전자는 뺑소니로 몰리지는 않습니다. 결코 어려운 일이 아니지만, 그러나 막상 사고에 닥치면 당황하고 겁이 나서 이러한 조치를 잊게 되고 그러다 보니 제대로 처리했으면 별 것도 아닌 사건이 크게 확대되는 것입니다.

(2) 구호조치

사고가 나면 보통은 사람이 다치게 마련입니다. 이때는 당황하지 말고 구호조치를 하면 됩니다. 구호조치란 피해자의 상태를 살펴보고 인근 병원에 옮기는 일입니다.

그런데 사고가 나고 피해 정도가 심하다 싶으면 보통은 당황하게

마련입니다. 그래서 무의식중에 그냥 차를 몰고 가 버립니다. 양심적인 사람은 도망치다가도 후회하고 다시 돌아오기도 하는데 이 경우도 역시 뺑소니에 해당합니다.

영업용 택시 운전사들은 뺑소니를 잡으면 상으로 개인택시 운영권을 받으므로 눈에 불을 켜고 뺑소니 검거에 나서는데 실제로 이런 운전자에 추격을 당하여 붙잡히는 경우가 많습니다.

사고발생 후 부모나 친구로부터 도움을 받기 위하여 사고 장소에서 벗어나는 경우는 어떻게 될까? 특히 여성 운전자에게 이런 경우가 많아 남편이나 오빠에게 도움을 청하려고 집으로 가는 경우가 많습니다. 이에 대해 대법원 판례는 "운전자가 사고발생을 부모에게 알려 사후조치를 취하려고 사고현장을 떠난 것이지 도주한 것이 아니라고 변명하더라도, 사상자 구호 등 필요한 조치 없이 사고현장을 떠난 이상 위 사유만으로 도주한 것이 아니라고 볼 수 없다"고 판결하였습니다(대법원 84도144).

따라서 함부로 자리를 이탈해서는 안됩니다. 만일 주위에 도움을 청할 필요가 있는 경우에는 현장에서 휴대폰 등으로 즉시 연락을 취하는 것이 좋습니다. 설사 공중전화를 찾아 전화를 하러 간다 하더라도 사고 현장이 시야에서 벗어나지 않는 거리에서 현장에 교통경찰이 나타나거나 피해자가 도움을 요청하면 즉시 달려올 수 있는 준비를 하고 있어야 합니다. 만일 이를 게을리 했다가는 돌이킬 수 없는 상황이 되고 맙니다.

(3) 운전자의 신분을 밝혀둔다.

구호조치 이외에 또 하나 중요한 것이 운전자가 자신의 신분을 분명히 밝혀두는 일입니다.

제 3 절
사망사고의 배상

1. 일반적인 배상액

사망사고시 손해배상 금액은 망인의 소득과 과실에 따라 다르지만 요즘에는 보통 1억원을 넘습니다.

과거에는 보험회사가 합의금으로 제시한 금액이 실 손해액에 비하여 터무니없이 낮은 금액이어서 망인 유가족들이 소송제기를 많이 하였습니다. 너나없이 소송을 제기하다보니 보험회사에서도 합의금으로 제시하는 금액이 높아졌고, 그로 인해 다시 소송은 크게 줄고 대부분 합의로 되었습니다.

그러나 보험회사가 제시하는 합의금액은 여전히 실 손해액에는 못 미치는 금액입니다. 대개 보험회사들은 합의 제시할 때 변호사 보수와 소송에 걸리는 시간을 이야기하며 합의하는 것이 더 유리하다고 합의를 유도하고 있습니다.

요즘은 배상액이 실 손해액의 40~60%, 때로는 70% 수준에 이르러서 소송시 변호사 성공사례금을 떼어주고 나면 합의 제시금액이나 큰 차이가 없어 소송을 제기하여 받아낼 실익이 크지 않습니다.

그래도 망인 유가족의 입장에서는 여전히 실 손해액에 못 미치는 합의금을 받게 되는 것이어서 불만이 없을 수 없습니다. 실 손해액을 전부 받을 수 있는 방법은 없을까?

2. 실 손해액을 받을 수 있는 방법

변호사를 잘 활용하면 길이 있습니다.

이런 사건의 경우 보통은 변호사가 비용을 부담하고 나중에 성공사례금 식으로 받다보니 이 성공사례금 비율이 높아져 유족입장에서는 변호사 비용이 부담이 되는 것입니다. 차라리 일반 사건처럼 착수금을 주고 변호사를 선임, 소송하여 조정보다는 판결로 간다면 지연이자까지 100% 실 손해액을 보상받을 수 있습니다. 거기에다 보험회사로부터 소송비용까지 받아버리면 변호사 보수로 들어간 비용은 상당부분은 회수할 수 있는 것입니다. 승소시 피고 보험회사로부터 변호사 보수로 인정받는 금액은 1억원이면 금 480만원이고 2억원이면 680만원입니다.

이렇게 하면 승소금액에 따라 변호사 비용전액 또는 상당한 금액까지 돌려받을 수 있는 것입니다.

3. 후유장해의 금전 환산

교통사고를 당하면 이른바 후유증 또는 후유장해가 남는 경우가 많습니다.

후유장해에는 눈이 한쪽 실명되거나 다리가 한쪽 잘려나가는 것과 같이 눈에 띄는 장해의 경우도 있지만 "속으로 곪는다."는 말과 같이 평생 통증으로 고생하는 눈에 띄지 않는 장해도 있습니다.

일반적으로 눈에 띄는 장해에 대해서는 팔을 걷어붙이고 나서서 배상을 받으려 하지만 그렇지 않은 경우 의외로 소극적입니다.

보험회사에서 제시하는 돈에는 이 후유증(후유장해)에 대한 보상이 포함되어 있습니다. 사실 후유장해에 대하여는 장해가 없는 상태로 원위치해 주는 것이 최상의 보상방법이지만, 현대의학으로는 불가능한 경우가 대부분입니다. 그래서 후유장해를 금전으로 환산하여 보상하는 것이 오늘날 일반적인 보상방법이 됩니다.

후유장해를 어떻게 금전으로 환산할까? 우리나라 법원에서 시행되고 있는 방법은 이렇습니다. 피해자가 사고 이후 벌어들일 수 있는 총수입에 중간이자를 공제하여 현재가로 계산하고 거기에 장해율을 곱합니다.

예컨대 연 수입 2,000만원인 40세인 사람이 사고를 당한 경우,

- 일실수익 : 이후 20년간(보통은 60세까지) 벌어들일 수 있는 수입은 4억원입니다. 이것을 호프만계수에 의하여 현재가로 계산하면 대충 2억원(호프만계수 계산 방식은 뒤에 자세히 설명할 것이다)입니다. 여기에 허리통증으로 영구적으로 25%의 후유장해가 예상된다면 2억원×25% = 5,000만원이 됩니다.
- 위자료 : 여기에 신체장해로 인한 정신적 고통이 심할 것이므로 장해비율에 따라 위자료를 책정하면 법원이 인정하고 있는 위자료 최대치 8,000만원×25% = 2,000만원입니다.

⇒ 따라서 이 경우 일실수익5,000＋위자료2,000 = 7,000만원이 손해배상금이 되는 것입니다.

그런데 여기에서 공제되어야할 것이 있습니다. 피해자의 과실입니다. 100% 가해자의 과실로 사고가 발생 하는 경우도 있지만 피해자에게도 어느 정도의 잘못이 있기 마련입니다. 이를테면 빨간 신호등인데도 횡단하다 사고를 당했을 경우 이 사람이 신호를 위반하지 않았다면 사고가 발생하지 않았을 것입니다. 이런 경우 피해자의 과실도 있으므로 그만큼 공제되어야 합니다. 과실비율은 사고 상황에

따라 조금씩 차이가 납니다.

　대표적으로 안전벨트를 매지 않았을 경우 10% 정도쯤 과실상계를 하게 됩니다.

　■최종 손해배상금 : 위 7,000만원에서 과실을 공제한 나머지금액 7,000만원×0.9(1-0.1) = 6,300만원이 이 피해자가 받을 수 있는 손해배상금인 것이다.

■ 판례로 살펴본 유형별 사고

1. 버스, 택시 승객사고

가. 원칙적으로 승객 과실은 없습니다.

　대중교통 즉 택시나 버스를 타고 가다가 운전자의 잘못으로 사고를 내는 경우 승객에게는 원칙적으로 과실이 없습니다.

　다만 택시나 고속버스의 경우 안전벨트를 하지 않아 부상이 더 커진 경우 10%정도 과실을 인정하고 있습니다.

- 철도건널목을 통과할 때, 승객이 운전사에게 우선 멈춤의 지시를 하지 않았다고 하여 승객에게 과실이 있다고 할 수 없다(대법원 1970.9.22, 선고70다1559 판결).
- 고속도로를 운행하는 영업용 택시의 승객이 운전수에게 속도를 구체적으로 지시하면서 감시할 의무가 있다고 할 수 없다(대법원 1973.6.22, 선고72다2375 판결).

나. 승객 과실을 인정하는 경우

　승객이 사고발생에 직접 가담하거나, 위험에 대하여 묵시적으로 동조한 경우. 그밖에 손해의 확대에 기여한 경우에는 승객에게도 과실을 인정하고 있습니다.

- 픽업트럭 조수석에 승차하여 가면서 운전사와 잡담을 하여 운전사로 하여금 주의를 산만하게 하여 교차로에서 좌회전해 오던 트럭과 충돌(승객 과실 10%)(서울지방법원 83가합4187 판결)

- 트럭의 조수석에 정원(3명)을 초과하여 운전사 포함하여 5명이 타고 편도 1차선의 지방국도를 진행하다가 반대방향에서 갑자기 중앙선을 침범하여 온 트럭과 충돌(탑승자 과실 15%)(서울지방법원 83가합3992 판결)

- 술에 취하여 안전벨트를 착용하지 않은 무상 동승자(10%)(대법원 88다카1114 판결)

※ 술에 취하지 않은 채 탑승한 승객도 10%정도 과실을 인정한다.

- 완전히 정차하지 않고 움직이는 버스에서 하차하려다 발생한 사고(승객 과실 25%)

- 화물자동차의 적재함에 동승하였던 자가 도로의 커브지점을 과속으로 운행함으로써 발생한 사고(동승자 과실 20%)

2. 화물차 적재함에 탑승중 사고

가. 화물 적재함

화물 적재함에는 원칙적으로 사람이 탑승하는 것이 아니므로 사고가 나면 적재함에 탑승한 그 자체로 과실이 있습니다.

- 화물자동차의 적재함에 동승하였던 자가 도로의 커브지점을 과속으로 운행함으로써 발생한 사고(동승자 과실 20%)

- 피해자가 음주한 상태에서 화물자동차의 적재함에 승차하여 안전자세를 취하지 않고 서서 잡담하다가 요철이 심한 오르막길을 운행 때 추락(탑승자 과실 60%)

나. 굴삭기 적재함

- 굴삭기 적재함 에는 조종사밖에 탈 수 없는데 이에 편승하여 가다가 추락 전도하여 사고를 당한 경우(탑승자 과실 25%)

다. 경운기

- 경운기 적재함에 탑승했다가 사고를 당한 경우 20% 과실(여주지원)

- 경운기 적재함에 걸터앉았다가 사고를 당한 경우 30% 과실(수원 지법)

3. 오토바이 뒤에 타고 가다 난 사고

- 오토바이와 화물자동차 충돌사고에 있어서, 오토바이의 뒷좌석에 동승하였던 피해자가 헬멧을 착용하지 아니하였고, 중앙선을 침범한 오토바이 운전자에게 주의를 환기시키지 않았음(탑승자 과실 20%)

- 안전모를 착용하지 않고 오토바이 뒷좌석에 타고 비포장도로를 가다가 8톤 카고 트럭과 충돌하여 좌하지 절단, 청력감퇴의 후유증이 남는 상처를 입음(탑승자 과실 20%)(서울지방법원 1983.11.10, 선고83가합2412 판결)

- 안전모를 착용하지 않고 오토바이 뒷좌석에 타고 가다가 시내버스와 충돌하여 머리를 크게 다침(탑승자 과실 25%)(서울지방법원 1983.12.15, 선고83가합4088 판결)

- 2세8개월된 딸을 안전모도 씌우지 않은 채 탑승이 금지되어 있는 오토바이 앞에 태우고 무면허운전하고 2차선의 산업도로를 2차선을 따라 진행하다가 시내버스가 후방에서 과속(시속 95킬로미터)으로 진행하여 추돌(딸아이 과실 40%)(서울지방법원 1983.12.29, 선고83가합2465 판결)

4. 기차 승객

- 기차승객인 피해자가 출입구에서 방뇨하다가 발생한 사고(승객과실 40%)

- 피해자가 기차승객으로서 기차가 정차 후 출발하려는데 하차 하다가 역과사(승객과실 70%)

- 피해자가 기차의 승객으로서 승강대에 매달려가다가 발생한 사고(승객과실 70%)

5. 도로별 사고

가. 고속도로

고속도로, 서울의 올림픽도로나 강변도로 등 자동차 전용도로는 원칙적으로 사람이 횡단하거나 보행을 하지 못합니다. 이런 도로에서 횡단하거나 보행 중 사고가 발생하면 피해자 과실을 100%로 보고 운전자의 책임을 인정하지 않는(즉 운전자 면책) 것이 일반적입니다. 고속도로에서 차가 고장나 차에서 내려 이동 중 사고를 당한 경우와 같은 예외적인 경우는 가해 운전자에게 일방적으로 면책을 인정하고 있는 것이 법원 입장입니다.

나. 면책되지 않는 경우

그러나 운전자가 면책되지 않는 경우가 왕왕 있습니다.

특수한 경우인데 교통경찰이 고속도로 선상에서 교통단속을 하다가 사고 난 경우(과실 50%)입니다.

- 법규위반 차량을 단속하기 위하여 고속도로의 추월선과 주행선의 경계상에 서 있던 교통경찰관을 충격한 경우(과실 50%)(대법원 93다53894)
- 중부 고속도로 추월선 상에 차를 세워놓고 싸우다가 후행하던 차량에 사고를 당한 경우(과실 70%)(서울서부지원 97가합11171)
- 고속도로상 고장차량의 타이어를 갈아끼우기 위해 고속도로 차도로 진입하다 사고(과실 30%)

다. 올림픽 도로 횡단사고

서울의 올림픽도로나 강변도로 등 자동차 전용도로를 횡단하다

사고를 당한 경우는 운전자 면책 판결이 있는가 하면 과실을 상당부분 인정한 판례도 있습니다.

■ 면책 판결

- 피해자의 과실이 너무 커 운전자 면책(서울지법 89가합16954)
- 도로 양측에 철책이 설치돼 있고 보행자 금지판이 설치돼 있는 곳 횡단하다 사고를 냈으므로(동부지원 87가합1033)

■ 피해자에게 과실인정 판결

- 강변도로를 음주무단 횡단한 피해자과실(과실 30%)(대법원 87다카522)

   이상 살펴본 바와 같이 자동차 전용도로 위에서는 보행 또는 횡단하다 사고를 당한 경우는 원칙으로 피해자 과실이 100%입니다.
   다만 그런 도로 위에서도 차량이 사고 난 것처럼 예외적인 경우에 한해서 가해자 면책을 부인하고 있습니다.

6. 택시를 잡다 사고를 당한 경우

가. 택시를 잡으려 한 경우

   우리나라 사람들의 성격이나 도로 구조상 택시를 잡으려면 인도에서 차도로 내려가 손을 들어야 합니다. 특히 밤 12시를 넘어서 술마시고 귀가할 때는 도로 중앙선까지 진출해서야 택시를 잡을 수 있는 것입니다.
   이와 같이 차도에까지 나와서 택시를 잡으려고 하다가 사고를 당하는 경우가 종종 있습니다. 이 경우는 과실이 어떻게 적용될까?
   인도에서 서서 택시를 잡는 경우야 피해자에게 과실이 있다고 보기 힘들지만 차도에 내려오면 그 자체만으로 상당한 과실이 있게 됩니다. 거기에다 술까지 마시고 중앙선까지 진출했다면 과실 비율이 더욱 높아지는 것입니다.

판례도 음주한 채 차도에서 택시를 잡으려다 사고를 당한 경우(30%) 편도 2차선 도로에서 심야에 2차선까지 나와 사고를 당한 경우도 피해자 과실을 30% 인정하고 있습니다.

나. 버스 잡으려고 나온 경우

한편 버스를 타려고 도로로 내려오는 경우도 흔히 볼 수 있는 광경입니다.

차도에 내려서서 버스를 타려다 사람들에 밀려 넘어지면서 충격된 사고에서 피해자 과실을 40%로 판시한 법원 판결이 있습니다(서울고등 88나23730).

7. 도로에 누웠다가 사고를 당한 경우

가끔 보면 도로에 누워있는 사람이 있습니다.

물론 맨 정신에 그런 것은 아니고 술에 취하여 눕는 경우가 대부분입니다. 자동차 전용도로에서야 일반인 보행을 할 수 없는 길이므로 이런 곳에서 눕는다면 운전자는 면책입니다. 그러나 일반 도로에서는 도로에 누운 사람을 친 경우는 운전자가 책임을 면할 수는 없습니다.

도로에 누웠다가 사고를 당하는 경우가 흔해서 그런지 이런 경우의 판례도 의외로 많이 있습니다. 이런 경우 법원에서는 피해자 과실을 60~70%정도로 보고 있습니다.

- 피해자 과실을 70%까지 인정한 판례

89년 서울지법에서 선고된 것으로 심야편도 1차선 도로에서 음주 만취된 채 도로 1차선에서 드러누워 있다가 사고를 당한 경우, 또 서울고법이 89년에 선고한 것으로 야간에 음주한 채 편도 3차선 도로상 2차선에서 누워있다 사고를 당한 경우 등이 있다.

- 피해자 과실을 60% 정도 인정한 판례

88년 의정부지원은 야간에 통일로 상에서 음주한 채 누워 있다가 사고를 당한 경우 피해자에게 60%의 과실을 인정했다. 88년 사고이니 그렇게 판시했겠지만 요즘처럼 8차선 상에서 다시 그런 사고가 났다면 100%까지 과실을 인정할 수도 있다.

8. 안전벨트 미착용

승용차나 고속버스와 같이 좌석이 있는 차량은 안전벨트 부착이 의무화되어 있고 이런 차량에 탑승한 사람들은 안전벨트를 착용할 의무가 있습니다.

만일 안전벨트를 착용하지 않고 차량에 탑승했다가 사고를 당하면 과실비율을 크게 당하게 됩니다.

법원은 일반적으로 안전벨트 미착용시 10%쯤의 과실을 부과하고 있습니다. 그러나 이 10%는 절대치는 아니어서 5%쯤 인정한 판례가 있는가 하면 심지어 과실을 0으로 보는 경우도 있으며, 더 무겁게 과하는 경우도 많습니다.

▶ *브로커*

1. 브로커란

　교통사고로 입원기간이 길어지면 변호사나 손해사정인 사무실 사무장 명함이 쌓이게 됩니다.

　이 브로커들은 환자를 변호사나 손해사정인에게 연결해줍니다. 보통 브로커라고 하면 좋은 이미지가 떠오르지 않는 것이 사실이지만, 교통사고에서 브로커가 꼭 부정적인 것만은 아닙니다. 이들의 활동으로 교통사고 피해자는 교통사고로 인한 손해배상이 무엇인지 눈을 뜨게 되고 보험회사와 합의하는 것보다 많은 배상을 받게 되기도 합니다.

　이처럼 보험회사의 턱없이 적은 보상에서 벗어나게 해준 것이 브로커들입니다. 따라서 이들이 꼭 나쁜 쪽에 있었던 것만은 아닙니다. 그러나 떳떳치 못한 뒷거래가 횡행하는 한 이들의 존재는 긍정적일 수는 없을 것입니다.

2. 브로커가 좋아하는 교통사고

브로커가 좋아하는 교통사고는 물론 돈이 많이 되는 사건입니다. 그러려면 환자가 많이 다쳐야합니다. 미안한 얘기이지만 현실은 환자가 많이 다쳐야 브로커는 속으로 좋아하는 것입니다. 그래야 후유장해 가능성이 있고 손해배상금액이 많이 나올 수 있기 때문입니다. 손해배상이 많이 나와야 브로커에게 떨어지는 몫도 큰 것입니다.

또한 브로커들이 무엇보다도 중요시 하는 것이 가해차량의 보험 또는 공제조합 가입여부입니다.

보험에 가입되어 있지 않으면 아무리 많이 다쳤다 하더라도 브로커가 거들떠보지도 않습니다. 브로커가 붙는 교통사고 피해자는 그래도 행복한 편인 것입니다.

3. 브로커가 몰리지 않는 사고

첫째 가해차량이 무보험 차량인 경우입니다. 이때 가해차량 운전자나 소유자가 재산이 있다면 그나마 나은 편입니다. 그 재산으로 손해배상을 받을 수 있기 때문입니다. 그러나 재산도 없다면 손해배상 받을 방법이 없으므로 막막하기만 합니다.

둘째는 피해가 경미한 경우입니다. 가벼운 뇌진탕이나 염좌 정도면 후유장해 가능성이 없습니다. 따라서 소송을 해도 승소금액이 거의 없게 됩니다.

셋째 피해자의 과실이 많은 경우입니다. 고속도로나 자동차 전용도로를 무단 횡단하다 사고를 당했다면 이런 사람들의 과실은 거의 100%입니다. 따라서 배상받을 가능성이 없습니다.

4. 추간판탈출증(디스크)

교통사고가 나면 가장 흔히 발생하는 상해가 염좌와 추간판탈출증입니다. 그중 피해자에게 고통도 많고 후유증도 오래가고 보험회사와 분쟁도 많은 것이 추간판탈출증(이른바 디스크)입니다. 염좌도 많이 발생하지만 대부분 시간이 지나면 회복되기 때문에 별 문제가 되지는 않습니다. 그러나 추간판탈출증은 쉽게 회복되지 않을 뿐만 아니라 후유증이 있기 쉬우며, 후유증도 어떤 경우는 평생을 가게 됩니다.

예전에는 추간판탈출증에 대해 감정의사들이 영구적으로 장해가 있다고 판정했지만, 몇 년 전부터는 한시장해 판정을 내리고 있습니다.

한시장해란 일정한 기간만 장해가 있고 그 기간이 지나면 정상으로 돌아온다는 뜻입니다. 기간도 예전에는 한시장해 5년이나 10년까지 장기로 판정했지만 최근에는 한시 2년, 또는 3년의 단기 판정을 많이 내리고 있습니다.

그러면 한시기간과 손해배상과은 어떤 관계가 있을까? 한시 2년이라면 환자의 소득 중 2년간만 손해를 인정하고 5년이라면 5년만, 영구장해라면 정년(보통은 60세)까지 손해를 인정해주는 것입니다. 따라서 장해기간이 장기간이어야 손해액도 커지는 것입니다. 2년 또는 3년의 한시장해를 받게 되는 추간판탈출증 환자들은 손해액이 적으므로 브로커들도 거들떠보지 않습니다.

교통사고시 가장 많은 환자가 추간판탈출증 환자인데 이 환자들이 한시 장해로 판정되면서 브로커가 설 땅이 점점 없어져 가고 있습니다.

제3장 유형별 사고

제1절
뺑소니(도주) 교통사고

1. 뺑소니사고

교통사고로 사람을 다치게 하거나 사망케 한 경우에 운전자가 이를 방치하고 그대로 도주하는 경우를 뺑소니사고라 합니다. 우리나라에서는 이에 대해 특정범죄가중처벌등에관한법률(이후 특가법이라 한다) 위반으로 엄하게 처벌하고 있습니다. 보통의 교통사고(음주나 중앙선 침범 등)는 5년 이하의 금고나 금 2,000만원 이하의 벌금인데 비하여 특가법상 도주는 1년 이상(상해) 또는 5년 이상(사망)의 징역형에 처하게 되어 있습니다.

따라서 교통사고가 나면 운전자는 즉시 구호조치를 취해야 합니다.

즉시 구호조치를 하게 되면 사망까지 가지 않고 부상으로 끝날 수 있는 경우가 많습니다. 그러나 그대로 방치함으로써 피해자의 상태가 악화되어 바로 병원에 후송하면 치유될 수 있는데도 사망에 이르는 경우가 적지 않아 나라마다 뺑소니사고를 엄하게 처벌하고 있는 것입니다.

　그러면 뺑소니사고는 왜 일어날까? 운전자에게 사고에 대한 형사처벌의 두려움이나 윤리적인 문제가 있어 사고를 은폐하기 위해 도주하는 경우도 있지만 원인적인 관계 때문에 도주를 하게 되는 것이 대부분입니다. 즉, 음주사실이나 무면허, 무보험 차량 등의 원인관계가 드러나는 것이 두려워 도주하는 경우가 많습니다. 그러나 알고 보면 이와 같은 행동은 참으로 미련한 짓입니다.

　음주나 무면허나 무보험의 경우 처벌되기는 하지만 뺑소니처럼 가혹한 처벌을 받지는 않습니다. 합의가 되면 벌금형이나 집행유예로 풀려나는 것이 보통인 것입니다.

2. 뺑소니사고의 요건

(1) 뺑소니사고 차량

　뺑소니는 자동차와 오토바이를 타고 가다 사고를 내고 도주했을 때 성립되는 범죄입니다. 자전거·우마차·경운기 등을 타고 가다 사고를 내고 도망간 경우는 차에 해당하지 않으므로 특가법상의 뺑소니에 해당되지 않습니다.

(2) 대인사고

　뺑소니는 인명 피해사고가 발생했을 때에 한하여 성립합니다. 대물사고의 경우는 이에 해당하지 않으므로, 접촉사고시 차만 손상되고 운전자나 탑승객은 전혀 다치지 않은 경우에는 사고운전자가 도주해도 뺑소니가 되지 않습니다.

(3) 도주한 것이어야 한다.

　사고로 인해 사람이 다친 사실을 알고도 구호조치나 신분을 밝힘이 없이 그냥 도주한 경우이어야 뺑소니가 됩니다. 최근 대법원은 '도주'의 의미와 관련하여 특정범죄가중처벌 등에 관한 법률 제5조의3 제1항이 정하는 "피해자를 구호하는 등 도로교통법 제54조 제1항에 의한 조치를 취하지 아니하고 도주한 때"라고 함은, 사고운전자가 사고로 인하여 피해자가 사상을 당한 사실을 인식하였음에도 불구하고, 피해자를 구호하는 등 도로교통법 제54조 제1항에 규정된 의무를 이행하기 이전에 사고현장을 이탈하여 사고를 낸 자가 누구인지 확정할 수 없는 상태를 초래하는 경우를 말하는 것이라고 판단한 바 있습니다. 그러므로 위 도주운전죄가 성립하려면 피해자에게 사상의 결과가 발생하여야 하고, 생명·신체에 대한 단순한 위험에 그치거나 형법 제257조 제1항에 규정된 "상해"로 평가될 수 없을 정도의 극히 하찮은 상처로서 굳이 치료할 필요가 없는 것이어서 그로 인하여 건강상태를 침해하였다고 보기 어려운 경우에는 위 죄가 성립하지 않는다고 하였습니다(대법원 2008.10.09. 선고 2008도3078 판결).

운전자가 사고 난 사실을 전혀 몰랐다면 어떻게 될까? 예컨대 음주 만취하여 사고를 모르는 경우도 있을 수 있습니다. 이런 경우는 물론 뺑소니라고 할 수 없습니다. 그러나 실제로는 이런 경우 뺑소니를 모면하는 것은 사실상 불가능합니다. 사고 난 사실을 몰랐다고 주장해도 이는 거의 받아들여지지 않습니다. 최근 대법원 판례도 음주 만취된 상태에서 사고 후 모르고 구호조치를 하지 않은 경우 하급심에서 무죄 선고한 것을 뒤집고 유죄판결을 내려 뺑소니를 인정하였습니다.

3. 판례를 통해 본 뺑소니사고

(1) 어린이 사고

어린이는 지각능력이 어른에 비해서 크게 떨어집니다. 어린이를 다치게 해놓고 약국에서 약이나 사서 발라 주고 구호조치를 다했다고 생각하면 큰코다칩니다.

판례는 약국에서 응급조치 한 후 피해자인 어린아이가 "괜찮아요."라고 한 말만 믿고 의학지식이 없는 피고인으로서 즉각 병원으로 후송하지도 않은 채 피해자에게 신원확인도 하지 않고 가버린 경우 특가법상의 도주에 해당한다(대법원 1994.10.14, 94도1651 판결)고 하였습니다.

어린이의 경우 상처가 경미하다 하더라도 반드시 집에까지 데려가 부모나 보호자에게 교통사고 난 사실을 알려주고 인계하거나 조금이라도 중하다 싶으면 일단 병원으로 후송해야 합니다.

(2) 일단 현장을 이탈했다가 다시 돌아온 경우

사고가 나면 즉시 차에서 내려 피해자를 살펴야 합니다. 그렇지 않고 신고하려고 또는 다른 사람의 도움을 받으려고 현장을 이탈하는 의심스러운 행동을 해서는 안됩니다.

- 상해자가 상해를 입은 피해자를 보고도 차에서 내리지 않고 그대로 갔다가 약 20분 후 구호를 위하여 제3자와 함께 현장으로 돌아온 경우 도주에 대한 범의가 있었다고 본다(대법원 1996.12.6, 96도2407 판결).

사고운전자가 순찰차가 이미 사고현장으로 오고 있는 것을 발견하고도 자기가 사고 운전자임을 알릴 것도 아니면서 이미 사고사실을 알고 있는 파출소까지 계속하여 걸어감으로써 구호조치를 소홀

히 하였고 그 사이에 피해자가 경찰 순찰차에 실려 병원으로 후송
되었다면 뺑소니로 봅니다.

- 도로교통법 제50조제1항이 규정하는 '사상자를 구호하는 등 필요한 조치'를 다하
지 아니하였다고 할 것이고, 이러한 조치를 취하지 아니한 상태에서 사고현장에
남아 목격자로 행세하다가 비록 경찰관에게 자기의 신분을 밝힌 후 귀가한 것이
라고 하더라도, 도로교통법 제50조제1항에 규정된 의무를 이행하기 전에 사고현
장을 이탈한 경우로 이는 도주에 해당된다고 본다(대법원 1997.5.7, 97도770
판결).

(3) 신원을 밝히지 않은 경우

피해자의 부상이 경미한 경우 연락처나 신분증 등을 제시를 하게
됩니다. 이때 신분이나 연락처를 확실히 밝혀야지 거짓 주소나 전화
번호를 알려주는 것도 역시 뺑소니에 해당합니다.

- 피해자의 상해 여부를 확인하지도 않은 채 자동차 등록원부만을 교부하고 임의로
사고현장을 이탈한 사고운전자는 사고야기자로서 확정 지어 놓지 않았기 때문에
도주의 의사가 있었다고 본다(대법원 1996.8.20, 96도1415 판결).

(4) 병원으로 일단 후송한 경우

- 교통사고를 낸 후 피해자를 병원으로 데리고 가 접수시켜주고 도망 했다면 도로
교통법 소정의 사고야기자로서 취해야 할 구호의무를 모두 이행한 다음 사고현장
을 이탈한 것으로 봐야 하고 비록 사고현장에서나 그 직후 자신의 신원을 안밝혔
어도 뺑소니로 볼 수 없다(서울지방법원 1997.8.19, 96노8687 판결).

▣ 뺑소니사고 판례

---

1. 어린이 충돌사고를 야기하고 약국에서 응급조치를 한 채 피해자가 당시 어린아
이로 사리분별력이 없음에도 "괜찮다"는 말만 믿고 피해자에게 신원확인도 하지
않고 의학지식이 없는 피고인으로서 즉각 병원으로 후송하지 않고 가버린 경우
에 특가법상의 도주에 해당한다(대법원 1994.10.14, 94도1651 판결).

2. 사고운전자가 사고 직후 바로 자신의 차량으로 피해자를 자신의 집으로 데리고 갔고, 사고 운전자의 부모들이 즉시 피해자를 병원에 데려가 입원케 하였다면, 비록 사고 후 입원시까지 다소 시간이 지체되었고, 사고운전자가 직접 피해자를 병원으로 후송하지 아니하였더라도 필요한 조치를 하지 아니한 경우에 해당한다고 할 수 없다(대법원 1995.1.24, 94도2691 판결).

3. 교통사고로 인해 피해자가 이미 사망했다고 하더라도 사고차량의 운전자로서는 사체의 안치, 후송 등을 위해 병원과 경찰관서에 연락 또는 신고를 하는 등 필요한 조치를 취해야 함에도 위와 같은 조치를 취하지 않은 채 사고현장을 이탈해 사고 야기자로서 확정될 수 없는 상태를 초래했다면 도주에 해당한다(대법원 1995.10.12, 95도1605 판결).

4. 피고인이 피해자가 교통사고로 인하여 차에 왼쪽 다리가 끼어 빠져 나올 수 없어 고함을 지르는 상태에 있었음에도 상처 부위와 정도를 살피는 등의 조치를 취하지 아니함은 물론이고 피해차량 부근에도 가지 아니한 채 집으로 돌아왔고, 그의 처도 현장에 남아있다가 피해자의 친구에게 병원으로 데려가라고 말한 후 집으로 돌아왔고 피고인이나 그 처가 피해자 등에게 인적사항이나 연락처를 스스로 이야기한 사실도 없다면 도주한 것으로 본다(대법원 1995.11.24, 95도1680 판결).

5. 교통사고를 일으킨 후 피해자와 경찰서에 신고하러 가다가 음주운전이 발각될 것이 두려워 피해자와 경찰서에 들어간 후 그냥 돌아간 경우 피해자에게 피고인의 직업과 이름을 알려 주었다는 등의 여러 사정이 있었다 하더라도 피해자의 구호의무를 이행하지 아니하고 사고현장을 이탈하여 도주한 것으로 본다(대법원 1996.4.9, 96도252 판결).

6. 피고인이 교통사고 야기 후 사고 현장에서 다른 사람들과 같이 피해자들을 구급차에 나눠 싣고 자신도 구급차에 동승하여 피해자를 병원 응급실로 후송한 후 간호사가 혈압을 재는 것을 보고 응급실 밖에서 담배를 피우고 있던 중 피고인 자신과 위 피해자가 타고 온 구급차가 다른 곳으로 가는 것을 보고 응급실에 다시 가 본 결과 위 피해자가 보이지 않자 간호사에게 피해자의 행방을 문의하였으나 그녀가 다른 곳으로 후송하였다고만 이야기하여 하는 수 없이 자신의 사무실로 돌아간 경우, 피고인이 비록 사고 현장에서나 그 직후 경찰관서 등에 사고 신고를 하지 않았거나 또는 타인에게 자신이 사고 야기자라고 적극적으로 고지

하지 아니하였다고 하더라도 피고인의 행위는 특정범죄가중처벌등에관한법률 제5조의3 제1항 소정의 도주차량에는 해당되지 아니한다고 본다(대법원 1996.4.12, 96도358 판결).

7. 피해자의 상해 여부를 확인하지도 않은 채 자동차 등록원부만을 교부하고 임의로 사고현장을 이탈한 사고운전자는 사고야기자로서 확정지어 놓지 않았기 때문에 도주의 의사가 있었다고 본다(대법원 1996.8.20, 96도1415 판결).

8. 교통사고를 야기한 후 피해자를 병원으로 인계하였다면 사고야기자로서 취해야 할 구호의무는 다 했다고 할 것이고 따라서 교통사고 신고를 하지 않았다거나 이사가기 전의 주소를 알려 주었다는 것만으로는 도주차량에 해당된다고 볼 수 없다(서울지방법원 1996.9.6 판결).

9. 피고인이 자신의 차량으로 피해자를 충격한 직후 차에서 내려 범행을 부인하면서 단지 술에 취하여 길에 쓰러져 있는 피해자를 방치하면 사고가 날지 몰라 신고해야겠다고 하여 제3자가 신고한 경우 목격자로서 신분사항을 밝혔다고 해도 도주차량에 해당한다(대법원 1996.11.12, 96도1997 판결).

10. 상해자가 상해를 입은 피해자를 보고도 차에서 내리지 않고 그대로 갔다가 약 20분 후 구호를 위하여 제3자와 함께 현장으로 돌아온 경우 도주에 대한 범의가 있었다고 본다(대법원 1996.12.6, 96도2407 판결).

11. 교통사고 가해자가 피해자와 사고여부에 관하여 언쟁하다가 동승했던 아내에게 사고처리를 위임하고 현장을 이탈하고 그의 아내가 사후 처리를 한 경우 도주한 때에 해당하지 않는다고 본다(대법원 1997.1.21, 96도2843 판결).

12. 사고 운전자가 순찰차가 이미 사고현장으로 오고있는 것을 발견하고도 자기가 사고 운전자임을 알릴것도 아니면서 이미 사고사실을 알고 있는 파출소까지 계속하여 걸어감으로써 구호조치를 소홀히 하였고 그 사이에 피해자가 경찰 순찰차에 실려 병원으로 후송되었다면, 도로교통법 제50조제1항이 규정하는 '사상자를 구호하는 등 필요한 조치'를 다하지 아니하였다고 할 것이고, 이러한 조치를 취하지 아니한 상태에서 사고현장에 남아 목격자로 행세하다가 비록 경찰관

에게 자기의 신분을 밝힌 후 귀가한 것이라고 하더라도, 도로교통법 제50조제
1항에 규정된 의무를 이행하기 전에 사고현장을 이탈한 경우로 이는 도주에 해
당된다고 본다(대법원 1997.5.7, 97도770 판결).

13. 교통사고 운전자가 사고현장에서 다친 곳이 없다고 말한 피해자와 합의중 경찰
차 싸이렌 소리가 들리자 피해자에게 자신의 운전면허증을 건네주고 가버린 경
우 도주에 해당하지 않는다고 본다(대법원 1997.7.11, 97도1024 판결).

14. 교통사고를 낸 후 피해자를 병원으로 데리고 가 접수시켜주고 도망했다면 도로
교통법 소정의 사고 야기자로서 취해야 할 구호의무를 모두 이행한 다음 사고
현장을 이탈한 것으로 봐야 하고 비록 사고현장에서나 그 직후 자신의 신원을
밝히지 않았어도 뺑소니로 볼 수 없다(서울지방법원 1997.8.19, 96노8687 판결).

제2절
음주운전사고

1. 음주운전이란

흔히 음주운전을 음주한 뒤 운전하는 것으로 생각하고 있으나 이는 정확한 답이 아닙니다. 음주운전이란 음주에서 한 걸음 더 나아가 술에 취하여 운전하는 것입니다. 주취 기준은 법에 정해져 있습니다.

우리나라의 최소 주취 기준은 혈중 알콜농도 0.05%입니다.

이 정도 이내로 술을 마시고 운전했다면 음주운전이 아닙니다. 물론 구체적으로 얼마를 마셔야 0.05%에 해당하는지는 사람에 따라 다릅니다. 그러나 보통사람을 기준으로 알아보면 아래의 표와 같습니다.

(1) 혈중 알콜농도 0.5mg/ml에 이르는 주종별 음주량(체중량) − widmark에 의한 산출치

주 종	체중 (kg)	음	주	량		문헌상의 한계 음 주 량
		㎖	合	컵(200㎖)	잔(60㎖)	
소 주 (25°)	55	98	0.54	0.50	1.63	0.4합 (72.2㎖) (35°기준)
	60	106	0.59	0.53	1.77	
	65	115	0.64	0.57	1.92	
	70	124	0.69	0.62	2.07	
맥 주 (6°)	55	406	2.25	2.03		3합 (541㎖) (4°기준)
	60	443	2.46	2.22		
	65	480	2.66	2.40		
	70	517	2.87	2.59		

위스키 (41°)	55	59	0.32	0.30	0.98	0.3합 (54㎖) (43°위스키기 준)
	60	65	0.36	0.33	1.08	
	65	70	0.39	0.35	1.17	
	70	76	0.42	0.38	1.27	
청 주 (16°)	55	152	0.84	0.76	2.53	1.5합 (271㎖) (일본주기준)
	60	166	0.92	0.83	2.77	
	65	180	1.00	0.90	3.00	
	70	194	1.08	0.97	3.23	
막걸리 (6°)	55	406	2.25	2.03		
	60	443	2.46	2.22		
	65	480	2.60	2.40		
	70	517	2.87	2.59		

예)

남　　　자		여　　　자	
—체중 70kg 남자 　60㎖ 잔으로 소주　　　　　2잔 　　　　　위스키(41°) 　　　　　　　　　　　1.2잔 　　　　　청주　　3.2잔		—체중 55kg인 여자 　60㎖ 잔으로 소주　　　　1.6잔 　　　　　위스키(41°) 　　　　　　　　　　0.9잔	
200㎖ 잔으로 병맥주　2.5잔		200㎖ 잔으로 병맥주　　　2잔	

(2) 혈중 알콜농도에 따른 주취 증상

구분	혈중농도 (%)	혈중농도 (mg/㎖)	호흡농도 (mg/ℓ)	증　　　상
1°	0.05~ 0.15	0.5~1.5	0.25~ 0.75	억제력이 풀려 기분이 좋아 지고 판단력이 빨라진다. 따 라서 착오가 일어나고, 피부 특히 안면, 경부의 피부가 충혈되고 홍조를 띠고, 말이 많아지고, 운동과다로 침착성

				을 잃게 된다. 이 정도의 주취에서 본인은 오히려 능력이 증가되는 것같이 느끼게 된다. 그러나 엄밀하게 말하기 테스트를 해보면 운동실조가 나타나고 작업능력도 감퇴하고 있음을 알 수 있다. 즉 혈액중 알콜농도가 0.05%일 때의 반응 시간은 정상시의 2배이고 0.1%일 때는 4배가 된다고 한다.
2°	0.16~0.25	1.6~2.5	0.76~1.25	자기 자신도 술이 취했음을 인식할 수 있으며 대개 불쾌감을 수반하지 않는 현기증이 나타나고 매우 쾌활하고 기분이 좋은 상태가 되어 운동실조임을 주위의 사람이 알 수 있을 정도로 비틀거린다. 언어는 어느 정도 불명료하고 생각을 제멋대로 하게 되어 화제가 차차 달라진다. 감각 특히 통증에 둔감하고 손에 쥔 것을 놓치기 쉽고 상처 입은 것을 모른다. 또한 주위가 산만하여 판단능력이 둔해진다.
3°	0.26~0.35	2.6~3.5	1.26~1.75	운동실조가 높아 보행이 곤란하게 되고 언어는 완전히 불명료하고 제반 반사능력이 현저하게 저하된다. 즉 마비상태가 되며 의식은 차차 불명료하게 된다.

| 4° | 0.36~0.45 | 3.6~4.5 | 1.76~2.25 | 주위가 빙빙 도는 것같이 느끼게 되어 넘어지기 쉬운 상태가 된다. 근육의 힘은 전혀 없고 대·소변도 가릴 수 없게 된다. 호흡은 완만하고 체온도 저하되고 호흡곤란 또는 입술의 말단 부분에 피가 맺혀 검푸르게 보이고 방치해 두면 사망하게 된다. |

2. 음주운전사고시 형사처리

음주운전은 면허 정지나 취소 사유만으로 흔히 알고 있으나 이는 잘못입니다. 도로교통법상 음주운전은 3년 이하의 징역이나 1,000만원 이하의 벌금형에 처해집니다. 음주운전은 엄연히 범죄인 것입니다. 그러나 이런 사실을 아는지 모르는지 음주운전이 끊이지 않고 있습니다. 교통사고시 형사처리는 어떻게 진행될까?

가. 사건 발생

교통사고가 발생하면 경찰서에 지체 없이 신고해야 합니다. 다만 차량이 손괴된 것이 분명한 경우에는 도로에서 위험 방지와 다른 차량의 원활한 소통을 위하여 필요한 경우 신고의무가 면제되기도 합니다.

나. 현장조사 등

경찰관은 사고 현장에서의 상황을 조사하고 목격자, 가해 운전자, 피해자 등의 진술을 듣고 교통사고에 대한 조사를 하고 교통사고

실황조사서를 작성합니다. 이 실황조사서는 향후 수사나 재판 그리고 민사배상에서 대단히 중요한 증거가 되는 것입니다.

그리고 관련자에 대한 조사가 시작되고 조서작성을 하게 됩니다. 사고를 낸 가해 운전자는 피의자라고 불리며(뒤에 기소되면 피고인이라고 합니다) 경찰에 의하여 피의자신문조서가 작성됩니다. 피해자·참고인 등은 참고인 진술조서를 작성합니다.

다. 음주측정 거부운전자에 대한 수사·처리

음주운전자와 동일하게 형벌을 부과할 수 있습니다.

음주운전자가 혈중 알콜농도 0.5mg/㎖ 이상의 주취 상태에서 운전을 하고서도 경찰관의 음주측정 요구를 거부한 경우에는 음주측정 거부의 실제적 경험범으로 형사처벌됩니다.

라. 구속 여부

사고가 교통사고처리특례법상의 11개 예외와 그 밖에 피해자 사망. 뺑소니 등을 추가하여 모두 13항목에 해당되느냐에 따라서 또 13개 예외의 경우도 상해 정도, 하의 여부 등에 따라 피의자의 구속·불구속이 결정됩니다. 대체로 13개 예외조항에 해당되고 다친 정도가 전치 약 5주 이상 또는 사망한 경우나 도주한 경우에는 구속되는 것이 보통입니다.

구속영장은 검사의 청구에 의하여 판사가 발부합니다. 이때 구속적부심을 받는 것으로, 수사기관이 영장 청구를 한다하여 모두 구속되는 것이 아닙니다.

피의자가 경찰에 구속된 경우는 10일 이내에, 불구속된 경우는 약

1개월 이내에 검찰에 사건을 송치해야 합니다. 실무에서는 구속일로부터 5~7일 정도면 검찰에 송치되며, 불구속의 경우는 1개월 이상 걸리는 것이 보통입니다.

구속 피의자의 경우 신병은 경찰 수사단계에서는 경찰서 유치장에 수감되며, 검찰에 송치되면 구치소로 넘어갑니다.

마. 검찰수사 및 결정

(1) 결정

검사는 경찰에서 송치된 사건에 대하여 다시 수사를 하고 그 사건에 대하여 수사가 종결되면 결정을 합니다. 검사는 기소·구 약식·불기소의 결정을 내리게 됩니다. 이러한 결정을 내리는데는 사망 또는 상해의 정도, 종합보험가입 여부와 합의 여부가 가장 중요하고 그 밖에 피의자와 피해자의 과실정도 등이 참작됩니다.

(2) 기소

기소란 검사가 재판에 회부하는 것입니다.

11개 예외조항과 사망, 뺑소니사고에 해당되고, 합의되지 않은 경우는 대부분 기소됩니다.

(3) 불기소

11개 예외조항과 사망, 뺑소니사고에 해당되지 않고, 합의된 경우에는 공소권 없음 결정을 내리게 됩니다.

그렇지 않은 경우라도 피의자 과실이 크지 않고, 피해자가 크게 다치지 않은 경우는 기소 유예나 벌금형인 구 약식 기소를 하게 됩니다.

(4) 기소 후 판결 선고까지

기소된 지 15~30일 정도 지나면 첫 번째 재판 기일이 열리게 됩니다.

바. 보석 및 재판

기소되면 구속 피고인의 경우 보석신청을 할 수 있습니다.

보석신청시 합의가 되었거나 기타 정상참작 사유가 생겼을 때는 판사는 보석을 허가하는 경우가 많습니다. 이때는 대개 보석보증금 공탁을 조건으로 보석을 허가하게 됩니다. 보석이 허가되면 일단 석방되고 그 뒤에는 불구속상태에서 재판을 받게 됩니다.

보통 첫 재판 기일에 법정에서 피고인의 공소사실에 대하여 다툼이 없으면 심리가 종결되고, 약 2주 후에 형이 선고됩니다. 형의 선고에는 금고형(실형), 집행유예, 벌금형 등이 있습니다. 과실이 크지 않고 형사합의가 이루어진 경우는 집행유예가 선고되는 것이 보통입니다.

사. 항소

1심 재판에 불복하는 경우 선고일로부터 1주일 이내에 항소를 제기할 수 있습니다.

3. 보험처리

음주운전 사고시 보험처리는 어떻게 될까?

보험처리 여부는 운전자의 운명을 좌우할 정도로 중요합니다. 만일 보험처리가 되지 않으면 어떻게 될까? 피해자의 상해 정도에 따라 달라지겠지만 자칫 집을 팔아 배상금을 마련해야 될 형편이 될 수도 있습니다. 사실 피해자가 허리나 목부위 염좌 정도로 상해가 가볍다면 몇십만원에서 몇백만원으로 합의가 되겠지만 뇌를 다쳐 식물인간이 되면 물어 주어야 할 돈이 거의 무한대에 가깝습니다. 이쯤 되면 보통의 재력가가 아닌한 그 인생은 앞 길이 어둡기만 할 것입니다. 그러나 보험처리가 되면 보험회사에서 피해자의 배상금이 얼마가 되든지 다 물어주니 집을 팔 일은 물론 없을 것입니다.

음주사고에 대한 보험 약관에는 보험처리가 되지 않는 것으로 되어 있습니다. 그러나 법원에서 이 면책약관은 무효라는 판결이 선고되면서 이 음주 면책약관은 빛을 바래고 있습니다. 현재 보험회사는 음주운전 사고에 대하여 음주량이 얼마이든 관계없이 피해자에게 배상을 해 줍니다. 따라서 음주운전 가해자는 형사처벌은 받지만 민사상으로는 보험회사에서 피해자에게 배상을 해주고 있습니다.

다만 음주운전으로 일어난 사고 중 자손·자차, 사고 즉 내 자신이나 가족이 다치거나 내 차가 망가진 경우에는 보험회사에서 배상하지 않는 것이 보험회사의 약관 내용이고 실제로 배상해 주지도 않습니다.

그러나 이러한 약관도 최근에 들어서는 약관을 무효라 판시하고 이런 경우도 배상해주어야 한다는 하급심 판결이 나오고 있습니다. 이것은 보험 제도의 취지상 당연한 판결입니다. 앞으로도 상급법원에서 이런 판결이 계속 쏟아져 나올 것으로 생각됩니다.

4. 음주운전 사고와 자손 보험

앞에서도 살폈듯 음주운전사고시 제3자에 대한 피해는 물론 보험처리가 됩니다.

그런데 문제는 자기손해 사고입니다. 예컨대 음주운전을 하다 전신주를 들이받아 운전하던 운전자나 그 가족이 다친 경우, 이를 자손 사고라 합니다. 이런 자손 사고에 대하여는 보상을 하지 않는다는 것이 자동차보험의 약관입니다.

그런데 최근에 음주운전사고시 운전자에게 보험금을 주게 되어 있는 현행 상법 조항이 합헌이라는 결정이 나왔습니다. 이에 따라 음주운전 사고를 내 자신이나 그 가족이 다치거나 차량이 망가진 경우 보험사로부터 보상받을 수 있게 된 것입니다. 그 자세한 내용은 다음과 같습니다.

헌법재판소는 "자동차 사고의 경우 중과실과 경과실의 구별이 모호한 데다 보험계약자가 현저하게 약자의 지위에 있는 점에 비춰볼 때 해당 상법 조항이 입법재량을 벗어났거나 보험사의 영업자유를 침해했다고 볼 수 없다"라고 결정문에서 밝히고, 또 "해당 상법조항의 취지는 유족의 생활보장을 도모하는 데 있는 만큼 그 정당성이 인정된다."고 덧붙였습니다(헌재 1999.12.23, 98헌가12).

D보험사는 지난 97년 8월 음주운전으로 도로 옹벽을 들이받아 중상을 입은 피보험자 허모씨를 상대로 "약관상 보험금 지급채무가 없다"며 채무부존재 청구소송과 위헌제청 신청을 냈었습니다. 담당 재판부도 이를 받아들여 상법 조항 위헌여부가 재판의 전제가 된다며 위헌제청을 했던 것입니다.

또한 헌법재판소 전원재판부는 지난 99년 12월 26일 "음주운전자의 신체사고에도 보험금을 지급하라는 상법조항은 보험사의 영업자유 등을 침해하고 있다"며 수원지법이 낸 위헌제청과 보험사가 낸 헌법소원 병합사건에 대해 합헌 결정을 내렸습니다.

보험사들은 이제까지 음주운전으로 자손 사고를 낸 경우 면책약관을 적용, 보험금을 지급하지 않았습니다. 소송을 내 판결에서 패소해야 마지못해 보험금을 지급해 왔습니다. 그 동안 대법원 판결에서도 음주운전자의 피해를 보상하라는 판결이 몇 차례 있었습니다. 그러나 보험사들은 소송을 하지 않는 한 보험금을 내주지 않은 것입니다.

위와 같은 판결이 났어도 보험회사는 약관을 핑계로 자손 사고시 보험금 지급을 거부하는 경우가 많을 것입니다. 이런 경우 판결을 앞세우고 소송을 제기해야 비로소 보험금을 지급받을 수 있습니다.

▶ 합의가 안 될 때 공탁하는 요령

1. 합의와 공탁

합의와 관련하여 피의자나 그 가족이 변호사를 만나면 으레 이야기하는 것이 "합의가 안되니 빨리 공탁합시다."입니다. 보통 교통사고나 폭행사고가 발생하면 가해자나 그 가족이 나름대로 합의를 시도하게 됩니다. 그러나 사고 직후 피해자와 합의하는 것은 쉽지 않은 일입니다.

피해자로부터 좋지 않은 말을 들으며 거절당하고 와서는 "상대방은 도저히 상종 못할 자"라면서 그 다음부터는 아예 합의를 하지 않으려고 듭니다. 그리고는 공탁하자고 하는 것입니다.

그러나 합의와 공탁은 엄연히 다릅니다. "합의금만큼 법원에 공탁했는데 뭐!"라고 자신만만해 하는 가해자도 많지만, 피해자가 공탁금을 조건 없이 찾아가 버리면 몰라도 피해자가 공탁금을 찾아가지 않는 한 그것은 가해자의 일방적인 생각입니다. 합의는 피해자가 가해자와 이야기가 되어 용서해 주겠다는 의사표시인데 비하여 공탁은 가해자가 법원에 돈을 공탁하면서 피해자에게 합의할 생각이 있으면 돈을 찾아가라고 하는 의사표시에 불과합니다.

검찰이나 법원에서도 공탁은 합의와는 다르게 취급합니다. 따라서 섣불리 조급하게 공탁해 버리면 공탁하지 않느니만 못한 결과가 발생하는 수가 많습니다.

공탁은 합의의 마지막 단계로 사용되는 것입니다. 즉 가해자가 계속적으로 피해자와 접촉하였으나 피해자가 과도한 요구를 해 어쩔 수 없을 때에는 공탁을 하는 것이고 그래야 어느 정도 효과를 볼 수 있는 것입니다.

2. 공탁요령

가해자(이때는 채무자가 됨)가 손해금을 공탁하려면 먼저 피해자(채권자)를 방문하여 현금, 수표를 제시하여야 합니다. 이것을 변제의 현실제공이라고 합니다. '변제의 현실제공'은 공탁의 유효 요건입니다. 뒤에 변제 공탁의 효력이 문제될 때 공탁 전에 채권자에게 채무자가 채무(손해금)를 현실적으로 제공했느냐 여부는 대단히 중요합니다.

물론 피해자(피공탁자) 측에서 아무런 이의 없이 공탁금을 찾아가 버리면 이런것 저런것 따질 것 없이 그 공탁은 유효하게 됩니다.

공탁은,

① 채권자(피해자) 주소지 관할법원에 합니다.

② 채권자의 주민등록등본을 첨부해야 하고,

③ 법원 소정의 공탁서, 공탁통지서에 작성합니다.

④ 지정 은행에 공탁금을 입금시킵니다.

3. 공탁금 회수제한신고

가해자가 변제공탁을 하고 공탁서를 형사법원에 제출한 뒤 곧바로 그 공탁금을 다시 회수해 버린다면 그 회수 사실을 모르고 형사법원에서 공탁 사실을 참작하여 가해자의 형을 감경하는 판결을 하게 됩니다. 이러한 일을 방지하기 위해 형사사건의 변제공탁에 있어서는 형사사건에서 무죄, 무혐의 처분을 받는 경우가 아니면 공탁금을 회수하지 않겠다는 신고서를 첨부하여 공탁하도록 하고 있습니다. 공탁시 공탁금 회수제한신고서를 내게 하는 이유는 바로 여기에 있습니다.

한편 가해자가 형사사건에서 무죄판결이 확정되거나, 무혐의 처리된 경우에는 그 증명서를 첨부하여 공탁금을 회수하게 됩니다. 유죄판결이 나면 회수할 수 없음은 물론입니다.

4. 공탁서 등 수사기관이나 법원 제출

가해자가 공탁금을 법원 공탁계에 제출했다고 그것으로 모든 절차가 끝난 것이 아닙니다. 공탁서와 공탁금 회수제한신고서를 담당 재판부에 제출해야 합니다.

5. 교통사고에서 공탁이 합의로 간주되는 경우

① 검찰청의 〈교통사고 신병처리 기준〉에 의하면 종합보험에 가입한 운전자가 11대 처벌특례를 위반하여 사고를 낸 후 피해자와 합의를 하지 못했을 경우에도 일정액을 공탁하면 피해자와 합의를 본 것으로 간주, 가해자를 불구속 수사하도록 하고 있습니다.

② 서울지방 검찰청의 공탁금액은 50~70만원이 기준입니다. 다만 가해자와 피해자의 과실상계 정도, 피해자의 직업과 피해부위 등을 종합하여 공탁금액을 가감할 수 있습니다.

③ 다만 사망, 전치 10주 이상, 0.2% 이상의 음주사고, 뺑소니사고는 적용대상에서 제외됩니다.

6. 교통사고 피해자의 공탁금 수령요령

가해자가 피해자에게 손해배상조로 돈을 현금공탁했을 경우 피해자 입장에서는 어떻게 해야 할까? 공탁 금원을 찾아 쓰고는 싶지만 피해자가 생각하는 금원에 비해서 공탁금이 턱없이 낮을 경우 무조건 공탁금을 찾게 되면 가해자에게 더 이상 청구할 길이 없어 낭패를 보게 됩니다.

그렇지만 방법은 있습니다. 돈을 찾는 사람이 "손해배상 채권의 일부조로 찾는다."는 취지를 기재하고 찾으면 됩니다.

'일부조'로 찾는다는 것은 이건 사고와 관련하여 공탁원인 사실을 수락하고 피해자가 가해자에 대한 손해배상채권 중 일부조로 수령한다는 조건부 수령입니다.

법원에 가면 법원에 비치된 양식중 '공탁금(출금) 청구서' 양식이 있습니다. 이 양식 빈칸을 모두 기재하고 특히 '청구 및 이의 유보사유'란에 "손해배상 채권의 일부조로 수령한다"고 기재합니다. 그리고 공탁출금 청구서의 비고란에 '일부조 청구임'이라고 기재하는 것입니다.

공탁금을 찾을 때에는 ① 법원 소정의 공탁물 출급 청구서 3통, ② 공탁통지서를 구비합니다.

제 3 절
무면허운전 사고

1. 무면허운전

무면허운전이란 운전자가 자동차 운전면허 없이 운전하는 것입니다.

무면허란 처음부터 면허를 취득하지 못하는 경우뿐만 아니라 면허 효력이 일시적으로 정지중이거나 취소된 경우도 포함됩니다. 예컨대 1종 면허의 경우, 적성검사를 기간 내에 받지 아니하고 1년이 지나면 운전면허가 취소됩니다. 이런 경우 당사자는 그런 사실을 알지 못하고 차를 몰고 다니는 경우가 많은데, 이때 사고를 내면 역시 무면허사고가 되는 것입니다.

2. 보험처리

무면허운전 사고시 보험처리는 어떻게 될까?

보험처리 여부는 운전자의 운명을 좌우할 정도로 중요합니다. 만일 보험처리가 되지 않으면 어떻게 될까? 피해자의 상해 정도에 따라 달라지겠지만 자칫 집을 팔아 배상금을 마련해야 될 판이 되는 것입니다. 사실 피해자가 허리나 목부위 염좌 정도로 상해가 가볍다면 몇십만원에서 몇백만원으로 합의가 되겠지만 뇌를 다쳐 식물인간이 되면 물어 주어야할 돈이 거의 무한대에 가깝습니다. 이쯤 되면 보통의 재력가가 아니한 그 인생은 앞길이 어둡기만 할 것입니다. 그러나 보험 처리가 되면 보험회사에서 피해자의 배상금이 얼마가 되든지 다 물어주니 집을 팔 일은 물론 없을 것입니다.

자동차 보험약관을 살펴보도록 하겠습니다.

약관에 의하면 운전자가 무면허인 상태로 운전하다가 사고를 내면 보험회사에서 배상을 하지 않아도 되도록 되어 있습니다. 이를 면책 약관이라고 합니다. 이와 같이 무면허운전을 보험회사의 면책사유로 규정한 것은 무면허운전이라는 법규 위반상태를 막고자 하는 사회정책적 고려에 따른 것입니다. 그러나 보험제도의 취지상 무면허사고라고 해서 면책될 이유가 없고, 또 대부분의 운전자가 이런 사실을 모르고 있는 것이 현실이기도 합니다. 따라서 이런 경우도 보험 처리를 하는 것이 사회 정의에도 가깝습니다. 피해자 입장에서는 알지도 못하는 가해운전자의 면허보유 여부에 따라 배상 여부가 결정되므로 불합리합니다.

3. 무면허운전시 보험처리가 되는 경우

무면허 사고에 대해 보험회사는 원칙적으로 책임을 지지 않습니다. 그러나 항상 보험처리가 안된다면 불합리한 경우가 생길 여지가 많습니다. 예컨대 다른 사람이 차주의 허락없이 무단 운전하거나 도둑이 차를 절도하여 운전하다 사고를 낸 경우 절취 운전자의 면허 소지 여부에 따라 보험회사의 배상이 결정되는 아주 불합리한 결과가 발생하기고 합니다.

이러한 불합리한 점을 해소하고자 보험약관은 차량 절도범이 무면허인 상태로 운전하다가 교통사고를 낸 경우 피해자에게 손해배상을 하도록 하고 있습니다. 이와 같이 보험약관은 절취 운전만을 규정하고 있으나 법원은 절취 운전뿐만 아니라 무단운전의 경우에도 보험회사에서 배상해야 한다고 판시하고 있습니다(대법원 1992.2.15, 선고90다카23899 판결).

4. 손해보험과 상해(생명)보험에서의 보험처리

가. 손해보험과 무면허 교통사고

  "무면허 교통사고는 자동차 종합보험(손해보험)에 가입했어도 사고시 피해자에게 보험회사가 보험금을 지급할 의무가 없다"

  이것이 무면허 교통사고에 대한 우리나라 대법원 판례의 취지입니다. 따라서 무면허(처음부터 면허가 없는 경우와 면허를 취득했어도 그 뒤 면허가 정지나 취소된 경우 포함)로 교통사고를 낸 경우 운전자가 자동차 종합보험에 가입했어도 보험회사에서 피해자에게 보험금을 내주지 않습니다. 이때는 운전자가 자기 재산을 처분해서라도 피해자의 손해를 배상해 주어야 합니다.

나. 상해(생명)보험과 무면허 교통사고

  우리나라 보험은 2원적 구조로 손해보험과 생명보험이 있습니다. 생명보험은 상해, 사망보험과 같은 인보험입니다.

  앞서 본 바와 같이 무면허사고시 손해보험은 보험회사가 면책입니다. 그러면 생명보험은 어떨까? 다시 말하면 생명보험회사에 상품에 가입하고서 무면허로 자동차를 운전하다 교통사고를 내서 자신이 다치거나 사망했을 때 생명보험회사로부터 보상을 받을 수 있을까?

  생명보험 회사의 보험 약관에는 무면허시 면책한다는 면책규정이 있습니다.

　이에 대해 대법원은 "가사 보험약관에 '무면허 면책' 규정이 있다 하여도 손해보험과 꼭 같이 해석할 필요가 없고, 생명보험에서 무면허 사고시에도 손해배상을 해준다고 하여 당사자의 선의성, 윤리성에 반한다고 할 수 없다"라는 취지로 생명보험에서는 무면허, 음주운전시 보험회사 면책에 대한 약관은 무효라고 판결하였습니다(대법원 1998.3.27, 선고97다27039 판결).

　다시 말하면 보험자(운전자)가 무면허, 음주교통사고로 다치거나 사망했어도 생명보험회사에서는 보험금을 내주어야 한다는 것입니다.

　그러나 대법원에서 "생명보험의 무면허, 음주운전 약관은 무효다"라는 판결을 선고했는데도 보험사고시 보험회사는 보험금을 지급하지 않고 있는 것이 현실입니다. 이런 경우 보험계약자는 보험회사에 보험금을 적극적으로 청구해야 되는 것이지 보험회사에서 줄 것이라고 느긋하게 있으면 절대로 보험금을 받아낼 수 없음을 명심해야겠습니다.

제 **4** 장   **가족사고**

1. 가족사고

가족을 차에 태우고 가다 사고가 났을 때는 어떻게 처리될까? 가족을 태우고 차를 운행하다가 운전자의 과실로 사고가 나서 처나 자식이 죽거나 다쳤을 경우 보험처리는 어떻게 될까?

사실 가족 사고는 흔히 일어나면서도 일반인들이 가장 잘못 알고 있는 부분입니다. 아마도 이 경우 보험처리가 안된다고 알고 있는 사람이 많을 것입니다.

2. 보험회사의 입장

보험회사는 가족 사고에 대해 당연히 자신들에게는 책임이 없다고 주장하고 있습니다. 그들이 주장하는 근거는 보험약관입니다.

자동차 종합보험 보통약관 제11조에서는 대인배상의 경우 다음에 해당되는 사람이 죽거나 다친 경우는 보상하지 아니한다고 규정하고 있습니다.

- 보험증권에 기재된 피보험자 또는 그 부모, 그 배우자 및 자녀
- 자동차를 운전 중인 자 또는 그 부모, 배우자 및 자녀
- 배상책임의 의무가 있는 피보험자 또는 그 부모, 배우자 및 자녀

이 보험약관에 의하면 보험회사는 운전자의 아들이나 처가 죽거나 다쳤을 때 책임이 없다는 것입니다. 이에 대해 우리나라 법원에 보험회사 편을 들어주는 듯한 판례도 있기는 합니다.

3. 법률의 규정

그러면 법에서는 가족 사고에 대해 어떻게 규정하고 있는지 법률 규정을 살펴보도록 하겠습니다.

자동차 손해배상법 제3조는 "자기를 위하여 자동차를 운행하는 자는 그 운행으로 인하여 다른 사람을 사망 또는 보상하게 한 때는 그 손해를 배상할 책임을 진다"고 규정하고 있습니다. 즉 운행하는 자 이외의 사람(다른 사람)을 죽거나 다치게 하면 배상해야 한다는 것입니다. 이 경우 '다른 사람'에 가족도 해당되는지 여부가 중요합니다. 이에 대해 보험회사는 약관으로 가족은 해당되지 않는다고 해석하고 있으나 그 '다른 사람'에 운전자 이외의 처나 아들, 딸이 포함되지 않는다고 해석할 이유가 없습니다. 가족은 당연히 다른 사람입니다. 그러므로 종합보험에 가입되어 있다면 가족이건 남이건 가릴 것 없이 보험회사로부터 배상받는 것입니다.

4. 판례 및 전문가들의 견해

보험회사가 약관을 근거로 보상처리를 거부하다 그런 약관이 유효한 것으로 알고 보험회사에 보상신청을 아예 포기하는 경우가 많아 우리나라에는 이에 대한 판례가 별로 없습니다.

일본 판례에는

"아들과 처를 태우고 드라이브 하다가 미끄러지면서 강물에 빠져

처와 아이가 사망하고 부상당한 경우에 법원은 보험회사가 배상하라"고 판시한 경우가 있으며, '아버지 차량 앞에서 놀던 아들이 그 자동차에 치인 경우'와 '형이 운전하던 아버지 소유차량에 동승했다가 동생이 부상당한 경우'에 대해서도 배상을 판시하고 있습니다.

우리나라의 경우 택시 기사가 회사의 승낙을 받고 가족을 태우고 놀러 가다가 사고를 당한 경우 택시 회사는 배상하라는 판결이 있습니다.

보험회사의 약관 중에는 이렇듯 법률을 뛰어넘어 규정한 것이 너무나 많습니다. 그러므로 사건에 관련된 이해관계인으로서는 보험회사의 약관이 아닌 법률에 근거하여 모든 일을 처리해야 할 것입니다.

제5장　보상금의 계산

제1절　상해사건의 경우

1. 보상금 기본 요소

(1) 보상금산정 어떻게 하나

① 산정 방법

교통사고 보상금 산정 방법을 알면 보험회사와 합의할 때 더욱 당당하게 합의할 텐데, 방법을 모르니 보험회사가 하자는 대로 할 수밖에 없다고 한탄하는 사람이 많을 것입니다. 보상금 산정 방법은 다소 까다로운 게 사실입니다. 그러나 누구나 조금만 신경을 쓰고 연구하면 계산할 수 있습니다.

② 간단히 설명하면

상해사건 보상금은 보통 ① 치료비 + ② 위자료 + ③ 일실손해가 부상당한 교통사고 피해자에 대한 보상금으로 구성됩니다. 다만 치료비는 보험회사가 병원에 직불하는 것이 보통이고 향후 수술비나 치료비는 피해자가 합의시 보험회사로부터 미리 받습니다.

세부적인 사항은 다소 복잡하지만 큰 줄기가 위와 같다고 알면 앞으로 세부적인 계산은 쉽게 이해할 수 있을 것입니다.

(2) 기초지식

구체적인 설명에 들어가기에 앞서 교통사고 상해사고에 대한 기초적인 사실 몇 가지를 설명하기로 하겠습니다.

① 장해율이란?

후유증을 비율로 산정한 것으로, 후유증, 후유 장해율, 장해율이라고 합니다. 더 정확히는 노동력 상실률을 말합니다. 법원에서는 맥브라이드 방식에 의하여 장해율을 산정합니다. 이것은 환자를 치료하는 담당의사에게 맥브라이드표에 의한 장해율을 산정해 달라고 하면 해줍니다. 장해진단서도 소정의 수수료를 주면 발급해줍니다. 장해라하면 보통 일반인은 눈이 한쪽 실명되거나 다리 하나가 잘리는 등의 통상적인 장애인을 떠올리게 됩니다. 그러나 손해배상상의 장해란 신체 일부가 말을 듣지 않아서 활동의 장해를 받는 경우나 평생 보이지 않게 따라다니는 두통 등의 통증으로 생업에 지장을 받는 것을 장해라 하고, 장해율이란 그 지장 받는 비율을 뜻합니다.

② 보상금인가 배상금인가?

실무에서는 보상금, 배상금, 손해배상금, 합의금, 보험금 등 여러 가지로 명칭이 혼용되어 쓰이고 있습니다. 원칙으로 불법행위에 대한 배상이므로 손해배상금이 법률상 정확한 명칭입니다. 그러나 실무에서는 모두 같은 의미로 사용되고 있습니다.

③ 중간이자 공제

중간이자 공제방식에는 호프만식과 라이프니츠식이 있습니다. 라이프니츠식은 복리이자 계산 방법으로 호프만보다 공제율이 가혹합니다. 예컨대 360개월치 라이프니츠식 계수는 186.28, 호프만 계수는 219.61이므로 33.33이나 작습니다. 그러니까 라이프니츠식에 의하면 33.33개월치가 피해자 입장에서는 손해입니다.

현재 법원에서는 호프만식이, 보험회사에서는 라이프니츠식이 사용되고 있습니다. 그러니까 피해자 입장에서는 라이프니츠식으로 계산하면 호프만식으로 계산한 것보다 33.33이 날아가 버리는 것이고 보험회사는 그만큼 이득을 보게 되는 것입니다.

몇 가지를 더 들어보면 다음과 같습니다(왼쪽이 라이프니츠, 오른쪽이 호프만식).

□30년 (360개월) - 186.5045 : 219.61

□25년 (300개월) - 171.06 : 194.3457

□20년 (240개월) - 151.5253 : 166.1055

④ 보험회사 약관

보험회사는 약관 규정에 의하여 손해배상금을 계산하고 있는데, 약관은 실 손해액보다 모든 면에서 보상금액이 턱없이 낮게 규정되어 있으며, 아예 약관에 보상기준이 없는 것도 있습니다.

보험회사 직원은 약관을 법률과 같이 절대적인 효력이 있는 것처럼 말하며 손해배상금을 계산하려 합니다. 그런데, 이렇게 보험회사의 약관대로 보상한다는데 피해자가 약관에 따라야 할 의무가 있을까?

사실은 그런 의무는 전혀 없습니다. 약관상 보상기준은 보험회사가 제시하는 하나의 기준일 뿐입니다. 보험회사가 약관을 만들었으므로 보험회사야 약관을 애지중지하겠지만 피해자는 약관을 작성하는데 참여하거나 동의한 적이 없습니다. 그것들의 상당분은 피해자에게 불리한 규정이라 하여 법원에서 무효라고 판시하고 있습니다.

심지어 보험회사의 처음 제시 금액에 대하여 피해자가 합의를 거부하면 보험회사는 특인이라 하여 금액을 수정하여 다시 제시하는데 이때는 제시액이 보통 약관 규정보다 훨씬 높습니다. 이것은 보험회사 스스로 약관을 깨뜨리는 경우입니다. 이렇게 저희들도 지키지 않는 약관 규정을 피해자가 지킬 이유는 없는 것입니다.

더구나 피해자가 소송을 하게 되면 법원에서는 약관에 전혀 구애받음이 없이 판결을 합니다. 다시 말하면 약관이란 보험회사 내부 지침에 불과하므로 거기에 피해자가 보험회사의 자체 약관에 구애받을 필요가 없다는 것입니다.

2. 총수입 세부적으로 계산하기

(1) 위자료

① 법원에서 인정하는 위자료 최대치는 8,000만원입니다.

위 돈 8,000만원에 피해자 장해율을 곱하면 피해자의 교통사고로 인한 위자료가 계산됩니다.

피해자 장해율이 30%라면, 8,000만원×0.3 = 2,400만원이 됩니다.

② 보험회사 약관규정

보험회사 약관상 위자료는 상당히 세분되어 있습니다. 즉, 맥브라이드식 노동능력상실율을 기준으로 50%미만의 후유장해율인 경우 50만원 ~ 400만원까지 산정되며, 후유장해율이 50%가 넘는 경우에는 나이와 장해율에 따라 다음과 같이 위자료가 산정됩니다.

ⅰ) 노동능력을 상실한 피해자의 나이가 19세 이상 60세 미만인 경우 : 45,000,000원 X 노동능력상실률 X 70%

ⅱ) 노등능력을 상실한 피해자의 나이가 19세 미만이거나 60세

이상인 경우 : 40,000,000원 X 노동능력상실률 X 70%

장해율별 보험회사 약관상 위자료를 자세히 알고자 하면 손해사정인의 홈페이지를 찾아가 보면 됩니다.

(2) 일실손해 계산법

일실손해는 ① 입원기간 손해 + ② 입원기간 이후 손해 + ③ 입원기간 중 가족 개호비로 구성됩니다.

① 입원기간 중 손해

입원기간 중에는 장해와 관계없이 소득의 전액을 일실손해(일실수입, 일실수익, 일실소득 등은 모두 같은 의미)로 받게 됩니다.

월 평균 소득이 금 100만원, 입원기간이 45일이면 : 100만원×45/30 = 150만원입니다.

무직자나 가정주부도 공사장 일용노임 정도를 소득으로 보고 있습니다.

2015년 상반기(1.1~8.31) 적용 노임단가에 의할 때 1일 87,805원×22일 = 1,931,710원이 무직자나 주부의 한 달 소득이 되는 것입니다.

공직자나 회사원 같은 봉급생활자는 월 평균 소득으로 계산합니다.

입원기간이 길어지면 보험회사는 보상금이 많이 나가게 되므로 환자를 조속히 퇴원시키려 합니다. 이른바 나일론 환자는 이런 보상관계를 잘 알기 때문에 기를 쓰고 입원기간을 늘리려 하는 것입니다.

■ 보험회사의 약관에는?

입원기간 중 손해는 따로 인정하지 않고 이때도 장해율에 의하여 계산합니다.

② 입원기간 이후(퇴원)의 손해

피해자가 평생 벌어들일 예상 수입에 환자의 장해율을 곱하는 방법으로 구합니다.

평생 벌어들이는 수입은 직업에 따라 달라서, 주부나 무직자는 60세까지 일용노임의 수입을 올리는 것으로 계산하며, 회사원은 회사 정년까지는(보통은 55세) 월 평균 소득, 그 이후 60세까지는 일용노임으로 계산합니다. 기능공은 60세까지 기능공 수입에 의하여 계산합니다.

□30세 주부의 경우 사망시는(주부의 월 소득은 87,805원×22일 = 1,931,710원) 1,931,710원(월소득) × 219.61(360개월 호프만수치) × 2/3(생계비공제 1-1/3)＝282,815,222원이나, 부상시는 다음과 같이 계산합니다.

□1,931,710원(월소득)×219.61(360개월 호프만수치) = 424,222,833원입니다.

따라서 이 424,222,833원이 상해사건 피해자의 평생 벌어들이는 돈인 것입니다. 쉽게 말하면 상해사건이 사망사건보다 생계비 공제가 되지 않으므로 수입이 더 많아지는 것입니다.

산정된 평생 수입에 장해율을 곱하면 피해자의 입원기간 이후 일실 손해가 계산되는 것입니다.

위 30세 주부의 경우 장해율이 30%라면 424,222,833원×0.3 = 127,266,850원이 입원기간 이후의 손해액입니다.

■ 보험회사의 약관에는?

보험회사는 소득의 80%만을 인정하고 있는데, 이것은 아무런 근거가 없는 것으로, 이해할 수 없는 규정입니다. 또 중간이자 공제를 라이프니츠식으로 함은 앞에서 기술한 바와 같습니다.

③ 입원기간 중 가족 개호비/간병비

교통사고로 병원에 입원하게 되면 경미한 사고가 아니면 가족이나 전문 간병인이 식사, 운동, 탈의, 용변 등을 위하여 간병을 하게 됩니다. 이때 가족이 개호(간병과 같은 의미)한 경우도 개호비(또는 간병비)를 인정받을 수 있을까?

법원은 개호가 필요한 경우라면 가족이건 전문 간병인이건 이를 가리지 않고 인정하고 있습니다. 척추수술 같은 수술을 하였거나 다리가 분쇄골절되어 누가 간병하지 않으면 혼자 거동할 수 없는 경우 일용 노임 정도를 개호비로 인정하고 있습니다. 물론 전문 간병인의 도움을 받는 경우도 인정을 받습니다. 이 경우는 영수증 등으로 입증해야 합니다.

다만 법원이 개호에 대하여 그렇게 후한 입장은 아닙니다. 이를테면 수술직후 상당부분은 24시간 간병을 받는 것이 보통인데 하루 8시간 정도만 인정하고 있습니다(24시간 간병을 인정하게 되면 3사람분의 일당을 받게 되고 8시간만 인정되면 1사람분의 일당만 받게 됨).

예를 하나 들어보도록 하겠습니다.

예) 대퇴부 분쇄골절로 6개월을 입원한 경우, 이런 경우 법원에서는 혼자 거동할 수 있을 때까지, 즉 4개월치 정도는 어머니나 아들 같은 가족이 개호했어도 가족 개호비를 인정합니다.

4개월이면 120일이고 하루 일당은 2015년 상반기 현재 87,805원이므로 120일×87,805원 ＝ 10,536,600원 입니다.

■ 보험회사의 약관에는?

가족 개호비와 전문 간병인 간병비 모두 인정하지 않고 있습니다.

3. 보상금액 산정하기

(1) 산정방법

다음 순서는 구체적인 손해배상금을 산정하는 것입니다. 총수입은 직업, 나이, 소득이 같으면 모두 같으나, 구체적인 보상금액은 환자 상태, 사고 상황에 따라 전혀 달라집니다.

보상 금액은 치료비＋위자료＋일실손해임은 앞에서도 기술했습니다.

그러면 앞서 사례를 든 장해율 30%인 30세 주부(입원기간 2개월)의 경우는 얼마나 될까?

위자료(2,400만원)＋일실손해액(입원기간 중 3,863,420원＋입원이후 127,266,850원＋가족개호비 60일치 5,268,300원 ＝ 136,398,570원) ＝ 160,398,570원(치료비는 보험회사에서 직불하므로 공제했음)이 손해배상금이 되는 것입니다.

(2) 공제

다만 위 보상금에서 아래 항목이 공제됩니다.

① 피해자의 과실비율

예) 피해자과실이 20%라면 위 예에서

160,398,570원×0.8 ＝ 128,318,856원

② 형사합의금

가해자로부터 형사합의금을 수령했다면 그 수령액만큼 공제됩니다.

③ 기치료비중 과실부분

보험회사가 병원에 납부한 병원비중 피해자 과실부분은 공제될 항목입니다.

(3) 보상금(손해배상금)

위와 같이 계산되어 나온 128,318,856원이 장해율 30%, 과실비율 20%인 30세 주부(입원기간 2개월)가 보험회사로부터 받게 되는 실 손해액인 것입니다.

이제 보상금이 어떻게 해서 계산되는지 그 길을 다소 나마 알게 되었을 것입니다. 막연하게 보험회사 직원이 제시하는 금액만을 가지고 합의해야 하나 말아야 하나를 고민하는 것보다는 길이 훤히 보일 것입니다.

4. 보험회사 제시금액과 비교해 볼 것

손해배상금을 계산해 보았으면 이제는 보험회사가 제시한 보상금액과 비교해 보도록 하겠습니다. 보험회사로부터 보상금을 제시받을 때 항목별로 손해액을 계산해 달라고 해야 합니다. 두리뭉실하게 총액만을 제시하는 경우는 무엇인가 감추는 것이 있을 수 있습니다. 감출 것이 없다면 당당하게 그리고 정직하게 명세서를 작성하여 제시할 것입니다.

보험회사가 제시한 금액은 귀하가 계산한 금액에 비추어 보통 30~60% 수준에 불과할 것입니다. 때로는 5%에 불과한 황당한 경우도 있습니다. 환자가 무식해 보이거나 뭘 알아보려고 하지 않는 경우는 이렇게 당할 수도 있는 것입니다.

보험회사는 실소득의 80%만 인정하고, 입원기간 중 손해나 가족 개호비를 인정하지 않고, 중간이자 공제나 위자료 등에서 환자에게 지나치게 불리하게 계산한 결과입니다. 사실 법원배상액도 선진국에 비하여 상당액 적은 형편인데, 보험회사는 거기에 더하여 이리 깎고 저리 공제하고 여러 가지를 빼고 축소해서 나중에 제시하는 금액은 너무나도 낮은 금액이 되어 버리는 경우가 많습니다.

이에 대하여 합의를 볼 것인지 소송을 제기할 것인지는 순전히 환자의 몫인 것입니다.

5. 사례 보기

이해의 편의를 위하여 사례를 하나 더 들어보도록 하겠습니다. 다음은 30세 대기업 과장의 사례입니다.

(1) 기초사실

① 남자, 사고당시 30세, 모 통신회사 과장

② 월평균 급여 금 2,200,000원

③ 정년 55세 될 때까지는 월평균 급여로 계산

④ 55세부터 60세까지는 도시일용노임

　(2015년 상반기 적용 노임단가에 의할 때 1일 금 87,805원, 월 소득 1,931,710원(87,805원×22일))

⑤ 호프만계수

　55세까지(300개월) 호프만계수 : 194.3457

　55세부터 60세까지는 〔사고시부터 60세(360개월)까지 호프만

계수 - 사고시부터 55세(300개월)까지 호프만계수] 219.61 - 194.3457 = 25.2643

⑥ 입원기간 6개월

⑦ 가족 개호비(4개월만 인정, 1일 도시 일용노임)

⑧ 과실 0%

⑨ 장해율 25%

(2) 일실수익 계산방법

① 입원기간중 손해액

2,200,000원×6 = 13,200,000원

② 입원기간 이후(퇴원) 손해액

- 55세 (정년퇴직시)까지

2,200,000×194.3457 = 427,560,540원

- 60세까지

1,931,710×25.2643 = 48,803,301원

입원기간이후소계 476,363,841원×0.25(장해율) = 119,090,960원

③ 가족 개호비

120일×87,805원 = 10,536,600원

④ 위자료

8,000만원×0.25(장해율) = 2,000만원

(3) 총계

① 입원기간중 손해액　　　금 13,200,000원

② 입원기간이후 손해액　　금 119,090,960원

③ 가족 개호비　　　　　　금 10,536,600원

④ 위 자 료　　　　　　　　금　20,000,000원
　총　계　　　　　　　　　　금 162,827,560원

6. 마무리

　무슨 손해액이 이렇게 많은가 하고 놀라는 사람도 있을 것입니다. 그러나 당한 사람 입장에서 보면 결코 많은 금액이 아닙니다. 장해율 25%이면 사실 몸이 상당히 상한 경우입니다.

　만일 50%쯤에 이르면 눈이 한쪽 실명한 정도에 이르게 되는데, 말이 50%이지. 눈이 한쪽 없다면 직장에서 물러나야 되고 취직도 불가능합니다. 사실 상실률이 100%인 것입니다.

　인명을 중시하는 선진국에서는 사람 하나 부상시키면 배상금이 보통 수십억원이 넘습니다. 그에 비하면 우리는 아직도 먼 것 같습니다. 위 금액도 보험회사가 이리 깎고 저리 깎아서 귀하의 손에 들어오는 돈은 참으로 보잘 것 없는 금액이 되기 십상입니다. 그러나 적어도 손해액 계산방법을 알고 있는 귀하는 그렇게 쉽게 당하지는 않을 것입니다.

제 2 절
무장해 상해사건의 경우

1. 보상금의 기본요소

① 산정방법

장해 있는 교통 상해사고 보상금 산정방법은 다른 장에서 이미
기술한 바와 같습니다. 그런데 문제는 장해 없는 상해사건입니다.
아마 참고를 하려고 해도 이 부분에 대하여 기술해 놓은 인터넷이
나 책자는 없을 것입니다. 이에 대한 정확한 정보를 알면 보험회사
와 합의할 때 보다 당당하게 합의할 텐데, 아무 것도 알지 못해 보
험회사가 주는 대로 받을 수밖에 없습니다.

사실 교통사고를 당하고도 장해가 없다면 얼마나 다행스러운 일
인가. 장해가 없다는 이야기는 사고로 불구가 되지 않았다는 이야기
입니다. 이 경우는 손해배상금도 당연히 적어지게 됩니다.

② 어떤 상해가 무장해인가

주로 타박상(멍이 드는 것), 염좌(삐는 것, 염좌의 경우 정도가 심
하면 2~3년 한시 장해가 될 수도 있음), 단순골절 등이 주로 장해
가 없습니다. 시간이 지나면 상처가 아문다는 이야기입니다. 가벼운
접촉사고나 사고가 비교적 경미한 경우는 상해도 이런 장해 없는
사고가 나는 경우가 많습니다. 물론 사고가 커도 가벼운 타박상이나
염좌 정도의 경미한 상해로 그치기도 합니다.

③ 보상금

무장해 상해사건 보상금은 ① 치료비 + ② 일실수입이 부상당한
교통사고 피해자에 대한 보상금의 기본 구성요소입니다. 다만 치료

비는 보험회사가 병원에 직불하는 것이 보통이고 향후 수술비나 치료비는 피해자가 합의시 보험회사로부터 미리 받습니다.

2. 세부적으로 계산하기

(1) 일실수입 계산법

일실수입은 ① 입원기간 수입 + ② 입원기간 이후 수입 + ③ 입원기간 중 가족 개호비로 구성됩니다.

(2) 계산

① 입원기간 중 수입

입원기간 중에는 장해와 관계없이 소득의 전액을 일실수입(일실손해, 일실수익, 일실소득 등은 모두 같은 의미)으로 받게 됩니다. 따라서 장해가 예상되는 사건과 조금도 다를 게 없습니다. 예컨대 월 평균 소득이 금 100만원, 입원기간이 45일이면 : 100만원 ×45/30 = 150만원입니다.

무직자나 가정주부도 공사장 일용노임 정도를 소득으로 봅니다. 즉, 2015년 상반기 적용 노임단가에 의할 때 1일 87,805원×22일 = 1,931,710원이 무직자나 주부의 한 달 소득이 됩니다.

다만 일실수입을 인정받기 위해서는 환자 나이가 소득을 올릴 수 있는 나이권에 들어와 있어야 합니다. 남자는 23세 이상 여자는 20세 이상이어야 하고 모두 60세 미만이어야 합니다. 다만 농업종사자는 65세까지입니다(위 나이에 벗어나 있어도 실제로 소득을 얻고 있으면 그에 따름).

■ 보험회사의 약관에는?

입원기간 중 손해는 따로 인정하지 않고 있습니다. 다만 약관에 다음과 같은 규정이 있으므로 참고하시기 바랍니다.

부상으로 인하여 휴업함으로써 수입의 감소가 있는 경우에 한하여 휴업기간중 수입감소액의 80% 해당액을 지급합니다.

휴업손해액 = 수입감소액×80/100

② 입원기간 이후(퇴원) 손해

피해자가 평생 벌어들일 예상 수입에 환자의 장해율을 곱합니다. 그러나 장해 없는 사건은 이 부분에서 계산할 것이 없습니다.

③ 입원기간 중 가족 개호비/간병비

교통사고로 병원에 입원하게 되면 경미한 사고가 아니면 가족이나 전문 간병인이 식사, 운동, 탈의, 용변 등을 위하여 간병을 하게 됩니다. 이때 가족이 개호(간병과 같은 의미)한 경우도 개호비(또는 간병비)를 인정받을 수 있을까?

법원은 개호가 필요한 경우라면 가족이건 전문 간병인이건 이를 가리지 않고 인정하고 있습니다. 다리가 부러지는 등 누가 간병하지 않으면 혼자 거동이 불가능한 경우 일용노임 정도를 개호비로 인정하고 있습니다. 물론 전문 간병인의 도움을 받는 경우도 인정을 받습니다. 이 경우는 영수증 등으로 입증을 해야 합니다.

다만 법원이 개호에 대하여 그렇게 후한 입장은 아닙니다. 이를테면 수술직후 상당부분은 24시간 간병을 받는 것이 보통인데 하루 8시간 정도만 인정하고 있습니다(24시간 간병을 인정하게 되면 3사람분의 일당을 받게 되고 8시간만 인정되면 1사람분의 일당만 받게 됨).

예) 한쪽 다리가 부러져 5개월을 입원한 경우, 다리가 부러지면 처음 한동안은 누군가가 옆에서 간병을 해주어야 합니다. 석고붕대를 대고 상당 기간 경과하면 휠체어에 의존하여 이동하기도 합니다. 이런 경우 법원에서는 혼자 거동할 수 있을 때까지 환자의 상태에 따라 일정 기간 어머니나 아들 같은 가족이 개호했어도 가족 개호비를 인정합니다. 4개월 개호를 받았다고 하자. 4개월이면 120일이고 하루 일당은 2015년 상반기 현재 87,805원이므로, 개호비는 120일×87,805원 = 10,536,600원입니다.

■ 보험회사의 약관에는?

가족 개호비, 전문 간병인 간병비 모두 인정하지 않고 있습니다.

3. 보상금액 산정하기

(1) 산정방법

① 산정의 기초

구체적인 보상금액은 환자의 상태, 사고 상황에 따라 전혀 달라집니다.

보상금액은 치료비＋일실수입임은 앞에서도 기술했습니다.

② 도시 무직 여성(주부 또는 도시 남자무직자)의 월수입

2015년 상반기 적용 노임단가에 의할 때 1일 87,805원의 일당으로 한 달간 22일 근무하는 것으로 계산하여, 월수입은 1,931,710원입니다. 즉, 주부나 무직자는 수입이 없는 것으로 보지 않고 공사장 일용인부의 일당을 하루 수입으로 보고 한 달간 22

일 근무하는 것으로 계산합니다. 참고로 2014년 3/4분기 농촌 여성은 농촌 여성인부 일당 64,492.02원(2014년 3/4 분기 기준)의 수입으로 한 달 25일 근무하는 것으로 계산합니다. 따라서 월수입은 1,612,301원입니다. 농업 종사자 남성은 농촌 남성인부 일당 97,730.05원(2014년 3/4분기 기준)의 수입으로 한달 25일 근무하는 것으로 계산합니다. 따라서 월수입은 2,443,251원이 됩니다.

③ 기타 소득자

환자가 정기 급여자(회사원, 공무원)인 경우 월 평균소득 3개월치 또는 1년치를 평균 내 정합니다.

대학생의 경우 저학년은 무직자로 고학년은 직업별 통계소득으로 계산합니다. 사업자의 경우 세무서 신고소득으로 계산하고 사업자나 정기 급여자라도 세무 신고가 되지 않은 경우 직종별 통계소득으로 계산합니다(직종별 통계소득은 무직자보다는 소득이 높습니다). 기능공은 기능공별 일당으로 계산합니다.

(2) 계산 : 도시가정주부(입원기간 2개월)

입원기간이 2개월 되고 가족개호를 30일간 받은 척추염좌 사고를 당한 가정주부의 경우는 손해배상금이 얼마나 될까?

□일실손해액(입원기간 중)

1,931,710원×60/30 = 3,863,420원

□가족 개호비(30일치, 입원기간이 아니라 실제 개호기간만)

30일×87,805원(여자 일당) = 2,634,150원

⇒ 3,863,420원＋2,634,150원 = 6,497,570원(치료비는 보험회사에서 직불하므로 공제했음. 다만 향후치료비가 예상된다면 받아야 함)이 손해배상금이 되는 것입니다. 여기에 약간의 위자

료를 더해야 합니다.

(3) 공제

다만 위 보상금에서 아래 항목이 공제됩니다.

① 피해자의 과실비율

예컨대 피해자 과실이 20%라면 위 예에서 6,497,570원×0.8 = 5,198,056원이 과실에 따른 금액을 제외한 손해배상금이 됩니다.

② 형사합의금

가해자로부터 형사합의금을 수령했다면 그 수령액 만큼 공제됩니다.

③ 기치료비중 과실부분

보험회사가 병원에 납부한 병원비중 피해자 과실부분은 공제될 항목입니다. 병원비가 100만원이 들어갔다면

1,000,000원×0.2 = 200,000원을 위 5,198,056원에서 공제해야 합니다.

즉 5,198,056원 - 200,000원 = 4,998,056원이다.

(4) 보상금(손해배상금)

위와 같이 계산되어 나온 4,998,056원이 도시주부(입원기간 2개월, 가족 개호 30일)가 보험회사로부터 받아야 하는 실 손해액인 것입니다.

이렇게 해서 보상금이 어떻게 계산되는지 다소 나마 알게 되었을 것입니다. 막연하게 보험회사 직원이 제시하는 금액만을 가지고 합의해야 하나 말아야 하나를 고민하는 것보다는 길이 훤히 보일 것입니다.

4. 사례 보기

(1) 대기업 과장의 경우

월 평균급여가 220만원, 입원기간 115일, 가족개호 83일, 피해자 과실 0%

① 입원기간 중 손해액

2,200,000원×115/30 = 8,433,333원

② 가족 개호비

83일×87,805원 = 7,287,815원

③ 총계   금 15,721,148원

(2) 중소기업 사장의 경우

월 평균소득 500만원, 입원기간 190일, 가족개호 112일, 피해자 과실 20%, 병원비 2,500만원

① 입원기간 중 손해액

5,000,000원×190/30 = 31,666,666원

② 가족 개호비

112일×87,805원 = 9,834,160원

③ - 소계   금 41,500,826원

 - 과실공제 41,500,826×0.8 = 33,200,661원

④ 병원비 피해자부담 부분(피해자 과실부분)

25,000,000원×0.2 = 5,000,000원

⑤ 피해자부담 병원비 공제 후 손해액

33,200,661원 - 5,000,000원 = 28,200,661원

※ 과실이 있으면 병원비중 과실 부분은 피해자가 부담해야 되고

총 일 실수입에서 공제해야 합니다.

※ 소득이 높아야 교통사고를 당해도 보상을 많이 받게 됩니다. 그러니 열심히 일해서 소득을 많이 올리고 세무서에 소득신고도 많이 해야 이와 같이 유사시에 보상금도 많이 받게 되는 것입니다(소득이 많아도 소득신고를 제대로 하지 않으면 역시 인정받지 못합니다).

(3) 농업 종사자(남)의 경우

입원기간 126일, 가족개호 95일, 과실 0%

농업 종사자 월 평균소득 97,730×25 = 2,443,250원

① 입원 기간 중 손해액

2,443,250원×126/30 = 10,261,650원

② 가족 개호비

95일×64,492원(농촌 여자 일당) = 6,126,740원

③ 소계　　　금 16,388,390원

(4) 68세 무직자

입원기간 190일, 가족개호 112일, 과실 0%

① 입원 기간 중 손해액

0원

② 가족 개호비

112일×87,805원 = 9,834,160원

③ 소계　　　9,834,160원

나이가 들거나 나이가 어린 아이의 경우 소득이 없으므로 가족개호비가 손해액의 전부입니다.

5. 보험회사 제시 금액과 비교해 볼 것

피해자 손해배상금을 계산해 보았으면 이제는 보험회사가 제시한 보상금액과 비교해 보도록 하겠습니다. 보험회사로부터 보상금을 제시받을 때 항목별로 손해액을 계산해 달라고 해야 합니다. 두리뭉실하게 총액만을 제시하는 경우는 무언가 감추는 게 있을 수 있습니다. 감출 것이 없다면 당당하게 그리고 정직하게 명세서를 작성하여 제시할 것입니다.

보험회사가 제시한 금액은 귀하가 계산한 금액에 비추어 보통 10~20% 수준에 불과할 것입니다. 때로는 5%에 불과한 황당한 경우도 있습니다.

보험회사는 입원기간 중 일실손해와 가족 개호비를 인정하지 않기 때문에 실 손해액을 환자에게 지나치게 불리하게 계산한 결과입니다.

6. 보험회사 보상금에 대한 대처방법

(1) 무대접 받는 환자

무장해 상해사고의 경우 보상금에 관한 한 환자는 푸대접을 넘어 무대접을 받습니다. 추간판탈출증 환자의 경우는 그래도 푸대접 정도는 받는다고 할 수 있지만 무장해 상해 환자는 무대접 그대로입니다.

가해자는 말할 것도 없고 보상을 담당한다는 보험회사 직원은 병원에 한두 번 나타나거나 아니면 전혀 방문하지도 않는 경우가 많을 것입니다. 피해자가 답답하여 전화해서 보상을 애걸하는 경우도 흔한 일입니다.

그러면 왜 이렇게 푸대접을 받게 되는 것일까? 그렇게 푸대접해도 환자가 다른 방법을 선택할 여지가 별로 없기 때문입니다. 다른 장해사건의 경우 보상이 시원찮으면 환자가 소송을 해버립니다. 그리되면 보험회사는 보상비가 합의시보다 2~10배쯤 더 들어가고 변호사 선임비에 패소시 소송비용까지 다 물어주어야 하므로 막대한 손해를 피하기 위해 소송만은 말아달라고 부탁하며 보상금을 보상합니다.

무대접을 받는 환자가 소송을 하겠다고 하면 보험회사 보상과 직원은 거들떠보지도 않습니다.

(2) 방법이 없을까

변호사가 계산한 것에 의하면 입원기간 중 일실수입과 개호비 등으로 580만원은 되는데, 보험회사에서는 어떻게 계산했는지 53만원이라 도대체 어떻게 된 것일까? 변호사가 거짓말을 하는 것일까? 보험회사가 거짓말을 하는 것일까?

보험회사 홈페이지나 손해 사정인 홈페이지에 들어가 보면 입원기간 중 손해나 가족 개호비를 지급해야 한다는 글이 없습니다. 그러나 전국 하루에도 수십, 수백개씩 쏟아지는 교통사고 손해배상 판결에서는 입원기간 중 손해와 가족 개호비를 지급하라고 빠짐없이 선고하고 있습니다.

보험이란 투기나 사회사업이 아닙니다. 사고율과 보상금액을 과학적으로 계산하여 적정이윤을 보장하도록 보험료를 책정하고 있는 것입니다. 따라서 실 손해액에 맞추어 보상을 해도 상당한 이익이 보장되는 것입니다. 지금 보험회사는 소송을 하면 실 손해액 보상,

중간에 합의하면 50%에도 못 미치는 수준에서 보상하고 있습니다. 무장해 사고나 한시 장해의 경우 환자 입장은 전혀 고려되지 않은 터무니없는 금액으로 합의되고 있습니다.

(3) 방법은 있다.

방법은 단 하나, 소송하는 것입니다. 소송은 물론 쉽지 않지만 어렵지만도 않습니다.

소액 심판이라는 것이 있습니다. 소송액이 2,000만원 이하인 사건은 소액심판으로 제기할 수 있어 비교적 간단하게 소송을 할 수 있습니다.

자신을 가지고 시간과 비용, 노력을 투자해 보면 손해를 보지는 않을 것입니다.

〈나이별 호프만계수〉

1	26세	238.0659	13	38세	177.8033	25	50세	97.1451
2	27세	233.5872	14	39세	172.0257	26	51세	89.0202
3	28세	229.0153	15	40세	166.1055	27	52세	80.6106
4	29세	224.3587	16	41세	160.0357	28	53세	71.8956
5	30세	219.61	17	42세	153.8083	29	54세	62.8521
6	31세	214.7654	18	43세	147.4150	30	55세	53.4545
7	32세	209.8211	19	44세	140.8468	31	56세	43.6739
8	33세	204.7724	20	45세	134.0937	32	57세	33.4777
9	34세	199.6158	21	46세	127.1451	33	58세	22.8290
10	35세	194.3457	22	47세	119.9893	34	59세	11.0858
11	36세	188.9573	23	48세	112.6135			
12	37세	183.4451	24	49세	105.0039			

※ - 26세 이하는 240으로 계산

- 이 계수는 나이에 따라 60세까지 기간, 즉 월별 계수임.

제 3 절
평생소득계산

1. 도시 가정주부/무직자의 평생소득 계산

(1) 도시와 농촌의 차이

　도시 가정주부와 무직자의 소득은 건설 공사장 일용노임으로 계산하여 그 수입이 같은 것으로 취급합니다.

(2) 25세 가정주부 계산 방법은 다음과 같다.

　① 인적 사항

　　□나이 : 만 25세

　　□가동연한 : 60세가 될 때까지

　　□도시일용노동임금 : 87,805원(일당)

　　□월간 가동일수 : 22일

　　□월 소득 : 87,805원×22일 = 1,931,710원

　② 계산법

　　□60세까지 35년간(420개월) 일실수익

　　1,931,710원(월소득)×240(420개월 호프만수치)

　　　　　　　　　　　　= 463,610,400원

　※ 농촌 여성의 경우는 다음과 같이 계산합니다.

　　　1일 일당이 64,492원이므로(2014년 3/4분기 기준)

　　　64,492원×25 = 1,612,300원

　　　즉, 월수입은 1,612,300원입니다.

※ 농촌 남성의 경우는

1일 일당이 97,730원이므로(2014년 3/4분기 기준)

97,730원×25 = 2,443,250원

즉, 월수입은 2,443,250원입니다.

2. 나이별 소득(일실수익 계산)

(1) 26세 도시 여성, 무직 남성(이하 모두 같음)

1,931,710(월소득)×238.0659(호프만수치) = 459,874,280원

(2) 27세

1,931,710(월소득)×233.5872(호프만수치)=451,222,730원

(3) 28세

1,931,710(월소득)×229.0153(호프만수치)=442,391,145원

(4) 29세

1,931,710(월소득)×224.3587(호프만수치)=433,395,944원

(5) 30세

1,931,710(월소득)×219.61(호프만수치)=424,222,833원

(6) 31세

1,931,710(월소득)×214.7654(호프만수치)=414,864,471원

(7) 32세

1,931,710(월소득)×209.8211(호프만수치)=405,313,517원

(8) 33세

1,931,710(월소득)×204.7724(호프만수치)=395,560,893원

(9) 34세

　　1,931,710(월소득)×199.6158(호프만수치)=385,599,837원

(10) 35세

　　1,931,710(월소득)×194.3457(호프만수치)=375,419,532원

(11) 36세

　　1,931,710(월소득)×188.9573(호프만수치)=365,010,706원

(12) 37세

　　1,931,710(월소득)×183.4451(호프만수치)=354,362,734원

(13) 38세

　　1,931,710(월소득)×177.8033(호프만수치)=343,464,413원

(14) 39세

　　1,931,710(월소득)×172.0257(호프만수치)=332,303,765원

(15) 40세

　　1,931,710(월소득)×166.1055(호프만수치)=320,867,655원

(16) 41세

　　1,931,710(월소득)×160.0357(호프만수치)=309,142,562원

(17) 42세

　　1,931,710(월소득)×153.8083(호프만수치)=297,113,031원

(18) 43세

　　1,931,710(월소득)×147.4150(호프만수치)=284,763,030원

(19) 44세

　　1,931,710(월소득)×140.8468(호프만수치)=272,074,399원

(20) 45세

1,931,710(월소득)×134.0937(호프만수치)=259,030,141원

(21) 46세

1,931,710(월소득)×127.1451(호프만수치)=245,607,461원

(22) 47세

1,931,710(월소득)×119.9893(호프만수치)=231,784,531원

(23) 48세

1,931,710(월소득)×112.6135(호프만수치)=217,536,624원

(24) 49세

1,931,710(월소득)×105.0039(호프만수치)=202,837,084원

(25) 50세

1,931,710(월소득)×97.1451(호프만수치)=187,656,161원

(26) 51세

1,931,710(월소득)×89.0202(호프만수치)=171,961,211원

(27) 52세

1,931,710(월소득)×80.6106(호프만수치)=155,716,302원

(28) 53세

1,931,710(월소득)×71.8956(호프만수치)=138,881,449원

(29) 54세

1,931,710(월소득)×62.8521(호프만수치)=121,412,030원

(30) 55세

1,931,710(월소득)×53.4545(호프만수치)=103,258,592원

(31) 56세

1,931,710(월소득)×43.6739(호프만수치)=84,365,309원

(32) 57세

1,931,710(월소득)×33.4777(호프만수치)=64,669,208원

(33) 58세

1,931,710(월소득)×22.8290(호프만수치)=44,099,008원

(34) 59세

1,931,710(월소득)×11.0858(호프만수치)=21,414,551원

(35) 60세 이상

일실수익 없음

3. 평생소득 계산시 주의사항

① 위 금원은 과실상계를 하지 않은 것입니다. 피해자에게 과실이 있는 경우는 과실비율만큼 공제합니다.

예컨대 위 54세 피해자에게 20%의 과실이 있는 경우

121,412,030원×0.8(1-0.2) = 97,129,624원이 됩니다.

이렇게 계산된 금액에 장해율을 곱하면 실 손해액이 나오는 것입니다. 위 예에서 54세 피해자 장해율이 30%라면

97,129,624×0.3 = 29,138,887원이 되는 것입니다.

이 금원을 보험회사에 일실 손해액으로 청구하면 됩니다. 물론 이 금원 외에도 간병비, 향후치료비, 성형수술비 등이 있으면 추가해야 합니다.

② 형사합의금 공제 : 형사합의금을 가해자로부터 받았으면 공제

해야 합니다.

③ 가정주부라 하여 무소득으로 보지 않으며 건설 공사장 일용잡부의 수입을 적용한다. 남녀를 불문하고 무직자는 소득이 없는 것으로 보지 않고 이와 같이 건설판 일용노임 정도를 인정하고 있습니다. 따라서 손해배상에서 주부, 무직자를 손해배상의 최소치로 보면 됩니다. 그러므로 일용노임 이상의 수입이 있으면 최소한 이 이상을 받을 수 있습니다.

④ 보험회사와 합의시 위와 같이 평생소득을 계산하여 항목별로 자료를 만들어 가지고 있을 것. 보험회사 담당자에게 보험회사가 계산한 근거를 요구할 것. 둘을 비교하면서 보험회사 담당직원과 당당히 합의할 것.

실 손해액이 얼마인지 알고 합의에 임하면 보험회사 직원이 함부로 대하지 못할 것입니다. 최근 인터넷이 보험회사만의 정보 독점을 무너뜨리고 있어서 합의금 중 일부는 양보하더라도 종전처럼 터무니없는 금액으로 합의하는 경우는 사라질 것입니다.

⑤ 농촌 여성이나 농촌 남성은 해당 나이를 찾아 월 소득을 호프만 계수로 곱하면 됩니다.

예컨대 36세 여성의 경우 위 36세 해당란에서 호프만 계수를 찾아 월 소득을 곱하면 평생소득이 계산됩니다. 다만 요즘 추세가 농촌의 경우 63세 또는 65세까지를 가동기간으로 하고 있으므로 위 호프만 계수를 3~5년치를 더 높여야합니다.

제6장 보험회사와의 교통사고 합의

1. 교통사고 합의

(1) 형사합의

홍길동이 운전하다가 상해사고를 냈다고 했을 때 만일 가해자가 11개 중과실사고를 냈다면 보험회사와 합의하기 전에 가해자 홍길동이 합의하자고 나타나게 됩니다.

그러나 이 가해자와의 합의는 가해자가 형사처벌을 가볍게 받기 위한 형사합의인 것입니다. 형사합의는 보통 1주당 금 50~70만원 정도에서 이루어집니다.

(2) 형사합의금의 청구

일반적으로 형사합의금에 대해 알려지지 않은 사실이 있습니다.

종합보험에 가입한 운전자(가해자)가 교통사고를 일으키고 피해자와 형사합의한 경우 형사합의금도 보험회사로부터 돌려받을 수 있다는 사실이 그것입니다. 원래 자동차 보험계약은 보험회사가 운전자의 민·형사상 배상을 보전하도록 되어 있습니다. 따라서 이 형사 합의금도 보험회사에서 피해자에게 내주어야 할 것, 즉 보험 처리되어야 하는 것입니다. 단지 형사합의로 시간이 촉박한 가해자가 일단 자기 주머니를 털어 내는 것뿐입니다. 따라서 형사 합의금을 지급한 가해자는 당연히 나중에 이 돈을 보험회사에서 돌려받아야 합니다.

운전자 여러분 중에 몇 명은 보험회사에 형사합의금을 청구했을 때 "형사합의금은 보험처리가 안된다." "약관에 없다." "전례가 없는 일이다."라고 보험회사 직원으로부터 면박을 받은 경험이 있을 것입니다. 그러나 형사합의금도 당연히 보험회사에서 부담해야 하는 보험금입니다.

따라서 원칙적으로는 보험회사가 보험계약자를 위하여 적극적으로 가해자에게 형사합의금을 찾아가라고 통보해 주어야 하지만 그렇게 정직한 보험회사는 없습니다. 소멸시효가 지나면 이 합의금은 보험회사의 특별 수익금으로 떨어지기 때문입니다. 따라서 시효가 지나기 전에 미리미리 찾아야 합니다. 보험금 청구채권의 소멸시효는 2년이므로 잊지 말고 신청해야겠습니다.

형사합의금은 다음과 같은 방법으로 돌려받을 수 있습니다.

① 보험회사에 통보

교통사고에서 형사합의금을 피해자에게 지급했다고 하여 보험회사로부터 항상 돌려받을 수 있는 것은 아닙니다. 형사합의금을 돌려받으려면 형사합의금 지급 사실을 보험회사에 통보해야 합니다. 즉 지급 사실을 보험회사가 알고 있어야 합니다. 또 형사합의금을 너무 많이 지급해서는 안됩니다. 고액의 돈을 돌려받는 것인 만큼 보험회사도 그렇게 만만하게 돌려주지는 않기 때문입니다.

만일 보험회사 직원이 물어와 답변했다면?

그런데 가해자(피보험자)가 꼭 합의사실을 먼저 통보해야만 하는가? 보험회사가 문의해 왔을 때 대답한 것은 통보가 아니란 말인가? 사실 형사합의 여부를 눈에 불을 켜고 확인하려 다니는 쪽은 보험회사입니다. 일반인들은 돌려받을 수 있는지조차 알지 못하는 경우가 대부분이므로 스스로 이를 통보하는 경우는 드뭅니다. 그러면 왜 보험회사가 먼저 확인하려고 기를 쓰는가? 보험회사가 피해자에게 보상금을 지급할 때 공제하고 나머지 금액만 주기 때문입니다. 이렇게 형사합의금은 가해자가 찾아가지 않는 한 보험회사의 이익으로 떨어지게 됩니다.

예를 들어,

"김철수가 교통사고로 사망 사고를 냈다. 김철수는 망인 유가족과 형사합의금으로 1,000만원을 지급하고 합의했다. 망인 유가족이 보험회사에 보상금을 청구해오면, 보험회사는 보상금 8,000만원 중 형사합의금으로 망인이 받은 1,000만원을 공제한 7,000만원만 지급한다." 이 1,000만원이 보험회사의 부당이득으로 떨어지는 것입니다.

형사합의금은 피해자가 보험회사에서 보상받기 전에 통보해야 합니다.

교통사고 피해자는 보험회사에 교통사고로 손해난 부분에 대하여 보상을 청구하게 됩니다. 이때 보험회사는 앞에 밝힌 바와 같이 피해자가 지급받은 형사합의금을 공제한 나머지만을 지급합니다. 따라서 가해자는 피해자가 보험회사로부터 보상금을 받아가기 이전에 보험회사에 형사합의금 지급사실과 금액을 통보해야 합니다. 이 기간을 놓쳐 늦게 통보하면, 다시 말해 보상을 받아가고 나서 통보하면 돌려받지 못합니다.

② 증거를 남길 것

재판에 들어가면 보험회사는 합의금지급 통보사실에 대하여 통보

받은 바 없다고 잡아떼는 것이 보통입니다. 이에 대비해 가해자 입장에서 완벽하게 절차를 갖추려면 보험회사에 전화로 통보하고(신속해야 하므로 일단 전화 통보하는 것이 좋다) 이어서 팩스나 내용증명으로 통보하는 것이 좋습니다. 보험회사 직원이 물어와 대답했다 해서 안심하지 말고 반드시 증거를 만들어 놓는 것이 좋습니다.

그렇다고 1년전 사건에 대해 내용증명을 보내서 증거를 만들어 두는 것은 좋은 방법이 아닙니다. 오히려 그 당시 통보가 없었음을 스스로 인정하는 것 아니냐고 역공당하기 좋습니다. 따라서 1년 전에 구두로 통보한 것에 대해 새삼스럽게 증거를 만들 필요는 없습니다. 1년 전에 형사합의된 것들은 앞에서 이야기한 것과 같이 보험회사에서 미리 그러한 정보를 알고 피해자에게 보상금 지급시 공제했을 것이고 그런 흔적이 남아 있기 마련이기 때문입니다. 따라서 예전에(지금부터 2년 전까지 기간 중에) 형사합의금을 지급하고 보험회사 직원에게 전화나 구두상으로 이야기했다면 자신감을 가지고 보험회사에 반환을 청구할 일입니다.

③ 과잉 합의 부분에 대하여

가해자가 돌려받을 수 있는 범위는 보험회사의 피해자에 대한 보상 범위 내입니다. 예컨대 횡단보도상에서의 가벼운 접촉사고로 보험회사가 피해자에게 20만원만 보상하면 되는 사건이 있다고 할 때 가해자가 금 500만원을 피해자에게 주고 형사합의했다면 480만원 부분은 돌려받을 수 없습니다. 상해사고에서는 이런 과잉합의 문제가 나올 수 있습니다.

그러나 사망사고는 보통 1억원 내외의 돈이 보상금으로 지급되므로 많은 금액을 형사합의금으로 지급했다고 하여 과잉합의가 될 여지는 별로 없습니다.

④ 합의금을 공탁한 경우

피해자와 형사합의가 되지 않아 형사합의금 명목으로 법원에 돈을 공탁한 경우에는 어떻게 될까? 이때도 그 금액을 돌려 받을 수 있습니다. 대법원 판례도 이를 인정하고 있습니다. 다만 공탁을 한 경우에도 보험회사에 돈을 공탁한 사실을 통보해야 합니다. 통보 방법은 형사합의의 경우와 같습니다.

(3) 민사상 손해배상의 합의

민사상 손해란 피해자의 치료비 + 위자료 + 일실수입 등을 말합니다.

원래 민사상 합의도 가해자와 하는 것이 원칙이나 가해자가 자동차종합보험에 가입되어 있으면 손해배상금이 보험회사에서 지급되므로 실질적으로는 보험회사가 당사자인 셈입니다. 그래서 이들이 합의하러 피해자가 입원하고 있는 병원에 오는 것입니다. 보험회사와 합의금으로 받는 돈을 실생활에서는 보통 보상금이라고 합니다. 법률적으로 따지면 손해배상금이 정확한 명칭이나 여기에서는 실무에 따라 보상금, 합의금, 손해배상금 등으로 사용할 테니 혼동 없기 바랍니다.

간혹 이를 착각해서 보험회사가 은전이라도 베풀어 보상금(합의금)을 내주는 것으로 생각하고는 피해자 측에서 비굴할 정도의 저자세로 임하는 경우가 있습니다. 그래서 보험회사가 제시한 금액이 어떻게 계산된 것인지, 어떤 부분이 적다든지, 계산이 잘못 됐다든지 등을 따져 보고 합의를 해야 하는데 그러지를 못하고 그저 주는 대로 받는 경우가 많습니다.

2. 보험회사와 피해자, 변호사

보험회사와 피해자를 비교하도록 하겠습니다.

보험회사는 대기업이며, 보통은 재벌 그룹에 속해 있습니다.

대학교를 졸업한 유능하고 똑똑한 사람들이 직원이고 전국적으로 거미줄 같은 조직망을 갖추고 있습니다. 거기에 수없이 많은 합의 경험을 가지고 있습니다. 어디 그뿐인가. 보험회사는 수십 명의 고문 변호사와 의사를 두고 자문을 받고 있습니다. 다시 말하면 보험회사는 자금, 조직, 인력, 법률 그리고 경험까지 모든 것을 완벽하게 갖추고 있습니다. 그들은 피해자의 소득, 사고 내용, 과실 비율 그리고 소송시 예상 판결금액 등 피해자와 사고에 대한 모든 정보를 다 파악하고 꿰뚫어보고 있는 것입니다.

이에 비해서 피해자는 어떤가?

대부분 사고는 처음이라 우왕좌왕할 뿐만 아니라 돈도 그렇고 주변에 피해자를 도와줄만한 인적 조직이나 자원이 있을 리 없습니다.

자문을 해주는 사람들은 교통사고 경험이 있는 주변 친척이나 사고를 당하고 같은 병원에 입원 중인 다른 피해자 정도입니다. 그러나 손해배상금은 환자의 나이, 장해율, 소득, 직업, 과실에 따라 그 금액이 전혀 다릅니다. 나이, 장해, 과실이 같다고 하더라도 어떤 사람은 1,000만원을, 다른 사람은 1억원을 보상받을 수 있는 것이 교통사고 손해배상입니다.

이러니 망인 측의 보험회사와의 합의는 이미 그 결과가 뻔합니다. 권투로 치면 헤비급과 플라이급의 싸움이며, 프로와 아마추어의 싸움입니다.

이렇듯 막강한 보험회사와 약체인 유가족의 합의는 불공정하게 이루어질 가능성이 높습니다. 실제로 실 손해액의 반에도 못 미치는 금액으로 합의가 척척 이루어지고 있습니다. 연간 40만 건도 넘는 교통사고 상해사고에서 터무니없이 낮은 금액으로 합의가 이루어지고 있습니다.

실 손해액이 얼마인지 알지 못하니 자기가 한 합의가 터무니없이 낮은 금액인지조차도 모릅니다.

그러면 이 거대한 공룡, 보험회사와 당당하게 맞서 제대로 합의금을 보상받을 수는 없을까? 방법은 분명히 있습니다. 보험회사와 맞서 싸울 수 있는 전문가에게 위임하면 되는 것입니다. 그 전문가가 바로 변호사입니다.

손해배상 실 손해액은 소송으로 얻어지는 것입니다. 보험회사도 소송이 제기되면 변호사를 선임합니다. 밖에서야 막강한 힘을 발휘하는 보험회사도 법정에서야 자금력, 조직력, 인력 등이 별다른 힘을 발휘하지 못하는 것입니다. 법정에서는 변호사 대 변호사의 싸움이니까.

3. 소송에 대한 보험회사의 입장

교통사고 피해자는 소송을 해야 되느냐, 마느냐로 고민하고 있을 것입니다. 소송이란 경험 없는 사람에게는 아무래도 두려운 절차일 것입니다. 그러나 보험회사는 사실 귀하보다 더 소송을 두려워한다는 사실을 알고 있어야 합니다. 앞서 계산한 바와 같이 보험회사 약관에 의한 보상은 실 손해액에 비하여 지나치게 낮은 수준입니다. 합의를 하게 되면 보험회사는 대단히 저렴한 합의금으로 사건을 종결할 수 있어 막대한 이익을 얻을 수 있는데 비하여 사건이 소송으로 들어가면 그 2~10배쯤 돈이 더 들어갑니다. 게다가 보험회사가 선임하는 변호사 비용까지 더 들여야 함은 물론입니다. 보험회사는 소송을 하면 자기들에게 불이익이 돌아오는 것을 너무나 잘 알고 있습니다.

 그리하여 여하튼 보험회사는 겉으로 내색은 하지 않지만 환자보다 소송을 더 두려워하고 있는 것입니다.

 따라서 귀하가 보험회사에 '소송을 제기할 의사'를 조금이라도 내보이면 보험회사 합의 제시금액이 갑자기 커집니다. 그러므로 소송이 마땅치 않고 꼭 합의를 하겠다는 환자도 합의만을 변호사에게 위임하면 합의금액이 훨씬 높아지게 됩니다. 보험회사가 소송을 제기하려는 것으로 알고 이에 응하기 때문입니다.

4. 교통사고 소송의 특이성

 여러분 중에는 "변호사의 도움을 받으려면 더 많은 돈이 필요한 것 아닌가요?"라고 의문을 품고 질문하고 싶은 사람도 있을 것입니다. 변호사는 물론 공짜로 사건을 처리해 주지 않습니다. 현재 많은 변호사들이 교통사고 소송을 맡아서 하고 있습니다. 보통 사건은 의뢰인이 소송 의뢰시 착수금과 소송 비용을 변호사에게 선불 형식으로 주고서 하는데 비하여 교통사고만은 변호사가 착수금을 받지 않고 승소시 보험회사로부터 수령한 돈의 일부분을 성공사례금 형식으로 받고 있습니다. 이런 형식은 변호사 입장에서는 대단한 모험입니다. 그런데도 불구하고 이렇게 하는 것은 승소 가능성이 높고 승소시 승소금을 100%받을 수 있기 때문입니다. 이런 후불 형식은 환자 입장에서는 처음에 전혀 비용이 들어가지 않는 점에서는 좋으나 나중에 성공사례금을 많이 공제해 주어야 한다는 점에서는 그다지 바람직하지 않습니다.

그러므로 환자가 스스로 착수금과 비용을 대고 소송을 하면 나중에 성공사례금을 크게 떼일 염려가 없습니다. 따라서 환자가 경제적으로 여유가 있다면 후자의 방식을 채택하는 것이 좋습니다.

더구나 시간이 걸리더라도 보험회사로부터 소송비용까지 받기를 원한다면 변호사와 사전에 상의해야 합니다. 최근에 보험회사는 조정은 말할 것도 없고 판결에 의한 손해배상금을 내줄 때 그 비용을 포기하도록 유도하고 있습니다.

그러나 이 때에도 다른 사건처럼 비용까지 받아낼 수 있습니다. 다만 미리 과실상계 등을 하고 소송을 제기해야 비용을 받을 때 유리하므로 사전에 변호사와 충분히 상의하는 것을 잊어서는 안됩니다.

특히 식물인간이나 장해율이 높을 것으로 예상되는 사건은 배상금 단위가 몇 억원에 이르고 공제액도 그만큼 높아지므로 이런 방법을 활용해볼 일입니다.

▶ *보험회사와 합의할 때는 이렇게*

1. 당당하게 합의에 임할 것

보험회사가 합의금을 내준다고 해서 그들이 공돈을 주거나 은전을 베푸는 것으로 착각하지 말아야 합니다. 이를 착각하게 되면 보험회사에 저 자세로 나가게 되고 보험회사가 주는 대로 받게 됩니다. 보상금이란 귀하의 불구된 몸, 즉 평생 장해에 따른 고통과 맞

바꾸는 돈인 것입니다.

2. 보험회사를 가해자 대리인으로 볼 것

보험회사를 가해자 대리인이라 생각하고 합의에 임해야 할 것이다. 보험회사는 귀하의 편이 아닙니다. 그렇다고 가해자 편도 아닙니다. 그럼 누구 편인가? 바로 보험회사 자신의 편인 것입니다. 이들은 오로지 자기 회사의 이익만을 위해 일하고 있습니다.

대학을 나온 수많은 고급 인력과 전국적인 조직망, 수십 명의 고문 변호사와 자문의사, 엄청나게 많은 교통사고 소송과 합의 경험을 가진 급수 높은 장사꾼인 것입니다.

3. 계산 내역을 반드시 확인할 것

보험회사가 제시하는 보상금액의 계산 근거를 요구합니다.

보상금은 치료비, 위자료, 일실손해 3가지로 구성됩니다. 그중에 일실수입(보험회사에 따라서는 일실이익, 일실손해, 손해액, 일실손해액 등으로 불리고 있습니다)이 핵심입니다. 계산과정이 복잡하여 일반인이 잘 이해하지 못하는 점을 이용하여 일부 보험회사 직원이 악용하는 부분이 바로 이 부분입니다. 따라서 복잡한 계산이라도 무조건 따를 것이 아니라, 계산 근거를 요구하여 하나하나 따져 보아야 합니다.

4. 사전 정보를 충분히 수집할 것

지금까지 피해자가 보험회사 직원에게 제대로 대응하지 못한 이유는 자기 피해에 대한 연구 부족 때문입니다. 아무것도 알지 못하는 상태에서 이것저것 따지며 요구할 수는 없지 않겠습니까. 특히 예상 손해금액에 대해 연구할 필요가 있습니다. 이에 대해 시중에서 판매되는 교통사고 손해배상에 관련된 책자를 활용할 수 있을 것입니다. 그뿐 아니라 요즘에는 인터넷이 발달하여 교통사고 관련 홈페이지만 잘 활용해도 손해배상금액을 계산할 수 있습니다. 이러한 길을 통해 귀하가 미리 계산해보고 보험회사가 제시하는 것을 하나씩 대조해 가면서 꼼꼼히 따져야합니다. 객관적인 자료에 의하여 계산한 손해액을 제시하면 보험회사 직원도 귀하를 함부로 대하지 못할 것입니다.

교통사고 손해는 돈뭉치이다. 그 돈이라는 것이 다른 돈이 아니고 귀하의 불구된 몸과 바꾸는 돈입니다. 귀하가 돈과 시간을 들여 투자하면 그 수십 배의 이익이 돌아올 것입니다. 함부로 남의 말을 듣지 말고 부지런히 연구하여 객관적인 자료로 맞서야겠습니다.

5. 소송도 염두에 둘 것

합의에서 불리하면 소송으로까지 갈 생각을 해야 합니다. 돈이 급하다고 해도 소송이라는 또 하나의 방법이 있음을 명심해야겠습니다. 그렇지 않고 합의 말고는 달리 방법이 없다는 생각을 가지고 있으면 합의에서도 밀릴 수밖에 없는 것입니다.

6. 소송을 할 것인가, 합의를 할 것인가의 결정

(1) 합의하는 것이 나은 경우

다음과 같은 환자는 보험회사와 합의하는 쪽으로 처리하는 것이 좋습니다. 물론 이러한 경우도 소송하는 것이 훨씬 유리하나 시간과 비용을 감안할 때 합의가 더 경제적입니다.

① 환자가 고령자인 경우

60세 이상이나 60세가 가까워 앞으로 벌어들일 수입이 별로 없는 경우. 다만 전신마비나 식물인간 같은 환자처럼 개호인이 있어야 할 경우는 소송을 하는 것이 절대적으로 유리합니다.

② 피해자 과실이 많은 경우

피해자가 찻길에 누워 있다 사고를 당한 경우와 같이 피해자의 과실이 많은 경우

③ 브로커가 안 붙는 사건

브로커는 돈이 생길 사건만 귀신같이 알고 찾아다닙니다. 브로커가 한 번 왔다가 두 번 다시 안 나타나거나 찾아와도 별로 신경을 쓰지 않는 사건은 소송을 해야 별 볼 일 없으므로 그들도 포기하는 것입니다.

④ 보험회사 직원이 거의 나타나지 않는 사건

보험회사가 불친절해도 피해자가 소송을 할 가능성이 없는 사건은 병원에 나타나지 않아도, 피해자쪽에서 합의보자고 매달릴 것이므로 보험회사측에서 먼저 나서지 않습니다. 그리고 무엇을 물어도 불친절한 경우는 소송해봐야 큰 실익이 없는 경우입니다.

(2) 소송하는 것이 압도적으로 유리한 경우

① 피해자가 20~45세 특히 30세 전후인 경우
② 나이가 45세 이상이라도 고소득자이거나 상해정도가 심한 경우
③ 과실이 많지 않은 사건 경우
④ 고령이라도 사지마비 등 개호인이 붙게 되는 경우
⑤ 브로커가 많이 출몰하는 경우

브로커가 많이 출몰하고 있다는 사실은 환자가 많이 다쳐 그만큼 손해액이 높을 가능성이 크다는 것을 암시합니다.

⑥ 보험회사 직원의 출동이 잦고 유달리 친절한 경우

다른 환자는 입원기간 내내 보험회사 직원이 얼굴을 내밀지 않는데, 보험회사가 특별 관리하듯 자주 나타나고 친절하게 대하는 경우는 보험회사가 소송제기를 염려하는 경우입니다.

예컨대 비슷한 사건인데 옆방 환자보다 3배를 더 보상해 준다고 설득하는 경우로(옆방 환자보다 나이, 소득, 장해율, 과실에서 비교도 되지 않는 사건이므로), 이런 사건일수록 보험회사 직원의 유혹에 넘어가지 말고 적극적으로 소송을 해야겠습니다.

(3) 스스로 소송을 하는 것이 좋은 경우

① 장해가 없는 경우

염좌나 타박상 같은 경우 아무리 많이 다쳐도 일실손해가 나올 여지가 별로 없고, 금액상 변호사가 소송을 대리할 여지가 없어 대부분 합의를 하게 됩니다. 그러나 이때도 스스로 소액심판 소송을 하게 되면 환자에게 절대적으로 유리합니다.

② 장해가 있어도 한시장해인 경우(추간판탈출증 등)

추간판탈출증의 경우도 고소득자(월소득 300만원 이상)라면 변호사를 선임하여 소송하는 것도 고려해 봅니다.

7. 소송이나 합의 시기

퇴원 무렵이 가장 적당합니다. 혹 입원 중 소송을 해야 장해율이 많이 나온다고 생각하는 사람이 있으나 이는 잘못 된 생각입니다. 장해란 치료를 모두 마쳤는데도 후유증이 남는 경우를 말하는 것입니다. 입원기간 중 소송을 하면 보험회사에서 치료비를 중단하므로 자칫 불이익을 당할 수도 있습니다. 따라서 치료받다가 퇴원과 동시에 소송을 하는 것이 가장 좋은 방법입니다.

합의도 마찬 가지여서 퇴원할 때쯤 하는 것이 좋습니다. 절대로 서둘지 말고 퇴원시까지 의사표시 없이 있으면 보험회사가 제시하는 금액이 점점 높아지게 됩니다. 소송을 하려는 줄로 추정하기 때문입니다.

▶ 손해사정인과 합의

1. 손해사정인이란

손해사정인의 합의 주선은 불법입니다. 손해사정인이라면 흔히 보험회사와 보상금 합의를 주선해주는 사람이라고 알고 있으나 이는 잘못 알고 있는 사실입니다. 손해사정인의 업무는 교통사고 보상액을 계산해주고 수수료를 받는 일입니다.

손해사정인의 업무는 다음과 같습니다(보험업법 제188조).

① 손해발생 사실의 확인

② 보험약관 및 관계 법규 적용의 적정여부 판단

③ 손해금 및 보험금의 산정

④ 위의 ① 내지 ③의 업무와 관련한 서류의 작성·제출의 대행

⑤ 위의 ① 내지 ③의 업무수행과 관련된 보험회사에 대한 의견진술

2. 보험업법에 의하면

손해사정의 업무란 것은 손해액 내지 보험금을 산정하는 것입니다.

교통사고 환자에 대하여 보상금이 얼마인지를 계산해주고 수수료를 받는 것이 주 업무가 되는 것입니다.

3. 보험회사와의 합의 주선은 불법

손해사정인이 보험회사와 보상금 합의를 주선해주는 사람이라는 것은 잘못 알려진 사실임은 이제 알게 됐을 것입니다.

그러면 현실은 어떨까? 대부분의 손해사정인이 자기 본연의 업무 범위에서 일을 하고 있지만 일부 손해사정인들은 보상금 계산이라는 본연의 업무에서 벗어나 피해자와 보험회사를 중개하여 합의를 주선해주고 합의금의 5~20%를 수수료로 떼고 있어 사회적으로 문제가 되고 있습니다. 심지어는 직원들을 고용하여 병원을 돌면서 환자로부터 사건을 위임받기도 합니다. 문제는 보험회사와의 합의를 중개 또는 알선하고 5~20%의 수수료를 떼는 행위입니다.

4. 형사처벌

이러한 불법행위는 변호사법 제109조 위반입니다.

우리나라에서는 변호사만이 수수료 등 돈을 받고 법률사건에 관하여 중재, 화해를 할 수 있습니다. 그러므로 손해사정인이 돈을 받고 환자와 보험회사 사이에서 중재, 화해나 합의를 주선하면 처벌되는 것입니다.

이러한 합의 주선행위에 대한 형량은 7년 이하의 징역이나 5천만 원 이하의 벌금이며, 공소시효는 7년입니다. 따라서 5년 전의 사건이라면 지금도 처벌할 수 있습니다.

최근에 손해사정인 손모씨가 위 변호사법이 헌법위반이 아니냐고 하여 헌법소원을 제기하였는데 헌법재판소에서는 헌법위반이 아니다고 판시했습니다(2000.4.27, 선고98헌바95).

5. 손해사정인의 중개행위, 무엇이 문제인가

그러면 손해사정인의 중개행위를 왜 이토록 범죄로 처벌하는 것인가? 손해사정인의 주선행위가 피해자에게 불측의 손해를 줄 수 있기 때문입니다. 손해사정인이 보험회사와 합의라고 해주는 금원은 실 손해액의 50%에도 미치지 못하는 보잘 것 없는 수준에 불과한 경우가 대부분입니다. 손해사정인이 합의하는 배상금은 보험회사의 약관에 규정된 금액에서 크게 벗어날 수 없습니다. 따라서 손해배상에 대하여 잘 모르는 피해자 입장에서 이러한 손해사정인의 합의 주선으로 인하여 실 손해액과의 차액만큼 손해를 보게 되는 것입니다.

예컨대 실 손해액이 1억원이 예상되는 환자가 있다고 할 때 그리고 손해사정인이 개입하여 보험약관에 따라 금 5,000만원에 합의했다고 하면 이때 환자는 실손해액 1억과의 차액 5,000만원만큼 손해를 보게 되는 것입니다.

손해사정인이 사전에 환자에게 "소송시에는 손해배상금이 1억 원쯤 예상되고 합의시는 그 반인 5,000만원에 불과하다. 그러므로 합의를 하는 경우에는 환자에게 5,000만원쯤 손해가 예상되는데 그래도 합의하겠느냐?"고 모든 사실을 알려주었는데도 피해자가 그 정도의 손해를 감내하고도 합의하겠다고 하여 합의했다면 문제가 없습니다. 그러나 그런 설명 없이 그냥 보험회사로부터 보상받을 수 있는 금액이 5,000만원이라고 하여 합의했다면 피해자는 소송이라는 다른 방법이 있다는 사실을 모른 채 손해사정인의 합의 유도에 따라 5,000만원을 손해 본 것입니다.

그런데 실무에서 보험회사와 합의를 중개하는 손해사정인은 소송시 예상판결금을 알려주지 않고 합의를 하는 경우가 대부분입니다. 환자 입장에서는 참으로 운 나쁘게 이런 손해사정인을 만나 5,000만원을 손해 보게 되는 것입니다. 만일 이렇게 사실관계를 감추거나 속이면서까지 합의를 유도해 그로 인해 손해를 보았다면 손해사정인에게 5,000만원의 손해배상금을 청구할 수 있습니다.

　결론적으로 불구의 몸과 바꾸는 손해배상금을 손해사정인이 함부로 끼어들어 중재할 일이 아니라는 것입니다. 이런 점 때문에 소송이나 법을 모르는 사람에게 합의에 대한 대리권을 법에서 주지 않고 있는 것입니다. 따라서 변호사에게만 보험회사와 합의하거나 소송할 수 있는 권한을 부여하는 것입니다.

▶ 브로커와 합의

1. 브로커

○○○변호사 사무실, ○○○손해사정인 사무실 명함을 가지고 아무런 연고도 없이 병원 입원실에 불쑥 나타나는 자가 바로 브로커입니다. 때로는 병원 사무장의 소개를 받았다고 하고 교통경찰이나 환자의 친척이나 친구로부터 소개를 받았다면서 나타나기도 합니다.

이런 자들은 사건 유치를 위해 몇 천만원 이상을 보장한다고 외치고 다니나 이것은 나중에 알고 보면 대부분 거짓말입니다. 중간에 보험회사와 슬쩍 합의해 버리는 것도 모두 이들의 장난입니다. 수시로 각종 금품을 요구하거나 사후에 금품을 요구하며 그들이 환자에게 투자한 비용이나 소개비를 은연중 회수해 가는 자도 있습니다. 교통사고 피해자로서 또 다른 피해자가 되지 않으려면 이들을 경계해야 할 것입니다.

2. 귀하에게 브로커가 붙었다는 것은

귀하가 병원 사무장이나 관계인을 통해 뒷거래로 브로커에 팔렸다는 이야기입니다. 보통 50~100만원 사이에 거래됩니다. 식물인간 같은 경우는 500~1,000만원에 거래되기도 합니다. 본인의 의사와는 관계없이 이런 블랙 커넥션이 형성되고 있습니다. 병상에 누워있는 환자 입장에서는 웃을 수도 울 수도 없는 상황인 것입니다.

브로커는 보상금 수령시 변호사나 손해사정인으로부터 30~40%를 소개료로 챙기고 있습니다. 변호사 입장에서는 이들에게 소개비로 돈을 떼 주게 되니 다른 변호사에 비해 그 만큼 비용이 더 들어가는 것이고 그래서 경쟁력이 상실되는 것입니다. 따라서 이런 거래는 처음부터 환자에게 불리한 것입니다.

3. 브로커들의 유혹에 넘어가지 마라.

브로커들의 속임수는 여러 가지입니다. 손해액 얼마 이상을 보장하고 신체감정을 실제보다 높게 받아주겠다는 것이 그중 하나입니다. 물론 이런 속임수에 넘어가서는 절대 안 됩니다. 신체감정을 실제보다 높게 받을 수도 없지만 설사 그렇게 된다 해도 보험회사가 바보가 아닌 한 그냥 넘어가지 않습니다. 사실 신체감정에 관한 한 변호사보다 보험회사가 한 수 위입니다. 그들은 한해에도 수만 건의 환자를 신체감정 하고 있습니다. 그들은 어떤 상해가 어느 정도의 감정이 나올 것인지를 이미 예측하고 있습니다. 만에 하나 정상을 넘어선 신체감정을 받았다고 하면 보험회사는 재감정, 항소 등을 통하여 감정이 잘못 됐음을 지적하고 정상으로 돌아오게 만듭니다. 그리고 이러한 재감정을 하는 데는 보통 1년 이상 걸립니다. 그래서 10개월 정도면 종료될 사건이 2년 때로는 3년씩 걸리기도 합니다. 이러한 사건으로 2~3년씩 끌게 되면 소송이고 뭐고 다 귀찮아 지는 것입니다.

4. 잘 아는 변호사를 찾아가 진지하게 상담할 것

브로커를 거치게 되면 변호사로서는 아무래도 수임료를 더 받지 않을 수 없습니다. 따라서 귀하가 저렴한 비용으로 변호사를 선임하려면 잘 아는 변호사를 직접 찾아가 상담할 일입니다. 우리나라 변호사치고 교통사고 소송을 하지 않는 변호사가 없습니다. 단지 브로커를 쓰고 안 쓰고의 차이일 뿐입니다. 상품으로 치면 중간유통단계인 브로커를 거치지 않는 것이 유리한 것입니다.

제7장　교통사고 손해배상 소송

1. 소제기의 이익

　일반적으로 소송은 신중해야 하며 소송 이외에 다른 방법이 없는가 검토를 해보아야 합니다. 그러나 교통사고 손해배상은 후유증이 남을 가능성이 조금이라도 있다면 적극적으로 소송을 하여야 한다고 생각합니다.

　그 이유는 다음과 같습니다.

　① 승소 가능성이 100%에 가깝습니다. 단 고속도로나 자동차 전용도로 무단횡단이나 자살행위 같은 경우는 승소 가능성이 0에 가깝습니다. 이런 경우를 제외하고는 패소하는 경우는 드뭅니다.

　② 실익이 있습니다(비용보다 판결금액이 대부분 더 큽니다). 손해배상 소송에는 비용이 100~200만원쯤 들며, 비용에는 인지대 외에 감정병원 감정비가 추가됩니다. 이러한 소송비용은 소송이 판결로 이어질 경우 모두 돌려 받을 수 있습니다. 그러나 조정으로 끝난 경우는 돌려 받지 못할 수도 있습니다.

　③ 집행도 확실합니다(승소 후 만족여부). 가해자 차량이 보험이나 공제조합(택시, 버스)에 가입되어 있다면 승소 판결에 대한 집행이 100%보장될 수 있습니다.

　④ 후유장해 여부를 확실히 알 수 있습니다. 소송을 하면 법원에서 지정한 감정병원에서 장해를 감정하게 되므로 후유장해 여부, 장해율, 장해기간, 앞으로 들어 갈 치료비 등을 객관적으로 확실하게

알 수 있습니다.

보험회사 직원이 진단서 등을 보고 판단한 것으로는 자신에게 어떤 장해가 있는지 정확히 알 수 없어 후에 후회하게 될지도 모릅니다.

⑤ 소송이 비교적 수월합니다. 손해배상 소송은 거의 정형화되어 있어, 오히려 대여금청구 소송보다 더 간단하게 종결되는 경우도 많습니다.

2. 소장 접수부터 조정, 조정 이후까지

□소장 작성 및 접수 → 신체감정 → 청구취지변경서 → 제1회변론기일 → 조정

교통사고로 인한 손해배상 소송은 재판 진행 중 조정에 회부되어 조정으로 종결되는 경우가 많습니다. 그러나 조정은 원고측에게 지연이자와 소송비용 등을 포기하게 하고 실제보다 과실 상계를 10% 쯤 더 지우는 경우가 많아 피고 쪽에 유리한 경우가 많습니다.

조정에 불만이 있을 경우 조정조서(강제조정시) 송달 후 2주일 이내에 이의하면 다시 재판절차가 진행됩니다.

그때는 다음과 같은 절차가 추가됩니다.

□조정 → 이의신청 → 제2회 재판기일 → 판결선고

조정의 경우 원고 쪽에서 이의하는 경우는 오히려 드뭅니다. 당사자의 경우 돈이 급해 조정금액이 불만이지만 대부분 수령하기를 원합니다. 이런 점을 악용하여 보험회사에서는 법원조정금액을 더 깎아 최종 합의금이라 제시하고 듣지 않으면 이의하겠다고 으름장을 놓는 경우도 있습니다.

실제로 다음과 같은 경우를 들 수 있습니다.

버스 승객이 상해를 입은 사건에서 별다른 과실이 없었는데도 과실 상계로 10% 감액하여 법원이 5,600만원 강제조정을 하였습니다. 조정 후 버스공제조합 측에서 4,000만원에 합의하지 않으면 이의하겠다고 하자 돈이 급한 원고가 그것이라도 받자고 하여 4,000만원에 합의를 한 것입니다. 이는 돈이 급한 당사자의 약점을 이용한 공제조합의 횡포였습니다.

3. 소장 작성요령

소장에서는 아직 원고의 후유장해 비율을 알 수 없으므로 일부금만 청구하고, 정확한 금액은 후에 감정인의 감정에 의하여 후유장해 비율이 확정됐을 경우 그 비율에 맞춰 청구취지변경서를 작성합니다.

또 소장 접수시 신체감정신청서와 형사기록 송부촉탁서를 같이 첨부하여 제출하면 보다 신속하게 재판이 진행됩니다. 만일 이러한 서류를 첨부하지 않으면 재판장은 첫 재판기일을 열게 되고 원고는 그때 가서 신체감정신청서와 형사기록송부 촉탁을 구두로 신청하여 재판장으로부터 채택 받아야 합니다.

신체감정신청서에는 원고가 교통사고로 상해를 입은 부위를 기술하고 장해가 나올 부위에 대하여 감정해 줄 것을 기재합니다. 이 신청서에 의하여 재판장은 주로 대학 병원을 지정하여 신체감정서를 우편으로 송부하게 됩니다.

형사기록송부 촉탁을 신청하는 이유는 다음과 같습니다. 교통사고가 나면 경찰이 바로 출동하여 사고 현장을 조사하고 가해자와 피해자에 대하여 조사를 합니다. 경찰은 이와 같이 수사한 자료를 모아서 검찰청에 사건을 송치합니다. 검찰은 그 사건에 대하여 기소 여부를 결정하게 됩니다. 원고(피해자)입장에서는 이러한 수사자료는 손해배상 청구소송에서 중요한 증거서류가 됩니다.

그런데 이것은 개인자격으로 검찰청에 가보아야 복사를 해주지 않습니다. 그래서 재판장에게 도움을 요청하는 것이 형사기록송부 촉탁신청입니다. 따라서 원고는 현재 형사기록이 어느 검찰청에 있는지 확인해 두어야 합니다.

형사기록은 수사한 경찰의 관할 검찰청에 보관되어 있는 것이 보통입니다. 그런데 때로는 형사재판으로 인하여 법원에 있을 수도 있고, 또 검찰 항고 등으로 고등검찰청에 있을 수도 있으니 직접 검찰청 민원실에 가서 어느 곳에 있는지 확인하고 사건번호 등을 메모해 두어야 합니다. 형사기록 송부 촉탁신청을 하면 재판장이 이를 채택하여 검찰청에서 복사할 수 있도록 해줍니다.

제2편. 교통사고 질의응답

◐ 고소권자도 불기소처분에 대한 헌법소원심판청구 가능한지

> **【질의】 ➡** 저의 아들 甲은 얼마 전 오토바이를 운전하다가 맞은 편에서 주행하던 버스와 충돌하여 사망하였습니다. 그런데 이를 수사한 검사는 버스기사 乙에 대하여 '혐의 없음'의 불기소처분을 내렸습니다. 저는 비록 교통사고의 직접 피해자라고는 할 수 없지만 아들을 잃어 정신적, 경제적으로 커다란 타격을 받았는데, 저의 이름으로 위 불기소처분에 대한 헌법소원심판을 청구하는 것이 가능한지요?

【답변】 ➡ 가능합니다.

　일반적으로 형사사건의 '고소인'은 검사의 불기소처분에 대하여 헌법소원심판을 청구할 수 있으나, '고발인'은 헌법소원심판을 청구할 수 없다고 합니다.

　이러한 구별을 두는 이유는 고소인은 범죄의 직접적인 법률상 피해자이기 때문에 헌법상 재판절차진술권(헌법 제27조 제5항)이 인정되고 검사의 자의적인 불기소처분으로 인하여 이를 행사할 기회를 잃게 되었으므로 기본권을 침해받았다고 할 수 있으나, 범죄의 고발은 어느 누구나 할 수 있는 것으로서 고발인에게는 고소인과 같은 재판절차진술권이 주어지지 않기 때문에 불기소처분으로 인하여 직접 자신의 헌법상 권리를 침해받았다고 할 수 없기 때문입니다.

　그런데 범죄의 직접적인 법률상 피해자라면 반드시 고소를 하지 않더라도 검사의 불기소처분에 대하여 헌법소원심판을 청구할 수 있는 것이므로 결국 문제는 헌법상 재판절차진술권의 주체가 되는 '법률상 피해자'의 범위라고 할 것입니다.

　헌법재판소의 판례를 보면, "헌법소원심판은 청구인 자신이 직접 그리고 현재 헌법상 보장된 기본권을 침해당한 경우에 이를 청구할 수 있습니다. 따라서 청구인이 검사의 '혐의 없음' 불기소처분으로 말미암아 헌법상 보장된 재판절차진술권을 침해받았다고 주장하여 그 취소를 구하는 헌법소원심판을 청구할 수 있기 위해서는 헌법 제27조 제5항에 의하여 재판절차진술권이 보장되는 형사피해자이어야 하고(헌법재판소 1989. 12. 22. 선고 89헌마145 결정), 헌법 제27조 제5항에 정한 형사피해자의 개념은, 헌법이 위와 같이 재판절차진술권을 독립된 기본권으로 인정한 본래의 뜻에 미루어, 반드시 형사실체법상의 보호법익을 기준으로 한 피해자개념에 한정하여 결정할 것이 아니라 형사실체법상으로는 직접적인 보호법익의 향유주체로 해석되지 않는 자라 하더라도 문제된 범죄행위로 말미암아 법률상 불이익을 받게 되는 자의 뜻으로 풀이하여야 할 것이다(헌법재판소 1992. 2. 25. 선고 90헌마91 결정).

그런데 청구인들은 이 사건 교통사고로 사망한 자의 부모로서 형사소송법상 고소권자의 지위에 있을 뿐만 아니라(형사소송법 제225조 제2항), 비록 교통사고처리특례법의 보호법익인 생명의 주체는 아니라고 하더라도 위 교통사고로 위 망인이 사망함으로써 극심한 정신적 고통을 받은 법률상 불이익을 입게 된 사람임이 명백하므로 헌법상 재판절차진술권이 보장되는 형사피해자의 범주에 속한다고 보아야 할 것이다."라고 하였습니다(헌법재판소 1993. 3. 11. 선고 92헌마48 결정, 2002. 9. 19. 선고 2002헌마77).

따라서 귀하는 비록 乙을 고소한 사실이 없다고 하더라도 헌법 제27조 제5항 소정의 '형사피해자'이므로 헌법소원심판을 청구하여 검사의 불기소처분의 취소를 구할 수 있을 것입니다.

◎ 교통사고로 의식불명인 자의 배우자에게 법률행위대리권이 있는지

【질의】 ➡ 甲은 乙이 운전하는 그 소유 차량에 치어 의식불명상태가 되면서, 乙이 가입한 자동차종합보험회사 丁이 위 치료비지급보증을 하여 치료를 받고있었습니다. 그런데 丁은 치료비지급보증을 중단하고 甲을 상대로 채무부존재확인소송을 제기하였고, 그러자 甲의 남편 丙은 보험회사 丁에게 우선 치료비지급보증을 하여 줄 것을 요청하면서, 보험회사 丁이 甲의 치료비에 대한 지급보증을 하는 대신 위 채무부존재확인소송에서 승소할 경우에는 丁이 지급한 치료비 및 위 치료비지급보증에 따라 발생하는 일체의 치료비를 甲이 丁보험회사에게 지체 없이 반환하기로 하는 약정을 하였습니다. 그런데 위 채무부존재확인소송에서 보험회사 丁이 승소하였는바, 이 경우 甲이 배우자 丙과 보험회사 丁간의 약정대로 보험회사 丁에게 위 치료비를 지급하여야 하는지요?

【답변】 ➡ 지급하지 않아도 됩니다.

대리행위의 효력에 관하여 민법 제114조 제1항에 의하면 "대리인이 그 권한 내에서 본인을 위한 것임을 표시한 의사표시는 직접 본인에게 대하여 효력이 생긴다."라고 규정하고 있고, 부부간의 가사대리권에 관하여 민법 제827조 제1항에 의하면 "부부는 일상의 가사에 관하여 서로 대리권이 있다."라고 규정하고 있습니다.

그러므로 부부간에는 일상의 가사에 관하여는 서로 간에 대리권이 있다할 것입니다.

그런데 위 사안에서와 같이 부부의 일방이 교통사고로 인한 의식불명상태에 있어 사회통념상 대리관계를 인정할 필요가 있

다는 사정만으로 그 배우자가 당연히 모든 법률행위에 관하여 대리권을 갖는지 문제될 수 있습니다.

이에 관하여 판례를 보면, "대리가 적법하게 성립하기 위해서는 대리행위를 한 자, 즉 대리인이 본인을 대리할 권한을 가지고 그 대리권의 범위 내에서 법률행위를 하였음을 요하며, 부부의 경우에도 일상의 가사가 아닌 법률행위를 배우자를 대리하여 행함에 있어서는 별도로 대리권을 수여하는 수권행위가 필요한 것이지, 부부의 일방이 의식불명의 상태에 있어 사회통념상 대리관계를 인정할 필요가 있다는 사정만으로 그 배우자가 당연히 채무의 부담행위를 포함한 모든 법률행위에 관하여 대리권을 갖는다고 볼 것은 아니다."라고 하였습니다(대법원 2000. 12. 8. 선고 99다37856 판결).

따라서 위 사안에서 배우자 丙이 의식불명상태의 본인 甲으로부터 丁의 승소를 조건으로 한 치료비반환약정에 대하여 구체적인 대리권을 수여 받았다거나, 특별한 사정으로 丙이 甲의 대리권을 갖고 있다거나 또는 甲이 나중에 丙의 대리행위를 추인하였다는 등의 사실이 없다면 丙의 위 약정은 대리권 없는 무권대리행위가 될 것이므로, 보험회사 丁은 甲에게 위 치료비 등의 반환을 청구할 수 없을 것으로 보입니다.

◎ 교통사고 16년 후 후유증 발생시 손해배상청구권의 소멸시효 기산점

【질의】➡ 甲은 그 아들 乙이 16년 전 당시 만 2세의 유아로서 丙이 운전한 그 소유 차량에 치어 상해를 입었으나, 운전자 丙의 재산이 전혀 없었고 무보험차량이었던 관계로 치료비 및 소액의 위자료만 지급 받고 바로 합의해 준 적이 있었습니다. 그 후 乙이 고교 1학년에 재학 중 우연히 병원에 갔다가 위 교통사고 당시 좌족부의 성장판을 다쳐 그 변형에 따른 후유장해가 잔존해 있음을 알게되었습니다. 이 경우 지금이라도 가해자인 丙에게 추가로 손해배상청구권을 행사할 수 있는지요?

【답변】➡ 행사할 수 있습니다.

민법 제766조에 의하면 손해배상청구권의 소멸시효에 관하여 "①불법행위로 인한 손해배상의 청구권은 피해자나 그 법정대리인이 그 손해 및 가해자를 안 날로부터 3년간 이를 행사하지 아니하면 시효로 인하여 소멸한다. ②불법행위를 한 날로부터 10년을 경과한 때에도 전항과 같다."라고 규정하고 있습니다.

그리고 이와 관련된 판례를 보면, "가해행위와 이로 인한 현실적인 손해의 발생 사이에 시간적 간격이 있는 불법행위에 기한 손해배상채권의 경우, 소멸시효의 기산점이 되는 '불법행위를 한 날'의 의미는 단지 관념적이고 부동적인 상태에서 잠재적으로만 존재하고 있는 손해가 그 후 현실화되었다고 볼 수 있는 때, 다시 말하자면 손해의 결과발생이 현실적인 것으로 되었다고 할 수 있는 때로 보아야 한다."라고 하였습니다(대법원 1998. 5. 8. 선고 97다36613 판결).

또한, 가해행위와 이로 인한 손해의 발생 사이에 시간적 간

격이 있는 불법행위에 기한 손해배상채권에 있어 소멸시효의 기산점이 되는 민법 제766조 제1항의 '불법행위를 안 날'의 의미에 관한 판례를 보면, "가해행위와 이로 인한 현실적인 손해의 발생 사이에 시간적 간격이 있는 불법행위에 기한 손해배상채권에 있어서 소멸시효의 기산점이 되는 불법행위를 안 날이라 함은 단지 관념적이고 부동적인 상태에서 잠재하고 있던 손해에 대한 인식이 있었다는 정도만으로는 부족하고 그러한 손해가 그 후 현실화된 것을 안 날을 의미하고, 사고 당시 피해자는 만 2세 남짓한 유아로서 좌족부의 성장판을 다쳐 의학적으로 뼈가 성장을 멈추는 만 18세가 될 때까지는 위 좌족부가 어떻게 변형될지 모르는 상태였던 경우, 피해자가 고등학교 1학년 재학 중에 담당의사에게 진찰을 받은 결과 비로소 피해자의 좌족부 변형에 따른 후유장해의 잔존 및 그 정도 등을 가늠할 수 있게 되었다면 피해자의 법정대리인도 그때서야 현실화된 손해를 구체적으로 알았다고 보아 그 무렵을 기준으로 소멸시효의 기산점을 산정하여야 한다."라고 하였습니다(대법원 2001. 1. 19. 선고 2000다11836 판결, 2001. 9. 14. 선고 99다42797 판결).

따라서 위 사안에 있어서도 위 판례의 취지에 비추어 볼 때 후유장애에 대한 손해배상청구권의 소멸시효기간이 경과되었다고 할 수 없을 것으로 보이므로, 법정대리인 甲은 이제야 후유장해 발생사실을 알게 되었음을 입증하여 그 손해배상청구를 해 볼 수 있을 것입니다.

◘ 교통사고피해자의 보험회사에 대한 책임보험청구권의 소멸시효기간

【질의】➡ 저의 부친이 교통사고를 당하여 개인비용으로 치료를 받아오던 중 보험회사에 대하여 책임보험금을 직접 청구할 수 있다는 말을 듣고 보험금지급청구를 하였는데, 보험회사에서는 책임보험금청구권의 소멸시효가 완성되었다면서 보험금을 지급할 수 없다고 합니다. 법률상 책임보험금을 청구할 수 있는 기간이 정하여져 있는지요?

【답변】➡ 사고발생부터 3년까지 청구할 수 있습니다.

자동차손해배상보장법 제5조에서 자동차보유자는 자동차의 운행으로 다른 사람이 사망하거나 부상한 경우에 피해자에게 대통령령이 정하는 금액의 지급책임을 지는 책임보험 또는 책임공제에 가입하여야 한다고 규정하고 있고, 같은 법 제41조에 의하면 이 법에 의해 보험업자에게 청구할 수 있는 보험금한도액과 가불금의 지급청구는 3년간 행사하지 아니하면 시효로 인하여 소멸한다고 규정하고 있습니다.

따라서 귀하는 사고발생시로부터 3년이 지났다면 책임보험금을 청구할 수 없을 것입니다.

참고로 상법 제662조에 의하면 보험금액의 청구권과 보험료 또는 적립금의 반환청구권은 2년, 보험료의 청구권은 1년간 행사하지 아니하면 소멸시효가 완성한다고 규정하고 있으며, 판례도 자동차종합보험보통약관에 피보험자가 피해자에게 지는 손해배상액이 판결에 의하여 확정되는 등의 일정한 경우에는 피해자가 보험회사에 대하여 직접 보험금의 지급을 청구할 수 있도록 규정되어 있다 하더라도, 위 약관에 의하여 피해자에게 부여된

보험회사에 대한 보험금액청구권은 상법 제662조 소정의 보험금액청구권이므로 이를 2년간 행사하지 않으면 소멸시효가 완성되는 것으로 보아야 한다고 하였습니다(대법원 1997. 11. 11. 선고 97다36521 판결).

그러므로 가해차량이 종합보험에 가입된 경우에도 2년이 경과되어 소멸시효가 완성되었다면 보험금청구를 할 수 없었을 것입니다.

그러나 가해자측(가해운전자, 가해차량소유자 등)에 대한 손해배상청구권은 민법 제766조가 적용되어 손해 및 가해자를 안 날로부터 3년, 불법행위를 한 날로부터 10년 이내에는 불법행위로 인한 손해배상을 청구할 수 있습니다.

◑ 채권의 일부만 청구한 경우 채권 전부에 대한 소멸시효중단 여부

【질의】 ➡ 저는 교통사고로 인해 2년 이상 입원치료를 받던 중 변호사를 선임하여 민사소송을 제기하였습니다. 청구금액에 대하여는 소장 제출시 추후 신체감정에 따라 확장할 것임을 명시하면서 위자료조로 1,000만원을 청구하였고, 소송진행 중 신체감정결과를 토대로 청구취지를 확장하여 제1심 판결에서 상당한 금액을 인정받았습니다. 그런데 항소한 상대방측은 느닷없이 확장된 청구취지부분에 대한 소멸시효의 항변을 해 왔는 바, 이 경우 상대방측의 주장이 정당한 것인지요?

【답변】 ➡ 정당하지 않은 것으로 보입니다.

민법 제766조에 의하면 불법행위로 인한 손해배상청구권은 피해자나 그 법정대리인이 그 손해 및 가해자를 안 날로부터 3년, 불법행위를 한 날로부터 10년이 지나면 시효로 인하여 소멸한다고 규정하고 있으며, 민법 제168조에 의하면 '청구'를 소멸시효중단사유로 규정하고 있습니다. 그러므로 위 사안과 같이 '일부청구'의 경우에 그 '나머지 부분의 청구'까지 시효중단의 효력이 미치는가가 문제됩니다.

관련 판례를 보면, "청구의 대상으로 삼은 채권 중 일부만을 청구한 경우에도 그 취지로 보아 채권전부에 관하여 판결을 구하는 것으로 해석되는 경우에는 그 동일성의 범위 내에서 그 전부에 관하여 시효중단의 효력이 발생하고, 이러한 법리는 특정 불법행위로 인한 손해배상채권에 대한 지연손해금청구의 경우에도 마찬가지로 적용된다."라고 하였습니다(대법원 2001. 9. 28. 선고 99다72521 판결).

또한 "한 개의 채권 중 일부에 관하여만 판결을 구한다는 취

지를 명백히 하여 소송을 제기한 경우에는 소제기에 의한 소멸
시효중단의 효력이 그 일부에만 발생하고, 나머지 부분에는 발
생하지 아니하지만, 비록 그 중 일부만을 청구한 경우에도 그
취지로 보아 채권전부에 관하여 판결을 구하는 것으로 해석된다
면 그 청구액을 소송물인 채권의 전부로 보아야 하고, 이러한
경우에는 그 채권의 동일성의 범위 내에서 그 전부에 관하여 시
효중단의 효력이 발생한다고 해석함이 상당하다고 하면서, 신체
의 훼손으로 인한 손해의 배상을 청구하는 사건에서는 그 손해
액을 확정하기 위하여 통상 법원의 신체감정을 필요로 하기 때
문에, 앞으로 그러한 절차를 거친 후 그 결과에 따라 청구금액
을 확장하겠다는 뜻을 소장에 객관적으로 명백히 표시한 경우에
는 그 소제기에 따른 시효중단의 효력은 소장에 기재된 일부청
구액 뿐만 아니라 그 손해배상청구권 전부에 대하여 미친다."라
고 하였습니다(대법원 1992. 4. 10. 선고 91다43695 판결, 1992.
12. 8. 선고 92다29924 판결).

따라서 귀하의 경우에도 소장 제출시 추후 신체감정결과에
따라 청구취지를 확장할 것을 명시하였다면 채권전부에 대하여
시효중단의 효력이 발생하므로 상대방의 소멸시효항변은 받아들
여지지 않으리라 생각됩니다.

◎ 무보험자동차에 의한 상해담보특약상 보험금청구권의 소멸시효기간

> **【질의】➡** 甲은 乙보험회사와 무보험자동차에 의한 교통사고로 사망하거나 상해를 입었을 때 그 손해를 보상받는다는 내용의 상해담보특약이 포함된 업무용자동차종합보험계약을 체결하였습니다. 그런데 甲은 2년 전 피보험자동차를 운전하던 중 丙이 운전하는 무보험 화물자동차가 중앙선을 침범해 온 교통사고로 사망하였습니다. 甲의 상속인들은 위 보험금을 청구하지 않고 2년이 경과되었는바, 이 경우 위 보험금청구권의 소멸시효기간이 만료된 것은 아닌지요?

【답변】➡ 소멸시효기간이 만료된 것으로 보아야겠습니다.

상법 제662조에 의하면 "보험금액의 청구권과 보험료 또는 적립금의 반환청구권은 2년, 보험료의 청구권은 1년간 행사하지 아니하면 소멸시효가 완성한다."라고 규정하고 있습니다.

그러므로 위 사안과 같이 무보험자동차에 의한 상해담보특약이 포함된 보험금청구권에 대하여 그 소멸시효기간 및 기산점을 어떻게 보느냐가 문제입니다.

그런데 무보험자동차에 의한 상해담보특약에 기한 보험금청구권의 소멸시효기간 및 그 기산점에 관한 판례를 보면, "보험금액의 청구권 등의 소멸시효기간에 관하여 규정한 상법 제662조에 의하면 달리 특별한 규정이 없는 한 모든 손해보험과 인보험에 적용되는 규정이고, 무보험자동차에 의한 상해담보특약에 의한 보험이 실질적으로 피보험자가 무보험자동차에 의한 사고로 사망 또는 상해의 손해를 입게 됨으로써 전보되지 못하는 실손해를 보상하는 것이라고 하더라도 그 보험금청구권은 상법 제662조에 의한 보험금액의 청구권에 다름 아니어서 이를 2년간

행사하지 아니하면 소멸시효가 완성된다고 할 것이고, 보험금청
구권은 보험사고의 발생으로 인하여 구체적으로 확정되어 그 때
부터 그 권리를 행사할 수 있게 되는 것이므로 그 소멸시효는
달리 특별한 사정이 없는 한 민법 제166조 제1항의 규정에 의하
여 보험사고가 발생한 때로부터 진행하는 것이다."라고 하였습니
다(대법원 2000. 3. 23. 선고 99다66878 판결, 2002. 9. 6. 선고
2002다30206 판결).

  따라서 위 사안에서도 乙보험회사에 대한 망 甲의 상속인들
의 보험금청구권은 보험사고발생시로부터 2년이 경과되어 소멸
시효가 완성되었으므로 청구할 수 없게 되었다고 할 것입니다.

◎ 응급환자의 치료비에 대한 연대보증의 경우 보증책임범위를 감축할 수 있는지

> **【질의】** ➡ 교통사고로 중상을 입은 甲과 乙이 제가 근무하는 병원 응급실에 입원하게 되었고, 즉시 응급수술을 받지 아니하면 생명이 위독할 정도로 위급한 상태에서 환자의 가족들이 병원에 속히 올 수 있는 사정도 아니었으며, 제가 알고 지내던 乙의 치료비를 연대보증하면서 아무런 관계도 없는 甲의 치료비도 아울러 연대보증 하게 되었고, 병원도 甲으로부터 입원보증금도 받지 아니한 채 저의 연대보증만으로 甲에 대한 수술을 하였습니다. 그런데 甲의 치료비가 3개월여에 걸쳐 1,000여만원이 나왔는바, 저는 연대보증인으로서 그 채무전액에 대하여 책임을 져야 하는지요?

【답변】 ➡ **일부에 대해서만 책임을 지면됩니다.**

원칙적으로 보증인은 보증계약에 따른 보증책임을 져야 합니다. 그러나 보증을 서게 된 구체적인 사정에 따라 보증책임을 제한하는 예외적인 경우도 있습니다.

민법 제2조 제1항에 의하면 "권리의 행사와 의무의 이행은 신의에 좇아 성실히 하여야 한다."라고 규정하고 있습니다.

판례도 "교통사고로 甲과 乙이 중상을 입고 대학부속병원 응급실에 입원하게 될 당시 그들은 즉시 응급수술을 받지 아니하면 생명이 위독할 정도로 위급한 상태에 있었으나, 마침 추석명절로서 교통체증이 심하여 가족들이 병원에 속히 내려올 수 없게 되자, 乙의 가족들이 위 대학의 교수 아들을 통하여 위 병원 의사인 丙에게 부탁하여 丙이 乙의 치료비를 연대보증하면서 위 병원의 의사로 재직하는 사정에 의하여 아무런 관계도 없는 甲

의 치료비도 아울러 연대보증 하게 되었고, 위 병원도 甲으로부터 입원보증금도 받지 아니한 채 丙의 연대보증만으로 甲에 대한 수술을 하게 되었다면, 丙이 甲을 위하여 보증을 하게 된 경위에 비추어 丙은 우선 甲으로 하여금 서둘러 응급치료를 받게한 다음 그의 가족들이 병원에 찾아올 경우 가족들로 하여금 보증인을 교체하게 할 의사로 보증을 한 것이고, 병원측도 丙이 위와 같은 의사로 甲의 치료비를 보증하는 것임을 잘 알고 있었다고 볼 여지가 있으며, 丙에 대하여 甲의 치료비전액에 대한 보증책임을 묻는 것은 신의칙상 심히 부당한 결과가 되는 것이므로, 丙이 甲의 치료비채무 전액을 보증하기로 한 입원서약서의 문면에도 불구하고 丙은 甲의 치료비 중 가족들이 병원에 찾아왔을 때까지의 치료비에 한하여 보증책임이 있는 것으로 본다든가 하여 그 보증책임을 제한함이 상당하다."라고 하였습니다 (대법원 1992. 9. 22. 선고 92다17334 판결, 1995. 12. 8. 선고 95 다3282 판결).

 그렇다면 위 사안에 있어서도 교통사고로 甲과 乙이 중상을 입고 병원 응급실에 입원하게 될 당시 그들은 즉시 응급수술을 받지 아니하면 생명이 위독할 정도로 위급한 상태에 있었으나, 가족들이 병원에 속히 올 수 없는 사정이었고, 또한 귀하가 알고 지내던 乙의 치료비를 연대보증하면서 위 병원의 의사로 재직하는 사정에 의하여 아무런 관계도 없는 甲의 치료비까지 연대보증 하게 되었으며, 병원도 甲으로부터 입원보증금도 받지 아니한 채 귀하의 연대보증만으로 甲에 대한 수술을 하게 되었다면, 귀하가 甲을 위하여 보증을 하게 된 경위에 비추어 귀하는 우선 甲으로 하여금 서둘러 응급치료를 받게 한 다음 그의 가족들이 병원에 찾아올 경우 가족들로 하여금 보증인을 교체하게 할 의사(意思)로 보증을 한 것이고, 병원측도 귀하가 위와 같은 의사로 甲의 치료비를 보증하는 것임을 잘 알고 있었다고 볼 여지가 있으며, 귀하에 대하여 甲의 치료비 전액에 대한 보증책임을 묻는 것은 신의칙상 심히 부당한 결과가 되는 것이므로, 귀하가 甲의 치료비채무 전액을 보증하기로 한 입원서약서의 문면에도 불구하고 귀하는 甲의 치료비 중 가족들이 병원에 찾아왔을 때까지의 치료비에 한하여 보증책임이 있는 것으로 주장해 볼 수도 있을 것으로 보입니다.

◐ 형사사건의 가해자가 합의금조로 공탁한 돈을 찾을 경우 그 효력

【질의】 ➡ 형사사건의 가해자가 일방적으로 결정한 금액을 합의가 되지 않음을 이유로 변제공탁 하였는데, 피해자가 그 공탁금을 찾을 경우 법적으로 어떤 효과가 있는지요?

【답변】 ➡ 변제의 효과가 발생합니다.

교통사고나 폭행사고 등이 발생한 경우 그 가해자는 피해자와 합의가 성립되지 않으면 일정금액을 일방적으로 공탁하고 그 공탁통지서를 받은 피해자는 그 공탁금이 자기의 손해를 충분히 배상할 만큼이라면 별문제가 없겠으나, 그 이상의 손해배상을 청구하고자 하는 경우에는 공탁금을 찾아야 할지 여부를 놓고 망설이는 경우가 있을 것입니다.

이때 주의할 점은 가해자가 채무를 전부 갚는다는 조건 즉, 채무의 전부변제임을 밝히고 공탁한 경우 피해자가 채권의 일부로 수령한다는 등의 특별한 유보의사표시를 하지 않고 공탁금을 수령하게 되면 채무자의 의도대로 전부변제의 효과가 발생한다는 점입니다(대법원 1983. 6. 28. 선고 83다카88, 89 판결).

이것을 방지하기 위해서는 공탁금을 찾을 때, 공탁공무원이나 채무자에 대하여 적극적으로 손해배상금의 일부변제로서 수령한다는 내용 등의 '이의유보의사표시'를 하여야 합니다.

참고로 위와 같은 경우에 가해자는 '귀원의 위 공탁사건에 관하여 공탁자는 피공탁자의 동의가 없으면 형사사건에 대하여 불기소결정(단, 기소유예는 제외)이 있거나 무죄판결이 확정될 때까지 공탁금에 대한 회수청구권을 행사하지 않기로 신고합니다.'라는 내용의 공탁금회수제한신고서를 제출하여 공탁공무원의

확인을 받아 수사기관이나 형사재판부에 제출함이 보통이므로, 이 경우 형사사건에서 불기소결정(기소유예 제외)이 있거나, 무죄판결이 확정된 경우를 제외하고는 가해자가 공탁금을 회수할 수 없을 것입니다.

◙ 합의의 중요부분에 착오가 있는 경우 합의의 취소가 가능한지

【질의】 ➡ 저의 아들 甲이 교통사고로 의식불명상태에 있는 동안 가해차량보험회사의 직원이 위 교통사고가 오로지 제 아들 甲의 과실로 인하여 발생한 것이라고 하였습니다. 저는 그 말만 믿고 사고 10일 후 치료비일부만을 받고는 일체의 손해배상청구권을 포기하기로 합의하였으나, 그 후 가해자의 과실이 경합되어 발생하였다는 사실이 밝혀졌는데, 이러한 경우 착오를 이유로 위 합의를 취소할 수 있는지요.

【답변】 ➡ 취소할 수 있습니다.

민법상 법률행위내용의 중요한 부분에 착오가 있는 경우 의사표시자의 중대한 과실이 없는 한 착오로 취소할 수 있으나(민법 제109조), 화해계약에 있어서는 착오를 이유로 취소하지 못하고 다만, 화해당사자의 자격 또는 화해의 목적인 분쟁 이외의 사항에 착오가 있는 때에 한하여 취소할 수 있습니다(민법 제733조).

이와 관련된 판례를 보면 "민법상의 화해계약을 체결한 경우 당사자는 착오를 이유로 취소하지 못하고, 다만 화해 당사자의 자격 또는 화해의 목적인 분쟁 이외의 사항에 착오가 있는 때에 한하여 이를 취소할 수 있으며, 여기서 '화해의 목적인 분쟁 이외의 사항'이라 함은 분쟁의 대상이 아니라 분쟁의 전제 또는 기초가 된 사항으로서, 쌍방 당사자가 예정한 것이어서 상호 양보의 내용으로 되지 않고 다툼이 없는 사실로 양해된 사항을 말하고, 교통사고에 가해자의 과실이 경합되어 있는데도 오로지 피해자의 과실로 인하여 발생한 것으로 착각하고 치료비를 포함

한 합의금으로 실제 입은 손해액보다 훨씬 적은 금원만을 받고 일체의 손해배상청구권을 포기하기로 합의한 경우, 그 사고가 피해자의 전적인 과실로 인하여 발생하였다는 사실은 쌍방 당사자 사이에 다툼이 없어 양보의 대상이 되지 않았던 사실로서 화해의 목적인 분쟁의 대상이 아니라 그 분쟁의 전제가 되는 사항에 해당하는 것이므로 피해자측은 착오를 이유로 화해계약을 취소할 수 있다."라고 하였습니다(대법원 1997. 4. 11. 선고 95다48414 판결, 2002. 9. 4. 선고 2002다18435 판결).

따라서 위 사안의 경우 귀하도 위 합의를 취소하고 추가로 손해배상을 청구할 수 있을 것으로 보입니다.

◙ 교통사고의 손해배상에 관한 합의시 불공정행위로 무효가 되는 경우

> **【질의】** ➡ 저의 남편 甲은 사업을 하다가 교통사고로 사망하였는데, 甲은 채무가 많아서 채권자들이 甲의 사망으로 인한 손해배상금에 대하여 법적 조치를 할 우려가 많아 그 손해배상금도 수령하지 않으면 어린 자녀들을 부양할 대책이 없어 사고 후 4일만에 가해차량보험회사인 乙회사가 제시하는 금액에 합의를 하였는바, 그 후 알아본 바로는 너무 적은 금액에 합의를 하였다고 하므로 위 합의를 번복하고 추가로 손해배상을 청구할 수는 없는지요?

【답변】 ➡ 청구할 수 있습니다.

귀하가 乙회사와 행한 합의는 그 성질상 민법상의 화해계약으로 보아야 할 것인데, 화해는 당사자가 상호 양보하여 당사자간의 분쟁을 종지(終止)할 것을 약정함으로써 그 효력이 생기는 계약으로서(민법 제731조), 화해계약은 당사자일방이 양보한 권리가 소멸되고 상대방이 화해로 인하여 그 권리를 취득하는 효력이 있습니다(민법 제732조, 화해의 창설적 효력).

그러므로 위와 같은 '화해의 창설적 효력'으로 인하여 화해(합의)의 내용에 따라야 함이 원칙입니다.

그러나 화해계약도 법률행위이므로 법률행위의 무효·취소·해제 등 법률행위에 관한 통칙적 규정이 모두 적용됩니다. 다만, 화해계약은 착오를 이유로 하여 취소하지 못하지만, 화해당사자의 자격 또는 화해의 목적인 분쟁이외의 사항에 착오가 있는 때에는 착오로 인한 취소도 가능합니다(민법 제733조).

그런데 민법 제104조에 의하면 "당사자의 궁박, 경솔 또는

무경험으로 인하여 현저하게 공정을 잃은 법률행위는 무효로 한다."라고 하여 '불공정한 법률행위'를 무효로 한다고 규정하고 있습니다.

이러한 불공정한 법률행위의 요건 및 판단기준에 관하여 판례는 "민법 제104조에 규정된 불공정한 법률행위는 객관적으로 급부(給付)와 반대급부 사이에 현저한 불균형이 존재하고, 주관적으로 위와 같이 균형을 잃은 거래가 피해당사자의 궁박, 경솔 또는 무경험을 이용하여 이루어진 경우에 성립하는 것으로서, 약자적 지위에 있는 자의 궁박, 경솔 또는 무경험을 이용한 폭리행위를 규제하려는 데에 그 목적이 있다 할 것이고, 불공정한 법률행위가 성립하기 위한 요건인 궁박, 경솔, 무경험은 모두 구비되어야 하는 것이 아니고 그 중 일부만 갖추어져도 충분하며, 여기에서 '궁박'이라 함은 '급박한 곤궁'을 의미하는 것으로서 경제적 원인에 기인할 수도 있고, 정신적 또는 심리적 원인에 기인할 수도 있으며, 당사자가 궁박의 상태에 있었는지 여부는 그의 신분과 재산상태 및 그가 처한 상황의 절박성의 정도 등 제반상황을 종합하여 구체적으로 판단하여야 한다."라고 하면서, "교통사고로 스포츠용품 대리점과 실내골프연습장을 운영하던 피해자가 사망한 후 망인의 채권자들이 그 손해배상청구권에 대하여 법적 조치를 취할 움직임을 보이자 전업주부로 가사를 전담하던 망인의 처가 망인의 사망 후 5일 만에 친지와 보험회사 담당자의 권유에 따라 보험회사와 사이에 보험약관상 인정되는 최소금액의 손해배상금만을 받기로 하고 부제소(不提訴)합의를 한 경우, 그 합의는 불공정한 법률행위에 해당한다."라고 한 바 있습니다(대법원 1999. 5. 28. 선고 98다58825 판결, 2002. 10. 22. 선고 2002다38927 판결).

그러나 "피해당사자가 궁박, 경솔 또는 무경험의 상태에 있었다고 하더라도 그 상대방 당사자에게 그와 같은 피해당사자 측의 사정을 알면서 이를 이용하려는 의사, 즉 폭리행위의 악의가 없었다면 불공정법률행위는 성립하지 않는다."라고 하였습니다(대법원 1996. 11. 12. 선고 96다34061 판결).

그렇다면 귀하도 위 판례에 비추어 귀하의 궁박을 이용한 乙 보험회사와의 위 합의의 무효를 주장해보는 것도 가능할 듯합니다.

◎ 교통사고합의서양식에 인쇄된 '부제소(不提訴) 합의' 문구의 효력

【질의】 ➡ 저는 교통사고 직후 그로 인한 손해배상에 관하여 구속된 가해자 甲이 형사처벌을 가볍게 받기를 원하여 甲의 대리인인 아버지 乙과 합의를 하면서 소액의 합의금을 지급 받고 후유증이나 장해에 관하여는 가해차량보험회사인 丙보험회사와 합의할 것을 당연하게 여기고 乙이 가져온 일반적인 교통사고합의서양식에 따라 부동문자(不動文字)로 인쇄된 합의서에 날인해주었습니다. 그런데 제가 丙보험회사에 장해에 관한 보상을 요청하자 丙보험회사는 위 합의서에 부동문자(不動文字)로 "민·형사상의 소송이나 그 밖의 어떠한 이의도 제기하지 아니한다."는 문구가 있다는 이유로 장해에 대한 보상을 해줄 수 없다고 합니다. 丙보험회사의 이러한 주장이 타당한지요?

【답변】 ➡ 바르지 않은 주장입니다.

민법은 제105조에 의하면 "법률행위의 당사자가 법령중의 선량한 풍속 기타 사회질서에 관 계 없는 규정과 다른 의사를 표시한 때에는 그 의사에 의한다."라고 규정하고 있으므로, 위와 같은 합의서도 특별한 사정이 없는 한 그 계약 문언대로 해석하여야 함이 원칙이나, 판례는 "처분문서란 그에 의하여 증명하려고 하는 법률상의 행위가 그 문서에 의하여 이루어진 것"을 의미하는데(대법원 1997. 5. 30. 선고 97다2986 판결, 1988. 9. 27. 선고 87다카422,423 판결), "처분문서의 기재내용이 부동문자로 인쇄되어 있다면 인쇄된 예문(例文; 그 본질은 계약의 초안)에 지나지 아니하여 그 기재를 합의의 내용이라고 볼 수 없는 경우도 있으므로 처분문서라 하여 곧바로 당사자의 합의의 내용이라고 단정할 수는 없고 구체적 사안에 따라 당사자의 의사를 고려

하여 그 계약내용의 의미를 파악하고 그것이 예문에 불과한 것
인지의 여부를 판단하여야 한다."라고 하였습니다(대법원 1997.
11. 28. 선고 97다36231 판결).

  그리고 "사고로 인한 손해배상에 관한 합의에 있어 원고측이
원고의 후유증을 예기하고 그에 상당한 금액을 받기로 하고 일
체의 손해배상청구권을 포기하기로 한 것이라면 그 합의서 상의
권리포기조항이 예문에 불과한 것으로는 볼 수 없다."라고 하였
으나(대법원 1979. 2. 13. 선고 78다2161 판결), "교통사고 피해자
가 합의금을 수령하면서 민·형사상의 소송이나 그 밖의 어떠한
이의도 제기하지 아니한다는 내용의 부동문자로 인쇄된 합의서
에 날인한 경우, 그 피해정도, 피해자의 학력, 피해자와 가해자
의 관계, 합의에 이른 경위, 가해자가 다른 피해자와 합의한 내
용 및 합의 후 단기간 내에 소송을 제기한 점 등 제반 사정에
비추어 위 합의서의 문구는 단순한 예문에 불과할 뿐 이를 손해
전부에 대한 배상청구권의 포기나 부제소(不提訴)의 합의로는
볼 수 없다."라고 한 바 있습니다(대법원 1999. 3. 23. 선고 98다
64301 판결).

  따라서 위 사안의 경우에도 귀하는 보험회사에 대하여 부동
문자로 인쇄된 합의문구가 단순한 예문임을 주장하여 장해에 대
한 손해배상 등을 청구해볼 수 있을 것으로 보입니다.

◎ 16세의 자녀가 무면허 오토바이 운전으로 사고 낸 경우 부모의 책임

【질의】 ➡ 甲은 사고 당시 만 16세 남짓한 고등학교 1학년 학생으로서 원동기장치자전거 운전면허도 없이 친구 아버지의 100cc 오토바이를 친구로부터 빌려 과속으로 운전하다가 乙을 충격 하는 사고로 乙에게 장해가 발생되는 상해를 가하였습니다. 그런데 甲은 물론 오토바이의 소유자인 친구의 아버지는 乙의 치료비를 부담할 만한 재산이 없으나, 甲의 부모인 丙과 丁은 재산이 많이 있습니다. 이 경우 乙이 丙과 丁을 상대로 위 사고로 인한 손해배상을 청구할 수는 없는지요?

【답변】 ➡ 손해배상을 청구할 수 있습니다.

관련 판례를 보면, 책임능력 있는 미성년자의 불법행위와 감독의무자의 손해배상의무에 관하여 ″책임능력 있는 미성년자의 불법행위로 인하여 손해가 발생한 경우 그 손해가 미성년자의 감독의무자의 의무위반과 상당인과관계가 있는 경우 감독의무자는 일반불법행위자로서 손해배상의무가 있다.″라고 하면서 ″사고 당시 18세 남짓한 미성년자가 운전면허가 없음에도 가끔 숙부 소유의 화물차를 운전한 경우, 부모로서는 미성년의 아들이 무면허운전을 하지 못하도록 보호·감독하여야 할 주의의무가 있음에도 이를 게을리 하여 화물차를 운전하도록 방치한 과실이 있고, 부모의 보호·감독상의 과실이 사고발생의 원인이 되었으므로, 부모들이 피해자가 입은 손해를 배상할 책임이 있다.″라고 판단한 원심판결을 수긍한 경우가 있으며(대법원 1997. 3. 28. 선고 96다15374 판결), 또한 ″만 16세 남짓한 고등학교 1학년 학생이 무면허로 오토바이를 운전하다 사고를 낸 경우, 사고 당시의 연령과 수학정도 등에 비추어 불법행위에 대한 책임을 변식(辨

識)할 능력은 있었으나, 경제적인 면에서 전적으로 그의 부모에게 의존하며 그들의 보호·감독을 받고 있었으므로, 부모로서는 그 자에 대하여 면허 없이 오토바이를 운전하지 못하도록 하는 등 보호·감독을 철저히 하여야 할 주의의무가 있는데도 이를 게을리 한 잘못이 있다고 하여 그 부모에게도 교통사고에 대한 손해배상책임이 있다."라고 본 경우가 있습니다(대법원 1999. 7. 13. 선고 99다19957 판결).

따라서 위 사안에 있어서도 乙은 丙과 丁을 상대로 甲의 위와 같은 불법행위로 인한 손해배상을 청구해 볼 수 있을 것입니다. 다만, 이 경우 입증책임에 관하여 감독의무위반사실 및 손해발생과의 상당인과관계의 존재는 이를 주장하는 자가 입증하여야 합니다(대법원 2003. 3. 28. 선고 2003다5061 판결, 1994. 2. 8. 선고 93다13605 판결).

◐ 유치원생이 귀가하던 중 교통사고를 당한 경우 유치원교사의 책임

【질의】 ➡ 만 4세 9개월 된 저의 딸은 공립인 甲초등학교의 병설유치원에 입학하여 2개월 정도 다니던 중, 학교 앞 50미터 떨어진 4차선도로에서 뺑소니차량에 교통사고를 당하여 중태입니다. 그런데 담임교사는 유치원생을 안전하게 귀가시킬 책임이 있음에도 학교 앞까지만 인솔하여 교통안전교육을 실시하고 위 차도를 저의 딸이 혼자서 건너도록 방치한 책임을 물어 담임교사 등에게 손해배상을 청구할 수는 없는지요?

【답변】 ➡ 손해배상을 청구할 수 있습니다.

　　　이러한 경우 유치원 교사 등의 책임에 관하여 판례를 보면 ″학교의 교장이나 교사는 학생을 보호·감독할 의무를 지는 것이나, 그 보호·감독의무는 초·중등교육법에 따라 학생들을 친권자 등 법정감독의무자에 대신하여 보호·감독하여야 하는 의무로서, 학교의 교육활동 중에 있거나 그것과 밀접·불가분의 생활관계에 있는 학생들에 대하여 인정되며, 보호·감독의무를 소홀히 하여 학생이 사고를 당한 경우에도 그 사고가 통상 발생할 수 있다고 예상할 수 있는 것에 한하여 교사 등의 책임을 인정할 것인바, 그 예견가능성은 학생의 연령, 사회적 경험, 판단능력 등을 고려하여 판단하여야 하고, 생후 4년 3개월 남짓 되어 책임능력은 물론 의사능력도 없고, 유치원에 입학하여 45일정도 되어 유치원생활에 채 적응하지도 못한 상태에 있는 유치원생들에 있어서는 다른 각급 학교 학생들의 경우와 달리 유치원 수업활동 외에 수업을 마치고 그들이 안전하게 귀가할 수 있는 상태에 이르기까지가 유치원 수업과 밀접·불가분의 관계에 있는 생

활관계에 있는 것으로 보아야 하며, 따라서 유치원 담임교사는 원생들이 유치원에 도착한 순간부터 유치원으로부터 안전하게 귀가할 수 있는 상태에 이르기까지 법정감독의무자인 친권자에 준하는 보호·감독의무가 있다."라고 하였습니다(대법원 1996. 8. 23. 선고 96다19833 판결, 2002. 5. 10. 선고 2002다10585, 10592 판결).

그러므로 위 사안의 담임교사도 귀하의 딸이 안전하게 귀가할 수 있도록 조치할 의무를 다하지 못한 불법행위책임이 인정된다고 할 수 있을 것입니다.

그런데 교육공무원인 교사의 교육업무상 발생한 불법행위로 인한 손해배상책임은 국가배상법 제1조, 제2조 소정의 배상책임이고(대법원 1991. 5. 28. 선고 90다17972 판결), 공무원이 직무수행에 당하여 고의 또는 과실로 타인에게 손해를 가한 것으로 주장하는 경우는 특별법인 국가배상법이 적용되어 민법상의 사용자책임에 관한 규정은 그 적용이 배제됩니다(대법원 1976. 12. 28. 선고 76다2006 판결).

그리고 공무원이 직무상 불법행위를 한 경우 국가 또는 지방자치단체가 배상책임을 부담하는 외에 공무원 개인도 고의 또는 중과실이 있는 경우에는 불법행위로 인한 손해배상책임을 지지만, 공무원에게 경과실뿐인 경우에는 공무원개인은 손해배상책임을 부담하지 않는바(대법원 1996. 2. 15. 선고 95다38677 전원합의체 판결), 그 경우 공무원의 중과실이란 공무원에게 통상 요구되는 정도의 상당한 주의를 하지 않더라도 약간의 주의를 한다면 손쉽게 위법·유해한 결과를 예견할 수 있는 경우임에도 이를 간과함과 같은 거의 고의에 가까운 현저한 주의를 결여한 상태를 의미합니다(대법원 2003. 2. 11. 선고 2002다65929 판결,

1995. 10. 13. 선고 94다36506 판결).

위 사안의 경우 만약 담임교사가 귀하의 딸에게 매일 실시하던 교통안전교육을 실시하고 나서 위 유치원으로 돌아왔고, 또한 평소에 귀하의 가족들이 직접 데리러 갔다는 사정이 있었다면 위 담임교사는 유치원교사로서 통상 요구되는 주의를 현저히 게을리 한 것으로는 볼 수 없어 담임교사를 상대로 직접 손해배상을 청구할 수 없을 것이나, 적어도 경과실은 인정된다고 할 것이므로 국가배상법 제2조 제1항에 의하여 위 공립초등학교병설유치원이 소속된 지방자치단체를 상대로 손해배상을 청구할 수 있을 것입니다.

◙ 도로의 설치·관리상의 하자로 인한 국가배상청구권

【질의】 ➡ 저는 집중호우가 내리던 날 국도를 운행하던 중 산비탈의 토사가 무너지면서 저의 차를 덮쳐 중상을 입었습니다. 이 경우 국가배상법에 기하여 손해배상을 청구할 수 있는지, 만약 손해배상을 청구할 수 있다면 누구를 상대로 배상청구를 해야 하는지요?

【답변】 ➡ 해당 관리청을 상대로 소송을 하여야 합니다.

국가배상법 제5조 제1항에 의하면 "도로, 하천 그 밖의 공공의 영조물의 설치 또는 관리에 하자가 있기 때문에 타인에게 손해를 발생하게 하였을 때에는 국가 또는 지방자치단체는 그 손해를 배상하여야 한다."라고 규정하고 있습니다.

그러므로 이 사건의 경우 사고가 발생한 도로의 관리하자를 입증할 수 있다면 국가배상을 청구할 수 있습니다.

도로관리의 하자여부에 관하여 판례를 보면, "영조물인 도로의 설치·관리상의 하자는 도로의 위치 등 장소적인 조건, 도로의 구조, 교통량, 사고시에 있어서의 교통사정 등 도로의 이용상황과 본래의 이용목적 등 제반 사정과 물적 결함의 위치, 형상 등을 종합적으로 고려하여 사회통념에 따라 구체적으로 판단하여야 하는바, 도로의 설치 후 집중호우 등 자연력이 작용하여 본래 목적인 통행상의 안전에 결함이 발생한 경우에는 그 결함이 제3자의 행위에 의하여 발생한 경우와 마찬가지로, 도로에 그와 같은 결함이 있다는 것만으로 성급하게 도로의 보존상 하자를 인정하여서는 안되고, 당해 도로의 구조, 장소적 환경과 이용상황 등 제반 사정을 종합하여 그와 같은 결함을 제거하여 원상으로 복구할 수 있는데도 이를 방치한 것인지 여부를 개별적 · 구체적으로 심리하여 하자의 유무를 판단하여야 한다."라고 하였으며(대법원 1998.2.13.선고, 97다49800 판결), "집중호우로 국도변 산비탈이 무너져 내려 차량의 통행을 방해함으로써 일어난 교통사고에 대하여 국가의 도로에 대한 설치 또는 관리상의 하자책임이 있다."라고 한 사례가 있습니다(대법원 1993. 6. 8. 선고 93다11678 판결).

그리고 국가배상에 있어서 손해배상의 배상책임자는 원칙적으로 국가 또는 지방자치단체입니다(국가배상법 제5조 제1항). 만일, 설치 · 관리를 맡은 자와 그 비용을 부담하는 자가 서로 다른 때에는 비용부담자도 배상책임자에 해당합니다(국가배상법 제6조 제1항).

이러한 국가배상법 제6조 제1항의 비용부담자의 책임은 국가배상법 제2조 또는 제5조에 의하여 국가 또는 지방자치단체가 손해를 배상할 책임이 있는 경우에 공무원의 선임 · 감독 또는 영조물의 설치 · 관리를 맡은 자와 비용부담자가 다름으로 인해 손해를 입은 자가 배상책임의 주체를 명확히 알기 어려운 경우 그로 인하여 곤란을 겪지 않도록 하려는 피해자보호의 견지에서 만들어진 것으로서 국가배상법 제2조 또는 제5조의 책임이 인정되는 것을 전제로 한 규정입니다(서울지법 1997. 4. 17. 선고 96가합10695 판결).

그러므로 국가배상법 제6조에 의하면 영조물의 하자로 인하여 손해가 발생한 때에는 관리주체가 원칙적으로 그 배상책임을 부담하게 됩니다. 그런데 국도의 관리청은 원칙적으로 국토해양부장관이지만 특별시 · 광역시 또는 시 관할구역 안의 국도는 특별시장 · 광역시장 또는 시장이 관리청이 됩니다(도로법 제20조).

　　그리고 국토해양부장관이 관리청인 경우 국토해양부장관이 당해 도로의 수선 및 유지사무를 도지사에게 위임할 수 있습니다. 만약 도지사에게 위임되어 있다면 도로의 수선 및 유지사무는 그 성질상 국가가 법령에 의하여 지방자치단체의 기관에게 위임한 것이므로 기관위임사무라 할 수 있고, 그 위임의 범위 내에서 도지사가 그 관리청이 됩니다.

　　그러나 도로의 수선·유지사무가 도지사에게 위임되어 있다고 하더라도 국도의 수선·유지사무는 그 성질이 기관위임사무이므로 도지사는 지방자치단체인 도의 대표기관으로서의 지위가 아니라, 국가행정기관의 지위에서 행한 것이므로 손해배상책임의 주체는 지방자치단체가 아니라 국가가 된다고 보아야 합니다.

　　한편, 도로법 제67조 단서에 의하면 국도의 수선 및 유지에 관한 업무가 대통령령에 의하여 도지사에게 위임되었을 때 필요한 비용은 국고의 부담으로 한다고 규정하고 있기 때문에 그러한 경우 그 비용부담자는 국가이므로 국가를 상대로 소송을 제기하여야 합니다.

　　따라서 위 사안에서 사고가 발생한 국도가 어디에 위치한 국도인지 명확하지 않으므로 국도가 특별시·광역시 또는 시 구역 안의 국도인가 아니면 그 외 지역의 국도인가를 파악하여 그 관리청을 상대로 소송을 제기하여야 할 것으로 보입니다.

◎ 교통신호기의 고장으로 교통사고 발생시 누가 책임지는지

【질의】 ➡ 甲지방자치단체장이 횡단보도와 함께 설치하고, 乙지방경찰청장에게 관리권한이 위임된 교통신호기가 낙뢰로 고장이 발생하여 보행자신호기와 차량신호기에 동시에 녹색등이 표시되게 되었는데, 그 관리업무를 담당하는 교통종합관제센터(甲지방자치단체 소속 공무원과 乙지방경찰청 소속 공무원이 합동근무함)에서 신고를 받고 수리업체에 신고하도록 하였으나, 수리업체직원이 고장난 신호등을 찾지 못하여 위 신호기가 고장난 채 방치되어 있던 중 보행자신호기의 녹색등을 보고 횡단보도를 건너던 丙이 차량신호기의 녹색등을 보고 도로를 주행하던 丁의 승용차에 충격 되어 상해를 입는 교통사고가 발생하였습니다. 그런데 丁은 무보험차량을 운전하였고, 재산도 거의 없습니다. 이 경우 丙은 교통신호기의 관리책임을 물어 국가배상청구를 하려고 하는데, 누구를 상대로 배상청구를 하여야 하는지요?

【답변】 ➡ 지방자치단체를 상대로 하면 됩니다.

국가배상법 제5조 제1항에 의하면 ″도로, 하천 그 밖의 공공의 영조물의 설치 또는 관리에 하자가 있기 때문에 타인에게 손해를 발생하게 하였을 때에는 국가 또는 지방자치단체는 그 손해를 배상하여야 한다.″라고 규정하고 있습니다.

그러므로 이 사건의 경우 사고가 발생한 도로의 관리하자를 입증할 수 있다면 국가배상을 청구할 수 있습니다.

그런데 지방자치단체장이 설치하여 관할 지방경찰청장에게 관리권한이 위임된 교통신호기의 고장으로 인하여 교통사고가 발생한 경우, 누가 그 배상책임을 지는지에 관한 판례를 보면, ″

도로교통법 제3조 제1항은 특별시장·광역시장 또는 시장·군수 (광역시의 군수를 제외)는 도로에서의 위험을 방지하고 교통의 안전과 원활한 소통을 확보하기 위하여 필요하다고 인정하는 때에는 신호기 및 안전표지를 설치하고 이를 관리하여야 하도록 규정하고, 도로교통법시행령 제71조의2 제1항 제1호는 특별시장·광역시장이 위 법률규정에 의한 신호기 및 안전표지의 설치·관리에 관한 권한을 지방경찰청장에게 위임하는 것으로 규정하고 있는바, 이와 같이 행정권한이 기관위임 된 경우 권한을 위임받은 기관은 권한을 위임한 기관이 속하는 지방자치단체의 산하 행정기관의 지위에서 그 사무를 처리하는 것이므로 사무귀속의 주체가 달라진다고 할 수 없고, 따라서 권한을 위임받은 기관 소속의 공무원이 위임사무처리에 있어 고의 또는 과실로 타인에게 손해를 가하였거나 위임사무로 설치·관리하는 영조물의 하자로 타인에게 손해를 발생하게 한 경우에는 권한을 위임한 관청이 소속된 지방자치단체가 국가배상법 제2조 또는 제5조에 의한 배상책임을 부담하고, 권한을 위임받은 관청이 속하는 지방자치단체 또는 국가가 국가배상법 제2조 또는 제5조에 의한 배상책임을 부담하는 것이 아니므로, 지방자치단체장이 교통신호기를 설치하여 그 관리권한이 도로교통법 제71조의2 제1항의 규정에 의하여 관할 지방경찰청장에게 위임되어 지방자치단체소속 공무원과 지방경찰청소속 공무원이 합동근무 하는 교통종합관제센터에서 그 관리업무를 담당하던 중 위 신호기가 고장난 채 방치되어 교통사고가 발생한 경우, 국가배상법 제2조 또는 제5조에 의한 배상책임을 부담하는 것은 지방경찰청장이 소속된 국가가 아니라, 그 권한을 위임한 지방자치단체장이 소속된 지방자치단체라고 할 것이나, 한편 국가배상법 제6조 제1항은 국

가배상법 제2조, 제3조 및 제5조의 규정에 의하여 국가 또는 지
방자치단체가 손해를 배상할 책임이 있는 경우에 공무원의 선
임·감독 또는 영조물의 설치·관리를 맡은 자와 공무원의 봉
급·급여 기타의 비용 또는 영조물의 설치·관리의 비용을 부담
하는 자가 동일하지 아니한 경우에는 그 비용을 부담하는 자도
손해를 배상하여야 한다고 규정하고 있으므로 교통신호기를 관
리하는 지방경찰청장 산하 경찰관들에 대한 봉급을 부담하는 국
가도 국가배상법 제6조 제1항에 의한 배상책임을 부담한다.″라고
하였습니다(대법원 1999. 6. 25. 선고 99다11120 판결, 2000. 1.
14. 선고 99다24201 판결).

따라서 위 사안에서도 丙은 국가와 甲지방자치단체를 모두에
게 그들의 연대책임을 물어 국가배상청구를 해볼 수 있을 것입
니다.

참고로 국가배상법에 의한 손해배상청구의 소송은 배상심의
회에 배상신청을 하지 아니하고도 이를 제기할 수 있습니다(국
가배상법 제9조).

◎ 일반 국도상의 적설로 인한 교통사고 발생시 손해배상청구권

> 【질의】➡ 저는 야간에 일반도로를 승용차로 정상속도를 유지하여 주행하다가 강설로 인하여 결빙된 지점인 것을 미처 알지 못하여 결빙구간에서 차량이 도로 밖으로 미끄러져 차량에 다액의 수리비를 요하는 피해를 입었는바, 이러한 경우 위 도로를 설치·관리하는 기관은 제설작업을 하거나 제설제를 살포하는 등의 조치를 하지도 않았고, 결빙구간의 위험표시도 하지 않음으로 인하여 위와 같은 사고가 발생하도록 한 책임이 인정되지 않는지요?

【답변】➡ 인정되기 힘들 것으로 보입니다.

민법 제758조 제1항에 의하면 "공작물의 설치 또는 보존의 하자(瑕疵)로 인하여 타인에게 손해를 가한 때에는 공작물점유자가 손해를 배상할 책임이 있다. 그러나 점유자가 손해의 방지에 필요한 주의를 해태(懈怠)하지 아니한 때에는 그 소유자가 손해를 배상할 책임이 있다."라고 규정하고 있으며, 국가배상법 제5조 제1항 전문은 "도로, 하천 그 밖의 공공의 영조물의 설치 또는 관리에 하자가 있기 때문에 타인에게 손해를 발생하게 하였을 때에는 국가 또는 지방자치단체는 그 손해를 배상하여야 한다."라고 규정하고 있습니다.

그런데 이와 관련된 판례를 보면, "국가배상법 제5조 제1항에 정하여진 '영조물 설치·관리상의 하자'라 함은 공공의 목적에 공여된 영조물이 그 용도에 따라 통상 갖추어야 할 안전성을 갖추지 못한 상태에 있음을 말하는바, 영조물의 설치 및 관리에 있어서 항상 완전무결한 상태를 유지할 정도의 고도의 안전성을 갖추지 아니하였다고 하여 영조물의 설치 또는 관리에 하자가

있다고 단정할 수 없는 것이고, 영조물의 설치자 또는 관리자에
게 부과되는 방호조치의무는 영조물의 위험성에 비례하여 사회
통념상 일반적으로 요구되는 정도의 것을 의미하므로 영조물인
도로의 경우도 다른 생활필수시설과의 관계나 그것을 설치하고
관리하는 주체의 재정적, 인적, 물적 제약 등을 고려하여 그것을
이용하는 자의 상식적이고 질서 있는 이용방법을 기대한 상대적
인 안전성을 갖추는 것으로 족하다"고 하고 있으며(대법원 2002.
8. 23.선고 2002다9158 판결), "도로의 설치·관리상의 하자는 도
로의 위치 등 장소적인 조건, 도로의 구조, 교통량, 사고시에 있
어서의 교통사정 등 도로의 이용상황과 본래의 이용목적 등 제
반 사정과 물적 결함의 위치, 형상 등을 종합적으로 고려하여
사회통념에 따라 구체적으로 판단하여야 하는바, 특히 강설은
기본적 환경의 하나인 자연현상으로서 그것이 도로교통의 안전
을 해치는 위험성의 정도나 그 시기를 예측하기 어렵고 통상 광
범위한 지역에 걸쳐 일시에 나타나고 일정한 시간을 경과하면
소멸되는 일과성을 띠는 경우가 많은 점에 비하여, 이로 인하여
발생되는 도로상의 위험에 대처하기 위한 완벽한 방법으로서 도
로자체에 융설설비를 갖추는 것은 현대의 과학기술의 수준이나
재정사정에 비추어 사실상 불가능하고, 가능한 방법으로 인위적
으로 제설작업을 하거나 제설제를 살포하는 등의 방법을 택할
수밖에 없는데, 그러한 경우에 있어서도 적설지대에 속하는 지
역의 도로라든가 최저속도의 제한이 있는 고속도로 등 특수목적
을 갖고 있는 도로가 아닌 일반 보통의 도로까지도 도로관리자
에게 완전한 인적·물적 설비를 갖추고 제설작업을 하여 도로통
행상의 위험을 즉시 배제하여 그 안전성을 확보하도록 하는 관
리의무를 부과하는 것은 도로의 안전성의 성질에 비추어 적당하

지 않고, 오히려 그러한 경우의 도로통행의 안전성은 그와 같은 위험에 대면하여 도로를 이용하는 통행자 개개인의 책임으로 확보하여야 한다. 강설의 특성, 기상적 요인과 지리적 요인, 이에 따른 도로의 상대적 안전성을 고려하면 겨울철 산간지역에 위치한 도로에 강설로 생긴 빙판을 그대로 방치하고 도로상황에 대한 경고나 위험표지판을 설치하지 않았다는 사정만으로 도로관리상의 하자가 있다고 볼 수 없다."라고 한 경우가 있습니다(대법원 2000. 4. 25. 선고 99다54998 판결).

따라서 위 사안에 있어서도 귀하가 위 도로의 설치·관리상의 하자를 이유로 설치·관리자에 대하여 손해배상을 청구하기는 어려울 것으로 보입니다.

참고로 종단면상 유(U)자형 도로의 가운데 부분에 빗물이 고여 있어 그곳을 진행하는 차량이 그 고인 빗물을 피하려고 중앙선을 침범하여 교통사고를 일으킨 사안에서, 도로관리청이 사고지점 도로에 빗물이 고여 차량의 통행에 장애가 되는 것을 막을 수 있었는데도 이를 방치한 것인지 여부를 심리하여야 함에도 불구하고 이에 이르지 않은 채 사고가 운전자의 일방적 과실로 인하여 발생한 것이라고 판단한 원심판결을 파기한 사례가 있습니다(대법원 1998. 2. 13. 선고 97다49800 판결).

◎ 고속도로상 방치된 투하물을 피하려다 난 사고로 차량이 파손된 경우

【질의】➡ 저는 야간에 승용차를 운전하여 고속도로상을 주행하던 중 도로상에 선행차량이 떨어뜨린 것으로 보이는 7~8개의 벽돌이 흩어져 방치되어 있는 것을 뒤늦게 발견하고 그것을 피하려다가 가드레일을 충돌하는 사고를 당하여 다행히 인명 피해는 면하였지만 차량이 많이 파손되었습니다. 이러한 경우 고속도로상에 위와 같은 주행에 장애를 주는 물건을 치우지 않고 방치해 둔 책임을 물어 도로관리자에게 손해배상을 청구할 수 있는지요?

【답변】➡ 한국도로공사를 상대로 하시면 됩니다.

민법 제758조 제1항에 의하면 "공작물의 설치 또는 보존의 하자(瑕疵)로 인하여 타인에게 손해를 가한 때에는 공작물점유자가 손해를 배상할 책임이 있다. 그러나 점유자가 손해의 방지에 필요한 주의를 해태(懈怠)하지 아니한 때에는 그 소유자가 손해를 배상할 책임이 있다."라고 규정하고 있습니다.

그리고 국가배상법 제5조(공공시설 등의 하자로 인한 책임) 제1항에 의하면 "도로·하천 그 밖의 공공의 영조물의 설치 또는 관리에 하자가 있기 때문에 타인에게 손해를 발생하게 하였을 때에는 국가 또는 지방자치단체는 그 손해를 배상하여야 한다. 이 경우에는 제2조 제1항 단서, 제3조 및 제3조의2의 규정을 준용한다."라고 규정하고 있습니다.

그런데 민법 제758조 또는 국가배상법 제5조와 관련된 판례를 보면, "영조물의 설치 또는 관리상의 하자로 인한 사고라 함은 영조물의 설치 또는 관리상의 하자만이 손해발생의 원인이 되는 경우만을 말하는 것이 아니고, 다른 자연적 사실이나 제3

자의 행위 또는 피해자의 행위와 경합하여 손해가 발생하더라도 영조물의 설치 또는 관리상의 하자가 공동원인의 하나가 되는 이상 그 손해는 영조물의 설치 또는 관리상의 하자에 의하여 발생한 것이라고 해석함이 상당하다."라고 하였으나(대법원 1994. 11. 22. 선고 94다32924 판결), 도로의 설치 후 제3자의 행위에 의하여 도로의 통행상 안전에 결함이 생긴 경우, 도로의 보존·관리상의 하자여부에 대한 판단기준에 관하여는 "도로의 설치 후 제3자의 행위에 의하여 그 본래의 목적인 통행상의 안전에 결함이 발생한 경우에는 도로에 그와 같은 결함이 있다는 것만 가지고 도로의 보존상의 하자를 인정할 수는 없고, 당해 도로의 구조, 장소적 환경과 이용상황 등 제반 사정을 종합하여 그와 같은 결함을 제거하여 원상으로 복구할 수 있는데도 이를 방치한 것인지의 여부를 개별적, 구체적으로 살펴서 하자의 유무를 판단하여야 할 것이고, 객관적으로 보아 도로의 안전상의 결함이 시간적, 장소적으로 그 점유·관리자의 관리행위가 미칠 수 없는 상황 아래에 있는 경우에는 관리상의 하자를 인정할 수 없다."라고 하였습니다(대법원 1997. 4. 22. 선고 97다3194 판결, 1999. 12. 24. 선고 99다45413 판결).

그리고 "사고당시 고속도로 1차선 상에 크기 $36cm \times 27cm \times 1cm$, 무게 $5kg$의 철판이 떨어져 있었고, 위 철판이 앞서가던 차량의 바퀴에 튕겨 뒤에 오던 차량의 조수석에 탑승한 피해자를 충격함으로써 사고가 발생한 사실을 인정하면서도, 사고당시의 주위 상황, 사고의 발생경위, 도로상의 결함의 정도와 그 방지를 위한 피고의 조치 등에 관한 그 판시와 같은 제반 사정을 들어 피고에게 이 사건 도로의 보존·관리상의 잘못을 인정할 수 없다."라고 한 바 있는 반면(대법원 1999. 7. 9. 선고, 99다12796 판결), "

편도 2차선 도로의 1차선상에 교통사고의 원인이 될 수 있는 크기의 돌멩이가 방치되어 있는 경우, 도로의 점유·관리자가 그에 대한 관리가능성이 없다는 입증을 하지 못하는 한 이는 도로의 관리·보존상의 하자에 해당한다."라고 한 사례가 있습니다(대법원 1998. 2. 10. 선고 97다32536 판결).

따라서 위 사안의 경우에도 단순히 고속도로상에 선행차량이 떨어뜨린 벽돌이 산재해 있었다는 사실만으로 도로관리자의 책임이 인정될 수 있는 것은 아니고, 객관적으로 보아 도로의 안전상의 결함이 시간적, 장소적으로 그 점유·관리자의 관리행위가 미칠 수 있는 경우였는지, 그렇지 않은 경우인지의 여부에 따라 책임여하가 결정될 것으로 보입니다.

또한, 위 고속도로를 한국도로공사에서 관리하고 있다면(도로법 제110조 제3항), 고속도로의 보존관리상의 하자로 인한 손해배상을 청구할 경우에는 한국도로공사를 상대로 국가배상법 제5조가 아닌 민법 제758조에 근거하여 청구하여야 할 것으로 보입니다.

◘ 경찰이 추적하는 도주차량에 치어 중상을 입은 경우 국가배상청구권

【질의】➡ 음주운전으로 적발되는 것을 피하기 위하여 도주하는 乙의 차량을 경찰관 丙이 순찰차로 추적하는 과정에서 乙의 차량에 치어 甲이 중상을 입었으나, 乙의 차량은 무보험차량이었을 뿐만 아니라 乙에게는 재산도 전혀 없습니다. 그런데 경찰관 丙은 乙이 음주운전 하는 것을 알 수 있었을 것이고 그러한 乙의 차량을 추적함으로 인하여 교통사고가 발생될 가능성이 농후함에도 계속 추적함으로 인하여 甲이 乙의 차량에 사고를 당하게 되었는바, 경찰관 丙의 과실을 이유로 국가배상청구를 할 수는 없는지요?

【답변】➡ 상당하지 않은 경우 국가배상청구를 할 수 있습니다.

국가배상법 제2조 제1항 본문에 의하면 "국가나 지방자치단체는 공무원이 그 직무를 집행함에 당하여 고의 또는 과실로 법령에 위반하여 타인에게 손해를 가하거나, 자동차손해배상보장법의 규정에 의하여 손해배상의 책임이 있는 때에는 이 법에 의하여 그 손해를 배상하여야 한다."라고 규정하고 있습니다.

따라서 위 사안에 있어서도 丙의 위와 같은 음주운전자의 추적행위가 법령에 위반하여야 국가배상청구가 가능할 것인데, 이와 관련된 판례를 보면, "국가배상책임은 공무원의 직무집행이 법령에 위반한 것임을 요건으로 하는 것으로서, 공무원의 직무집행이 법령이 정한 요건과 절차에 따라 이루어진 것이라면 특별한 사정이 없는 한 이는 법령에 적합한 것이고, 그 과정에서 개인의 권리가 침해되는 일이 생긴다고 하여 그 법령 적합성이 곧바로 부정되는 것은 아니고, 경찰관은 수상한 거동 기타 주위의 사정을 합리적으로 판단하여 어떠한 죄를 범하였거나 범하려

하고 있다고 의심할 만한 상당한 이유가 있는 자 또는 이미 행
하여진 범죄나 행하여지려고 하는 범죄행위에 관하여 그 사실을
안다고 인정되는 자를 정지시켜 질문할 수 있고, 또 범죄를 실
행중이거나 실행 직후인 자는 현행범인으로, 누구임을 물음에
대하여 도망하려 하는 자는 준현행범인으로 각 체포할 수 있으
며, 이와 같은 정지조치나 질문 또는 체포직무의 수행을 위하여
필요한 경우에는 대상자를 추적할 수도 있으므로, 경찰관이 교
통법규 등을 위반하고 도주하는 차량을 순찰차로 추적하는 직무
를 집행하는 중에 그 도주차량의 주행에 의하여 제3자가 손해를
입었다고 하더라도 그 추적이 당해 직무목적을 수행하는 데에
불필요하다거나 또는 도주차량의 도주의 태양 및 도로교통상황
등으로부터 예측되는 피해발생의 구체적 위험성의 유무 및 내용
에 비추어 추적의 개시·계속 혹은 추적의 방법이 상당하지 않
다는 등의 특별한 사정이 없는 한 그 추적행위를 위법 하다고
할 수는 없다."라고 하였습니다(대법원 2000. 11. 10. 선고 2000
다26807 등 판결).

　따라서 위 사안에 있어서도 단순히 乙의 차량의 차량번호를
어렵지 않게 식별할 수 있었다거나, 무선으로 수배하여 다른 순
찰차의 도움을 받을 수 있었다고 하더라도 그러한 사정만으로는
도주하는 차량에 대하여 궁극적으로 추적이 필요하다는 사정을
부정할 절대적 사유는 되지 못한다고 할 것이고, 丙의 추적이
당해 직무목적을 수행하는 데에 불필요하다거나 또는 도주차량
의 도주의 태양 및 도로교통상황 등으로부터 예측되는 피해발생
의 구체적 위험성의 유무 및 내용에 비추어 추적의 개시·계속
혹은 추적의 방법이 상당하지 않았을 경우에만 위 추적행위를
위법 하다고 하여 국가배상청구가 가능할 것입니다.

◎ 교통할아버지의 수신호 잘못으로 교통사고 발생시 국가배상청구권

【질의】 ➡ 甲지방자치단체는 교통할아버지 봉사활동계획을 수립한 후 봉사원을 선정하여 그들에게 활동시간과 장소까지 지정해주면서 그 활동시간에 비례한 수당을 지급하고, 그 활동에 필요한 모자, 완장 등 물품을 공급함으로써, 甲지방자치단체의 복지행정업무에 해당하는 어린이보호, 교통안내, 거리질서확립 등의 공무를 위탁하였는데, 그 봉사원 乙은 지정된 시간 중에 위탁받은 업무범위를 넘어 교차로 중앙에서 교통정리를 하다가 수신호의 잘못으로 인하여 교통사고가 발생되었습니다. 이 경우에도 乙의 과실로 인한 손해배상을 甲지방자치단체가 하여야 하는지요?

【답변】 ➡ 지방자치단체가 손해배상을 하여야 합니다.

국가배상법 제2조 제1항에 의하면 "국가나 지방자치단체는 공무원이 그 직무를 집행함에 당하여 고의 또는 과실로 법령에 위반하여 타인에게 손해를 가하거나, 자동차손해배상보장법의 규정에 의하여 손해배상의 책임이 있는 때에는 이 법에 의하여 그 손해를 배상하여야 한다."라고 규정하고 있습니다.

그런데 위 규정과 관련된 판례를 보면, 국가배상법 제2조 소정의 '공무원'의 의미에 관하여 "국가배상법 제2조 소정의 '공무원'이라 함은 국가공무원법이나 지방공무원법에 의하여 공무원으로서의 신분을 가진 자에 국한하지 않고, 널리 공무를 위탁받아 실질적으로 공무에 종사하고 있는 일체의 자를 가리키는 것으로서, 공무의 위탁이 일시적이고 한정적인 사항에 관한 활동을 위한 것이어도 달리 볼 것은 아니다."라고 하였습니다.

그리고 국가배상청구의 요건인 '공무원의 직무'의 범위에 관

하여는 "국가배상청구의 요건인 '공무원의 직무'에는 권력적 작
용만이 아니라 비권력적 작용도 포함되며, 단지 행정주체가 사
경제주체로서 하는 활동만 제외된다."라고 하였고, 국가배상법
제2조 제1항 소정의 '직무를 집행함에 당하여'의 의미에 관하여
"국가배상법 제2조 제1항 소정의 '직무를 집행함에 당하여'라
함은 직접 공무원의 직무집행행위이거나 그와 밀접한 관계에 있
는 행위를 포함하고, 이를 판단함에 있어서는 행위 자체의 외관
을 객관적으로 관찰하여 공무원의 직무행위로 보여질 때에는 비
록 그것이 실질적으로 직무행위에 속하지 않는다 하더라도 그
행위는 공무원이 '직무를 집행함에 당하여' 한 것으로 보아야
한다."라고 하면서 "지방자치단체가 '교통할아버지 봉사활동계획
'을 수립한 후 관할동장으로 하여금 '교통할아버지를 선정하게
하여 어린이보호, 교통안내, 거리질서확립 등의 공무를 위탁하여
집행하게 하던 중 '교통할아버지'로 선정된 노인이 위탁받은 업
무범위를 넘어 교차로 중앙에서 교통정리를 하다가 교통사고를
발생시킨 경우, 지방자치단체가 국가배상법 제2조 소정의 배상
책임을 부담한다."라고 인정한 원심의 판단을 수긍한 사례가 있
습니다(대법원 2001. 1. 5. 선고 98다39060 판결).

따라서 위 사안에 있어서도 甲지방자치단체는 위 사고에 대
하여 배상책임을 부담하여야 할 듯합니다.

◎ 이전서류를 받은 자동차매수인이 명의 이전을 미루던중 사고 난
경우

> **【질의】** ➡ 저는 중고차매매센터에 의뢰하여 제 소유 승용차
> 를 매도하면서 매수인 甲에게 자동차를 인도하고 자동차등록명
> 의이전에 필요한 모든 서류까지 교부하였습니다. 그런데 甲은
> 차일피일 미루며 명의이전을 해가지 않고 있더니 최근에는 그
> 차량을 운전하다가 과실로 인하여 乙에게 상해를 입힌 후 차량
> 을 버리고 도주하였습니다. 피해자 乙은 그 차량이 책임보험에
> 만 가입되어 있을 뿐이며, 가해자인 甲의 소재도 확인할 수 없
> 게 되자 자동차등록원부상의 명의인으로 되어 있는 저에게 손
> 해배상을 청구하여 왔습니다. 제가 책임을 져야 하는지요?

【답변】 ➡ 책임지지 않아도 됩니다.

자동차손해배상보장법 제3조에 의하면 "자기를 위하여 자동
차를 운행하는 자는 그 운행으로 다른 사람을 사망하게 하거나
부상하게 한 경우에는 그 손해를 배상할 책임을 진다."라고 규정
하고 있습니다.

그런데 자동차를 매도하고 등록명의가 이전되지 않은 상태에
서 교통사고가 발생된 경우에 관한 판례를 보면, "자동차보유자
의 운행지배는 현실적으로 보유자와 운전자 사이에 사실상 지배
관계가 존재하는 경우뿐만 아니라 간접적이거나 제3자의 권리를
통한 관념상 지배관계가 존재하는 경우도 포함하므로, 자동차를
매도하고도 자동차등록명의를 그대로 남겨둔 경우 매도인의 운
행지배유무는 매도인과 매수인의 실질적 관계를 살펴서 사회통
념상 매도인이 매수인의 차량운행에 간섭하거나 지배·관리할
책무가 있는 것으로 평가할 수 있는지 여부를 가려 결정해야 한

다. 매도인이 자동차를 매도하여 인도하고 잔대금까지 완제되었다 하더라도 매수인이 그 자동차를 타인에게 전매할 때까지 자동차등록원부상의 소유명의를 매도인이 그대로 보유하기로 특약하였을 뿐만 아니라 그 자동차에 대한 할부계약상 채무자의 명의도 매도인이 그대로 보유하며, 자동차보험까지도 매도인 명의로 가입하도록 한 채 매수인으로 하여금 자동차를 사용하도록 하여 왔다면, 매도인은 매수인이 그 자동차를 전매하여 명의변경등록을 마치기까지 매도인 명의로 자동차를 운행할 것을 허용한 것으로서 그 자동차운행에 대한 책무를 벗어났다고 보기는 어려우므로 자동차손해배상보장법 제3조 소정의 자기를 위하여 자동차를 운행하는 자에 해당한다고 봄이 상당하다.″라고 하여 운행지배이익이 있다고 한 사례가 있습니다(대법원 1995. 1. 12. 선고 94다38212 판결).

반면에, ″자동차 매도인이 매매대금을 완급 받고 차량을 인도한 후 매수인에게 차량의 자동차등록부상 소유명의의 이전등록과 할부구입계약상의 채무자 명의변경 및 보험관계의 명의변경 등에 필요한 일체의 서류를 교부하여 매수인은 그 이전등록과 명의변경이 가능하였는데도, 할부금 보증인을 미처 구하지 못한 매수인측 사정으로 보험계약 만료일까지 명의변경절차를 미루다가 사고가 발생한 것이라면, 매도인은 차량에 대한 운행지배를 행사하거나 운행이익을 얻는 지위에서 벗어났다고 할 것이고, 매도인이 매수인에게 위 명의변경절차를 미루는 것을 양해하였다는 것만으로 차량의 운행지배나 운행이익을 보유한다고 볼 수 없다″라고 하여 매도인의 운행지배이익을 부정한 사례도 있습니다(대법원1992. 4. 14. 선고 91다41866 판결).

판례와 관련하여 귀하의 경우를 살펴보면, 귀하는 매수인에

게 자동차를 인도하고 그 명의이전에 필요한 모든 서류를 교부
하였으나 그가 이전등록을 지연하고 있다가 사고가 난 것으로
여겨지는바, 자동차손해배상보장법 제3조 소정의 '자기를 위하여
자동차를 운행하는 자'라고 볼 수 없어 손해배상책임이 없을 것
으로 보입니다.

◙ 대물변제로 채권자에게 인도된 채무자명의 차량의 교통사고시 책임

【질의】 ➡ 甲은 乙에게 금 1,000만원을 차용하고 변제하지 못하여 시가 900만원 상당인 甲소유의 승용차를 대물변제로 乙에게 인도하면서 자동차등록명의이전에 소요되는 서류일체를 교부하였습니다. 그런데 乙은 자기 앞으로 자동차등록명의를 이전하지 않은 채 위 승용차를 운행하다가 丙을 충격 하여 丙에게 장해발생이 예상되는 상해를 가하였습니다. 이 경우 위 교통사고로 인한 책임을 甲이 부담하여야 하는지요?

【답변】 ➡ **부담하지 않습니다.**

자동차손해배상보장법 제3조에 의하면 "자기를 위하여 자동차를 운행하는 자는 그 운행으로 다른 사람을 사망하게 하거나 부상하게 한 경우에는 그 손해를 배상할 책임을 진다."라고 규정하고 있습니다.

그런데 대물변제를 위하여 채권자에게 자동차를 양도하였으나 아직 채권자명의로 소유권이전등록이 경료되지 아니한 경우, 양도인의 운행지배권이나 운행이익상실 여부의 판단기준에 관하여 판례를 보면, "대물변제를 위하여 채권자에게 자동차를 양도하기로 하고 인도까지 하였으나 아직 채권자 명의로 그 소유권이전등록이 경료되지 아니한 경우에 아직 그 등록명의가 원래의 자동차 소유자에게 남아 있다는 사정만으로 그 자동차에 대한 운행지배나 운행이익이 양도인에게 남아 있다고 단정할 수는 없고, 이러한 경우 법원이 차량의 양도로 인한 양도인의 운행지배권이나 운행이익의 상실여부를 판단함에 있어서는 위 차량의 이전등록서류교부에 관한 당사자의 합의내용, 위 차량을 대물변제로 양도하게 된 경위 및 인도여부, 정산절차를 거쳐야 할 필요

성, 인수차량의 운행자, 차량의 보험관계 등 양도인과 양수인 사이의 실질적 관계에 관한 여러 사정을 심리하여 사회통념상 양도인이 양수인의 차량운행에 간섭을 하거나 지배·관리할 책무가 있는 것으로 평가할 수 있는지의 여부를 가려 결정하여야 한다."라고 하면서, "차량의 명의수탁자가 실소유자의 명시적인 승낙 없이 실소유자의 채무변제를 위한 대물변제조로 차량을 양도하기로 합의한 후 채권자에게 차량을 인도하고 차량의 이전등록에 필요한 인감증명 등의 서류도 모두 교부한 경우, 비록 명의수탁자가 실소유자의 채권자에 대한 채무에 관하여 정확한 액수를 알지 못하였다고 할지라도, 대외적으로 차량에 관한 처분권한을 가지고 있는 명의수탁자가 실소유자의 채무변제를 위하여 대물변제에 이르게 되었고, 그 차량의 시가가 실소유자의 채권자에 대한 채무액수에 미치지 못하는 것이 분명한 이상, 위 차량의 운행에 있어서 그 운행지배와 운행이익은 모두 채권자에게 실질적으로 이전되었다고 봄이 상당하며, 대물변제계약이 요물계약이며 위 차량에 대한 소유권이전등록이 행해지지 아니하였다고 하더라도 마찬가지다."라고 한 경우가 있습니다(대법원 1999. 5. 14. 선고 98다57501 판결, 2002. 11. 26. 선고 2002다47181 판결).

따라서 위 사안에 있어서도 위 승용차의 시가가 채무액에 미치지 못하므로 정산을 요하지 않을 것이고, 甲은 乙에게 자동차등록명의이전에 소요되는 서류일체를 교부하기까지 한 경우이므로, 甲은 위 승용차에 대한 운행지배권이나 운행이익을 상실하였다고 보아야 할 것이므로 위 사고로 인한 손해배상책임을 부담하지 않을 것으로 보입니다.

◎ 열쇠를 꽂아둔 채 세워둔 자동차를 무단운전하여 사고 낸 경우

【질의】➡ 저는 자동차를 집 앞 골목에 세워두고 자동차에 열쇠를 꽂아 둔 채로 잠시 집안에 들어갔다 나왔습니다. 그런데 그 사이에 이웃사람 甲이 위 자동차를 저의 승낙 없이 운전연습을 하던 중 지나가던 행인 乙을 치어 상처를 입혔는데, 乙은 저에게 손해배상을 하라고 합니다. 저에게 책임이 있는지요?

【답변】➡ 손해배상을 하여야 합니다.

자동차의 운행으로 사람이 사망하거나 부상한 경우 가해자동차의 소유자는 자동차손해배상보장법에 의해 무과실책임을 지게 되며, 다만 위 차량에 대해 소유자가 운행지배를 갖지 않는 경우, 예컨대 절도 당한 경우나 무단운전 등의 경우에만 일정요건 하에 소유자의 책임이 면제됩니다.

이에 관한 판례를 보면 "자동차손해보상보장법 제3조 소정의 '자기를 위하여 자동차를 운행하는 자'는 자동차에 대한 운행을 지배하여 그 이익을 향수(享受)하는 책임주체로서의 지위에 있는 자를 의미하므로, 통상적으로 그러한 지위에 있다고 인정되는 자동차의 소유자는 비록 제3자가 무단히 그 자동차를 운전하다가 사고를 내었다고 하더라도 그 운행에 있어 소유자의 운행지배와 운행이익이 완전히 상실되었다고 볼 특별한 사정이 없는 경우에는 그 사고에 대하여 위 법조 소정의 운행자로서의 책임을 부담하게 되고, 그 운행지배와 운행이익의 상실여부는 평소의 자동차나 그 열쇠의 보관 및 관리상태, 소유자의 의사와 관계없이 운행이 가능하게 된 경위, 소유자와 운전자의 인적관계,

운전자의 차량반환의사유무, 무단운행 후 소유자의 승낙가능성, 무단운행에 대한 피해자의 주관적 인식유무 등 객관적이고 외형적인 여러 사정을 사회통념에 따라 종합적으로 평가하여 이를 판단하여야 한다."라고 하였습니다(대법원 1995. 2. 24. 선고 94다41232 판결, 1999. 4. 23. 선고 98다61395 판결).

또한 "봉고차량의 소유자인 甲의 남편 乙이 평소 그 차량을 관리·운행하던 중 사고당일 위 차량을 운전하다가 甲경영의 미용실 앞 노상에 위 차량을 주차시키고 위 미용실에 잠시 볼일이 있어 자동차의 키를 그대로 꽂아둔 채 출입문도 잠그지 아니하고 10여분간 자리를 뜬 사이에 제3자인 丙이 임의로 위 차안에 들어가서 엔진시동을 걸고 운전하여 차량을 절취한 후 위 차를 운전하던 중 교통사고를 일으킨 것이라면 위와 같이 차량의 키를 뽑지 아니하고 출입문도 잠그지 아니한 채 노상에 주차시킨 乙의 행위와 그 차량을 절취한 제3자인 丙이 일으킨 사고로 인한 손해와의 사이에 상당인과관계가 있다."라고 한 사례가 있습니다(대법원 1988. 3. 22. 선고 86다카2747 판결, 2001. 6. 29. 선고 2001다23201 등 판결).

따라서 위 사안의 경우 귀하에게는 자동차열쇠를 꽂아 둔 채로 자동차를 행인 등이 왕래하는 길에 주차한 잘못이 있어 위 사고에 대한 책임을 부담하여야 할 가능성이 크다고 하겠습니다. 그러나 구체적으로 차량을 주차해둔 곳의 구체적 상황이나 이웃사람 甲과의 친소관계 등을 종합적으로 고려하여 판단하여야 할 것입니다.

◎ 주차규칙을 위반하여 주차된 차량을 충돌한 경우 손해배상청구권

> **【질의】**➡ 저의 남편은 오토바이를 타고 가로등 없는 국도상을 운행하던 중 甲운수회사소속 운전자인 乙이 아무런 등화도 켜지 않고 주차시켜 둔 甲소유 트럭을 미처 발견하지 못하고 그 차량에 충돌하면서 발생된 사고로 인하여 사망하였는데, 저희 유족들이 甲과 乙로부터 손해배상을 받을 수 있는지요?

【답변】➡ **손해배상을 청구할 수 있습니다.**

　야간에 도로의 가장자리에 자동차를 주차하는 자로서는 그곳이 관계법령에 따라 주차가 금지된 장소가 아니라고 하더라도, 미등과 차폭 등을 켜두어 다른 차의 운전자가 주차사실을 쉽게 식별할 수 있도록 하여야 함은 물론 다른 교통에 장해가 되지 아니하도록 주차하여야 할 법령상의 의무가 있습니다(대법원 1992. 5. 12. 선고 92다6112 판결, 1997. 5. 30. 선고 97다10574 판결).

　이러한 조치는 고속도로나 자동차전용도로에서는 갓길에 주차하는 경우에도 취하여야 합니다(대법원 1996. 4. 12. 선고 96다716 판결).

　그러나 이러한 조치는 고속도로 또는 자동차전용도로에서의 정차나 차량의 통행이 많아 정차사실을 후행차량에게 사전에 쉽게 알릴 수 없는 경우에 필요한 것이고, 그렇지 않고 속도가 제한되어 있고, 후행차량에게 쉽게 정차사실을 알릴 수 있는 곳이라면 굳이 운전자에게 이러한 안전의무조치를 요구할 수는 없다고 한 판례도 있습니다(대법원 1996. 2. 9. 선고 95다39359 판결).

　따라서 위 사안의 경우 주차운전자로서의 주의의무를 다하였

을 경우나, 그러한 조치를 할 필요가 없는 경우였다면 **甲**과 **乙**은 면책될 수도 있을 것입니다(대법원 1995. 2. 3. 선고 94다33866 판결).

그러나 위 사고지역이 주차금지구역이었거나 다른 차의 운전자가 주차사실을 쉽게 식별할 수 있도록 안전조치를 하여야 할 곳이었다면 위 교통사고가 트럭의 미등 및 차폭등을 켜지 않은 채 주차하여 둠으로써 발생하였을 경우, 그것은 트럭운전사의 트럭운행과 관련하여 발생한 것이어서 트럭소유자는 자동차손해배상보장법 소정의 자기를 위하여 자동차를 운행하는 자로서 위 사고로 피해자가 입은 손해를 배상할 의무가 있습니다(대법원 1993. 2. 9. 선고 92다31101 판결).

따라서 위 사안에서도 유족들은 **甲**과 **乙** 모두에게 손해배상을 청구해볼 수 있을 것입니다. 다만, **甲**과 **乙**의 손해배상책임이 인정된다고 할지라도 귀하의 남편도 전방주시의무를 태만히 한 과실이 인정되어 과실상계 될 것이 예상됩니다(대법원 1994. 10. 11. 선고 94다17710 판결).

◘ 교통사고의 손해배상청구시 보험회사를 상대로 바로 할 수 있는지

【질의】➡ 저는 교통사고를 당하여 치료를 끝낸 후 가해자를 상대로 손해배상청구소송을 제기하려고 하였습니다. 그런데 가해자는 주민등록지에 거주하지 아니하고 소재를 알 수 없게 되었습니다. 이 경우 보험회사를 상대로 직접 소송을 하는 것이 가능한지요?

【답변】➡ 가능합니다.

귀하는 보험회사를 상대로 하여 손해배상청구소송을 할 수 있습니다. 그 동안 교통사고에 있어서 승소판결금을 보험회사에서 지급하면서도 소송상 피고는 보험회사를 상대로 하지 못하였기 때문에 가해자의 이사·주소불명 등으로 송달가능 한 주소가 밝혀지지 않을 때는 소송지연의 사유가 되어 왔습니다.

그러나 이와 같은 불편을 시정하기 위하여 상법 제724조 제2항은 "제3자는 피보험자가 책임을 질 사고로 입은 손해에 대하여 보험금액의 한도 내에서 보험자에게 직접 보상을 청구할 수 있다. 그러나 보험자는 피보험자가 그 사고에 관하여 가지는 항변으로써 제3자에게 대항할 수 있다."라고 규정하고 있습니다.

그리고 개정 상법(1991. 12. 31. 법률 제4470호로 개정되어 1993. 1. 1.부터 시행된 것) 부칙 제2조 제1항 본문에 따라 그 시행일 이전에 보험계약이 성립하고 보험사고인 교통사고가 발생한 경우에도, 그 피해자는 개정 상법 제724조 제2항 본문에 의하여 보험을 인수한 보험회사에 대하여 직접 보상을 청구할 수 있습니다(대법원 1999. 6. 11. 선고 99다3143 판결).

이러한 직접청구권의 법적 성질에 관하여 판례는 "상법 제

724조 제2항에 의하여 피해자에게 인정되는 직접청구권의 법적 성질은 보험자가 피보험자의 피해자에 대한 손해배상채무를 병존적(竝存的)으로 인수한 것으로서, 피해자가 보험자에 대하여 가지는 손해배상청구권이고 피보험자의 보험자에 대한 보험금청구권의 변형 내지는 이에 준하는 권리가 아니다."라고 하였습니다(대법원 2000. 6. 9. 선고 98다54397 판결, 1999. 2. 12. 선고 98다44956 판결).

또한, 위 규정의 취지가 법원이 보험회사가 보상하여야 할 손해액을 산정 함에 있어서 자동차종합보험약관상의 지급기준(과실상계, 위자료, 장례비, 일실수입에 관한 기준)에 구속되는 것도 아니며(대법원 1994. 5. 27. 선고 94다6819 판결), 피보험자에게 지급할 보험금액에 관하여 확정판결에 의하여 피보험자가 피해자에게 배상하여야 할 지연손해금을 포함한 금액으로 규정하고 있는 자동차종합보험약관의 규정 취지에 비추어 보면, 보험자는 피해자와 피보험자 사이에 판결에 의하여 확정된 손해액은 그것이 피보험자에게 법률상 책임이 없는 부당한 손해라는 등의 특별한 사정이 없는 한 원본이든 지연손해금이든 모두 피보험자에게 지급할 의무가 있습니다(대법원 2000. 10. 13. 선고 2000다2542 판결).

위와 같은 보험회사에 대한 직접청구권의 소멸시효를 살펴보면, 상법 제662조에 의하면 "보험금액의 청구권과 보험료 또는 적립금의 반환청구권은 2년, 보험료의 청구권은 1년 간 행사하지 아니하면 소멸시효가 완성한다."라고 규정하고 있으며, 피해자의 보험회사에 대한 직접청구권의 법적성질에 대하여 판례는 "피해자가 보험회사에 대하여 가지는 자동차손해배상책임보험금에 대한 직접청구권의 법적 성질은 자동차손해배상보장법의 손해배상청구권이므로 구 자동차손해배상보장법(1999. 2. 5. 법률 제5793호로 전문 개정되기 전) 제20조에 따라 이를 2년간 행사하지 아니하면 소멸시효가 완성된다."고 함으로써 자동차손해배상보장법상의 손해배상청구권이라고 보고 있으며(대법원 2001. 12. 28 선고 2001다61753 판결), "자동차종합보험보통약관(1993.10.14.자로 개정되기 전의 것)에 피보험자가 피해자에게 지는 손해배상액이 판결에 의하여 확정되는 등의 일정한 경우에는 피해자가 보험회사에 대하여 직접 보험금의 지급을 청구할 수 있도록 규정되어 있다 하더라도, 위 약관에 의하여 피해자에게 부여된 보험회사에 대한 보험금액청구권은 상법 제662조 소정의 보험금액청구권에 다름 아니므로 이를 2년 간 행사하지 아니하면 소멸시효가 완성된다."라고 하였는바(대법원 1997. 11. 11. 선고 97다36521 판결, 1993. 4. 13. 선고 93다3622 판결, 2000. 3. 29. 선고 99다66878 판결), 위 규정에 의한 직접청구권의 소멸시효기간도 2년으로 보아야 할 듯합니다.

◎ 화물차에서 하역작업 중 부상시 자동차손해배상보장법 적용여부

【질의】 ➡ 저는 甲소유의 화물자동차가 정차하여 그 적재함에서 철근하역작업을 하던 중 甲의 피용자 乙이 잘못 떨어뜨린 철근에 맞아 우측다리에 중상해를 입었습니다. 甲과 乙은 집행가능한 재산이 파악되지 않으므로 甲의 위 차량이 가입된 보험회사를 상대로 손해배상청구를 할 수 있는지요?

【답변】 ➡ 청구할 수 없을 것으로 보입니다.

자동차손해배상보장법 제3조 본문에 의하면 "자기를 위하여 자동차를 운행하는 자는 그 운행으로 말미암아 다른 사람을 사망하게 하거나 부상하게 한 때에는 그 손해를 배상할 책임을 진다."라고 규정하고 있으며, 자동차손해배상보장법 제2조 제2호에 의하면 "운행이라 함은 사람 또는 물건의 운송여부와 관계없이 자동차를 그 용법에 따라 사용하거나 관리하는 것을 말한다."라고 규정하고 있습니다.

그리고 보험회사는 피보험자인 甲의 자동차의 운행으로 인하여 발생한 교통사고에 대하여 자동차손해배상보장법에 의한 손해배상책임을 짐으로써 입은 손해를 배상하기로 하는 보험계약을 체결한 것이므로, 위 사고가 차량의 운행으로 인한 것인지 문제됩니다.

관련 판례를 보면, "가해자가 화물차량의 적재함에 철근을 싣고 목적지인 공사장으로 운전하여 가서 골목길 도로상에 차량을 정차시키고 적재함에 올라가 철근다발을 화물차량 우측편 도로상으로 밀어 떨어뜨리는 방법으로 하역작업을 하던 중 그 철근다발을 화물차량의 뒤편에서 다가오던 피해자의 등위로 떨어

지게 함으로써 그를 사망에 이르게 한 경우, 그 사고는 가해자가 주위를 잘 살피지 아니하고 철근다발을 밀어 떨어뜨린 행위로 인하여 일어난 것이고, 차량의 적재함이나 기타 차량의 고유장치의 사용으로 인하여 일어난 것이 아니므로, '차량의 운행'으로 말미암아 일어난 것으로 볼 수 없다."라고 하였습니다(대법원 1996. 9. 20. 선고 96다24675 판결).

이를 해석해 보면, 자동차를 운행하는 자는 그와 같은 운행 중에 일어난 모든 사고에 대하여 자동차손해배상법에 의한 손해배상책임을 지는 것이 아니라 그 중에서 운행으로 말미암아 일어난 사고에 대하여서만 그 책임을 지는 것이라고 할 수 있습니다. 따라서 귀하의 경우에도 차량의 운행으로 인한 사고가 아니어서 보험회사를 상대로 한 교통사고로 인한 손해배상청구는 어려울 것입니다. 다만, 가해자인 乙에게는 민법 제750조에 의한 손해배상을, 乙의 사용자인 甲에게는 민법 제756조에 의한 사용자책임을 물어 손해배상청구를 하는 수밖에 없을 것으로 보입니다.

◎ 보험자가 피보험자의 손해배상청구권을 대위할 수 있는지

【질의】 ➡ 甲은 무보험자동차를 운전하다가 과실로 인하여 乙에게 요치 12주의 상해를 가하고, 형사사건과 관련하여 합의금 600만원을 지급하고 민·형사상 일체의 책임을 묻지 않기로 하는 합의를 하였습니다. 그런데 乙이 가입한 무보험자동차 상해담보특약에 기하여 丙보험회사로부터 이미 보험금을 수령하였던 사실이 있고, 丙회사는 甲에 대하여 구상금청구소송을 제기하겠다고 합니다. 甲은 乙이 무보험자동차 상해담보특약에 가입한 사실을 전혀 알지 못하고 위와 같이 합의를 하였음에도 丙회사의 구상금청구에 응하여야 하는지요?

【답변】 ➡ 응하지 않아도 될 것으로 보입니다.

상법 제729조에 의하면 "보험자는 보험사고로 인하여 생긴 보험계약자 또는 보험수익자의 제3자에 대한 권리를 대위하여 행사하지 못한다. 그러나 상해보험계약의 경우에 당사자 간에 다른 약정이 있는 때에는 보험자는 피보험자의 권리를 해하지 아니하는 범위 안에서 그 권리를 대위하여 행사할 수 있다."라고 규정하고 있습니다.

그리고 판례를 보면, "피보험자가 무보험자동차에 의한 교통사고로 인하여 상해를 입었을 때에 그 손해에 대하여 배상할 의무자가 있는 경우 보험자가 약관에 정한 바에 따라 피보험자에게 그 손해를 보상하는 것을 내용으로 하는 '무보험자동차에 의한 상해담보특약'은 '손해보험'으로서의 성질과 함께 '상해보험'으로서의 성질도 갖고 있는 '손해보험형 상해보험'으로서, 상법 제729조 단서의 규정에 의하여 당사자 사이에 다른 약정이 있는 때에는 보험자는 피보험자의 권리를 해하지 아니하는 범위 안에

서 피보험자의 배상의무자에 대한 손해배상청구권을 대위행사할 수 있다. 교통사고 가해자가 합의 당시 피해자가 무보험자동차 상해담보특약에 따른 보험금을 수령하리라는 사정을 알고 있었던 경우, 장차 보험자에 대한 구상책임을 비롯한 일체의 손해배상책임까지 면제받는 취지라기보다는 보험자가 피해자에게 지급하는 보험금의 범위 내에서 보험자가 취득하게 되는 대위권의 행사를 유보한 채 손해배상금의 일부를 수수하기로 합의한 것으로 봄이 상당하다."라고 하였습니다(대법원 2000. 2. 11. 선고 99다50699 판결).

따라서 **甲**과 **乙**의 합의과정의 제반 사정에 비추어 **甲**으로서는 **乙**이 무보험자동차 상해담보특약에 따른 보험금을 수령하리라는 사정을 알고 있었던 경우이거나 알 수 있었던 경우라면 위와 같이 합의를 하였다고 할지라도 **丙**보험회사에게 구상금을 지급하여야 할 것입니다.

그러나 민법 제470조에 의하면 "채권의 준점유자에 대한 변제는 변제자가 선의이며 과실 없는 때에 한하여 효력이 있다."라고 규정하고 있습니다. 또한 판례는 "보험금을 지급한 보험자가 피보험자를 상대로 보험자대위권 침해를 이유로 부당이득반환 또는 손해배상청구를 하기 위하여는 보험자가 피보험자에게 보험금을 지급한 사실, 피보험자가 보험금을 수령한 후 무권한 자임에도 불구하고 제3자로부터 손해배상을 받은 사실(피보험자가 보험자로부터 받은 보험금이 실제 발생된 손해액에 미치지 못한 경우에는 피보험자는 그 차액 부분에 관하여는 여전히 제3자에 대하여 자신의 권리를 가지고 있으므로 피보험자가 이를 초과하여 제3자로부터 손해배상을 받은 사실), 제3자의 피보험자에 대한 손해배상이 채권의 준점유자에 대한 변제로서 유효한 사실을 주장, 입증하여야 할 것이고, 이 경우에 채권의 준점유자에 대한 변제가 유효하기 위한 요건으로서의 선의라 함은 준점유자에게 변제수령의 권한이 없음을 알지 못하는 것뿐만 아니라 적극적으로 진정한 권리자라고 믿었음을 요하는 것이고, 무과실이란 그렇게 믿는 데에 과실이 없음을 의미하므로, 제3자가 피보험자가 보험에 가입하여 보험금을 수령한 사실을 전혀 모르고 이 점에 대하여 과실이 없이 피보험자에게 손해배상을 한 경우, 또는 제3자가 피보험자가 보험에 가입하여 이미 보험금을 수령한 사실을 알고 있었던 경우에는 피보험자가 입은 손해액과 피보험자가 보험자로부터 보험금을 수령함으로써 보험자대위권(상해보험의 경우에는 대위 약정에 따라)의 대상이 된 금액을 살펴, 피보험자에게 아직도 자신에 대한 손해배상청구권이 남아 있다고 믿고 손해배상을 한 경우에만 선의, 무과실에 해당된다고 할 수 있을 것이고, 위 요건의 주장, 입증책임도 보험자에게 있다."라고 하였습니다(대법원 1999. 4. 27. 선고 98다61593 판결).

그러므로 甲은 乙이 무보험자동차 상해담보특약에 따른 보험금을 수령하리라는 사정을 전혀 알 수 없었던 경우라면 甲이 지급한 위 합의금 중 구상금부분에 관하여 채권의 준점유자인 乙에게 지급한 것이 되어 丙회사의 청구에 응하지 않아도 될 것으로 보입니다. 그리고 이러한 경우에 丙회사는 乙에게 부당이득반환청구를 할 수 있을 것으로 보입니다.

◙ 자동차수리업자의 종업원이 시운전중 사고 낸 경우 운행책임자

【질의】 ➡ 甲은 乙이 경영하는 자동차수리센터에 자동차의 수리를 의뢰하고서 자동차열쇠를 乙에게 보관시킨 후 집으로 돌아왔습니다. 그런데 乙의 종업원 丙이 수리 후 시운전을 하던 중 교통사고를 내어 丁을 사망하게 하였습니다. 이러한 경우 甲과 乙 중 누가 운행지배자로서 丁의 사망으로 인한 손해를 배상하여야 하는지요?

【답변】 ➡ 乙에게 배상할 책임이 있습니다.

자동차손해배상보장법 제3조에 의하면 "자기를 위하여 자동차를 운행하는 자는 그 운행으로 다른 사람을 사망하게 하거나 부상하게 한 경우에는 그 손해를 배상할 책임을 진다."라고 규정하고 있습니다. 그리고 자동차손해배상보장법 제3조에서 자동차사고에 대한 손해배상책임을 지는 자로 규정하고 있는 '자기를 위하여 자동차를 운행하는 자'란 사회통념상 당해 자동차에 대한 운행을 지배하여 그 이익을 향수(享受)하는 책임주체로서의 지위에 있다고 할 수 있는 자를 말하고, 이 경우 운행의 지배는 현실적인 지배에 한하지 아니하고 사회통념상 간접지배 내지는 지배가능성이 있다고 볼 수 있는 경우도 포함합니다(대법원 1998. 10. 27. 선고 98다36382 판결, 2002. 11. 26. 선고 2002다47181 판결).

그리고 민법 제756조에 의하면 "타인을 사용하여 어느 사무에 종사하게 한 자는 피용자가 그 사무집행에 관하여 제3자에게 가한 손해를 배상할 책임이 있다."라고 규정하고 있으므로, 자동차사고로 인한 손해배상청구에 있어 자동차손해배상보장법과 민법과의 관계에 관하여 판례를 보면, "자동차손해배상보장법 제3조에 의하면 불법행위에 관한 민법규정의 특별규정이라고 할 것이므로 자동차사고로 인하여 손해를 입은 자가 자동차손해배상보장법에 의하여 손해배상을 주장하지 않았다고 하더라도 법원은 민법에 우선하여 자동차손해배상보장법을 적용하여야 한다."라고 하였으며(대법원 1997. 11. 28. 선고 95다29390 판결), "자동차사고로 인하여 손해를 입은 자가 자동차손해배상보장법에 의하여 손해배상을 소구하는 주장을 하지 않았다 하더라도 법원이 민법에 우선하여 자동차손해배상보장법을 적용하여야 하나, 그렇다고 하여 피해자가 민법상의 손해배상청구를 하지 못할 바는 아니며 더욱이 피해자가 자동차손해배상보장법 제3조에서 말하는 '다른 사람'이 아닌 경우에는 그 법에 의한 손해배상청구의 길은 막히게 되므로 이때는 민법상의 손해배상청구를 할 수밖에 없다."라고 하였습니다(대법원 1987. 10. 28. 선고 87다카1388 판결).

그러므로 위 사안에서는 자동차손해배상보장법이 민법에 우선하여 적용될 것인데, 위 사안과 관련된 판례를 보면, "자동차의 수리를 의뢰하는 것은 자동차수리업자에게 자동차의 수리와 관계되는 일체의 작업을 맡기는 것으로서, 여기에는 수리나 시운전에 필요한 범위 안에서의 운전행위도 포함되는 것이고, 자동차의 소유자는 수리를 의뢰하여 자동차를 수리업자에게 인도한 이상 수리완료 후 다시 인도 받을 때까지는 자동차에 대하여 관리지배권을 가지지 아니한다고 할 것이며, 수리하는 동안에도 자동차의 소유자가 사고 당시 자동차의 운행에 대한 운행지배와 운행이익을 완전히 상실하지 아니하였다고 볼 특별한 사정이 없는 한 그 자동차의 운행지배권은 수리업자에게만 있다."라고 하였으나(대법원 1999. 12. 28. 선고 99다50224 판결), "자동차 소유자의 피용자가 수리업자에게 자동차의 수리를 맡기고서도 자리를 뜨지 않고 부품교체작업을 보조·간섭하였을 뿐만 아니라, 위 교체작업의 마지막 단계에서는 수리업자의 부탁으로 시동까지 걸어 준 경우, 자동차 소유자는 수리작업 동안 수리업자와 공동으로 자동차에 대한 운행지배를 하고 있다."라고 한 사례가 있습니다(대법원 2000. 4. 11. 선고 98다56645 판결).

따라서 위 사안에서는 丙은 민법 제750조의 불법행위자로서 丁의 손해에 대한 배상책임이 있으며, 乙은 위 판례와 같이 자동차손해배상보장법 제3조 '자기를 위하여 자동차를 운행하는 자'로서 丁에 대한 손해를 배상할 책임이 있으나, 甲은 위 판례의 취지에 비추어 볼 때 운행지배권과 운행이익을 상실한 상태였으므로 丁에 대한 손해배상책임이 없을 것으로 보입니다.

참고로 운행의 지배이익과 관련된 판례로서 "손님으로부터 주점주차장에 주차시킨 승용차열쇠의 보관을 의뢰 받은 주점경영주가 그 승용차열쇠를 주점 안에 있는 열쇠함에 넣어 두고 퇴근하면서 주점의 도급마담의 종업원으로 일하며 주점기숙사에서 숙식하던 자에게 다음날 아침 손님이 승용차를 찾으러 오면 열쇠를 돌려주라고 말하고 그대로 퇴근하였는데, 그 종업원이 친구를 만나러 가기 위하여 함부로 열쇠함에서 그 승용차열쇠를 꺼내어 승용차를 운전하다가 사고를 낸 사안에서, 주점의 경영주는 손님으로부터 승용차와 승용차열쇠를 맡아 보관하게 됨으로써 그 승용차에 대한 관리권을 가지고 운행지배와 운행이익을 향유하게 되었으며, 비록 사고가 도급마담의 종업원이 그의 승낙 없이 무단으로 승용차를 운행하다가 발생했다고 하더라도 위와 같은 위 승용차열쇠의 보관 및 관리상태, 종업원이 승용차를 운행하게 된 경위, 주점경영주와 종업원과의 관계 등에 비추어 볼 때 위 사고에 있어서 주점경영주의 위 승용차에 대한 운행지배와 운행이익이 완전히 상실되었다고 볼 수 없다."라고 한 사례가 있습니다(대법원 1997. 12. 26. 선고 97다35115 판결).

◉ 자동차의 임차인이 자동차손해배상보장법상의 운행자에 해당하는지

> **【질의】** ➡ 甲회사는 乙회사로부터 버스를 임차하여 회사의 직원 출퇴근용으로 운행하던 중 乙회사소속 운전자 丙의 운전 부주의로 인하여 丁을 사망하게 하는 교통사고가 발생하였습니다. 그런데 위 버스는 무보험차량이었으며, 丙은 재산이 없고, 乙회사도 자동차이외에는 별다른 재산이 없으므로 이러한 경우 甲회사에게 丁의 사망으로 인한 손해배상청구가 가능한지요?

【답변】 ➡ 가능합니다.

자동차손해배상보장법 제3조에 의하면 "자기를 위하여 자동차를 운행하는 자는 그 운행으로 다른 사람을 사망하게 하거나 부상하게 한 경우에는 그 손해를 배상할 책임을 진다."라고 규정하고 있습니다.

위 사안에 있어서 먼저 丙이 발생시킨 사고에 관하여 자동차 임차인 甲회사가 '자기를 위하여 자동차를 운행하는 자'에 해당되는지에 관하여 판례를 보면, "자동차손해배상보장법 제3조에서 자동차 사고에 대한 손해배상책임을 지는 자로 규정하고 있는 '자기를 위하여 자동차를 운행하는 자'란 사회통념상 당해 자동차에 대한 운행을 지배하여 그 이익을 향수(享受)하는 책임주체로서의 지위에 있다고 할 수 있는 자를 말하고, 자동차의 임대차의 경우에는 특단의 사정이 없는 한 임차인이 임차한 자동차에 대하여 현실적으로 운행을 지배하여 그 운행이익을 향수하는 자이다."라고 하였습니다(대법원 2000. 7. 6. 선고 2000다560 판결, 1997. 4. 8. 선고 96다52724 판결, 1993. 6. 8. 선고 92다27782 판결).

　　그리고 자동차임대인 乙회사가 '자기를 위하여 자동차를 운행하는 자'에 해당되는지에 관하여는 "자동차손해배상보장법 제3조에서 자동차사고에 대한 손해배상책임을 지는 자로 규정하고 있는 '자기를 위하여 자동차를 운행하는 자'란 사회통념상 당해 자동차에 대한 운행을 지배하여 그 이익을 향수(享受)하는 책임주체로서의 지위에 있다고 할 수 있는 자를 말하고, 이 경우 운행의 지배는 현실적인 지배에 한하지 아니하고 사회통념상 간접지배 내지는 지배가능성이 있다고 볼 수 있는 경우도 포함한다."라고 하였으므로(대법원 1998. 10. 27. 선고 98다36382 판결), 임대자동차의 운행이 배타적으로 임차인만을 위하여 이루어졌다고 하는 특별한 사정이 없는 한 임대인의 운행지배는 상실되지 않아 임대인에게 운행지배자책임을 지우는 것이 일반적입니다. 특히 렌트카업자의 경우에는 "자동차대여업체의 손수자동차대여약정에 임차인이 자동차운전면허증소지자라야 하고 사용기간과 목적지를 밝혀서 임료를 선불시키고, 임대인은 자동차대여전에 정비를 해두고 인도해야 하고, 임차인은 사용기간 중 불량연료를 사용하지 말아야 함은 물론 계약기간을 엄수해야 하고 자동차를 양도하거나 질권, 저당권을 설정할 수 없을 뿐 아니라, 유상으로 운송에 사용하거나 전대할 수 없고, 제3자에게 운전시킬 수도 없게끔 되어 있다면, 대여업자는 임차인에 대한 인적관리와 임대목적 차량에 대한 물적 관리를 하고 있음을 부정할 수 없어 대여업자와 임차인간에는 임대목적차량에 대하여 대여업자의 운행지배관계가 직접적이고 현재적으로 존재한다."라고 하였습니다(대법원 1991. 4. 12. 선고 91다3932 판결).

　　따라서 위 사안에서 丁은 丙에게는 민법 제750조의 불법행위자로서의 책임을 물을 수 있고, 甲회사와 乙회사에게는 공동운행지배자로서의 책임을 물어 위 사고로 인한 손해배상을 청구할 수 있을 것인바, 丁은 위 모두를 상대로 부진정연대책임을 물어 청구할 수도 있을 것이고, 집행 가능한 재산을 보유하고 있는 甲회사만을 상대로 손해배상을 청구할 수도 있을 것으로 보입니다.

◙ 자동차 대여업자로부터 소개받은 운전사가 사고 낸 경우 운행책임자

【질의】 ➡ 甲은 자동차대여사업을 경영하는 乙로부터 자동차 1대를 임차하기로 계약을 체결하고, 甲이 운전면허가 없으므로 乙로부터 자동차를 운전할 운전사 丙을 소개받았습니다. 그런데 丙이 위 자동차를 운행하던 중 丙의 과실로 인하여 발생된 교통사고로 인하여 甲이 중상을 입었습니다. 그러나 丙은 전혀 재산이 없으므로 이 경우 甲이 乙에게 위 사고로 인한 손해배상을 청구할 수 있는지요?

【답변】 ➡ 청구할 수 있습니다.

자동차손해배상보장법 제3조에 의하면 "자기를 위하여 자동차를 운행하는 자는 그 운행으로 다른 사람을 사망하게 하거나 부상하게 한 경우에는 그 손해를 배상할 책임을 진다."라고 규정하고 있습니다.

그런데 자동차 대여업자로부터 자동차를 임차하면서 그 운전사를 소개받아 운행 중 야기된 충돌사고로 자동차임차인과 그 처가 피해를 입게 된 경우에 있어 자동차 대여업자가 자동차 임차인과 공동운행자의 관계에 있다고 볼 수 있는지에 관하여 판례를 보면, "자동차 대여업자로부터 자동차를 임차하면서 그 운전사를 소개받아 운행 중 야기된 충돌사고로 자동차 임차인과 그 처가 피해를 입게 된 경우에 있어 자동차 대여업자와 자동차 임차인이 그들 사이의 내부관계에 있어서는 비록 임차인이 자동차에 대한 현실적 지배를 하고 있었지만, 자동차의 운행경위, 운행의 목적, 자동차 대여업자가 임차인에게 운전사를 소개하여 자동차를 대여하게 된 사정, 자동차의 운행에 운전사를 통하여 자동차 대여업자가 간여한 정도 등 모든 정황을 종합하여 볼

때, 자동차의 운행지배 및 운행이익이 임차인에게 전부 이전된 관계가 아니라 서로 공유하는 공동운행자의 관계에 있어서, 대여업자는 여전히 운전사를 통하여 자동차를 직접적으로 지배한다."라고 하여 자동차 임대인의 손해배상책임을 인정하였으나, 자동차 임차인과 그 처의 탑승경위, 자동차의 운행지배권의 이전정도 등에 비추어 손해부담의 공평성 및 형평과 신의칙(信義則)의 견지에서 피해를 입은 자동차 임차인 등에 대한 자동차 대여업자의 손해배상책임을 40% 감경한 원심의 조치를 수긍한 사례가 있습니다(대법원 1992. 2. 11. 선고 91다42388, 91다4 판결).

따라서 위 사안에서 甲이 현실적인 운행지배를 가진 자로서 그의 과실이 상계 됨은 별론으로 하고 乙도 공동운행지배자로서 甲의 위 사고로 인한 손해를 배상할 책임이 있다고 할 수 있을 듯합니다.

◎ 피보험자로 취급되는 자가 사고를 낸 경우 보험자의 보험자대위권

【질의】➡ 甲보험회사는 乙회사와 사고차량을 피보험자동차로 하여 업무용자동차종합보험계약을 체결하였습니다. 그런데 乙회사의 직원 丙이 위 사고차량을 운전하던 중 그의 과실로 丁을 충격 하여 중상을 입히는 교통사고를 야기하였습니다. 이 경우 丁에 대하여 보험금을 지급한 甲보험회사가 丙에 대하여 보험자대위에 의한 구상금을 청구할 수 있는지요?

【답변】➡ 청구할 수 없을 것으로 보입니다.

제3자에 대한 보험대위에 관하여 상법 제682조에 의하면 "손해가 제3자의 행위로 인하여 생긴 경우에 보험금액을 지급한 보험자는 그 지급한 금액의 한도에서 그 제3자에 대한 보험계약자 또는 피보험자의 권리를 취득한다. 그러나 보험자가 보상할 보험금액의 일부를 지급한 때에는 피보험자의 권리를 해하지 아니하는 범위 내에서 그 권리를 행사할 수 있다."라고 규정하고 있습니다.

그런데 자동차종합보험보통약관상 피보험자에 포함되어 있는 승낙피보험자 등의 행위로 보험사고가 발생한 경우 보험자가 보험자대위권을 행사할 수 있는지에 관하여 판례를 보면, "보험자대위의 법리에 의하여 보험자가 제3자에 대한 보험계약자 또는 피보험자의 권리를 행사하기 위해서는 손해가 제3자의 행위로 인하여 생긴 경우라야 하고, 이 경우 제3자라고 함은 피보험자 이외의 자가 되어야 할 것인바, 자동차종합보험보통약관에 피보험자는 기명피보험자 외에 기명피보험자의 승낙을 얻어 자동차를 사용 또는 관리중인 자 및 위 각 피보험자를 위하여 피보험

자동차를 운전 중인 자(운행보조자를 포함함) 등도 포함되어 있다면, 이러한 승낙피보험자 등의 행위로 인하여 보험사고가 발생한 경우 보험자가 보험자대위의 법리에 의하여 그 권리를 취득할 수 없다."라고 하였으며, "자동차종합보험보통약관에서 말하는 '각 피보험자를 위하여 피보험자동차를 운전 중인 자(운행보조자를 포함함)'라 함은 통상 기명피보험자 등에 고용되어 피보험자동차를 운전하는 자를 의미하고 있으며, 한편 자동차종합보험보통약관에서 위와 같이 피보험자를 위하여 당해 피보험자동차를 운전하는 자까지 피보험자의 범위를 확대하여 규정하고 있는 취지와 위와 같은 운전자와 '기명피보험자의 승낙을 얻어 자동차를 사용 또는 관리 중인 자'를 별도의 항목에서 피보험자로 보고 있는 점 등에 비추어 본다면, 위와 같은 운전자의 경우에는 당해 운행에 있어서의 구체적이고 개별적인 승낙의 유무에 관계없이 위 약관상의 피보험자에 해당한다고 보아야 한다."라고 하였습니다(대법원 2000. 9. 29. 선고 2000다33331 판결). 또한, "자신의 계약상 채무이행으로 보험금을 지급한 보험자는 민법 제481조에 의한 변제자 대위를 주장할 수 있는 자에 해당하지 아니한다."라고 하였습니다(대법원 1993. 1. 12. 선고 91다7828 판결).

따라서 위 사안에서 甲보험회사는 乙회사의 직원인 丙에 대하여 보험자대위권 또는 민법상의 변제자 대위권을 행사할 수 없을 것으로 보입니다.

◎ 화물운송 중 사고가 발생한 경우 운송의뢰인도 책임 있는지

【질의】 ➡ 甲은 乙회사와 화물운송계약을 체결하고 乙회사의 화물을 운송하던 중 교통사고를 발생시켜 丙에게 장애가 발생되는 손해를 입혔는데, 甲은 종합보험에 가입하지도 않았고 집행가능한 재산도 거의 없으므로, 丙이 乙회사에 대하여 위 사고로 인한 손해배상을 청구할 수 있는지요?

【답변】 ➡ 청구할 수 없을 것으로 보입니다.

자동차손해배상보장법 제3조 본문에 의하면 "자기를 위하여 자동차를 운행하는 자는 그 운행으로 다른 사람을 사망하게 하거나 부상하게 한 경우에는 그 손해를 배상할 책임을 진다."라고 규정하고 있습니다. 그런데 위 사안과 같은 경우 운송의뢰인 乙회사가 '자기를 위하여 자동차를 운행하는 자'에 해당될 수 있는지 문제되는바, 이에 관련된 판례를 보면 "자동차손해배상보장법 제3조 소정의 자기를 위하여 자동차를 운행하는 자는 자동차에 대한 운행을 지배하여 그 이익을 향수(享受)하는 책임주체로서의 지위에 있는 자를 의미한다 할 것인바, 운송의뢰인과 운송인간의 제품운송용역계약의 내용에 따라 화물차가 운송의뢰인의 용도에 맞게 개조되었고, 적재함 외부에 운송의뢰인의 명칭이 도색 되어 있으며, 운송의뢰인의 배차지시에 따라 전적으로 운송의뢰인의 제품만을 운반하고 있었다고 보이는 점 및 사고당시 화물차를 운전한 운전자는 운송의뢰인의 배차지시에 따라 운송의뢰인의 공장으로 오던 중이었던 점 등을 종합해보면, 운송의뢰인은 사고당시 화물차의 운행을 지배하는 책임주체로서의 지위에 있었으므로 운송의뢰인과 운송인은 공동으로 그 화물차에

대한 운행지배 및 운행이익을 누리고 있다."라고 판단한 원심판결을 수긍한 사례가 있습니다(대법원 1997. 5. 16. 선고 97다7431 판결).

　위 사안에서 乙회사가 甲과 체결한 화물운송계약의 내용이 단순히 화물운송을 의뢰하는 것이고, 위 차량의 운행이 전적으로 甲의 책임하에 운행되고 있는 경우라면 乙회사가 위 사고에 대하여 '자기를 위하여 자동차를 운행하는 자'에 해당된다고 할 수는 없을 것입니다.

　그러나 위 판례의 경우와 같이 위 차량이 乙회사의 차량인 것처럼 乙회사의 명칭이 도색 되어 있고, 乙회사의 배차지시에 의하여 전적으로 乙회사의 화물만을 운송하는 경우라면 乙회사는 위 사고에 대하여 '자기를 위하여 자동차를 운행하는 자'로서 丙의 손해에 대하여 배상책임이 인정될 수도 있을 것입니다.

◎ 교통사고시 민사 이외에 별도로 형사상 위로금을 청구할 수 있는지

【질의】 ➡ 저의 남편은 회사에서 퇴근하여 귀가하던 중 횡단보도상에서 과속으로 질주하던 승용차에 치어 현장에서 사망하였습니다. 가해자는 구속되었고, 그 차량은 종합보험에 가입은 되어 있지만, 가해자측에서는 한 번도 찾아오지 않고 위로의 말 한마디 없습니다. 저는 보험금 이외에 별도로 형사상 위로금을 청구하고 싶은데 그것이 가능한지요?

【답변】 ➡ 가능하지 않습니다.

교통사고가 발생하면 형사상의 처벌문제와 민사상의 손해배상문제가 동시에 발생하는 경우가 많습니다. 결국 형사상의 처벌문제는 국가와 가해운전자와의 관계이고, 민사상 인사사고에 대한 손해배상문제는 피해자와 가해운전자 및 운행의 지배이익을 가지는 자(통상 차주가 될 것임)와의 관계이므로 교통사고로 인한 인사사고의 피해자는 특별한 사정이 없는 한 가해운전자 및 운행의 지배이익을 가지는 자를 상대로 민사상의 손해배상책임을 물을 수 있습니다.

그러나 형사상 위로금, 이른바 형사합의금은 가해운전자 자신이 형사처벌을 조금이라도 가볍게 받기 위하여 피해자에게 임의로 지급하면 받을 수는 있으나, 그렇지 아니한 경우에 민사상 손해배상금 이외에 별도로 법률상 당연히 청구할 수 있는 성질의 것은 아니라 할 것입니다.

참고로 형사합의금의 성질에 관한 판례를 보면, "불법행위의 가해자에 대한 수사과정이나 형사재판과정에서, 피해자가 가해자로부터 합의금 명목의 금원을 지급 받고 가해자에 대한 처벌

을 원치 않는다는 내용의 합의를 한 경우에, 그 합의 당시 지급 받은 금원을 특히 위자료 명목으로 지급 받는 것임을 명시하였다는 등의 특별한 사정이 없는 한 그 금원은 재산상 손해배상금의 일부로 지급되었다고 봄이 상당하며(대법원 1994. 10. 14. 선고 94다14018 판결), 이 점은 가해자가 형사합의금을 피해자에게 직접 지급하지 않고 형사상의 처벌과 관련하여 금원을 공탁한 경우에도 마찬가지라고 할 것이고, 교통사고의 가해자측이 피해자의 유족들을 피공탁자로 하여 위로금 명목으로 공탁한 돈을 위 유족들이 출급한 경우, 공탁서상의 위로금이라는 표현은 민사상 손해배상금 중 정신적 손해인 위자료에 대한 법률가가 아닌 일반인의 소박한 표현에 불과한 것으로서 그 공탁금은 민사상 손해배상금의 성질을 갖고, 자동차종합보험계약에 의한 보험자의 보상범위에도 속한다.″라고 한 사례가 있습니다(대법원 1999. 1. 15. 선고 98다43922 판결).

따라서 형사합의금을 특별히 위로금 등으로 명시하지 아니한 경우에는 민사상 재산적 손해배상으로, 위로금이라고 명시한 경우에는 민사상 정신적 손해배상인 위자료로 보아야 할 것인바, 이 모두가 민사상 손해배상금에 해당하는 것입니다. 결국 형사위로금이라고 하는 것이 민사상손해배상금 이외에 별도로 청구할 수 있는 그런 권리는 아닌 것입니다.

◙ 가해운전자와 합의 후 차주에게 추가로 손해배상청구할 수 있는지

【질의】➡ 저는 甲이 운전하던 승용차에 치어 대퇴부골절상 등을 입어 현재 불구자가 되었습니다. 가해차량은 乙의 소유였고 甲은 운전기사였는데, 위 사고로 甲이 구속되어 간절하게 합의를 애원하여 적은 액수의 금액을 받고 甲과는 합의하였습니다. 이 경우 가해차량이 종합보험에 가입되지 않았기 때문에 저는 乙을 상대로 손해배상을 청구하고자 하였으나 乙은 제가 甲과 이미 합의하였으므로 책임이 없다고 주장하고 있습니다. 과연 乙을 상대로 손해배상을 청구할 수 없는지요?

【답변】➡ 손해배상 청구를 할 수 있습니다.

교통사고를 일으킨 운전자는 민법 제750조의 불법행위자로서, 차주는 민법 제756조의 사용자 또는 자동차손해배상보장법 제3조의 자기를 위하여 자동차를 운행하는 자로서 독립하여 손해배상책임을 부담하게 됩니다. 이들의 책임을 법률상 부진정연대채무관계에 있다고 하며, 귀하는 만족할만한 보상을 받을 때까지 甲 · 乙 모두를 상대로 손해배상청구를 하거나, 자력이 있다고 보이는 乙만을 상대로 손해배상청구를 할 수도 있습니다.

귀하가 甲과 합의한 내용이 단지 甲의 형사상 책임을 묻지 않는다는 것이라면 甲 · 乙 모두에 대하여 손해배상을 청구할 수 있을 것이고, 설사 그 합의내용이 민사상 책임까지도 묻지 않겠다는 내용이라고 하더라도 부진정연대채무의 성격상 합의의 효력은 甲에게만 미치므로 乙에 대하여는 여전히 별도의 손해배상청구를 할 수 있다고 할 것입니다.

판례도 ″부진정연대채무에 있어서 채권자가 어느 채무자에 대하여 그의 부담부분이거나 또는 이를 초과하는 전채권액을 포

기하는 의사표시를 하였다고 해도 다른 채무자들에게는 상대적 효력밖에 없다."라고 하였으며(대법원 1981. 6. 23. 선고 80다1796 판결), "피해자가 부진정연대채무자 중 1인에 대하여 손해배상에 관한 권리를 포기하거나 채무를 면제하는 의사표시를 하였다 하더라도 다른 채무자에 대하여 그 효력이 미친다고 볼 수는 없다."라고 하였습니다(대법원 1982. 4. 27. 선고 80다2555 판결, 1989. 5. 9. 선고 88다카16959 판결, 1993. 5. 27. 선고 93다6560 판결, 1997. 12. 12. 선고 96다50896 판결).

참고로 "부진정연대채무자 상호간에 있어서 채권의 목적을 달성시키는 변제와 같은 사유는 채무자 전원에 대하여 절대적 효력을 발생하나, 그 밖의 사유는 상대적 효력을 발생하는 데에 그치는 것으로서 연대채무에 관한 민법 제418조 제1항은 부진정연대채무에는 적용되지 않으므로 부진정연대채무자 중의 1인이 채권자에 대한 반대채권으로 채무를 대등액에서 상계 하더라도 그 상계로 인한 채무소멸의 효력은 다른 부진정연대채무자에게 미치지 않는다."라고 한 바도 있습니다(대법원 1989. 3. 28. 선고 88다카4994 판결).

◘ 가해자가 피해자에게 지급한 형사합의금을 보험회사에 청구할 수
   있는지

> **【질의】** ➡ 저는 얼마 전 차량을 운전하면서 부주의로 신호를
> 위반하여 횡단보도를 건너던 甲을 치어 부상을 입혔습니다. 위
> 차량은 종합보험에 가입되어 있었으나 위 사고가 교통사고처리
> 특례법 적용대상이 되었으므로 형사처벌을 최소화하기 위하여
> 피해자 甲에게 형사합의금으로 500만원을 지급한 사실이 있습
> 니다. 그런데 주위사람들은 제가 피해자 甲에게 지급한 형사합
> 의금을 보험회사로부터 받을 수 있다고 하는데 그것이 사실인
> 지요?

【답변】 ➡ 받을 수 있습니다.

먼저 형사합의금의 성질에 관하여 판례를 살펴보면, "불법행
위의 가해자에 대한 수사 과정이나 형사재판과정에서, 피해자가
가해자로부터 합의금 명목의 금원을 지급 받고 가해자에 대한
처벌을 원치 않는다는 내용의 합의를 한 경우에, 그 합의 당시
지급 받은 금원을 특히 위자료 명목으로 지급 받는 것임을 명시
하였다는 등의 특별한 사정이 없는 한 그 금원은 재산상 손해배
상금의 일부로 지급되었다고 봄이 상당하며(대법원 1994. 10.
14. 선고 94다14018 판결, 2001. 2. 23. 선고 2000다
46894 판결), 이 점은 가해자가 형사합의금을 피해자에게 직
접 지급하지 않고 형사상의 처벌과 관련하여 금원을 공탁한 경
우에도 마찬가지라고 할 것이고, 교통사고의 가해자측이 피해자
의 유족들을 피공탁자로 하여 위로금 명목으로 공탁한 돈을 위
유족들이 출급한 경우, 공탁서상의 위로금이라는 표현은 민사상
손해배상금 중 정신적 손해인 위자료에 대한 법률가가 아닌 일

반인의 소박한 표현에 불과한 것으로서 그 공탁금은 민사상 손해배상금의 성질을 갖고, 자동차종합보험계약에 의한 보험자의 보상범위에도 속한다."라고 하였습니다(대법원 1999. 1. 15. 선고 98다43922 판결).

그리고 형사합의금을 보험회사에게 청구할 수 있느냐에 대하여는 "재산상 손해금의 성격을 띤 형사합의금은 자동차종합보험약관에서 정한 사고차의 운행으로 남을 죽게 하거나 다치게 하여 법률상 손해배상책임을 짐으로써 입은 손해에 대한 배상으로 지급된 것이고, 그 지급목적이 형사상 처벌을 원하지 아니한다는 의사표시를 얻어내기 위한 형사상 합의에 있었다 하더라도 사정이 달라진다고 할 수 없으므로, 보험자는 그 보험계약에 따라 보험금으로 형사합의금으로 지급한 금액상당을 피보험자에게 지급할 의무가 있다."라고 하였습니다(대법원 1996. 9. 20. 선고 95다53942 판결).

따라서 형사합의금이 명백히 민사상의 손해배상책임과 무관하게 지급되었다는 사정이 없는 한 위로금명목으로 지급된 것이거나 재산상 손해금의 성격인 것이거나를 불문하고 보험회사에 청구할 수 있을 것입니다.

그런데 하급심판결은 "자동차종합보험계약상의 보통약관에 피보험자가 피해자로부터 손해배상의 청구를 받은 경우 보험회사에 그 내용을 서면으로 알려야 하고, 미리 보험회사의 동의 없이 그 전부 또는 일부를 합의하여서는 안되도록 규정되어 있는 경우, 위 보험약관 소정의 피보험자의 고지 및 동의의무는 피보험자가 피해자와 손해배상의 일부나 전부에 관하여 합의할 경우에 보험회사가 관여할 수 있도록 하여 그 합의의 적정성을 보장함과 동시에 손해배상금이 이중으로 지급될 위험을 방지하기 위한 규정이라 할 것이므로, 피보험자가 직접 피해자와 합의하면서 위 약관의 규정에 반하여 사전에 보험회사에 이를 통지하지 않거나 합의금 지급 후에도 이를 보험회사에 알리지 아니함으로써 이러한 사정을 알지 못한 보험회사가 피해자와 별도의 합의를 통해 이중으로 손해배상금을 지급하게 되었다면 보험회사로서는 피보험자의 고지의무위반으로 인해 중복지급 하게 된 합의금 상당의 손해배상금을 피보험자에게 지급할 의무가 없다."라고 하였습니다(서울지법 1998. 4. 2. 선고 97나41713 판결).

따라서 위 사안에서 귀하가 합의사실을 보험회사에 고지하지 않음으로 인하여 보험회사가 이중으로 손해배상금을 지급한 경우라면 귀하가 지급한 합의금을 보험회사에게 청구할 수 없을 것으로 보입니다.

참고로 하급심판결에서 "자동차종합보험에 가입한 자동차소유자인 피보험자가 피보험자동차의 운행 중 일어난 교통사고의 피해자로부터 손해배상청구소송을 제기 당했음에도 불구하고 그들과 인척지간이라는 이유로 그들에게 부당한 이익을 얻게 하기 위하여 보험회사에게 제소사실을 통지하지 않는 등 보험약관에서 정한 보험자의 방어권행사에 대한 협조의무를 게을리 한 채 의제자백에 의한 판결을 선고받고 이에 대한 상소도 하지 아니하여 그 판결을 그대로 확정시킴으로써 손해배상액이 부당하게 증가된 경우 보험회사는 증가된 한도에서 피보험자에게 보험금을 지급할 의무가 없다."라고 한 바 있습니다(대구고법 1986. 7. 8. 선고 86나207 판결).

◎ 호의동승자의 손해배상액을 호의동승을 이유로 감경할 수 있는지

【질의】➡ 저는 등산을 하고 하산하여 버스를 기다리다가 마침 자가용 승용차를 운전하고 지나는 직장동료 甲을 만나 그의 승낙하에 그 자동차에 동승하여 귀가하던 중 甲의 운전부주의로 자동차가 가로수에 충돌하는 사고가 발생하여 흉추압박골절의 부상을 당했습니다. 보험회사에서는 제가 위 자동차에 무상으로 호의동승 하였다는 이유를 내세워 치료비 등 손해배상액 중 30%를 감액 지급하겠다고 합니다. 이러한 보험회사의 주장이 타당한지요?

【답변】➡ 감액은 타당하지만 30%는 무리로 보입니다.

위 사안은 자동차소유자의 승낙하에 무상으로 호의 동승한 경우 손해배상액이 감경되느냐 하는 것으로, 이에 관한 판례는 "차량의 운행자가 아무런 대가를 받지 아니하고 동승자의 편의와 이익을 위하여 동승을 허락하고 동승자도 그 자신의 편의와 이익을 위하여 그 제공을 받은 경우 그 운행목적, 동승자와 운행자의 인적관계, 그가 차에 동승한 경위, 특히 동승을 요구한 목적과 적극성 등 여러 사정에 비추어 가해자에게 일반교통사고와 동일한 책임을 지우는 것이 신의성실의 원칙이나 형평의 원칙으로 보아 매우 불합리하다고 인정될 때에는 그 배상액을 경감할 수 있으나, 사고차량에 단순히 호의로 동승하였다는 사실만 가지고 바로 이를 배상액 경감사유로 삼을 수 있는 것은 아니고, 비록 차량에 무상으로 동승하였다고 하더라도 그와 같은 사실만으로 운전자에게 안전운행을 촉구하여야 할 주의의무가 있다고는 할 수 없는 것이다."라고 하였습니다(대법원 1992. 5. 12. 선고 91다40993 판결, 1994. 11. 25. 선고 94다

32917 판결, 1996. 3. 22. 선고 95다24302 판결, 1999. 2. 9. 선고 98다53141 판결).

그리고 판례는 "자동차의 소유자는 자동차손해배상보장법상의 '보유자'로서 자동차의 운행으로 이익을 볼뿐만 아니라 운행을 지배하는 지위에 있는 자로서 운전자의 선정에서부터 그 지휘·감독에 이르기까지 가능한 주의를 다하여야 할 의무가 있는 자이고, 운행으로 인하여 발생하는 결과에 대하여 책임을 부담할 지위에 있는 자이므로, 자동차의 소유자가 타인으로 하여금 운전하게 하고 거기에 동승하였는데 운전자의 과실이 개재되어 사고가 발생한 결과 동승한 소유자가 피해를 입은 경우, 사고로 인한 차량소유자의 재산상 또는 정신적 손해액을 산정함에 있어서는 운전자의 과실을 참작함이 상당하다."라고 하였지만(대법원 1997. 9. 5. 선고 97다652 판결), "민법 제763조, 제396조가 불법행위로 인한 손해배상의 책임 및 그 금액을 정함에 있어 피해자의 과실을 참작하도록 한 취지는 불법행위로 인한 손해를 가해자와 피해자 사이에 공평하게 분담시키고자 함에 있으므로, 호의동승차량의 운전자의 과실과 또 다른 차량의 운전자의 과실이 경합하여 사고가 발생하고, 그로 인하여 사망하거나 상해를 입은 동승자, 혹은 그 유족이 상대방 차량의 운행자를 상대로 손해배상을 청구하는 경우, 손해배상액을 정함에 있어 참작할 피해자의 과실에는 피해자 본인의 과실뿐만 아니라 그와 신분상 내지 생활관계상 일체를 이루는 관계에 있는 자의 과실도 피해자측의 과실로서 포함되어야 하지만, 오로지 호의동승차량 운전자의 과실로 인한 사고로 동승자가 사망하거나 상해를 입어 동승자 혹은 그 유족들이 그 동승차량의 운행자를 상대로 손해배상을 청구하는 경우에는 그 운전자의 과실은 오로지 동승차량

운행자의 손해배상채무의 성립요건에 해당할 뿐 피해자측의 과실로 참작할 성질의 것이 아니다."라고 한 바 있습니다(대법원 1997. 11. 14. 선고 97다35344 판결). 또한 "자동차손해배상보장법 제3조에서 말하는 자기를 위하여 자동차를 운행하는 자라 함은 객관적으로 자동차의 운행을 지배·관리할 수 있는 지위에 있는 사람을 의미하는 것인바, 甲의 소유인 사고트럭 운전사인 丙이 피해자인 乙에게 타지로 물건을 팔러 가는 김에 함께 가서 놀고 오자는 제의를 하여 乙이 위 차량에 무상으로 동승하였다가 丙의 과실로 교통사고가 발생하여 상해를 입게 된 경우, 비록 乙이 무상동승자라 하더라도 원심이 乙에게 그 자동차의 보유자인 甲에 대한 관계에 있어서 15퍼센트 정도의 자동차보유자성을 인정한 것은 자동차사고에 관한 손해배상의 법리를 오해한 위법이 있다."라고 하였습니다(대법원 1987. 9. 22. 선고 86다카2580 판결).

따라서 위와 같은 경우 그 과실상계 즉, 책임감경사유에 관한 사실인정이나 책임감경의 비율을 결정하는 것은 그것이 현저히 형평의 원칙에 비추어 불합리하다고 인정되지 아니하는 한 사실심의 전권에 속하는 사항이지만(대법원 1997. 11. 14. 선고 97다35344 판결), 위 사안의 경우 귀하가 甲의 차량에 동승하였다는 사실만으로 손해액을 30%나 감경당해야 한다는 것은 지나치다 할 수 있습니다.

◻ 교통사고로 사망한 자가 생명보험에 가입된 경우 생명보험금의 공제 여부

【질의】 ➡ 저는 1년 전 남편을 피보험자로 생명보험에 가입한 사실이 있는데, 얼마 전 남편이 교통사고로 인하여 사망하였습니다. 현재 가해자측과 합의를 하려고 하였더니 가해자측은 생명보험으로부터 받는 보상금액만큼은 제외하고 그 나머지만 배상을 하겠다고 합니다. 그것이 타당한지요?

【답변】 ➡ 타당하지 않은 것으로 보입니다.

불법행위로 인한 손해배상은 실손해(實損害)의 전보(塡補)를 목적으로 하는 것인 만큼 피해자로 하여금 실손해 이상의 이익을 취득하게 하는 것은 손해배상의 본질에 반하는 것이므로, 손해를 입은 것과 동일한 원인으로 인하여 이익을 얻을 때에는 그 이익은 공제되어야 하고, 이것을 '손익상계(損益相計)'라고 합니다(대법원 1978. 3. 14. 선고 76다2168 판결).

따라서 교통사고로 인한 손해배상을 청구할 경우에도 그 사고로 인하여 피해자측이 이득을 얻었을 경우에는 그 이득을 공제하여야 합니다. 그런데 이러한 경우 생명보험금이 그 이득에 해당하여 공제를 해야 하는지 문제가 되나, 학설은 일치하여 공제대상이 아니라고 합니다. 다만, 그 이론적 근거는 각기 차이가 있습니다.

첫째, 보험계약은 불법한 가해자에게 이익을 주는 객관적 목적을 가진 제도가 아니라는 정책적 이유라는 것입니다.

둘째, 생명보험금은 손해보험과는 달리 손해의 전보를 목적으로 하는 것이 아니고, 따라서 보험자의 대위가 인정되지 않는

다는 것입니다.

셋째, 손익상계를 할 경우 불법행위와 인과관계가 있어야 하는데, 생명보험금은 그 인과관계가 없는 별개의 사유라는 것입니다.

넷째, 생명보험금은 이미 납부한 보험료의 대가일 뿐이라는 이유입니다.

다섯째, 보험청구권의 특수성에 그 근거를 찾아볼 때 생명보험금은 기대권의 변형이며, 불확정기한이 도래된 것으로서 불법행위 그 자체에 의한 이득이 아니라는 것입니다.

일본의 최고재판소의 판례(1980. 5. 1.)에 의하면 〞생명보험금은 이미 불입한 보험료의 대가로서 지급되는 것으로서 불법행위의 원인과 관계없이 지급되는 것이니 손해배상액에서 공제될 것이 아니다.〞라고 하고 있습니다.

따라서 생명보험금은 손해배상금에서 공제할 항목이 아니라 할 것입니다.

◙ 쌍방 과실로 충돌된 차량 두 대의 각 책임보험사의 배상범위

【질의】➡ 甲은 乙의 승용차를 타고 가다가 乙의 승용차와 丙의 승용차가 쌍방의 과실로 충돌하는 교통사고로 인하여 사망하였습니다. 그런데 乙과 丙은 각각 책임보험만 가입되어 있습니다. 이 경우 甲의 유족이 乙과 丙이 책임보험에 가입한 보험회사들로부터 지급 받을 수 있는 책임보험금의 한도는 어떻게 되는지요?

【답변】➡ 책임보험의 한도는 두 회사를 합쳐서 최고 8,000만원까지입니다.

현행 자동차손해배상보장법 제5조 제1항에 의하면 "자동차보유자는 자동차의 운행으로 다른 사람이 사망하거나 부상한 경우에 피해자(피해자가 사망한 경우에는 손해배상을 받을 권리를 가진 자를 말한다. 이하 같다)에게 대통령령으로 정하는 금액을 지급할 책임을 지는 책임보험이나 책임공제(이하 "책임보험등"이라 한다)에 가입하여야 한다."라고 규정하여 책임보험 등에의 가입을 강제하고 있습니다.

그리고 현행 자동차손해배상보장법시행령 제3조 제1항에 의한 책임보험금한도를 보면 ①사망한 경우에는 최고 1억원의 범위에서 피해자에게 발생한 손해액(다만, 그 손해액이 2천만원 미만인 경우에는 2천만원, ②부상의 경우에는 상해등급별로 최고 2천만원에서 최저 80만원, ③후유장애가 생긴 경우에는 장애등급별로 최고 1억원에서 최저 6백3십만원으로 정하고 있습니다(참고로 2014년 12월 30일 자동차손해배상보장법시행령의 개정에 의하여 2016년 4월 1일부터는 자동차 사고로 인한 피해자 사망 시 보상한도를 1억원에서 1억5천만원으로 인상됩니다.

이는 자동차 책임보험 보상한도가 2005년부터 인상되지 아니하여 사고 피해자에 대한 충분한 보상이 어려운 실정을 해결하기 위함입니다. 이에 따라 자동차 사고 피해자에 대한 상당한 보상이 가능하게 될 것으로 기대되고 있습니다).

그런데 위 사안에서와 같이 책임보험에 가입되어 있는 둘 이상의 자동차가 공동으로 하나의 사고에 관여한 경우에 피해자가 각 보험자에 대하여 청구할 수 있는 책임보험금의 범위가 어떻게 될 것인지 문제됩니다.

이에 관련된 판례를 보면, "구 자동차손해배상보장법(1999. 2. 5. 법률 제5793호로 전문 개정되기 전의 것) 제5조와 같은 법 시행령(1995. 7. 14. 대통령령 제14736호로 개정되기 전의 것) 제3조 제1항에 의하면, 자동차의 등록 또는 사용신고를 한 자는 반드시 자동차의 운행으로 다른 사람이 사망하거나 부상할 경우에 피해자에게 대통령령이 정하는 금액의 지급책임을 지는 책임보험 또는 책임공제에 가입하여야 하며, 피해자 1인에게 지급하여야 할 책임보험금 또는 책임공제금은 사망자의 경우 최고 금 1,500만원, 부상한 경우에는 〔별표 1〕에서 정하는 금액을 기준으로 한다고 규정하고 있는바, 위 책임보험 또는 책임공제의 성질에 비추어 책임보험 또는 책임공제에 가입되어 있는 둘 이상의 자동차가 공동으로 하나의 사고에 관여한 경우, 각 보험자는 피해자의 손해액을 한도로 하여 각자의 책임보험 또는 책임공제 한도액 전액을 피해자에게 지급할 책임을 지는 것이라고 새겨야 한다."라고 하면서(대법원 2002. 4. 18. 선고 99다38132 전원합의체 판결, 2002. 7. 23. 선고 2002다24461 판결, 2002. 9. 4. 선고 2002다4429 판결), 같은 사건에 관한 파기환송판결(자동차손해배상보장법 제5조, 같은 법 시행령

(1995. 7. 14. 대통령령 제14736호로 개정되기 전의 것) 제
3조 제1항에 의하면, 자동차의 등록 또는 사용신고를 한 자는
반드시 자동차의 운행으로 다른 사람이 사망하거나 부상할 경우
에 피해자에게 대통령령이 정하는 금액의 지급책임을 지는 책임
보험에 가입하여야 하며, 피해자 1인에게 지급하여야 할 책임보
험금은 사망자의 경우 최고 금 1,500만 원, 부상한 경우에는
[별표 1]에서 정하는 금액을 기준으로 한다고 규정하고 있으므
로, 피해자 1인이 사망한 경우의 책임보험금은 그 사고에 관여
한 자동차 수에 관계없이 금 1,500만 원을 넘을 수 없다.)을
변경하였습니다.

따라서 위 사안에서 甲의 유족들도 甲의 사망으로 인한 손해
액을 한도로 하여 乙과 丙 각자의 책임보험 한도액 전액을 청구
할 수 있을 것으로 보입니다.

◎ 교통사고와 관련한 형사합의금이 손익상계의 대상이 되는지

【질의】 ➡ 저는 횡단보도상에서 甲이 운전하는 자가용 승용차에 충격 당하여 요추부염좌 등으로 노동능력상실율 20%의 장해까지 예상되는 부상을 입었습니다. 甲은 구속되면서 형사상 정상참작을 받게 해달라면서 저에게 합의를 간청하여 500만원을 지급 받고 합의를 해주었습니다. 그런데 제가 위 차량이 가입된 종합보험회사에 손해배상을 청구할 경우 甲으로부터 형사사건과 관련하여 지급 받은 500만원을 공제하여야 하는지요?

【답변】 ➡ 특별한 경우를 제외하고는 공제의 대상이 됩니다.

불법행위가 피해자에게 손해를 줌과 동시에 이익도 준 경우에는, 그 이익이 불법행위와 상당인과관계에 있는 한, 손익상계에 의하여 배상액에서 공제됩니다. 그런데 형사사건과 관련하여 지급 받은 합의금이 위와 같은 손익상계의 대상이 되는가에 관하여는 그 합의금이 어떤 명목으로 지급되었느냐에 따라서 결론이 달라진다고 보아야 할 것입니다.

왜냐하면 손익상계는 재산적 손해에 대한 수액산정에 있어서의 문제로서 합의금이 위자료명목으로 지급된 것으로 본다면 손익상계의 대상이 될 수는 없고, 불법행위로 입은 정신적 고통에 대한 위자료 액수에 관하여는 사실심 법원이 제반 사정을 참작하여 그 직권에 속하는 재량에 의하여 이를 확정할 수 있기 때문에(대법원 1999. 4. 23. 선고 98다41377 판결, 2002. 11. 26. 선고 2002다43165 판결), 위자료산정의 참작사유로 될 뿐입니다. 판례도 "사망한 피해자의 유족인 원고들이 피고로부터 받은 위로금을 재산상 손해배상액에서 공제하지 않은 조치는 정당하다."

라고 하였으며(대법원 1990. 12. 11. 선고 90다카28191 판결), 교통사고 가해자가 피해자의 유족에게 위로금조로 공탁한 금원을 위자료의 일부로 보아 재산상 손해배상금에서 공제하지 않고 위자료 액수의 산정에 있어서 참작한 사례가 있습니다(대법원 1999. 11. 26. 선고 99다34499 판결).

그런데 형사합의금의 성질에 관하여 판례는 "불법행위의 가해자에 대한 수사 과정이나 형사재판과정에서 피해자가 가해자로부터 합의금 명목의 금원을 지급 받고 가해자에 대한 처벌을 원치 않는다는 내용의 합의를 한 경우, 그 합의 당시 지급 받은 금원을 특히 위자료 명목으로 지급 받은 것임을 명시하였다는 등의 특별한 사정이 없는 한, 그 금원은 재산상 손해배상금의 일부로 지급되었다고 봄이 상당하다."라고 하였는바(대법원 1996. 9. 20. 선고 95다53942 판결, 2001. 2. 23. 선고 2000다46894 판결), 형사합의를 하면서 '위로금조' 또는 '보험금과는 별도'라는 등의 표현으로 명시하고 있으면 이는 위자료산정의 참작사유가 될 뿐이고, 재산상 손해에서 공제할 것이 아닌 것으로 보고 있습니다. 그리고 형사합의서나 영수증에 합의금의 성격에 관하여 아무런 기재가 없는 경우에는 이를 어떻게 볼 것인가는 당사자의 의사해석의 문제로 결국은 형사합의를 둘러싼 여러 가지 정황을 종합적으로 고려하여 결정될 것이지만, 대체적으로 호의적, 동정적, 의례적인 금원의 수수(授受)로 인정되는 경우에는 위로금으로 보고, 그 외에 특히 고액인 경우 등은 재산상 손해배상금으로 보아야 할 것입니다(대법원 1991. 8. 31. 선고 91다18712 판결). 따라서 특별히 위자료 또는 위로금 명목으로 지급하였다고 볼 사정이 있는 경우를 제외하고는 형사합의금도 손익상계의 대상이 된다고 하겠습니다.

◙ 식물인간상태에서 손해배상합의 후 여명기간 연장된 때 추가청구 여부

【질의】 ➡ 甲은 교통사고를 당하여 식물인간상태에서 수개월간 깨어나지 못하고 감정결과 여명기간이 5년이라고 하여 그 감정결과를 전제로 가해자 乙과 합의하였습니다. 그런데 甲은 식물인간상태에서 깨어나 5년이 지나서도 계속 생존하게 되었고, 종전에 예측된 위 여명기간 이후로도 약 20년이나 더 생존할 수 있고 정신적 장해로 인한 개호가 필요한 상태임이 밝혀졌습니다. 이 경우 甲이 그에 상응하는 손해에 대하여 추가로 배상을 청구할 수는 없는지요?

【답변】 ➡ 청구할 수 있습니다.

합의는 민법상 화해계약의 성질을 가지는 것으로 볼 수 있고, 화해는 당사자가 상호 양보하여 당사자간의 분쟁을 종지(終止)할 것을 약정함으로써 그 효력이 생기는 계약으로서(민법 제731조), 화해계약은 당사자일방이 양보한 권리가 소멸되고 상대방이 화해로 인하여 그 권리를 취득하는 효력이 있습니다(민법 제732조). 그러므로 위와 같은 '화해의 창설적 효력'으로 인하여 화해(합의)의 내용에 따라야 함이 원칙입니다.

그런데 불법행위로 인한 손해배상에 관하여 가해자와 피해자 사이에 피해자가 일정한 금액을 지급 받고 나머지 청구를 포기하기로 한 합의의 해석에 관하여 판례를 보면, "불법행위로 인한 손해배상에 관하여 가해자와 피해자 사이에 피해자가 일정한 금액을 지급 받고 그 나머지 청구를 포기하기로 합의가 이루어진 때에는 그 후 그 이상의 손해가 발생하였다 하여 다시 그 배상을 청구할 수 없는 것이지만, 그 합의가 손해의 범위를 정확히 확인하기 어려운 상황에서 이루어진 것이고, 후발손해(後發損害)

가 합의 당시의 사정으로 보아 예상이 불가능한 것으로서, 당사자가 후발손해를 예상하였더라면 사회통념상 그 합의금액으로는 화해하지 않았을 것이라고 보는 것이 상당할 만큼 그 손해가 중대한 것일 때에는 당사자의 의사가 이러한 손해에 대해서까지 그 배상청구권을 포기한 것이라고 볼 수 없으므로 다시 그 배상을 청구할 수 있다고 보아야 한다."라고 하였습니다.

그리고 상해의 후유증으로 인하여 불법행위 당시에는 예견할 수 없었던 손해가 발생하거나 예상외로 손해가 확대된 경우, 손해배상청구권의 시효소멸기간의 진행시점에 관하여 판례를 보면, "불법행위로 인한 손해배상청구권은 민법 제766조 제1항에 의하여 피해자나 그 법정대리인이 그 손해 및 가해자를 안 날로부터 3년 간 행사하지 아니하면 시효로 인하여 소멸하는 것인 바, 여기에서 그 손해를 안다는 것은 손해의 발생사실을 알면 되는 것이고 그 손해의 정도나 액수를 구체적으로 알아야 하는 것은 아니므로, 통상의 경우 상해의 피해자는 상해를 입었을 때 그 손해를 알았다고 보아야 할 것이지만, 그 후 후유증 등으로 인하여 불법행위 당시에는 전혀 예견할 수 없었던 새로운 손해가 발생하였다거나 예상외로 손해가 확대된 경우에 있어서는 그러한 사유가 판명된 때에 새로이 발생 또는 확대된 손해를 알았다고 보아야 할 것이고, 이와 같이 새로이 발생 또는 확대된 손해 부분에 대하여는 그러한 사유가 판명된 때로부터 민법 제766조 제1항에 의한 시효소멸기간이 진행된다고 할 것이다."라고 하였으며, "교통사고로 심한 뇌손상을 입고 식물인간상태가 된 피해자(사고 당시 20세 4월)가 가해자를 상대로 제기한 손해배상청구소송에서 그 후유증상이 호전가능성이 없는 지속적 식물인간 상태로서 여명이 사고시로부터 약 5년으로 단축되었다는 감정결과가 나와 피해자가 위 여명기간 이후로는 생존할 수 없음을 전제로 하여 판결선고가 이루어지고 그 판결이 확정된 직후 피해자가 가해자측으로부터 그 확정판결의 인용금액 중 일부를 감액한 금액을 지급 받고 사고로 인한 일체의 청구권을 포기하기로 합의하였는데, 그 이후 피해자가 위 감정결과와는 달리 점차 의식을 회복하면서 위 여명기간이 지난 후에도 생존하게 되자 추가손해의 지급을 구하는 소송을 제기하여 감정을 시행한 결과, 피해자는 의식을 회복하고 식물인간상태에서 벗어나 제한적이나마 자력에 의한 거동을 할 수 있는 등 증상이 상당히 호전된 채 고정되어 종전에 예측된 위 여명기간 이후로도 약 38년이나 더 생존할 수 있고 정신적 장해로 인한 개호가 필요한 상태임이 밝혀진 경우, 전소(前訴)의 일실수입 청구에서 제외하였던 종전 예측의 여명기간 이후 가동연한까지의 생계비에 상당하는 일실수입 손해와 추가적으로 필요하게 된 개호비 손해가 위 합의에 이르기까지 예상할 수 없었던 중대한 손해로서 위 합의의 효력이 미치지 않으며, 그 손배배상청구권의 소멸시효는 피해자가 점차 의식을 회복하는 등 피해자의 증상이 호전되기 시작한 시점부터 진행한다."라고 하였습니다(대법원 2001. 9. 14. 선고 99다42797 판결).

따라서 위 사안의 경우에도 甲은 종전 예측의 여명기간 이후 가동연한까지의 생계비에 상당하는 일실수입손해와 추가적으로 필요하게 된 개호비손해가 위 합의에 이르기까지 예상할 수 없었던 중대한 손해로서 위 합의의 효력이 미치지 않는다고 할 수 있을 것이고, 그 손배배상청구권의 소멸시효는 甲이 점차 의식을 회복하는 등 甲의 증상이 호전되기 시작한 시점부터 진행한다고 할 것입니다.

◙ 불법행위로 인한 손해배상청구시 일실소득의 산정기준

【질의】➡ 저의 남편은 수년 전부터 우유대리점을 운영하여 월 200여만원 상당의 수입을 올리고 있었으나, 신호등 없는 횡단보도상에서 교통사고를 당하여 사망하였습니다. 그런데 보험회사측에서는 남편이 올린 위 수입을 인정해주지 않을 뿐만 아니라 횡단보도상의 사고임에도 불구하고 피해자의 과실이 10%라고 합니다. 보험회사의 주장이 정당한지요?

【답변】➡ 상당한 것으로 보입니다.

개인기업 경영자에 대한 일실이익의 산정기준은 무척 어려운 문제에 속하고 법원의 판결도 구체적인 사안에 따라서 그 산정기준이 다양한 바, 그 동안의 판례를 종합하여 보면 대체로 기업주인 피해자의 경영으로 올려 온 영업수익이 주로 기업주 개인의 노무, 수완 및 신용 등의 특유한 사정에 연유되고 또한 기업에서의 자본적 이득을 거의 무시하여도 무방할 정도로 미미한 경우에는 그 수익전액을, 그렇지 않은 보통의 경우에는 영업수익 가운데 기업주의 개인적 노무 등 기여도에 의한 수익부분의 비율에 따라 산정 하되 그 기여도의 평가에 있어서는 기업의 자본규모와 경영형태는 물론 기업체의 외형거래액이나 순이익 등 제반 상황을 고려하고 피해자와 같은 수준의 기술 및 경영능력을 가진 사람을 대체고용 하는데 드는 비용까지 두루 참작하여 신중히 결정하여야 한다는 취지로 판시해오고 있습니다(대법원 1996. 2. 23. 선고 95다1439 판결, 1994. 2. 22. 선고 93다56657 판결).

따라서 귀하의 일실수입의 산정기준, 즉 월수입금을 얼마로 볼 것이냐 하는 문제는 궁극적으로 법원의 판단에 의하여 결정할 수밖에 없을 것으로 보입니다.

한편, 과실상계에 관하여 판례는 "민법상 과실상계제도는 채권자가 신의칙(信義則)상 요구되는 주의를 다하지 아니한 경우 공평의 원칙에 따라 손해배상액을 산정 함에 있어서 채권자의 그와 같은 부주의를 참작하게 하려는 것이므로, 사회통념상 혹은 신의성실의 원칙상 단순한 부주의라도 그로 말미암아 손해가 발생하거나 확대된 원인을 이루었다면 채권자에게 과실이 있는 것으로 보아 과실상계를 할 수 있다."라고 하였으며(대법원 2000. 6. 13. 선고 98다35389 판결), "불법행위로 인한 손해배상 사건에서 과실상계사유에 관한 사실인정이나 그 비율을 정하는 것은 그것이 형평의 원칙에 비추어 현저히 불합리하다고 인정되지 아니하는 한 사실심의 전권에 속한다."라고 하였습니다(대법원 2000. 2. 22. 선고 98다38623 판결).

따라서 횡단보도상의 사고라고 하여 무조건 피해자측 과실은 전혀 없는 것으로 되는 것은 아니며, 피해자측 과실비율은 사고의 구체적 경위에 따라 최종적으로는 역시 법원에서 결정하게 되는 것입니다.

참고로 개인기업 경영자에 대한 일실이익의 산정에 관한 판례를 보면, "피해자에게 건축제도기능사의 자격만 있고, 건축사와 건축제도사가 자격요건 등에서 차이가 있는 것이라 하여도, 피해자가 10년 이상 건축설계와 관련된 업무를 담당하였고 설계사무소를 운영하기도 하였다면, 그 경력에 비추어 피해자의 가동능력이 일용제도사의 정부노임단가 상당이라고 평가할 수는 없고, 건축사의 자격이 없더라도 임금구조기본통계조사보고서상 10년 이상 경력을 가진 남자 건축기술자나 그 관련 기술공의 월

급액 상당이라고 봄이 합당하다."라고 하였고(대법원 1996. 2. 23. 선고 95다1439 판결), 또한 "피해자가 사고 당시 실제로 종사하고 있던 직업은 잠수장비 판매업자로서 수시로 잠수지도 등의 일을 병행한 경우 그 구체적인 업무내용에 비추어 볼 때, 그 장래예상 수입상실액은 직종별임금실태조사보고서(1992년부터 임금구조기본통계조사보고서로 변경)상의 교원의 수입을 기준으로 평가하기보다는 피해자의 직업에 유사한 판매원·점원 및 관련 종사자의 수입을 기초로 평가하는 것이 더 합리적이고 객관성 있는 방법이다."라고 하였으며(대법원 1994. 9. 9. 선고 94다19846 판결), "10여 년 간 카세트테이프 등을 판매하는 노점상을 경영해 온 피해자의 일실수입을 직종별임금실태조사보고서의 산업분류별 중분류 620 소매업 10년 이상 경력 남자의 통계소득을 기초로 하여 산정 한다"라고 하였습니다(대법원 1995. 5. 26. 선고 94다41478 판결).

◙ 두 가지 이상 업무에 종사하는 자의 일실소득의 산정기준

> **【질의】➡** 甲은 격일제로 근무를 하는 회사원으로서 비번(非番)인 날을 이용하여 종업원 2명을 고용하여 철강도소매업을 경영해왔는데, 교통사고로 사망하였습니다. 이러한 경우 손해배상청구에 있어서 일실수입을 회사원으로서의 수입과 철강도소매업으로 인한 수입을 함께 합산하여 청구할 수는 없는지요?

【답변】➡ 합산하여 청구할 수 있습니다.

위 사안과 관련된 판례를 살펴보면, "불법행위의 피해자가 사고당시 두 가지 이상의 수입원에 해당하는 업무에 동시에 종사하고 있는 경우에는 각 업무의 성격이나 근무형태 등에 비추어 그들 업무가 서로 독립적이어서 양립 가능한 것이고, 또 실제로 피해자가 어느 한쪽의 업무에만 전념하고 있는 것이 아닌 이상, 피해자의 일실수입을 산정 함에 있어 각 업종의 수입손실액을 모두 개별적으로 평가하여 합산하여야 한다."라고 하였습니다(대법원 2002. 1. 8. 선고 2001다64646 판결, 1999. 11. 26. 선고 99다18008 판결, 1997. 12. 12. 선고 97다36507 판결, 1993. 7. 16. 선고 93다9880 판결).

또한, "피해자가 사고당시 어느 한쪽의 영업에 전념하지 아니하고 독립적으로 2개의 영업을 겸업한 경우, 어느 한쪽의 대체고용비 또는 양쪽의 대체고용비를 합산하여 평균한 액을 일실수입산정의 기초로 하여야 한다거나 양쪽의 대체고용비를 합산하는 것이 16시간의 근로를 인정하는 결과가 되어 부당하다고 볼 수는 없고, 2개 업체를 경영하던 피해자의 일실수입을 산정 함에 있어서 각 업체의 대체고용비 즉, 두 사람분의 대체고용비

를 합산하더라도 잘못이 아니다."라고 하였습니다(대법원 1996. 2. 13. 선고 94다42419 판결).

따라서 위 사안에 있어서도 甲이 회사원으로 격일제로 근무해오면서 비번인 날을 이용하여 종업원 2명을 고용하여 철강도소매업을 경영해왔고, 그 사업의 성격이나 영업형태로 보아 甲이 회사의 비번인 날에만 근무하고서도 지장 없이 그 영업을 꾸려나갈 수 있을 정도였다면, 회사에서의 임금소득과 위 도소매업의 경영수익(실제로는 대체고용비용으로 산출한 임금구조기본통계조사보고서상 해당직종의 평균임금 상당액) 모두를 피해자에 대한 일실수입산정의 기초로 삼을 수 있을 것입니다.

또한, 甲이 격일제로 근무하고도 위 도소매업을 정상적으로 경영할 수 있었다고 보는 이상, 그 경영수익을 산출하기 위한 대체고용비용을 계산함에 있어서 피해자가 격일제로 근무하였다는 점을 고려하여 이를 절반만 인정할 것도 아니라 할 것입니다.

참고로 구체적 사례를 보면, "불법행위의 피해자인 사찰의 주지가 사고 당시 주지, 장의업자, 납골당업자, 불교미술가로서 모두 네 가지의 수입원에 해당하는 업무에 종사하고 있었다고 주장한 사안에서, 그 중 납골당업은 장의업과 그 업무의 성질상 밀접한 관련이 있고, 미술가로서의 활동은 주업인 주지로서의 종교활동의 범위 내에서 부수적으로 이루어진 것에 불과하다는 이유로 이를 일실수입산정에서 제외하고, 나머지 두 가지만 일실수입 손해액산정을 위한 수입원으로 인정한 원심판결을 수긍한 사례"(대법원 1996. 3. 8. 선고 95다32693 판결), "피해자가 연안에서 고기를 잡는 어업에 종사하면서 단지 영업활동범위 내에서 경비절감을 위하여 어획물의 운송수단으로 자기 소유 트럭을 운전하여 왔다면 일실수입 산정에 있어 자동차운전사의 평균임금을 합산할 수 없다."라고 한 사례가 있습니다(대법원 1992. 11. 27. 선고 92다33268 판결).

◘ 의대 간호학과 4학년생인 피해자의 장래 일실소득 산정방법

【질의】➡ 저의 딸은 의과대학 간호학과 4학년에 재학 중 교통사고를 당하여 사망하였습니다. 그런데 가해차량의 차주는 저의 딸이 학생이라는 이유로 도시일용근로자 임금으로 산정하여 일실소득을 보상금으로 지급하겠다고 합니다. 위의 일실소득산정의 근거가 정당한지요?

【답변】➡ 정당하지 않습니다.

　　일실소득의 산정근거가 되는 소득액의 인정에 있어서 대학생의 경우에 관한 판례는 대체로 사고 무렵 피해자가 이미 일정한 자격증을 취득하였거나 전공과에 재학 중인 학생으로서 그 자격 취득에 그다지 높은 학력이나 기능 등을 요구하는 것이 아닌 경우에는 전문직취직의 개연성이 높은 것으로 보고 그에 대응하는 소득은 인정하되, 고도의 기술 또는 고액소득의 업종에 해당하는 전문직 양성대학의 경우(예컨대 의사 등)에는 그 개연성을 부정하고 있으며, 전공분야가 없는 대학교 재학생의 경우에는 졸업·취업의 개연성이 충분하지 않는 한 졸업 후의 학력에 따른 수입 산정을 부정하고 있습니다.

　　귀하의 딸은 교통사고가 없었더라면 특별한 사정이 없는 한 위 대학을 졸업하고 간호사의 면허를 취득하여 그 직종에 종사할 수 있다고 봄이 우리의 경험법칙에 합치된다고 할 것이고, 간호사가 되는 것은 장래 특별한 자격을 취득하거나 특별한 기술을 습득하여서 되는 것은 아니라고 보아야 할 것입니다.

　　판례도 "불법행위의 피해자가 입은 소극적 손해를 산정 함에 있어 근로능력상실율을 적용하는 방법에 의할 경우에도 그 노동

능력상실율은 단순한 신체적 장애율이 아니라 피해자의 연령, 교육정도, 종전직업의 성질과 직업경력 및 기술숙련정도, 신체기능장애의 부위 및 정도, 유사직종이나 타직종에의 전업가능성과 그 확률 기타 사회적, 경제적 조건을 모두 참작하여 경험법칙에 따라 도출하는 합리적이고 객관성 있는 것이어야 한다."라고 하였습니다(대법원 1989. 5. 23. 선고 88다카15970 판결, 1995. 10. 13. 선고 94다53426 판결).

따라서 단지 학생이라는 이유로 도시일용근로자임금을 산정하여 일실소득으로 보상금을 지급하겠다고 하는 것은 부당하며, 장래 대학을 졸업할 때부터 간호사로서의 수입을 상실하였다고 하여 노동부에서 발행한 임금구조기본통계조사보고서상 해당직종의 월평균초임을 기초로 일실수입을 산정하여야 함이 타당합니다.

◙ 신체장해 피해자가 종전직장에 계속 근무할 경우 일실퇴직금의 산
정 방법

> **【질의】** ➡ 저는 교통사고로 인한 후유증으로 노동능력 일부
> 상실의 판단을 받았으나, 종전직장에서 계속 근무하고 있습니
> 다. 이 경우 종전 직장에서 동일한 직종으로 계속 근무한다고
> 하여 위 노동능력상실율에 따른 일실퇴직금을 배상 받을 수 없
> 는지요?

【답변】 ➡ 받을 수 있습니다.

불법행위의 피해자가 사고 이후 종전 직종에 종사하면서 종
전과 같은 수입을 얻고 있는 경우, 신체훼손으로 인한 재산상
손해가 없다고 단정할 수 있는지에 관하여 판례를 보면, "타인의
불법행위로 인하여 상해를 입은 피해자에게 신체장애가 생긴 경
우에 그 피해자는 그 신체장애 정도에 상응하는 가동능력을 상
실했다고 봄이 경험칙에 합치되고, 피해자가 종전과 같은 직종
에 종사하면서 종전과 다름없는 수입을 얻고 있다고 하더라도
당해 직장이 피해자의 잔존 가동능력의 정상적 한계에 알맞은
것이었다는 사정까지 나타나지 않는 한, 피해자의 신체훼손에도
불구하고 바로 피해자가 재산상 아무런 손해를 입지 않았다고
단정할 수는 없다."라고 하면서 교사가 사고로 인한 신체장애를
입고도 계속 교사로 근무하면서 오히려 더 많은 봉급을 받고 있
는 경우, 장래수입상실 손해가 없다고 본 원심판결을 파기한 사
례가 있습니다(대법원 2002. 9. 4. 선고 2001다80778 판결, 1996.
4. 26. 선고 96다1078 판결).

또한, 피해자가 상해 후유증에도 불구하고 종전 직장에 계속

근무하고 있는 경우 일실퇴직금의 인정 여부에 관련된 판례를 보면, "교통사고의 피해자가 사고로 인한 상해의 후유증으로 노동력의 일부를 상실하게 됨으로 말미암아 입게 될 일실이익손해를 피해자의 노동력상실율을 인정·평가하는 방법에 의하여 산정 할 경우, 그 노동력상실율은 피해자의 연령, 교육정도, 종전에 종사하였던 직업의 성질 및 경력과 기능의 숙련정도, 신체적 기능의 장애정도와 유사한 직종이나 다른 직종으로서의 전업가능성 및 그 확률, 기타 사회적 경제적인 조건 등을 모두 참작하여 경험칙에 따라 정하여지는 수익상실율이어야 하므로, 법원이 피해자의 노동력상실율을 정당하게 인정·평가하였다면, 피해자가 사고로 인한 상해로 발생된 후유증에도 불구하고 사실심의 변론종결시까지 종전과 같은 직장에서 계속 근무하고 있다 하더라도, 달리 특별한 사정이 없는 한 피해자가 신체적인 기능의 장애로 인하여 아무런 재산상 손해도 입지 않았다고 단정할 수는 없고 또한, 가해자의 불법행위로 인하여 피해자의 가동능력이 일부나마 상실된 이상 일실퇴직금을 구하는 피해자의 임금 또한 그만큼 감소될 것이고, 그 퇴직금 또한 이와 같이 감소된 임금을 기초로 하여 산정 될 것임은 논리상 명백한 것이므로, 일실퇴직금을 구하는 피해자가 변론종결당시 실제로 퇴직하지 않았다고 하더라도, 특단의 사정이 없는 한 그 피해자는 남은 노동력을 가지고 그 사업장에서 정년까지 근무할 것이라고 보아 노동력상실율 상당의 일실퇴직금을 인정하는 것이 타당하다."라고 하였습니다(대법원 1996. 1. 26. 선고 95다41291 판결, 1994. 9. 30. 선고 93다58844 판결,1992. 12. 22. 선고 92다31361 판결).

따라서 귀하의 경우에도 일실퇴직금이 인정될 수 있을 것입니다.

참고로 타인의 불법행위로 인하여 상해를 입고 노동능력의 일부를 상실한 경우에 피해자가 입은 일실이익의 산정방법에 대한 판례를 보면, "타인의 불법행위로 인하여 상해를 입고 노동능력의 일부를 상실한 경우에 피해자가 입은 일실이익의 산정방법에 대하여서는 ①일실이익의 본질을 불법행위가 없었더라면 피해자가 얻을 수 있는 소득의 상실로 보아 불법행위 당시의 소득과 불법행위 후의 향후소득과의 차액을 산출하는 방법('소득상실설' 또는 '차액설')과 ②일실이익의 본질을 소득창출의 근거가 되는 노동능력의 상실 자체로 보고 상실된 노동능력의 가치를 사고 당시의 소득이나 추정소득에 의하여 평가하는 방법('가동능력상실설' 또는 '평가설')의 대립이 있는데, 당해 사건에 현출된 구체적 사정을 기초로 하여 합리적이고 객관성 있는 기대수익액을 산정 할 수 있으면 족한 것이고, 반드시 어느 하나의 산정방법만을 정당한 것이라고 고집해서는 아니 된다고 할 것이지만, '사고 전후에 있어서의 현실적인 소득의 차액이 변론과정에서 밝혀지지 않고 있는 경우'에는 앞에서 본 차액설의 방법에 의하여 일실이익을 산정하는 것은 불가능하고 평가설의 방법에 의하여 산정하는 것이 합리적이고 정의와 형평에도 합당하다."라고 하였습니다(대법원 1990. 11. 23. 선고 90다카21022 판결, 1990. 2. 27. 선고 88다카11220 판결).

◘ 일시 체류 중 교통사고로 사망한 재외거주국민의 노동가능연한

【질의】 ➡ 甲은 일본에서 거주하는 한국인인데, 일시 귀국하여 국내에 있던 중 교통사고를 당하여 사망하게 되었습니다. 이러한 경우 일실소득과 노동가능연한의 기준을 어느 나라의 것으로 산정 하여야 하는지요?

【답변】 ➡ 일본의 것으로 산정합니다.

일시체류예정인 외국인의 일실소득 산정방법에 관한 판례를 보면, "일시적으로 국내에 체류한 후 장래 출국할 것이 예정되어 있는 외국인의 일실소득을 산정 함에 있어서는 예상되는 국내에서의 취업가능기간 내지 체류가능기간 동안의 일실소득은 국내에서의 수입(실제 얻고 있던 수입 또는 통계소득)을 기초로 하고, 그 이후에는 외국인이 출국할 것으로 상정되는 국가(대개는 모국)에서 얻을 수 있는 수입을 기초로 하여 일실소득을 산정하여야 할 것이고, 국내에서의 취업가능기간은 입국목적과 경위, 사고시점에서의 본인의 의사, 체류자격의 유무 및 내용, 체류기간, 체류기간연장의 실적 내지 개연성, 취업의 현황 등의 사실적 내지 규범적 제 요소를 고려하여 인정함이 상당하다고 할 것이며, 이러한 법리는 비록 당해 외국인이 불법체류자라고 하더라도, 당해 외국인의 취업활동자체가 공서양속이나 사회질서에 반하는 것으로서 사법상 당연무효가 되지 않는 이상 마찬가지로 적용된다."라고 하였습니다(대법원 1998. 9. 18. 선고 98다25825 판결).

그리고 외국거주 피해자의 가동연한 산정기준에 관한 판례를 살펴보면, "교통사고로 사망한 피해자가 그 사고가 없었으면 앞으로 외국에서 계속 거주할 사정이었다면 그가 그곳에서 얻을 수 있는 수입을 전제로 일실소득을 산정함이 상당하므로, 그 가동연한 또한 외국에서의 그것을 기준으로 하여야 한다.″라고 하였습니다(대법원 1995. 5. 12. 선고 93다48373 판결).

  따라서 위 사안에서 甲의 일실소득은 국내에서의 취업가능기간 내지 체류가능기간 동안의 일실소득은 국내에서의 수입을 기초로 하고, 그 이후에는 甲이 출국할 것으로 상정되는 일본에서 얻을 수 있는 수입을 기초로 하여 일실소득을 산정하여야 할 것이고, 노동가능연한은 위 교통사고로 인하여 사망하지 않았더라면 출국하여 계속 거주하였을 일본의 기준으로 산정하여야 할 것으로 보입니다.

◐ 불법행위로 사망한 농민의 노동능력가동연한은 얼마인지

【질의】 ➡ 저의 어머니는 62세 남짓한 신체 건강한 여성으로서 아버지가 사망한 이후 아버지가 경작하던 비닐하우스 재배를 하여 가정을 꾸려오던 중 최근에 교통사고로 사망하셨습니다. 그런데 어머니는 위 사고만 없었다면 농민으로서 상당기간 위와 같은 비닐하우스재배로 수익을 올릴 수 있었음에도 사망하였으므로 위 사고로 인한 손해배상액을 산정함에 있어서 농민의 가동연한은 얼마나 되는 것인지요?

【답변】 ➡ **만 65세 까지로 볼 수 있겠습니다.**

불법행위로 인한 손해배상에 있어서 사실심 법원이 일실수입 산정의 기초가 되는 '가동연한'을 인정함에는 국민의 평균여명, 경제수준, 고용조건 등의 사회적, 경제적 여건 외에 연령별 근로자 인구수, 취업률 또는 근로참가율 및 직종별 근로조건과 정년제한 등 제반 사정을 조사하여 이로부터 경험칙상 추정되는 가동연한을 도출 하든가 또는 당해 피해자의 연령, 직업, 경력, 건강상태 등 구체적인 사정을 고려하여 그 가동연한을 인정 하든가 하여야 할 것이고(대법원 1989. 12. 26. 선고 88다카16867 판결, 1996. 11. 29. 선고 96다37091 판결, 1997. 12. 23. 선고 96다46491 판결 등), 특히 사고당시 그 연령이 당해 직종에 대하여 일반적으로 인정되는 가동연한을 넘은 피해자에 대하여는 법원이 피해자 본인의 연령, 경력, 건강상태, 가동여건 등 주관적 특수사정과 관련분야의 인식, 그 연령에 대한 보험회사의 가동기간 인정기준 등 주변사정을 참작하여 그의 가동연한을 정하여야 할 것입니다(대법원 1997. 4. 11. 선고 97다4449 판결).

농업노동 또는 농업노동을 주로 하는 자의 일실수입산정의 기초가 되는 가동연한에 관한 판례를 보면, ①사고당시 피해자의 나이가 36세 7개월 혹은 39세 3개월로서 비교적 젊은 점 등에 비추어 볼 때, 피해자들의 가동연한을 인정함에 있어서 경험칙상 인정되는 '60세가 될 때까지]를 배제하고 '63세가 끝날 때까지'로 인정할 만한 특별한 사정이 있다고 볼 수 없다고 한 바 있는 반면(대법원 1997. 12. 26. 선고 96다25852 판결), ②사고당시 57세 10월의 나이로서 사고당시에도 전답을 경작하여 온 자의 가동연한을 '63세가 될 때까지'로 본 사례가 있으며(대법원 1996. 11. 29. 선고 96다37091 판결), 사고당시 54세 남짓의 나이로 농촌지역에 거주하면서 사고당시에도 자영농으로 전답을 경작하여 온 자의 가동연한을 '만 63세가 되는 날까지'로 본 경우가 있고(대법원 1997. 3. 25. 선고 96다49360 판결), ③사고당시 62세 4개월로서 비닐하우스재배를 하고 있었던 피해자의 가동연한을 '65세가 될 때까지'로 본 바 있으며(대법원 1997. 4. 22. 선고 97다3637 판결), 농촌 인구의 고령화라는 우리나라 농촌의 현실에 비추어 사고당시 만 52세 7개월의 나이로서 실제 농업노동에 종사하여왔을 뿐만 아니라, 농한기에는 건설현장에서 근무할 정도로 건강하였던 피해자의 가동연한은 '65세가 될 때까지'로 봄이 상당하다고 한 사례가 있고(대법원 1997. 12. 23. 선고 96다46491 판결), ④사고당일에도 노임을 받고 더덕을 캐는 작업을 하기 위하여 차량을 타고 작업장소로 이동하던 중 사고를 당한 66세 1개월 남짓 된 농촌거주자의 농촌일용노임에 의한 일실수입의 지급청구를 배척한 원심판결을 파기한 사례(대법원 1999. 9. 21. 선고 99다31667 판결)와 사고당시 63세 11월 남짓 된 자로서 농촌지역에서 잡화점을 경영해온 자의 일실수입을 산정하면서 그 가동연한을 사고일로부터 3년이 되는 때까지로 인정한 사례(대법원 1997. 4. 11. 선고 97다4449 판결)가 있습니다.

따라서 농업노동 또는 농업노동을 주로 하는 자의 일실수입 산정의 기초가 되는 가동연한은 경험칙상 '만 60세가 될 때까지'로 보아야 하나, 다만 그의 연령, 직업, 경력, 건강상태 등 구체적인 사정을 고려하여 위와 같은 경험칙을 배제하고 만 60세를 넘어서도 가동할 수 있다는 특별한 사정이 있는 경우에는 그의 가동연한은 만 60세를 넘어서도 인정할 수 있다고 하여야 할 것이며, 위 사안의 경우에도 귀하의 어머니께서 사고 전에는 매우 건강한 상태였고 비닐하우스를 재배하여 소득을 올리고 있었던 점을 감안하고 이와 유사한 경우 피해자의 가동연한을 65세까지 인정하였던 판례(대법원 1997. 4. 22. 선고 97다3637 판결)도 있는 만큼 피해자인 귀하 어머니의 가동연한을 65세가 될 때까지로 인정되어야 함을 주장해 보실 수도 있을 것입니다.

◎ 교통상해 입은 16세의 여고생이 자살한 경우 일실수입의 산정

> **【질의】 ➡ 甲은 교통사고를 야기하여 여자고등학교 1학년생 乙에게 중상을 입혀 우측다리에 평생 목발을 짚고 다녀야 하는 장해가 발생되는 손해를 입혔는데, 乙은 사고 후 3개월만에 위와 같은 장해를 비관하여 음독자살을 하여 사망하게 되었습니다. 이러한 경우 甲이 배상하여야 할 일실수입의 범위는 어떻게 되는지요?**

【답변】 ➡ 평균여명까지의 일실수입으로 보면 되겠습니다.

이에 관련된 판례를 보면, "사고로 상해를 입은 사람이 자살한 경우 사고와 사망과의 사이에 조건적 관계가 존재하지 않는 한, 그 사고에 기한 수익상실로 인한 손해배상은 사망할 때까지만 이를 산정하면 되고, 평균여명이 끝날 때까지의 일실수입을 그 산정기초로 삼는 것은 그릇된 것이다."라고 하였으며(대법원 1990. 10. 30. 선고 90다카12790 판결), "제1차로 광산낙반사고로 부상한 광부가 그 후 2차로 교통사고를 당하여 사망한 경우, 제1차 사고와 제2차 사고 간에 조건적 관계가 존재하는 때에는 후발적 사정을 참작할 것이 아니므로, 제1차 사고의 가해자는 제1차 사고로 인한 손해금액을 배상하여야 하나, 제1ㆍ2차 사고간에 조건적 관계가 없는 때에는 제1차 사고의 가해자는 제2차 사고로 피해자가 사망할 때까지의 손해만을 배상하면 된다."라고 하였고(대법원 1979. 4. 24. 선고 79다156 판결), "피해자가 이 사건 광산사고로 요부찰과투박상좌슬관절부투박상 및 탈구의 상실을 입어 광부로서는 전 노동능력을 잃었고 일용근로자로서는 40%의 노동능력을 잃었다는 것이니 피해자가 이 사

건 사고 후 생활고와 사고후유증으로 인한 고통을 이기지 못하여 비관자살을 한 것이라면 이 사건 중상과 자살 사이에는 상당인과관계가 있다."라고 하였습니다(대법원 1972. 4. 20. 선고 72다268 판결).

또한 "교통사고로 오른쪽 하퇴부에 광범위한 압궤상 및 연부조직 손상 등의 상해를 입은 고등학교 1학년 여학생이 사고 후 12개월 동안 병원에서 치료를 받았으나 다리부위에 보기 흉한 흉터가 남았고 목발을 짚고 걸어 다녀야 했으며 치료도 계속하여 받아야 했는데, 이로 인하여 사람들과의 접촉을 피하고 심한 우울증에 시달리다가 자신의 상태를 비관, 농약을 마시고 자살한 경우, 교통사고와 사망 사이에 상당인과관계가 있다."라고 한 사례가 있습니다(대법원 1999. 7. 13. 선고 99다19957 판결).

위 판례의 취지를 요약하면 가해자의 과실로 발생된 사고로 상해를 입은 피해자가 자살을 하게 된 경우 사고 후의 제반 사정을 고려하여 사고와 사망과의 사이에 조건적 관계가 존재하지 않는 경우에는 사망시까지의 일실수입만을 배상하면 될 것이지만, 사고와 사망과의 사이에 조건적 관계가 존재하는 경우 즉, 사고로 인한 상해와 사망 간에 상당인과관계가 인정되는 경우에는 평균여명의 범위 내에서 노동이 가능한 기간까지의 일실수입을 배상하여야 할 것으로 보입니다.

그런데 위 사안에서 乙이 여자고등학교 1년생으로서 감수성이 예민한 상태이고, 평생을 목발을 짚고 살아야 한다는 점을 비관하여 자살한 경우라면 사고와 사망 사이에 상당인과관계가 인정된다고 보아야 할 것으로 보입니다.

다만, 판례는 정신분열증으로 정신병원에 입원 중 자살한 경우 ″사고당시 망인이 행위책임을 부담할 정도의 완전한 의사결정능력을 보유하고 있다고 볼 수 없다 하더라도 자신의 신체에 대한 위험성 등을 판별할 수 있는 어느 정도의 의사능력을 갖고 있어 과실상계에 해당하는 사유가 있다.″라고 한 바 있음에 비추어(대법원 1993. 9. 14. 선고 93다21552 판결) 乙의 자살로 인한 사망에 대하여 과실이 인정될 여지는 있다고 할 것입니다.

◪ 군미필자의 일실수입 산정시 제외될 병역복무기간의 산정방법

【질의】 ➡ 甲은 군미필자로서 교통사고로 사망하였고, 가해자인 乙은 자동차종합보험에 가입하지도 않았으므로 甲의 유족들은 乙를 상대로 손해배상청구소송을 제기하였는데, 乙은 甲의 일실수입산정에 있어서 甲의 군복무기간을 3년으로 정하여 가동기간에서 제외하여야 한다고 주장합니다. 이것이 타당한지요?

【답변】 ➡ 2년으로 보아야합니다.

　　이에 관련된 판례를 보면, "대한민국 국민인 모든 남자는 헌법과 병역법이 정하는 바에 따라 성실하게 병역의무를 수행하여야 할 의무가 있으므로, 불법행위로 인한 피해자가 아직 병역의무를 마치지 아니한 대한민국 남자인 경우 그 일실수입 상당 손해를 산정함에 있어서 '현역복무가 면제된다는 등의 특별한 사정이 없는 한' 병역복무기간이 가동기간에서 제외되어야 하고, 이는 통상의 경우 장교 등 간부나 지원병이 아닌 '징집에 의한 병을 기준으로' 정하여야 할 것인바, 현역병의 군복무기간에 관하여 병역법 제18조 제2항은 육군은 2년, 해군 및 공군은 2년 6월(다만 해군의 해병의 경우는 2년)로 정하고 있고, 병역법 제19조 제1항은 국방부장관은 전시·사변 또는 이에 준하는 사태나 군부대의 증편·창설 등 국방상 필요한 경우에 국무회의의 심의를 거쳐 대통령의 승인을 얻어 1년의 기간 내에서 현역의 복무기간을 연장할 수 있다고 규정하고 있으므로, 징집된 현역병의 군별 배치상황과 선별기준, 현역병 복무기간에 대한 그 동안의 병역법 관련규정과 실제 복무기간의 변천과정 및 전체적인 추세, 안보 등 정치사회의 환경변화와 복무기간연장과의 상관관계 등 제반 사정을 조사하여 피해자가 향후 육·해·공군 중 어디로 배치될 개연성이 높은지, 국방상 필요하여 현역의 복무기간이 연장되는 것이 실제 어느 정도 이루어지고 그 연장기간이 얼마인지를 따져보아 피해자의 향후 현역병 복무예정기간을 개연성 있고 합리적이며 객관적인 자료에 의하여 확정하여야 한다." 라고 하였습니다(대법원 2000. 4. 11. 선고 98다33161 판결).

따라서 甲의 현역 복무기간의 산정은 위 판례와 같은 기준에서 산정 하여야 할 것이고, 만연히 병역법 제19조 제1항에서 국방부장관은 전시·사변 또는 이에 준하는 사태나 군부대의 증편·창설 등 국방상 필요한 경우에 국무회의의 심의를 거쳐 대통령의 승인을 얻어 1년의 기간 내에서 현역의 복무기간을 연장할 수 있다고 규정하고 있다는 이유만으로 육군의 최장 복무기간인 3년을 甲의 현역병 복무예정기간으로 정할 수는 없을 것으로 보이고, 그렇게 정하기 위해서는 그 근거가 될 수 있는 특수사정을 밝혀야 할 것으로 보입니다.

그리고 해군이나 공군의 경우 지원병을 위주로 모집하며 보통의 경우에는 육군으로 배치되어 복무하는 실정임을 감안시 지원의사가 밝혀지지 아니한 이 건의 경우에는 특단의 사정이 없는 한 육군으로 복무할 가능성이 높고 육군의 복무기간은 2년(2003. 10. 1이후 입영자부터 적용됨)인바 甲의 복무기간은 2년이라고 주장할 수 있을 것으로 보입니다.

◘ 직업이 있었던 장애인이 교통사고로 사망한 경우 일실수입의 산정

【질의】 ➡ 甲은 신체장애자로서 노동능력 29%를 상실한 장애자였지만 장애자임에도 불구하고 이용사로서 이용업에 종사하면서 가정을 꾸려오던 중 교통사고를 당하여 사망하였는바, 이러한 경우 甲의 일실수입상실액을 산정함에 있어서 기존의 노동능력상실율을 어느 정도 고려하여 위 사고로 인한 손해배상을 산정 하여야 하는지요?

【답변】 ➡ 사망 직전까지의 순수입금액 전부를 기준으로 합니다.

이와 유사한 경우에 관한 판례를 보면, "이미 약 30퍼센트 정도의 노동능력을 상실한 기존신체장애자가 상차하역부로 종사하다가 본 건 불법행위로 다시 약 50퍼센트 정도의 농촌일용노동능력을 상실하였음을 이유로 손해배상을 소구한 경우에 기대수입상실액을 계산함에 있어서는 하역부로서 종사하여 얻었던 순수입금액에서 남은 노동능력(20퍼센트)으로 농촌일용노동에 종사하여 벌 수 있는 예상수입만을 공제하면 된다."라고 하였습니다(대법원 1975. 6. 24. 선고 75다321 판결).

즉, 비록 피해자가 이 사건 사고이전에 그 사고와는 관계없이 이미 30퍼센트 정도의 농촌일용노동능력을 상실한 상태였다고 할지라도 같은 노동능력으로 벌 수 있는 수입금을 여기에서 다시 이중으로 공제할 수는 없다는 것입니다. 따라서 위 사안의 경우에도 甲이 이용사로서 사망 직전까지 수익한 순수입금액을 전부 상실한 것으로 산정할 수 있을 것으로 보입니다.

◘ 실제수입이 통계소득보다 낮은 경우 일실수입의 산정기준

【질의】 ➡ 甲은 교통사고를 당하여 장해가 발생되는 손해를 입었으므로 손해배상청구소송을 제기하려고 합니다. 그런데 甲이 해당되는 직종의 임금구조기본통계조사보고서의 통계소득이 甲이 사고당시 근무하던 직장에서 받고 있는 실제수입보다 많습니다. 이러한 경우 임금구조기본통계조사보고서의 통계소득으로 일실수입을 산정할 수 있는지요?

【답변】 ➡ 실제수입을 기준으로 산정하여야 할 것입니다.

피해자의 일실수입산정의 기준이 되는 소득에 관하여 판례를 보면, ″불법행위로 인한 손해배상사건에서 피해자의 일실수입은 사고 당시 피해자의 실제소득을 기준으로 하여 산정 할 수도 있고 통계소득을 포함한 추정소득에 의하여 평가할 수도 있는 것이며, 이와 같은 일실수입의 산정은 불확정한 미래사실의 예측이므로 당해 사건에 현출된 구체적 사정을 기초로 하여 합리적이고 객관성 있는 기대수입을 산정할 수 있으면 족하고 반드시 어느 한쪽만을 정당한 산정방법이라고 할 수는 없다.″하였으며, ″피해자가 사고 당시 직장에 근무하면서 일정한 수입을 얻고 있었던 경우에 있어서, 피해자에 대한 사고 당시의 실제수입을 확정할 수 있는 객관적인 자료가 현출되어 있어 그에 기하여 합리적이고 객관성 있는 기대수입을 산정할 수 있다면 사고 당시의 실제수입을 기초로 일실수입을 산정 하여야 하고, 임금구조기본통계조사보고서 등의 통계소득이 실제수입보다 높다면 사고 당시에 실제로 얻고 있던 수입보다 높은 통계소득만큼 수입을 장차 얻을 수 있으리라는 특수사정이 인정되는 경우에 한하여(실제수입보다 일반노동임금이 훨씬 많은 경우에는 일반노동에 종사하리라는 개연성이 농후하다고 할 것임) 그러한 통계소득을 기준으로 일실수입을 산정할 수 있다."라고 하였습니다(대법원 1994. 9. 27. 선고 94다26134 판결, 2001. 7. 27. 선고 2001다29001 판결).

따라서 위 사안에 있어서도 甲이 해당되는 직종의 임금구조기본통계조사보고서의 통계소득이 甲이 사고당시 근무하던 직장에서 받고 있는 실제수입보다 많은 경우 그러한 통계소득을 얻을 수 있으리라는 특수한 사정이 없는 한, 실제수입을 기준으로 일실수입을 산정하여야 할 것입니다.

◙ 피해자 급료보다 일반일용노임이 많을 때 일실수입의 산정기준

> **【질의】➡** 甲은 횡단보도상에서 발생된 교통사고로 인하여 노동력상실율 20퍼센트인 장해가 발생하였습니다. 그런데 甲은 사고당시 여자경리사원으로서 도시지역의 도시일용노임에도 훨씬 못 미치는 급료를 받고 있었는데, 이러한 경우 도시일용노임으로 일실수입을 산정 할 수는 없는지요?

【답변】➡ 도시일용노임으로 산정할 수 있습니다.

　피해자의 일실수입산정의 기준이 되는 소득에 관하여 판례를 보면, "불법행위로 인한 손해배상사건에서 피해자의 일실수입은 사고 당시 피해자의 실제소득을 기준으로 하여 산정 할 수도 있고 통계소득을 포함한 추정소득에 의하여 평가할 수도 있는 것이며, 이와 같은 일실수입의 산정은 불확정한 미래사실의 예측이므로 당해 사건에 현출된 구체적 사정을 기초로 하여 합리적이고 객관성 있는 기대수입을 산정 할 수 있으면 족하고 반드시 어느 한쪽만을 정당한 산정방법이라고 할 수는 없다."하였습니다 (대법원 1994. 9. 27. 선고 94다26134 판결, 1995. 1. 26. 선고 95다35623 판결).

　그런데 피해자의 급료보다 변론종결 당시의 일반일용노임이 다액일 때 일반일용노임을 기준으로 일실수입을 산정 할 수 있는지에 관하여 판례를 보면, "불법행위로 인하여 피해자가 취득할 장래의 일실수입을 산정 함에 있어서 직장의 급료보다 변론종결 당시의 일반일용노임이 다액일 때에는 일반일용노임을 선택하여 그 기준으로 삼을 수 있다."라고 하였으며(대법원 1991. 1. 15. 선고 90다13710 판결), 또한 "공장 등에서 직공으로 종사

하는 자는 거기서 얻은 수익보다 일반노동임금이 훨씬 많은 경
우에는 일반노동에 종사하리라는 개연성이 농후하다고 할 것이
므로, 별단의 사정이 없는 한 변론종결 당시의 일반노동임금이
노동력상실 당시 현실로 얻은 수익보다 다액일 때에는 그 노동
임금을 선택하고 이를 기준으로 하여 그 일실수입을 산정 함이
정당하다."라고 하였습니다(대법원 1980. 2. 26. 선고 79다1899
판결, 1987. 8. 18. 선고 87다카797 판결, 1992. 1. 21. 선고 91다
39306 판결).

따라서 위 사안에서도 **甲**은 도시일용노임으로 일실수입을 기
준으로 산정 하여 청구해볼 수 있을 것으로 보입니다.

◘ 사망한 피해자의 종전 직장이 그 후 폐업한 경우 일실수입의 산정

【질의】➡ 甲은 횡단보도상에서 교통사고를 당하여 사망하였습니다. 그런데 甲이 재직하던 회사가 甲이 사망한 직후 폐업한 사실이 있는바, 이러한 경우에도 甲의 향후 일실수입을 위 회사에서 정년시까지 계속 근무할 수 있는 것을 전제로 하여 그 기간 중의 일실수입을 산정 할 수 있는지요?

【답변】➡ 할 수 없습니다.

불법행위로 인한 피해자가 사고 당시 일정한 수입을 얻고 있었던 경우, 그의 일실수입산정방법에 관하여 판례를 보면, "불법행위로 인한 손해배상사건에서 피해자의 일실수입은 사고 당시 피해자의 실제소득을 기준으로 하여 산정 할 수도 있고 통계소득을 포함한 추정소득에 의하여 평가할 수도 있는 것인바, 피해자가 일정한 수입을 얻고 있었던 경우 피해자가 실제로 수령한 금원을 확정하여 이를 기준으로 사고 이후 피해자의 일실수입을 산정 하여야 할 것이고, 신빙성 있는 실제수입에 대한 증거가 현출되지 아니하는 경우에는 피해자가 종사하였던 직종과 유사한 직종에 종사하는 자들에 대한 통계소득에 의하여 피해자의 일실수입을 산정 하여야 한다."라고 하였으며, 사고로 사망한 피해자가 근무하던 회사가 사고 후 폐업한 경우, 망인의 향후 일실수입의 산정방법에 관하여 "피해자가 근무하던 회사가 사고 후 부도로 폐업하였다면, 피해자의 사망 때문에 회사가 도산되었다는 등 특별한 사정이 없는 한, 피해자가 회사에 폐업 이후 정년시까지 계속 근무할 수 있는 것을 전제로 하여 그 기간 중의 일실수입을 산정 할 수는 없고, 이러한 경우에는 피해자의

연령, 교육정도, 종전 직업의 성질, 직업경력, 기능숙련정도 및
유사직종이나 다른 직종에의 전업 가능성과 확률, 그 밖의 사회
적, 경제적 조건과 경험칙에 비추어 장차 피해자가 종사 가능하
다고 보이는 직업과 그 소득을 조사·심리하여야 할 것이며, 장
차 피해자가 종사가능 하다고 보이는 직업에서 얻는 수입이 일
반노동임금보다 소액이라는 등의 특별한 사정이 없는 한 일반노
동에 종사하여 얻을 수 있는 수입을 기준으로 피해자의 회사폐
업 이후의 일실수입을 산정 할 수는 없다."라고 하였습니다(대
법원 1997. 4. 25. 선고 97다5367 판결).

따라서 위 사안에서 위 회사의 폐업 이후에 甲의 일실수입은
피해자의 연령, 교육정도, 종전직업의 성질, 직업경력, 기능숙련
정도 및 유사직종이나 다른 직종에의 전업가능성과 확률, 그 밖
의 사회적, 경제적 조건과 경험칙에 비추어 장차 피해자가 종사
가능 하다고 보이는 직업에서 얻는 수입을 기준으로 산정 하여
야 할 것이고, 그러한 수입이 일반노동임금보다 현저히 소액일
경우에만 일반노동에 종사하여 얻을 수 있는 수입을 기준으로
산정 하여야 할 것으로 보입니다.

◘ 교사임용 전에 당한 교통사고 후유증으로 교직을 그만 둔 경우

【질의】 ➡ 甲(23세)은 乙회사소속 관광버스가 횡단보도를 건너던 甲을 들이받아 그 충격으로 뇌좌상 등의 상해를 입었습니다. 그런데 甲은 위 사고 당시에는 교육대학교 4학년에 재학 중인 여학생이었다가 그 후 졸업을 하고 초등학교에 여교사로 임용되어 근무하다가 위 사고로 인한 후유증으로 퇴직을 하였습니다. 그러므로 乙회사를 상대로 손해배상청구의 소송을 제기하려고 하는데, 이 경우 甲의 일실수입을 대학졸업자 여자 20세 이상 24세 미만의 통계소득을 기준으로 하여 산정 하여야 하는지, 아니면 초등학교 교사로 취업할 것을 전제로 한 일반통계에 의한 수입의 평균수치 등을 기초로 하여 일실수입을 산정 할 수 있는지요?

【답변】 ➡ 할 수 있습니다.

전문직 양성의 대학에 재학 중인 피해자가 상해를 입은 경우, 일실수입의 산정기준에 관한 판례를 보면, "전문직 양성의 대학에 재학 중인 피해자가 상해를 입은 경우에는 그 일실이익을 산정 함에 있어서 그 피해자가 대학을 졸업한 후 그 전문직을 선택하지 아니할 특별사정이 없는 한 그 전문직 취업자의 일반통계에 의한 수입의 평균수치를 기초사실로 하여 산정 하여야 하고, 이를 특별사정에 속하는 것으로 보고 사고 당시에 그 특별사정을 알았거나 알 수 있었는지의 여부를 심리하여 그 판단 여하에 따라 기초사실을 달리할 것은 아니다."라고 하였으며, "피해자가 교통사고 당시 교육대학교 4학년에 재학 중이었고 그 후 대학을 졸업한 다음 초등학교의 교사로 임용되어 근무하다가 교통사고로 인한 후유증으로 퇴직한 경우, 피해자의 일실수입은

초등학교 교사로 취업할 것을 전제로 한 일반통계에 의한 수입의 평균수치 등을 기초로 산정 하여야 한다."라고 한 사례가 있습니다(대법원 2000. 12. 26. 선고 2000다9437 판결).

따라서 위 사안에서도 甲의 후유장해로 인한 일실수입을 산정 할 경우 대학졸업자 여자 20세 이상 24세 미만의 통계소득을 기준으로 하여 산정 하여서는 아니 되고, 초등학교 교사로 취업할 것을 전제로 한 일반통계에 의한 수입의 평균수치 등을 기초로 하여 일실수입을 산정 하여야 할 것으로 보입니다.

◙ 과실상계된 손해배상액보다 치료비가 더 많은 경우 그 청구여부

【질의】 ➡ 저는 보행자의 통행 및 횡단이 금지된 자동차전용도로인 서울 노원구 하계동 134 소재 의정부방면 동부간선 고속화도로상의 월계1교 부근(제한속도 80km)에서 무단횡단 하던 중 종합보험에 가입되어 있는 차량(시속 60km로 운행)에 충격 당하는 사고를 당하였으나, 저는 사고당시 만 61세의 주부였고, 제가 자동차전용도로를 무단횡단 한 과실이 있어 그 손해배상금이 위 사고로 인하여 소요된 치료비 3,000만원만이라도 충당될 수 있을까 걱정인데, 제가 그 치료비만이라도 받을 수 있는 방법이 없겠는지요?

【답변】 ➡ 없을 것으로 보입니다.

귀하는 비록 자동차전용도로를 무단횡단 한 잘못이 있기는 하지만, 귀하의 경우처럼 주택가 근처에 있는 자동차전용도로의 경우에는 일반인이 무단으로 횡단하는 경우가 자주 있으므로 그 운전자는 사람들이 무단횡단 하는 경우를 예상하여 도로의 전방 좌우를 주시하여 도로를 무단횡단 하려는 사람이 있는지 여부를 잘 살피면서 안전하게 진행하여야 하고 도로를 횡단하려는 사람이 있음을 발견한 때에는 그 동태를 유의하면서 즉시 정차할 수 있도록 서행할 의무가 있다 할 것이므로, 그 운전자가 위와 같은 주의의무를 게을리 하여 위와 같은 교통사고가 발생하였다면 귀하의 위 무단횡단과실은 그 운전자의 책임을 면책할 정도에 이르지는 않는다 할 것입니다(대법원 1992. 11. 27. 선고 92다32821 판결).

그리고 현행 각 손해보험회사의 자동차종합보험약관의 보험금지급기준에는 과실상계의 적용방법에 관하여 ´대인배상의 경

우 피해자의 과실에 따라 과실상계 한 후의 금액이 치료관계비 해당액에 미달하는 경우에는 치료관계비 해당액(입원환자 식대 포함)을 보상함′이라고 정하고 있고, 보상의 한도와 범위에 관하여는 약관의 보험금지급기준에 의하여 산출한 금액을 지급하되 소송이 제기되었을 경우에는 법원의 확정판결에 의하여 피보험자가 손해배상청구권자에게 배상하여야 할 금액(지연배상금 포함)을 지급한다고 정하고 있습니다.

그러므로 위 사안의 경우 귀하는 본인의 과실을 감안하여 보험회사측과 소송 전 해결을 시도하여 위 약관에 따라 치료비전액에 대하여 배상받는 방법을 모색해 볼 수 있을 것입니다.

그러나 보험회사에서 귀하의 중대한 과실을 이유로 보험책임을 부인할 경우 과실상계한 후 산정된 손해액을 초과하는 치료비를 귀하가 소송으로 청구하여 지급 받을 수 있을 것인지 문제됩니다.

이에 관련된 판례를 보면, ″교통사고의 피해자가 가해자가 가입한 자동차보험회사로부터 치료비를 지급 받은 경우 그 치료비 중 피해자의 과실비율에 상당하는 부분은 가해자의 손해배상액에서 공제되어야 한다.″라고 하였으며(대법원 1999. 3. 23. 선고 98다64301 판결), ″개인용자동차보험보통약관에 따르면 약관의 보험금지급기준에 따라 산출한 금액을 보험금으로 지급하되 소송이 제기되었을 경우에는 확정판결에 의하여 피보험자가 손해배상청구권자에게 배상하여야 할 금액을 지급하도록 되어 있으므로, 보험회사가 보험금지급채무의 부존재확인을 구하는 본소청구를 제기하고 교통사고피해자가 보험금의 지급을 구하는 반소청구를 제기한 경우, 피보험자가 피해자에게 배상하여야 할 손해액을 산정함에 있어서는, 피해자측의 과실을 참작하여 산정한 보험금이 치료관계비 해당액에 미달하는 경우에는 그 치료관계비 해당액을 보험금으로 지급하도록 되어 있는 위 약관의 보험금 지급기준을 적용할 수 없다.″라고 하였습니다(대법원 2002. 10. 8. 선고 2002다39487 등 판결).

따라서 보험회사에서 귀하의 중대한 과실을 이유로 보험책임을 부인할 경우에 귀하가 과실상계한 후 산정된 손해액을 초과하는 치료비에 대하여서도 소송으로 청구하여 지급 받을 수는 없을 것으로 보입니다.

다만, 보험회사가 치료비 전액을 가불금으로 지급하였다가 이미 지급한 치료비가 과실상계된 손해배상금을 초과한다는 이유로 귀하를 상대로 손해배상금을 초과하는 치료비부분을 부당이득금으로 청구할 수 있는지에 관하여 살펴보면, 판례는 ″보험약관의 보험금지급기준에 피해자에게 배상할 총 손해액이 치료비에 미달하는 경우 치료비 상당액을 보험금으로 지급한다고 되어 있다면 과실상계로 피해자에게 배상하여야 할 총 손해액이 치료비에 미달함에도 보험자가 피보험자를 위하여 피해자의 치료비 상당의 보험금을 지급하였다 하여 어떤 손실이 생겼다고 볼 수 없다.″라고 하였으므로(대법원 1992. 11. 27. 선고 92다12681 판결), 보험회사는 치료비전액을 가불금으로 지급한 뒤 뒤늦게 과실상계된 손해배상액을 초과하는 치료비부분만큼을 부당이득금으로 되돌려 받기는 어려울 것으로 보입니다.

◘ 사망으로 인한 손해배상청구시 부의금도 손익상계가 되는지

【질의】 ➡ 甲이 교통사고로 인하여 사망하였는데, 그 손해배상금액(장례비 등 포함)을 산정 함에 있어서 조객들로부터 받은 부의금을 그 사고로 인한 이득이라고 보아 손익상계를 할 수 있는지요?

【답변】 ➡ 할 수 없습니다.

불법행위로 인하여 피해자가 사망하였을 경우 그 손해액을 산정 함에 있어서 장례비용 등도 손해액에 포함됨이 분명하나, 장례에 있어서 조객들이 유족에게 지급한 부의금이 그 사고로 인한 이득으로서 손익상계대상이 되어 공제되어야 하느냐에 의문을 가질 수 있습니다. 부의금의 손익상계여부는 부의금의 성질을 어떻게 볼 것인가에 따라서 그 가능여부가 결정될 것입니다.

이에 대하여 판례는 "사람이 사망한 경우에 부조금 또는 조위금 등의 명목으로 보내는 부의금은 상호부조의 정신에서 유족의 정신적 고통을 위로하고 장례에 따르는 유족의 경제적 부담을 덜어줌과 아울러 유족의 생활안정에 기여함을 목적으로 증여되는 것이다."라고 하였습니다(대법원 1992. 8. 18. 선고 92다2998 판결). 또한, "장례에 있어 조객으로부터 받는 부의금은 손실을 전보하는 성질의 것이 아니므로 이를 재산적 손해액산정에서 참작할 것이 아니다."라고 하였습니다(대법원 1976. 2. 24. 선고 75다1088 판결).

따라서 위 사안에 있어서도 甲이 교통사고로 인하여 사망하게 된 손해배상액에서 부의금을 손익상계 하여서는 아니 될 것으로 보입니다.

◙ 형의 운전 부주의로 동생 사망시 상속인인 부모의 손해배상청구권

> **【질의】** ➡ 甲은 오래 전 남편과 사별하고 두 명의 아들 乙 · 丙을 키우며 살았는데, 형인 乙의 운전부주의로 차량이 전복되면서 그 자동차에 동승하였던 乙 · 丙이 모두 사망하였습니다. 그런데 위 차량은 자동차보험에 가입되어 있었고 乙과 丙은 모두 미혼이었습니다. 이 경우 乙의 과실로 인한 사고라는 이유로 보험회사로부터 丙의 사망에 대한 보험금을 지급 받는데 지장이 없는지요?

【답변】 ➡ 지장이 없을 것으로 보입니다.

민법 제507조에 의하면 "채권과 채무가 동일한 주체에 귀속한 때에는 채권은 소멸한다. 그러나 그 채권이 제3자의 권리의 목적인 때에는 그러하지 아니하다."라고 규정하고 있습니다.

그리고 위 사안에 있어서 사고의 발생과 동시에 乙은 丙에 대하여 불법행위로 인한 손해배상채무를 지게 되고, 丙은 그에 상응하는 손해배상청구권을 취득하게 되는데, 乙 · 丙이 모두 사망함으로 인하여 그들의 유일한 상속인 甲은 丙의 채권과 乙의 채무를 동시에 상속하게 되는바, 이처럼 채권과 채무가 동일인에게 귀속하는 사실을 가리켜 혼동(混同)이라고 합니다.

그런데 위 사안과 관련된 판례를 보면, "민법 제507조가 혼동을 채권소멸사유로 인정하는 것은 채권 · 채무가 동일주체에 귀속한 때에 채권 · 채무의 존속을 인정하여서는 안 될 적극적인 이유가 있어서가 아니고, 그러한 경우에 채권 · 채무의 존속을 인정하는 것이 별다른 의미를 가지지 않기 때문에 채권 · 채무의 소멸을 인정함으로써 그 후의 권리 · 의무관계를 간소화하려는데

그 목적이 있는 것이라고 여겨지므로, 채권·채무가 동일주체에 귀속되더라도 그 채권의 존속을 인정하여야 할 특별한 이유가 있는 때에는 그 채권은 혼동에 의하여 소멸되지 아니하고 그대로 존속한다고 봄이 상당함에 비추어, 채권·채무가 동일인에게 귀속되는 경우라도 그 채권의 존재가 채권자 겸 채무자로 된 사람의 제3자에 대한 권리행사의 전제가 되는 관계로 채권존속을 인정하여야 할 정당한 이익이 있을 때에는 그 채권은 혼동에 의하여 소멸하는 것이 아니라고 봄이 상당하다."라고 하였습니다.

그리고 "자동차운행 중 교통사고가 일어나 자동차운행자나 동승한 그의 친족이 사망하여 자동차손해배상보장법 제3조에 의한 손해배상채권과 채무가 상속으로 동일인에게 귀속하게 되는 때에, 교통사고를 일으킨 차량운행자가 자동차손해배상책임보험에 가입하였다면, 가해자가 피해자의 상속인이 되는 등의 특별한 경우를 제외하고는, 생존한 교통사고 피해자나 사망자의 상속인에게 책임보험에 의한 보험혜택을 부여하여 이들을 보호할 사회적 필요성이 있는 점은 다른 교통사고와 다를 바 없고, 다른 한편 원래 자동차손해배상책임보험의 보험자는 상속에 의한 채권·채무의 혼동 그 자체와는 무관한 제3자일뿐만 아니라, 이미 자신의 보상의무에 대한 대가인 보험료까지 받고 있는 처지여서 교통사고의 가해자와 피해자 사이에 상속에 의한 혼동이 생긴다는 우연한 사정에 의하여 자기의 보상책임을 면할 만한 합리적인 이유가 없으므로, 자동차책임보험의 약관에 의하여 피해자가 보험회사에 대하여 직접 보험금의 지급청구를 할 수 있는 이른바 직접청구권이 수반되는 경우에는 그 직접청구권의 전제가 되는 자동차손해배상보장법 제3조에 의한 피해자의 운행자에 대한 손해배상청구권은 상속에 의한 혼동에 의하여 소멸되지 아니한다."라고 하였습니다(대법원 2003. 1. 10. 선고 2000다 41653, 41660 판결, 1995. 5. 12. 선고 93다48373 판결, 1995. 7. 14. 선고 94다36698 판결).

따라서 위 사안에서도 甲은 乙의 채무와 丙의 채권을 동시에 상속받았다고 하여도 그 채권·채무가 혼동으로 소멸하지 않았으므로 보험회사에 대하여 보험금의 지급을 청구할 수 있을 것입니다.

◙ 공상군경이 교통사고로 사망한 경우 유족연금액의 공제여부

> **【질의】** ➡ 甲은 공상군경으로서 국가유공자등예우및지원에관한법률에 의한 연금을 지급 받고 있었는데, 乙의 과실로 인하여 발생된 교통사고로 사망하였습니다. 이 경우 甲의 상속인이 청구할 손해배상액의 산정에 있어서 유족연금액이 공제되는지요?

【답변】 ➡ 甲의 기대여명기간이 끝난 뒤 甲의 상속인의 여명기간까지의 유족연금액은 공제되지 않습니다.

전상군경, 공상군경, 재일학도의용군인, 4·19혁명부상자 및 특별공로상이자로서 상이등급 6등급 이상인 자가 사망한 경우에는 그 상이가 원인이 되어 사망한 경우에 한하여 그의 유족에게 보상금이 지급됩니다(국가유공자등예우및지원에관한법률 제12조 제1항 제2호, 국가유공자등예우및지원에관한법률시행령 제20조 제1항).

그러므로 공상군경으로 국가유공자등예우및지원에관한법률에 의한 연금을 지급 받고 있던 甲이 교통사고로 사망한 경우 甲의 상속인이 청구할 손해배상액의 산정에 있어서 유족연금액이 공제되는지 문제됩니다.

이에 관련된 판례를 보면, "국가유공자등예우및지원에관한법률상 공상군경이 지급받는 연금이나 그가 사망한 경우에 그 유족이 지급받는 유족연금은 모두 수급권자의 생활안정과 복지향상을 도모하기 위한 동일한 목적과 성격을 지닌 급부라고 할 것이므로, 연금을 지급받던 공상군경이 타인의 불법행위로 인하여 사망한 경우에 그 유족이 망인의 연금 상당의 손해배상청구권을

상속함과 동시에 유족연금을 지급받게 되었다면 그 유족은 동일 목적의 급부를 이중으로 취득하게 되고, 따라서 그 상속인의 손해액을 산정함에 있어서는 망인의 연금액에서 유족연금액을 공제하는 것이 형평의 이념에 비추어 상당하다."라고 하였습니다(대법원 1993. 10. 22. 선고 93다29372 판결).

또한, 국가유공자등예우및지원에관한법률상의 연금을 받던 공상군경이 타인의 불법행위로 사망한 경우, 공상군경의 유족이 지급 받을 손해액을 산정할 때 공상군경의 연금액에서 유족연금액을 공제하는 취지가 동일한 목적과 내용의 급부가 이중으로 지급되는 것을 막는 데 있는 이상, 사망한 사람의 연금액에서 공제하여야 하는 유족연금액의 범위는 사망한 사람의 기대여명기간이 끝날 때까지 그 유족이 받을 금액에 한정되고, 그 뒤 유족이 불법행위로 인한 사망과 관계없이 받을 수 있는 유족연금액은 이에 포함되지 아니한다."라고 하였습니다(대법원 2002. 5. 28. 선고 2002다5019 판결).

따라서 甲의 일실수입을 산정하면서 보훈연금을 상실한 손해를 산정할 경우, 甲의 연금액에서 甲의 기대여명기간이 끝날 때까지 甲의 상속인이 수령할 유족연금액은 공제하여야 할 것이나, 甲의 기대여명기간이 끝난 뒤 甲의 상속인의 여명기간까지의 유족연금액까지 공제하여서는 아니 될 것입니다.

◈ 1차사고 후 2차사고로 사망한 경우 1차사고 가해자의 손해배상 범위

> **【질의】 ➡** 甲은 乙이 야기한 교통사고로 인하여 노동력상실율 25%의 장해를 입고, 그에 대한 손해배상청구사건이 종결되기 전에 丙이 야기한 또 다른 교통사고로 甲이 타고있던 승용차가 전복되어 사망하였습니다. 이러한 경우 乙이 甲에 대하여 배상하여야 할 손해의 배상범위는 어떻게 되는지요?

【답변】 ➡ 사망시까지의 일실수입으로 보아야 합니다.

위 사안과 같이 1차 사고로 상해를 입은 피해자가 2차의 사고를 당한 경우 그 손해의 배상범위에 관한 판례를 보면, "사고로 상해를 입은 피해자가 다른 사고로 인하여 사망한 경우, 그 두 사고 사이에 1차 사고가 없었더라면 2차 사고도 발생하지 않았을 것이라고 인정되는 것과 같은 조건적 관계가 존재하지 아니하는 경우에는 1차 사고의 가해자는 2차 사고로 인하여 피해자가 사망한 때까지의 손해만을 배상하면 된다."라고 하였습니다 (대법원 1979. 4. 24. 선고 79다156 판결, 1995. 2. 10. 선고 94다51895 판결, 1997. 9. 26. 선고 97다25989 판결).

그러나 "사고로 상해를 입은 피해자가 다른 사고로 인하여 사망한 경우 그 두 사고 사이에 1차 사고가 없었더라면 2차 사고도 발생하지 않았을 것이라고 인정되는 것과 같은 조건적 관계가 존재하는 경우 1차 사고의 가해자는 2차 사고로 인한 피해자의 사망을 고려함이 없이 피해자가 가동연한에 이를 때까지의 일실수입을 배상하여야 한다."라고 하였습니다(대법원 1998. 9. 18. 선고 97다47507 판결).

따라서 위 사안의 경우 甲의 사망은 乙이 야기한 교통사고와는 조건적 관계가 존재하지 않을 것으로 보이므로, 乙이 배상할 甲의 일실수입은 甲의 사망시까지의 일실수입이 될 것이며, 그 이후 甲의 노동가능기간까지의 일실수입은 丙이 배상하여야 할 것으로 보입니다.

◐ 사망한 부(父)의 과실이 자(子)의 보험금산정시 과실로 참작되는지

> **【질의】** ➡ 저는 남편 甲과 이혼 후 미성년의 자 乙의 친권행사자로 지정되어 乙과 함께 살고 있었고, 저는 甲과 재결합을 위하여 만나고 있던 중 甲이 운전하는 차에 저의 식구들을 태우고 저의 부모님의 묘소에 성묘를 하기 위하여 가던 중 쌍방의 과실로 무보험자동차와 충돌하는 사고가 발생하여 甲이 사망하고 乙이 중상을 입는 교통사고를 당하였습니다. 이 경우 甲이 가입한 자동차종합보험의 보험회사에 대하여 乙의 손해에 대한 무보험자동차상해보험금산정에 있어서 甲의 운전상 과실을 피해자인 乙의 과실로서 참작할 수 있는지요?

【답변】 ➡ **과실로서 참작할 수 있습니다.**

불법행위에 있어서 가해자의 과실은 의무위반이라는 강력한 과실인데 반하여 피해자의 과실을 따지는 과실상계에 있어서의 과실은 전자의 것과는 달리 사회통념상, 신의성실의 원칙상, 공동생활상 요구되는 약한 의미의 부주의를 가리키는 것으로 보아야 합니다(대법원 1999. 2. 26. 선고 98다52469 판결, 2001. 3. 23. 선고 99다33397 판결).

과실상계에서 피해자의 과실로 참작되어야 할 피해자측의 범위에 대하여 판례는 "차량사고에 있어 운전자의 과실을 피해자측의 과실로 보아 동승자에 대하여 과실상계를 하기 위해서는, 그 차량 운전자가 동승자와 신분상 또는 생활관계상 일체를 이루고 있어 운전자의 과실을 동승자에 대한 과실상계 사유로 삼는 것이 공평의 원칙에 합치한다는 구체적인 사정이 전제가 되어야 한다."고 판단하고 있습니다(대법원 1998. 8. 21. 선고 98다23232 판결).

위 사안과 관련된 판례도, "교통사고의 피해자인 미성년자가 부모의 이혼으로 인하여 친권자로 지정된 모(母)와 함께 살고 있었으나, 사고 당시 부(父)가 재결합하려고 모(母)와 만나고 있던 중이었으며 부(父)가 그 미성년자와 모(母)를 비롯한 처가식구들을 차에 태우고 장인, 장모의 묘소에 성묘를 하기 위해 가던 중 사고가 발생한 경우, 사고 당시 부녀간이나 부부간에 완전한 별거상태가 아니라 왕래가 있었던 것으로 추정되고, 그 미성년자는 사고로 사망한 부(父)의 상속인으로서 가해자가 구상권을 행사할 경우 결국 그 구상채무를 부담하게 된다는 점에 비추어, 이들을 신분상 내지 사회생활상 일체를 이루는 관계로 보아 그 미성년자에 대한 개인용자동차종합보험보통약관 중 무보험자동차에 의한 상해조항에 따른 보험금산정시 부(父)의 운전상 과실을 피해자측 과실로 참작하는 것이 공평의 관념에서 상당하다."라고 하였습니다(대법원 1999. 7. 23. 선고 98다31868 판결).

따라서 위 사안에 있어서도 甲이 가입한 자동차종합보험의 무보험자동차상해보험금산정에 있어서 甲의 운전상 과실을 피해자인 乙의 과실로서 참작할 수 있을 것으로 보입니다.

◎ 피해자 본인의 손해배상청구권포기시 부모의 위자료도 포기되는지

【질의】 ➡ 甲은 교통사고를 야기하여 성년이지만 미혼인 乙에게 장해가 발생하는 상해를 입히고, 합의금을 지급하고 그 이외의 모든 손해배상청구권을 포기하기로 하는 합의서를 교부받았으나, 乙의 어머니인 丙이 자기는 손해배상청구권을 포기한 사실이 없으므로 乙의 상해로 인하여 받은 정신적 고통에 대한 위자료를 지급하라고 하는바(아버지는 사망하였음), 이러한 경우 丙에게 위자료를 지급하여야 하는지요?

【답변】 ➡ 위자료를 지급해야 할 것으로 보입니다.

먼저 생명침해가 아닌 불법행위의 경우에도 피해자의 부모에게 위자료가 인정될 수 있을 것인지에 관하여 판례는 "민법 제752조에 의하면 생명침해의 경우에 있어서의 위자료청구권자를 열거 규정하고 있으나 이는 예시적 열거규정이라고 할 것이므로, 생명침해 아닌 불법행위의 경우에도 불법행위 피해자의 부모는 그 정신적 고통에 관한 입증을 함으로써 일반원칙인 민법 제750조, 제751조에 의하여 위자료를 청구할 수 있다."라고 하였습니다(대법원 1965. 5. 25. 선고 65다292 판결, 1978. 1. 17. 선고 77다1942 판결, 1999. 4. 23. 선고 98다41377 판결, 2000. 9. 22. 선고 2000다36354 판결).

그런데 위 사안과 같이 피해자 본인이 합의하고 손해배상청구권을 포기한 경우 피해자의 부모의 고유의 위자료청구권도 포기한 것으로 볼 수 있는지에 관하여 판례는 "교통사고의 경우, 피해자 본인과는 별도로 그의 부모들도 그 사고로 말미암아 그들이 입은 정신적 손해에 대하여 고유의 위자료청구권을 가진다

할 것이므로, 피해자 본인이 합의금을 수령하고 가해자측과 나머지 손해배상청구권을 포기하기로 하는 등의 약정을 맺었다 하더라도 그의 부모들이 합의 당사자인 피해자 본인과 가해자 사이에 합의가 성립되면 그들 자신은 별도로 손해배상을 청구하지 아니하고 손해배상청구권을 포기하겠다는 뜻을 명시적 혹은 묵시적으로 나타낸 바 있다는 등의 특별한 사정이 없는 한, 위 포기 등 약정의 효력이 당연히 고유의 손해배상청구권을 가지는 그의 부모들에게까지 미친다고는 할 수 없다."라고 하였습니다(대법원 1993. 9. 28. 선고 92다42606 판결, 1999. 6. 22. 선고 99다7046 판결).

따라서 위 사안에 있어서도 귀하가 乙과 합의하였다고 하더라도 丙의 위자료청구에 응하여야 할 것으로 보입니다.

그러나 "친권자 본인이 부상을 입어 가해자측과 손해배상에 관한 합의를 하는 경우 특별한 사정이 없는 한 미성년자인 자녀들 고유의 위자료에 관하여도 그 친권자가 법정대리인으로서의 합의도 함께 하였다고 보는 것이 우리의 경험칙에 합당하다."라고 한 바 있습니다(대법원 1975. 6. 24. 선고 74다1929 판결).

◘ 보험회사가 손해배상 합의를 시도한 경우 소멸시효중단 되는지

【질의】 ➡ 甲은 교통사고를 당하여 다리골절상 및 척추손상을 입고 3년 6월이 경과하였습니다. 그런데 가해자인 乙이 자동차종합보험에 가입한 丙회사에서 사고 후 1년이 경과된 시점(입원치료를 받다가 퇴원한 시점)까지 치료비를 지급하였으며, 그 당시의 3년 한시장해진단서를 기준으로 합의금을 제시하여 합의를 요구하였으나, 甲은 한시장해를 기준으로 한 합의금액이 마땅하지 않고 허리의 통증도 가시지 않아 자비로 물리치료를 받으며 다시 2년 6월이 경과한 후에도 호전의 기미가 없어 丙보험회사에 보상을 청구하였으나 丙보험회사에서는 소멸시효기간이 경과되어 보상을 해줄 수 없다고 하는바, 이러한 경우 가해자인 乙에게 손해배상을 청구하는 것도 불가능한지요?

【답변】 ➡ 가능합니다.

상법 제724조 제2항에 의하면 "제3자는 피보험자가 책임을 질 사고로 입은 손해에 대하여 보험금액의 한도 내에서 보험자에게 직접 보상을 청구할 수 있다."라고 하여 보험사고의 피해자에게 손해배상의 직접청구권을 인정하고 있습니다. 이러한 직접청구권의 성질에 관하여 판례는 "상법 제724조 제2항에 의하여 피해자에게 인정되는 직접청구권의 법적 성질은 보험자가 피보험자의 피해자에 대한 손해배상채무를 병존적(竝存的)으로 인수한 것으로서 피해자가 보험자에 대하여 가지는 손해배상청구권이고, 피보험자의 보험자에 대한 보험금청구권의 변형 내지는 이에 준하는 권리가 아니다."라고 하였습니다(대법원 1994. 5. 27. 선고 94다6819 판결, 1995. 7. 25. 선고 94다52911 판결, 1998. 7. 10. 선고 97다17544 판결).

또한, "자동차임의보험의 약관에 의하여 피해자에게 인정되는 직접청구권의 법적 성질은 보험금이 아니라 보험자가 피보험자의 피해자에 대한 손해배상채무를 병존적으로 인수한 것이다."라고 하였습니다(대법원 1993. 5. 11. 선고 92다2530 판결, 2000. 6. 9. 선고 98다54397 판결).

그런데 상법 제662조에 의하면 "보험금액의 청구권과 보험료 또는 적립금의 반환청구권은 2년, 보험료의 청구권은 1년 간 행사하지 아니하면 소멸시효가 완성한다."라고 규정하고 있으며, 판례는 "자동차종합보험보통약관(1993. 10. 14.자로 개정되기 전의 것)에 의하여 피해자가 보험회사에 대하여 갖는 보험금의 직접청구권이나 피보험자가 자손사고로 인하여 갖는 보험금청구권은 모두 상법 제662조의 규정에 의한 보험금액의 청구권에 다름 아니어서 어느 것이나 이를 2년 간 행사하지 아니하면 소멸시효가 완성되고, 불법행위채권과 같이 3년의 소멸시효에 걸린다는 주장은 받아들일 수 없다."라고 하였으므로(대법원 1997. 11. 11. 선고 97다36521 판결, 1993. 4. 13. 선고 93다3622 판결), 상법 제724조 제2항에 의한 직접청구권도 2년의 소멸시효에 해당한다고 할 것입니다.

그렇다면 위 사안의 경우 甲의 丙보험회사에 대한 보상금의 직접청구권은 2년의 소멸시효에 해당하고, 보험금청구권의 소멸시효기산점에 관하여 판례는 "보험사고가 발생한 것인지의 여부가 객관적으로 분명하지 아니하여 보험금청구권자가 과실 없이 보험사고의 발생을 알 수 없었던 특별한 사정이 있는 경우에는 그가 보험사고의 발생을 알았거나 알 수 있었던 때로부터 보험금청구권의 소멸시효가 진행하지만, 그러한 사정이 없는 한 보험금청구권의 소멸시효는 원칙적으로 보험사고가 발생한 때로부터 진행한다."라고 하였습니다(대법원 1999. 2. 23. 선고 98다 60613 판결).

그러므로 위 사안에서 甲의 丙보험회사에 대한 보험금 직접청구권의 소멸시효기간은 원칙적으로 사고발생시부터 기산되어야 할 것이지만, 丙보험회사가 치료비를 지급하고 합의금액을 제시한 시점에서 소멸시효의 중단사유인 '승인(承認)'이 있었다고 보아 그 시점부터(물론 장해에 대한 손해부분은 사고발생시에는 장해가능성을 전혀 예견할 수 없었을 경우라면 장해진단이 발급된 시점이 소멸시효의 기산점이 될 수 있었을 것임) 소멸시효기간이 기산되어야 할 것인데, 그렇다고 하더라도 그로부터 2년 6월이 경과되어 甲의 丙회사에 대한 보상금 직접청구권은 시효로 소멸되었다고 보아야 할 것입니다.

다음으로 甲의 乙에 대한 손해배상청구권은 민법 제766조 제1항의 불법행위로 인한 손해배상청구권의 소멸시효기간 즉, 가해자 및 손해발생을 안 날로부터 3년의 소멸시효기간이 경과된 것인지 문제되는바, 丙회사의 치료비지급 및 합의시도가 소멸시효 중단사유인 '승인(承認)'으로 볼 수 있을 경우 그러한 승인의 효과가 乙에 대한 손해배상청구권의 소멸시효중단의 효과도 있는지에 관하여 판례를 보면, "보험가입자를 위한 포괄적 대리권이 있는 보험회사가 입원비와 수술비, 통원치료비 등을 피해자에게 지급하고 또 보험가입자에게 손해배상책임이 있음을 전제로 하여 손해배상금으로 일정 금원을 제시하는 등 합의를 시도하였다면 보험회사는 그때마다 손해배상채무를 승인하였다 할 것이므로 그 승인의 효과는 보험가입자에게 미친다."라고 하였습니다(대법원 1993. 6. 22. 선고 93다18945 판결, 1992. 4. 28. 선고 92다3328 판결, 1990. 6. 8. 선고 89다카17812 판결).

따라서 甲의 乙에 대한 손해배상청구권은 丙회사의 채무승인이 있은 때로부터 다시 진행되어 3년이 경과되어야 소멸시효가 완성되는데 이 사건의 경우 채무승인이 있은 때로부터 2년6월밖에 지나지 않아 아직 6개월의 시효가 남아있으므로 甲은 乙에 대하여 위 사고로 인한 손해배상을 청구할 수 있을 것으로 보입니다.

또한, "민법 766조 1항에 소정의 '손해를 안다.'함은 불법행위로 인하여 현실로 손해가 발생한 것을 안 경우뿐만 아니라 손해발생을 예견할 수 있을 때를 포함하는 것이다."라고 하였지만(대법원 1977. 3. 8. 선고 76다1356 판결), "불법행위로 인한 손해배상청구권은 민법 제766조 제1항에 의하여 피해자나 그 법정대리인이 그 손해 및 가해자를 안 날로부터 3년 간 행사하지 아니하면 시효로 인하여 소멸하는 것인바, 여기에서 그 손해를 안다는 것은 손해의 발생사실을 알면 되는 것이고 그 손해의 정도나 액수를 구체적으로 알아야 하는 것은 아니므로, 통상의 경우 상해의 피해자는 상해를 입었을 때 그 손해를 알았다고 보아야 하지만, 그 후 후유증으로 인하여 불법행위 당시에는 전혀 예견할 수 없었던 새로운 손해가 발생하였다거나 예상외로 손해가 확대된 경우에 있어서는 그러한 사유가 판명된 때에 새로이 발생 또는 확대된 손해를 알았다고 보아야 하고, 이와 같이 새로이 발생 또는 확대된 손해부분에 대하여는 그러한 사유가 판명된 때로부터 민법 제766조 제1항에 의한 시효소멸기간이 진행된다."라고 하였으므로(대법원 1995. 2. 3. 선고 94다16359 판결), 甲의 장해에 대한 손해배상은 장해진단이 발급된 때로부터 소멸시효기간이 기산된다고 주장해볼 수도 있을 것입니다.

❖ 교통사고의 공동불법행위자 사이 구상금채권의 소멸시효기간

> **【질의】** ➡ 甲회사소속 고속버스와 乙의 승용차가 충돌하는 사고로 인하여 버스승객 丙이 상해를 입었으며, 위 사고는 乙의 전적인 과실로 인하여 발생되었습니다. 그런데 甲회사의 자동차보험가입회사인 丁보험사가 丙의 손해를 전부 배상한 후 사고발생 후 3년이 지나서 乙에 대하여 구상금청구를 하였는바, 이러한 경우 丁보험사의 乙에 대한 구상권의 소멸시효기간이 경과된 것이 아닌지요?

【답변】 ➡ **경과되지 않았습니다.**

자동차손해배상보장법 제3조 본문에 의하면 ″자기를 위하여 자동차를 운행하는 자는 그 운행으로 다른 사람을 사망하게 하거나 부상하게 한 경우에는 그 손해를 배상할 책임을 진다.″라고 규정하고 있으며, 과실 없는 운행자의 승객에 대한 책임에 관하여 자동차손해배상보장법 제3조 단서 제2호에 의하면 ″승객이 사망하거나 부상한 경우에 있어서는 그것이 그 승객의 고의 또는 자살행위로 말미암은 것이 아닌 한 그 손해를 배상할 책임이 있다.″라고 규정하고 있습니다.

그러므로 승객이 사망 또는 부상을 당한 경우 운행지배자는 본인 및 피용자의 고의·과실유무에 불구하고 사고가 그 승객의 고의 또는 자살행위로 인한 것이라는 사실을 입증하지 못하면 책임을 면하지 못하는 것입니다(대법원 1970. 1. 27. 선고 69다1606 판결).

그리고 판례를 보면, ″승용차운전자인 甲과 乙회사소유 화물차운전자의 과실이 경합하여 丙회사의 버스승객들이 상해를 입은 사고에서, 丙회사는 그 운전자의 과실이 없다고 하더라도 위

버스의 운행자로서 위 피해자들에 대하여 자동차손해배상보장법
상의 배상책임을 부담하고, 한편 乙회사와 甲 역시 위 화물차
및 승용차의 운행자 또는 공동불법행위자로서 위 피해자들에 대
하여 손해배상책임을 부담하며, 丙회사와 乙회사 및 甲의 위 각
책임은 부진정연대채무의 관계에 있다."라고 하였습니다(대법원
1998. 12. 22. 선고 98다40466 판결).

따라서 위 사안에서 甲회사와 乙은 공동불법행위자로서 丙의
손해에 대하여 부진정연대채무를 부담하게 되는데, 甲회사의 보
험자인 丁보험사가 丙에 대한 손해를 전부 배상하였으므로 丁보
험회사가 乙에 대하여 구상권을 행사할 수 있는지, 그것이 가능
할 경우 그 구상권의 소멸시효기간은 어떻게 되는지 문제됩니
다.

먼저 구상권에 관하여 살펴보면, "공동불법행위자는 채권자
(피해자)에 대한 관계에서 연대책임(부진정연대책임)을 지되, 공
동불법행위자들 내부관계에서는 일정한 부담부분이 있고, 이 부
담부분은 공동불법행위자의 채권자(피해자)에 대한 가해자로서
의 과실정도에 따라 정하여진다."라고 하였습니다(대법원 2000.
8. 22. 선고 2000다29028 판결). 그리고 상법 제682조에 의하면 "
손해가 제3자의 행위로 인하여 생긴 경우에 보험금액을 지급한
보험자는 그 지급한 금액의 한도에서 그 제3자에 대한 보험계약
자 또는 피보험자의 권리를 취득한다. 그러나 보험자가 보상할
보험금액의 일부를 지급한 때에는 피보험자의 권리를 해하지 아
니하는 범위 내에서 그 권리를 행사할 수 있다."라고 규정하고
있습니다.

따라서 丁보험사는 乙에 대하여 구상권을 취득하게 됩니다.

공동불법행위자간의 구상권의 소멸시효에 관하여 판례를 보

면, "피해자에게 손해배상을 한 공동불법행위자의 다른 공동불법행위자에 대한 구상권은 피해자의 다른 공동불법행위자에 대한 손해배상채권과는 그 발생원인과 법적 성질을 달리하는 별개의 독립한 권리이므로, 공동불법행위자가 다른 공동불법행위자에 대한 구상권을 취득한 이후에 피해자의 그 다른 공동불법행위자에 대한 손해배상채권이 시효로 소멸되었다고 하여 그러한 사정만으로 이미 취득한 구상권이 소멸된다고 할 수는 없다."라고 하였으며(대법원 1994. 1. 11. 선고 93다32958 판결), "교통사고의 피해자들에게 손해배상을 한 공동불법행위자의 1인의 다른 공동불법행위자에 대한 구상금채권은 일반채권과 같이 구상권자가 현실로 피해자에게 손해금을 지급한 때로부터 10년 간 이를 행사하지 아니하면 시효소멸 한다."라고 하였습니다(대법원 1979. 5. 15. 선고 78다528 판결).

그런데 보험회사는 상법상 상인이므로 위와 같은 구상권에도 상사시효 5년이 적용될 수 있을 것인지 문제되는데, 판례를 보면 "공동불법행위로 피해자에게 가한 손해를 연대하여 배상할 책임이 있는 공동불법행위자 중의 1인과 체결한 보험계약에 따라 보험자가 피해자에게 그 손해배상금을 보험금액으로 모두 지급함으로써 공동불법행위자들이 공동면책 된 경우에, 보험금액을 지급한 보험자는 상법 제682조 소정의 '보험자대위'에 의하여 그 공동불법행위자가 공동면책 됨으로써 다른 공동불법행위자의 부담부분에 대하여 행사할 수 있는 구상권을 취득하며, 그러한 구상권의 소멸시효의 기산점과 그 기간은 대위에 의하여 이전되는 권리자체를 기준으로 판단하여야 하며, 그 소멸시효에 관하여 법률에 따로 정한 바가 없으므로 일반원칙으로 돌아가 일반채권과 같이 그 소멸시효는 10년으로 완성된다고 해석함이 상당하고 그 기산점은 구상권이 발생한 시점, 즉 구상권자가 현실로 피해자에게 지급한 때이다."라고 하였으며(대법원 1994. 1. 11. 선고 93다32958 판결, 1998. 12. 22. 선고 98다40466 판결, 1999. 6. 11. 선고 99다3143 판결), "공동불법행위자의 다른 공동불법행위자에 대한 구상권의 소멸시효는 그 구상권이 발생한 시점, 즉 구상권자가 공동면책행위를 한 때로부터 기산하여야 할 것이고, 그 기간도 일반채권과 같이 10년으로 보아야 하고, 공제조합이 공동불법행위자 중의 1인과 체결한 공제계약에 따라 그 공동불법행위자를 위하여 직접 피해자에게 배상함으로써 그 공동불법행위자의 다른 공동불법행위자에 대한 구상권을 '보험자대위의 법리'에 따라 취득한 경우, 공제계약이 상행위에 해당한다고 하여 그로 인하여 취득한 구상권 자체가 상사채권으로 변한다고 할 수 없다."라고 하였습니다(대법원 1996. 3. 26. 선고 96다3791판결).

그러므로 위 사안에서 丁보험회사는 乙에 대하여 상법 제682조에 의한 구상권을 행사할 수 있고, 그 구상권의 소멸시효기간은 10년이라고 하여야 할 것입니다.

✪ 공무원의 국가배상청구시 공무원연금법상 장해보상금 공제 여부

> **【질의】** ➡ 甲은 공무원으로서 동료 공무원 乙의 자가용승용차에 동승하여 업무를 수행하고 돌아오던 중 乙의 과실로 발생된 교통사고로 인하여 부상을 당하여 장해가 발생하게 되었습니다. 그런데 乙은 위 차량에 대하여 자동차종합보험에 가입하지 않았으므로 甲이 국가배상을 청구할 수 있는지, 그것이 가능한 경우 공무원연금법상 지급 받는 장해보상은 공제되는지요?

【답변】 ➡ 공무원연금법상의 장해보상은 공제됩니다.

먼저 위와 같은 경우 국가배상책임이 인정되는지에 관하여 판례를 보면, ″공무원이 자신의 소유인 승용차를 운전하여 공무를 수행하고 돌아오던 중 동승한 다른 공무원을 사망하게 하는 교통사고를 발생시킨 경우, 이는 외형상 객관적으로 직무와 밀접한 관련이 있는 행위이고, 가해행위를 한 공무원과 동일한 목적을 위한 업무를 수행한 공무원이라 할지라도 그가 가해행위에 관여하지 아니한 이상 국가배상법 제2조 제1항 소정의 ′타인′에 해당하므로 국가배상법에 의한 손해배상책임이 인정된다.″라고 하였습니다(대법원 1998. 11. 19. 선고 97다36873 판결).

따라서 甲은 국가배상을 청구할 수 있을 것으로 보입니다.

그런데 甲이 국가배상을 청구할 경우 그가 공무원으로서 공상처리가 되어 공무원연금법에 의한 장해급여를 받았다면 그 장해급여가 국가배상청구의 소극적 손해에서 공제되어야 하는지 문제될 수 있습니다

위 판례는 ″공무원연금법 제51조 제1항 소정의 장해보상금은 공무상 질병 또는 부상으로 인하여 폐질상태로 되어 퇴직한 공

무원에 대한 손실보상을 목적으로 하는 급여로서, 공무상 질병 또는 부상으로 인한 손실을 전보하기 위하여 지급된다는 점에서 불법행위로 인한 손해배상책임에 있어서의 소극적 손해의 배상과 그 성질을 같이 하고 있고, 한편 공무원연금법 제33조 제1항은 '다른 법령에 의하여 국가 또는 지방자치단체의 부담으로 이 법에 의한 급여와 같은 종류의 급여를 받는 자에 대하여는 그 급여에 상당하는 금액을 이 법에 의한 급여에서 공제하여 지급한다'라고 규정하고, 구 공무원연금법시행령(1995. 12. 29. 대통령령 제14858호로 개정되기 전의 것) 제27조 제1항 제2호는 위 규정에 의하여 공제할 금액의 하나로, '법 제34조 및 법 제42조에 규정된 급여 중 공무상요양비·공무상요양일시금·장해연금·장해보상금 또는 유족보상금의 지급사유와 동일한 사유로 국가배상법, 국가유공자예우등에관한법률 기타 법령에 의하여 국가 또는 지방자치단체가 부담하는 금액'이라 규정하고 있으므로, 공무원이 공무집행 중 다른 공무원의 불법행위로 인하여 부상당한 경우, 부상당한 공무원이 국가배상법에 의하여 국가 또는 지방자치단체로부터 소극적 손해에 대한 배상을 받았다면 공무원연금관리공단 등은 그에게 같은 종류의 급여인 장해보상금에서 그 상당액을 공제한 잔액만을 지급하면 되고, 부상당한 공무원이 공무원연금관리공단 등으로부터 공무원연금법 소정의 장해보상금을 지급 받았다면 국가 또는 지방자치단체는 그에게 그의 소극적 손해액에서 그가 지급 받은 장해보상금 상당액을 공제한 잔액만을 지급하면 된다."라고 하였습니다(대법원 1999. 8. 24. 선고 99다24997 판결, 1998. 11. 19. 선고 97다36873 판결).

따라서 위 사안의 경우 **甲**이 국가배상을 청구할 경우 공무원연금법에 의한 장해보상을 받았다면 그 금액은 **甲**의 소극적 손해(즉, 일실이익)에서 공제되어야 할 것입니다.

그리고 **乙**의 책임에 관하여 살펴보면 판례는 "자동차손해배상보장법의 입법취지에 비추어 볼 때, 자동차손해배상보장법 제3조에 의하면 자동차의 운행이 사적인 용무를 위한 것이건, 국가 등의 공무를 위한 것이건 구별하지 아니하고 민법이나 국가배상법에 우선하여 적용된다고 보아야 하고, 따라서 일반적으로 공무원의 공무집행상의 위법행위로 인한 공무원 개인책임의 내용과 범위는 민법과 국가배상법의 규정과 해석에 따라 정하여질 것이지만, 자동차의 운행으로 말미암아 다른 사람을 사망하게 하거나 부상하게 함으로써 발생한 손해에 대한 공무원의 손해배상책임의 내용과 범위는 이와는 달리 자동차손해배상보장법이 정하는 바에 의할 것이므로, 공무원이 직무상 자동차를 운전하다가 사고를 일으켜 다른 사람에게 손해를 입힌 경우에는 그 사고가 자동차를 운전한 공무원의 경과실에 의한 것인지 중과실 또는 고의에 의한 것인지를 가리지 않고, 그 공무원이 자동차손해배상보장법 제3조 소정의 자기를 위하여 자동차를 운행하는 자에 해당하는 한 자동차손해배상보장법상의 손해배상책임을 부담한다."라고 하였으므로(대법원 1996. 3. 8. 선고 94다23876 판결), 위 사안에서 **乙**에게도 자동차손해배상보장법에 의한 손해배상을 청구할 수 있을 것입니다.

◎ 주인차량의 사고로 동승한 종업원의 보험금 산정시 주인과실
　참작되는지

【질의】➡ 甲은 乙이 경영하는 다방의 종업원으로서 차배달을 하기 위하여 乙이 운전하는 차량을 타고 가던 중 乙의 과실이 경합된 교통사고로 인하여 장해가능성이 있는 상해를 입었습니다. 이 경우 甲이 동승자로서 乙의 과실이 甲의 과실로 인정되는지요?

【답변】➡ 과실로 인정되지 않을 것으로 보입니다.

　　채무불이행의 경우 과실상계에 관하여 민법 제396조에 의하면 "채무불이행에 관하여 채권자에게 과실이 있는 때에는 법원은 손해배상의 책임 및 그 금액을 정함에 이를 참작하여야 한다."라고 규정하고 있으며, 민법 제763조에 의하면 민법 제396조를 불법행위로 인한 손해배상에 준용하도록 규정하고 있습니다.

　　그런데 호의동승의 경우 호의동승차량 운전자의 과실로 인한 사고로 동승자가 피해를 입은 경우에 관한 판례를 보면, "차량의 운행자가 아무런 대가를 받지 아니하고 동승자의 편의와 이익을 위하여 동승을 허락하고, 동승자도 그 자신의 편의와 이익을 위하여 그 제공을 받은 경우, 운행의 목적, 동승자와 운행자의 인적 관계, 그가 차에 동승한 경위, 특히 동승을 요구한 목적과 적극성 등 제반 사정에 비추어 가해자에게 일반의 교통사고와 같은 책임을 지우는 것이 신의칙(信義則)이나 형평의 원칙에 비추어 매우 불합리한 것으로 인정되는 경우에는 그 배상액을 감경할 사유로 삼을 수 있고, 이 경우 그 책임감경의 사유에 관한 사실인정이나 책임감경의 비율을 결정하는 것은 그것이 현저히 형평의 원칙에 비추어 불합리하다고 인정되지 아니하는 한 사실

심의 전권에 속하는 사항이다. 민법 제763조, 제396조가 불법행위로 인한 손해배상의 책임 및 그 금액을 정함에 있어 피해자의 과실을 참작하도록 한 취지는 불법행위로 인한 손해를 가해자와 피해자 사이에 공평하게 분담시키고자 함에 있으므로, 호의동승 차량의 운전자의 과실과 또 다른 차량의 운전자의 과실이 경합하여 사고가 발생하고, 그로 인하여 사망하거나 상해를 입은 동승자, 혹은 그 유족이 상대방 차량의 운행자를 상대로 손해배상을 청구하는 경우, 손해배상액을 정함에 있어 참작할 피해자의 과실에는 피해자 본인의 과실뿐 아니라 그와 신분상 내지 생활관계상 일체를 이루는 관계에 있는 자의 과실도 피해자측의 과실로서 포함되어야 할 것이나, 오로지 호의동승 차량 운전자의 과실로 인한 사고로 동승자가 사망하거나 상해를 입어 동승자 혹은 그 유족들이 그 동승차량의 운행자를 상대로 손해배상을 청구하는 경우에는 그 운전자의 과실은 오로지 동승차량 운행자의 손해배상채무의 성립요건에 해당할 뿐 피해자측의 과실로 참작할 성질의 것이 아니다."라고 하였습니다(대법원 1997. 11. 14. 선고 97다35344 판결).

또한, 다방 종업원이 차배달을 목적으로 다방 주인이 운전하는 차량에 동승하였다가 사고를 당한 사안에서, 운전자인 다방 주인의 과실을 피해자측 과실로 인정하지 아니한 사례가 있습니다(대법원 1998. 8. 21. 선고 98다23232 판결).

따라서 위 사안에서는 甲이 호의동승 한 차량의 운전자인 다방주인의 과실이 상대방차량의 운전자의 과실과 경합된 경우인바, 그러한 경우에도 단순히 甲이 乙의 차량에 동승하였다는 사유만으로 乙의 과실이 甲의 과실로 인정되지는 않을 것으로 보입니다.

◙ 노조합의로 회사에 반납한 급여의 일부가 일실수입에 포함되는지

【질의】 ➡ 甲은 교통사고를 당하여 장해가능성이 있는 피해를 입었습니다. 그런데 甲이 재직하던 회사가 경영상 어려움을 겪고 있어 그 고통분담의 차원에서 단체교섭의 합의내용에 따라 근로자 모두가 급여의 일부를 회사에 반납한 사실이 있고, 그 반납분에 대해서는 甲의 급여내역서에 일단 甲의 총 임금이 계산된 다음 그 금액에서 반납분을 공제한 것으로 되어 있으며, 그 반납부분이 세무당국에 근로소득으로 신고되어 있지는 않았습니다. 이러한 경우 甲의 급여 반납분이 일실수입 및 일실퇴직금 산정의 기초가 되는 소득에 포함될 수 있는지요?

【답변】 ➡ 포함되는 것으로 볼 수 있습니다.

타인의 불법행위로 인하여 피해자가 상해를 입게 되거나 사망하게 된 경우, 피해자가 입게 된 소극적 손해인 일실수입은 피해자의 사고 당시 수입을 기초로 하여 산정 하게 됩니다.

그런데 국제통화기금(IMF) 관리체제하의 어려운 회사경영상황을 인식하고 그 고통분담의 차원에서 단체교섭의 합의내용에 따라 근로자가 급여의 일부를 회사에 반납한 사실이 있는 경우, 그 반납분이 일실수입 및 일실퇴직금산정의 기초가 되는 소득에 포함되어야 하는지 에 관한 판례를 보면, "국제통화기금(IMF) 관리체제하의 어려운 회사경영상황을 인식하고 그 고통분담의 차원에서 단체교섭의 합의내용에 따라 근로자가 급여의 일부를 회사에 반납한 사실이 있는 경우, 위 반납분은 그 금액만큼 근로자의 임금이 삭감된 것이 아니라, 일단 근로자의 소득으로 귀속되었다가 근로자가 자진하여 반납한 것으로 보는 것이 상당할 것이므로 위 반납분은 근로자의 일실수입 및 일실퇴직금산정의

기초가 되는 소득에 포함되어야 할 것이고, 그러한 결론은 위 반납분이 세무당국에 근로소득으로 신고되지 아니한 사정이 있다 하더라도 마찬가지이다."라고 하였습니다(대법원 2001. 4. 10. 선고 99다39531 판결).

따라서 위 사안에서도 甲의 일실수입 및 일실퇴직금산정에 있어서 반납된 급여일부도 소득에 포함하여 산정 하여야 할 것으로 보입니다.

◙ 자동차보험금 수령을 위한 과거사실혼관계존재확인청구권

【질의】 ➡ 저는 甲과 5년 전부터 동거생활을 하고 있던 중 최근 甲은 교통사고로 사망하였습니다. 가해차량은 자동차종합보험에 가입되어 있었고, 사고 후 甲의 유품을 정리하다가 甲 명의의 은행예금통장도 발견하였습니다. 그래서 저는 보험회사 측에는 사망보험금의 지급을 은행에 대하여는 예금의 지급을 청구하였으나 유족임을 증명하지 않으면 지급할 수 없다고 합니다. 이에 저는 사실혼관계존재확인의 소를 제기하려 하는데 가능한지요?

【답변】 ➡ 가능합니다.

　　관련 판례를 보면, ″일반적으로 과거의 법률관계는 확인의 소의 대상이 될 수 없으나, 혼인, 입양과 같은 신분관계나 회사의 설립, 주주총회의 결의무효, 취소와 같은 사단적 관계, 행정처분과 같은 행정관계와 같이 그것을 전제로 하여 수많은 법률관계가 발생하고 그에 관하여 일일이 개별적으로 확인을 구하는 번잡한 절차를 반복하는 것보다 과거의 법률관계 그 자체의 확인을 구하는 편이 관련된 분쟁을 일거에 해결하는 유효·적절한 수단일 수 있는 경우에는 예외적으로 확인의 이익이 인정된다. 사실혼관계에 있던 당사자 일방이 사망하였더라도, 현재적 또는 잠재적 법적 분쟁을 일거에 해결하는 유효·적절한 수단이 될 수 있는 한, 그 사실혼관계존부확인청구에는 확인의 이익이 인정되고, 이러한 경우 친생자관계존부확인청구에 관한 민법 제865조와 인지청구에 관한 민법 제863조의 규정을 유추적용하여, 생존 당사자는 그 사망을 안 날로부터 1년 내에 검사를 상대로 과거의 사실혼관계에 대한 존부확인청구를 할 수 있다고 보아야 한다."라고 하였습니다(대법원 1995. 3. 28. 선고 94므1447 판결, 1995. 11. 14. 선고 95므694 판결).

그러나 교통사고로 인한 사망으로 보험회사가 지급하는 사망보험금과 사망한 자 명의의 예금은 상속의 대상이고 법률혼관계가 아닌 사실혼관계의 배우자는 상속인에 포함되지 아니하므로 사실혼관계가 인정된다 할지라도 귀하는 사망보험금과 예금을 지급 받을 수 없는 것입니다. 다만, 상속인이 전혀 없을 경우 특별연고자로서 민법 제1057조의2에 의하여 상속재산의 전부 또는 일부를 분여(分與)받을 수는 있을 것입니다.

그리고 사실혼관계의 배우자임을 이유로 귀하 본인의 위자료를 보험회사에 대하여 청구할 수 있을 것이므로 그러한 위자료청구의 전제로서 검사를 상대로 사실혼관계존재확인의 소를 제기할 수 있을 것으로 보이지만, 직접 보험회사를 상대로 위자료를 구하는 소를 제기하여 그 소송절차 내에서 그 주장의 전제가 되는 甲과의 사실혼관계존재를 주장·입증하는 것이 간편한 방법일 것입니다.

◘ 영혼결혼을 하면 혼인신고가 가능한지

> **【질의】** ➡ 甲男과 乙女는 동일한 교통사고로 사망하였는데, 그들의 넋을 위로하기 위하여 부모들이 합의하여 '영혼결혼식'을 거행해주었는바, 이 경우에도 혼인신고를 할 수는 있는지요?

【답변】 ➡ **할 수 없습니다.**

사람은 생존한 동안 권리와 의무의 주체가 되는 것이므로(민법 제3조), 친족들이 동일한 위난으로 인하여 사망한 남녀 사이에 넋을 위로하기 위하여 '영혼결혼식'을 거행해주었다고 하더라도 사망한 사람들 사이에는 법률상 혼인은 성립할 수 없는 것입니다.

설사 그 사망한 자들에 대한 혼인신고를 제3자가 신고한 경우라 하더라도 이러한 혼인신고는 무효입니다.

이미 사망한 사람들 사이에 영혼결혼식을 올려준 후 제3자가 그들의 혼인신고서를 작성하여 제출한 경우 이를 수리할 수 있는지 여부에 관한 호적선례도 "사람은 생존한 동안 권리와 의무의 주체가 되는 것이므로, 동일한 위난으로 사망한 남녀 사이에 친족들이 넋을 위로하기 위하여 영혼결혼식을 거행하여 주었다 하더라도 사망한 사람들 사이에는 법률상 혼인은 성립될 수 없는 것이며, 설사 그 사망한 자들에 대한 혼인신고를 제3자가 신고한 경우라 하더라도 그러한 혼인신고는 무효이므로 어떠한 사유로도 수리될 수 없는 것이다."라고 하였습니다(1993. 4. 27. 호적선례 3-248, 3-49).

◐ 재혼한 어머니가 친권을 행사할 수 있는지

> **【질의】** ➡ 3년 전 부모님이 이혼한 후 어머니는 재혼하였고, 저는 18세의 학생으로서 아버지, 할머니와 함께 살고 있었습니다. 그러던 6개월 전 아버지가 교통사고로 사망하자 어머니는 저의 친권자임을 주장하며 제 앞으로 나온 아버지의 사망보상금을 수령·관리할 권한이 있다고 합니다. 할머니는 저의 앞날을 걱정하며 어찌할 줄 모르고 있는데, 대처할 방법이 없는지요?

【답변】 ➡ 법원이 어머니의 친권자 지정청구에 대하여 기각할 수 있으며, 만약 어머니가 친권자로 지정된 경우에는 친권상실선고를 신청합니다.

아버지의 사망으로 인한 손해배상금은 귀하에게 귀속되는 것이나, 귀하는 아직 미성년자이므로 그 재산을 관리할 친권자 또는 후견인이 있어야 합니다. 2011년 5월 19일 민법 일부 개정 (2013년 7월 1일 시행)에 의하여 이혼 등으로 단독 친권자로 정해진 부모의 일방이 사망하거나 친권을 상실하는 등 친권을 행사할 수 없는 경우에 가정법원의 심리를 거쳐 친권자로 정해지지 않았던 부모의 다른 일방을 친권자로 지정하거나 후견이 개시되도록 하여 부적격의 부 또는 모가 당연히 친권자로 됨으로써 미성년자의 복리에 악영향을 미치는 것을 방지하도록 하였습니다.

따라서 개정 민법에 의할 때, 부모님 이혼 시 아버지가 친권자로 지정된 경우, 아버지의 사망만으로 당연히 어머니가 친권자가 되는 것은 아니며, 생존하고 있는 어머니가 친권자가 되기 위해서는 민법 제909조의2 1항에 의하여 그 사실을 안 날부터 1개월, 사망한 날부터 6개월 내에 가정법원에 생존하는 모를 친권자로 지정할 것을 청구하여야 합니다. 이러한 친권자 지정 청구에 대하여 가정법원은 생존하는 부 또는 모, 친생부모 일방 또는 쌍방의 양육의사 및 양육능력, 청구 동기, 미성년자의 의사, 그 밖의 사정을 고려하여 미성년자의 복리를 위하여 적절하지 아니하다고 인정하면 청구를 기각할 수 있습니다. 이 경우 가정법원은 직권으로 미성년후견인을 선임할 수 있습니다(민법 제909조의2 4항).

만약 생존하는 어머니가 위의 기간 내에 친권자 지정의 청구를 하지 않았을 경우에는 가정법원은 직권으로 또는 미성년자, 미성년자의 친족, 이해관계인, 검사, 지방자치단체의 장의 청구에 의하여 미성년후견인을 선임할 수 있습니다(민법 제909조의2 3항). 따라서 사안의 경우 생존하는 어머니가 친권자 지정 청구를 하지 않았다면, 미성년자 본인 또는 할머니는 가정법원에 미성년후견인 선임 청구를 할 수 있습니다.

만약 어머니의 친권자 지정 청구에 의하여 어머니가 친권자로 지정된 경우라면 친권상실선고를 신청할 수 있을 것입니다.

즉, 부 또는 모가 친권을 남용하거나 현저한 비행 기타 친권을 행사시킬 수 없는 중대한 사유가 있을 때에는 법원은 민법 제777조의 규정에 의한 자(子)의 친족 또는 검사의 청구에 의하여 그 친권의 상실을 선고할 수 있고, 법정대리인인 친권자가 부적당한 관리로 인하여 자의 재산을 위태하게 한 때에는 법원은 민법 제777조의 규정에 의한 자의 친족의 청구에 의하여 그 법률행위의 대리권과 재산관리권의 상실을 선고할 수 있습니다(민법 제924조, 제925조).

그런데 어떤 행위가 '친권의 남용' 혹은 '현저한 비행'이 되느냐 하는 것은 구체적 사안에 따라 판단되어야 할 구체적인 문제이고, 획일적인 기준이 있는 것은 아닙니다. 친권의 남용은 친권자로서의 양육, 재산관리 등의 권리의무를 부당하게 행사하여 자의 복지를 해하는 것입니다. 즉, 외관상 친권자가 자의 재산을 부당하게 처분하는 것으로 보이더라도 친권자의 그 동기가 병을 치료하기 위한 것이나, 자의 적당한 생활 및 교육을 위한 것이었다면 친권남용이라고 보지 않습니다. 현저한 비행에 해당하는 경우로는 성적 품행(性的品行)이 나쁘거나, 음주·도박 등으로 인하여 자의 보호·교육에 해(害)가 되고, 자에게 불이익을 주는 경우라고 할 수 있습니다. 기타 친권을 행사시킬 수 없는 중대한 사유로는 장기간 자녀를 보호·양육하지 않고 방치한 경우나, 장기간 행방불명인 경우가 이에 해당될 수 있습니다.

친권상실선고에 있어 고려하여야 할 요소에 관한 판례를 보면, "친권은 미성년인 자의 양육과 감호 및 재산관리를 적절히 함으로써 그의 복리를 확보하도록 하기 위한 부모의 권리이자 의무의 성격을 갖는 것으로서, 민법 제924조에 의한 친권상실선고사유의 해당여부를 판단함에 있어서도 친권의 목적이 자녀의 복리보호에 있다는 점이 판단의 기초가 되어야 하고, 설사 친권자에게 간통 등의 비행이 있어 자녀들의 정서나 교육 등에 악영향을 줄 여지가 있다 하더라도 친권의 대상인 자녀의 나이나 건강상태를 비롯하여 관계인들이 처해 있는 여러 구체적 사정을 고려하여 비행을 저지른 친권자를 대신하여 다른 사람으로 하여금 친권을 행사하거나 후견을 하게 하는 것이 자녀의 복리를 위하여 보다 낫다고 인정되는 경우가 아니라면 섣불리 친권상실을 인정하여서는 안 되고, 자녀들의 양육과 보호에 관한 의무를 소홀히 하지 아니한 모의 간통행위로 말미암아 부가 사망하는 결과가 초래된 사실만으로는 모에 대한 친권상실선고사유에 해당한다고 볼 수 없다."라고 하였습니다(대법원 1993. 3. 4.자 93스3 결정).

또한 과거에 다른 남자들과 불의의 관계를 맺은 일이 있었으나 현재는 이를 끊고 그 자녀의 감호·양육에 힘쓰고 있는 경우에는 그러한 사실만으로 현저한 비행 또는 친권남용이라 할 수 없다고 하였습니다(대법원 1959. 4. 16. 선고 4291민상659 판결).

친권상실청구의 소송을 제기한 경우 판결이 있을 때까지는 상당한 시일을 요하므로 자의 이익을 위하여 필요한 경우 법원은 신청에 의하여 친권자의 친권행사를 정지시키거나, 친권대행자를 선임하는 사전처분을 할 수 있습니다.

가정법원은 친권상실의 선고에 따라 미성년후견인을 선임할 필요가 있는 경우에는 직권으로 미성년후견인을 선임합니다(민법 제932조 2항).

참고로 친권상실에 이르지 않은 친권남용의 경우에 관한 판례를 보면, "친권자인 모(母)가 미성년자인 자(子)의 법정대리인으로서 자의 유일한 재산을 아무런 대가도 받지 않고 증여하였고 상대방이 그 사실을 알고 있었던 경우, 그 증여행위는 친권의 남용에 의한 것이므로 그 효과는 자(子)에게 미치지 않고, 이러한 경우 친권자의 법정대리권의 남용으로 인한 법률행위의 효과가 미성년인 자(子)에게 미치지 아니한다고 하여 그 친권자의 친권이 상실되어야 하는 것은 아니며, 친권자가 자(子)의 법정대리인으로서 소송대리인을 선임하여 그 증여에 기하여 이루어진 소유권이전등기의 말소를 구하는 소를 제기하였다고 하여 이를 금반언의 원칙에 어긋난 것으로 볼 수도 없다."라고 한 바 있습니다(대법원 1997. 1. 24. 선고 96다43928 판결).

◑ 친권행사자인 부(父) 사망시 재혼한 모(母)가 친권행사자로 되는지

【질의】 ➡ 甲男은 乙女와 협의이혼을 하면서 미성년자인 아들 丙의 친권을 甲男으로 하기로 협의하였는데, 甲男이 갑자기 교통사고로 사망하였으며 그 손해배상금을 교통사고의 가해차량이 가입한 보험회사로부터 수령하여야 하는바, 미성년자 丙은 조부모가 양육하고 있고 乙女는 재혼하였으므로 이러한 경우 위 손해배상금은 누가 수령하여야 하는지요?

【답변】 ➡ 乙女가 당연히 친권자가 되는 것은 아니며, 가정법원의 판단을 받아야 합니다.

2011년 5월 19일 민법 일부 개정(2013년 7월 1일 시행) 전에는 친권자로 지정된 일방이 사망 시, 다른 일방이 당연히 친권자가 되는 것인지 논의가 있었으며, 이 경우 당연히 친권자가 된다고 해석할 경우 부적격의 부 또는 모가 당연히 친권자가 되는 결과가 되어, 미성년자의 복리에 악영향을 줄 수 있다는 지적이 있었습니다. 이에 개정 민법은 가정법원의 심리를 거쳐 친권자로 정해지지 않았던 부모의 다른 일방을 친권자로 지정하거나 후견이 개시되도록 하였습니다. 따라서 사안의 경우 재혼한 **乙女**가 당연히 친권자가 되는 것은 아니며, **乙女**는 **甲男**의 사망 사실을 안 날부터 1개월, 사망한 날부터 6개월 내에 가정법원에 자신을 친권자로 지정할 것을 청구할 수 있습니다(민법 제909조의2 1항). 이 경우 가정법원은 생존하는 **乙女**의 양육 의사 및 양육능력, 청구 동기, 미성년자의 의사, 그 밖의 사정을 고려하여 미성년자의 복리를 위하여 적절하지 아니하다고 인정하면 청구를 기각할 수 있으며, 이 경우 가정법원은 직권으로 미성년후견인을 선임할 수 있습니다(민법 제909조의2 3항).

◘ 부모가 모두 사망한 경우 후견인은 누가 되는지

【질의】 ➡ 형님 부부가 얼마 전 교통사고로 모두 사망하여 미성년자인 조카의 후견인이 필요합니다. 현재 가까운 친족으로 조부와 삼촌인 제가 있는데, 이 경우 누가 후견인이 되는지요?

【답변】 ➡ 가정법원의 직권 또는 미성년자, 친족, 이해관계인, 검사, 지방자치단체의 장의 청구에 의하여 가정법원이 미성년후견인을 선임하게 됩니다.

민법의 후견제도(**後見制度**)는 친권에 의하여 보호받을 수 없는 미성년자와 피성년후견인, 피한정후견인 등을 보호함을 목적으로 합니다. 부모는 그의 자녀가 성년에 달하기 전에는 그를 보호하고 교양 할 권리와 의무가 있는바, 그러한 친권을 행사할 부모가 없을 때에는 그 부모를 대신하여 그를 보호하고 교양 할 사람이 필요하며, 또한 질병, 장애, 노령, 그 밖의 사유로 인한 정신적 제약으로 사무를 처리할 능력이 지속적으로 결여 또는 부족한 사람으로서 법원으로부터 성년후견개시 또는 한정후견개시의 심판을 받은 피성년후견인 또는 피한정후견인의 경우에도 그의 신체적 결함을 제거하고 정상적인 사람으로 회복하기 위하여 이를 요양하고 간호하는 일에 대한 책무를 져야 할 사람이 필요합니다.

미성년자의 후견인은 망인(부 또는 모)의 유언으로 지정되는 지정후견인(**指定後見人**)이 있고, 지정후견인이 없는 경우에는 가정법원에 의하여 선임되는 선입후견인이 있습니다(민법 제931조, 제932조). 만약 부모가 자녀의 미성년후견인을 지정하지 않고 모두 사망했다면, 가정법원은 민법 제932조에 의해 직권으로 또는 미성년자, 친족, 이해관계인, 검사, 지방자치단체의 장의 청구에 의하여 미성년후견인을 선임해야 합니다. 2011년 3월 7일 개정된 민법이 2013년 7월 1일에 시행되기 전까지는 법정후견인 제도에 의하여 미성년자의 직계혈족, 3촌 이내의 방계혈족 중에서 촌수가 가까운 사람, 연장자의 순으로 후견인이 되었으나, 개정민법에서는 이러한 법정후견인 제도가 폐지되었습니다. 따라서 미성년자의 복리를 위해 적합하지 않은 자가 단지 촌수가 가깝다는 이유만으로 후견인이 될 가능성은 적어진 것으로 볼 수 있습니다.

위 사안의 경우 개정 전 민법에 의할 때, 직계혈족이 방계혈족에 우선하므로, 직계혈족인 조부가 방계혈족인 삼촌보다 우선하여 후견인이 되는 것과 달리, 2013년 7월 1일 시행된 개정민법에 의하면, 형님 부부가 유언으로 미성년후견인을 지정하지 않았다면 가정법원의 직권 또는 미성년자, 친족, 이해관계인, 검사, 지방자치단체의 장의 청구에 의하여 가정법원이 미성년후견인을 선임하게 되는 것입니다.

참고로 보호시설에 있는 미성년자 또는 고아의 후견에 관하여는 '보호시설에 있는 미성년자의 후견 직무에 관한 법률'이 적용됩니다.

◎ 후견인이 후견감독인의 동의 없이 한 소송행위의 효력

【질의】 ➡ 甲은 그의 남편 乙이 성년후견개시의 심판을 받은 후 그의 후견인으로 선임되었습니다. 그런데 乙이 교통사고를 당하여 가해차량이 자동차종합보험에 가입한 보험회사를 상대로 손해배상청구의 소를 제기하였으며, 제1심 재판에서 일부승소 하였습니다. 그런데 보험회사에서는 항소를 하였고, 甲이 乙의 후견인으로서 소송을 하면서 후견감독인의 동의를 받은 사실이 없으므로 제1심 판결은 그 효력이 없다고 주장하고 있습니다. 보험회사의 주장이 타당한지요?

【답변】 ➡ 타당합니다.

　　민법 제950조 제1항에 의하면 후견인이 피후견인을 대리하여 다음 각 호의 어느 하나에 해당하는 행위를 하거나 미성년자의 다음 각 호의 어느 하나에 해당하는 행위에 동의를 할 때는 후견감독인이 있으면 그의 동의를 받아야 합니다.

　　1. 영업에 관한 행위 2. 금전을 빌리는 행위 3. 의무만을 부담하는 행위 4. 부동산 또는 중요한 재산에 관한 권리의 득실 변경을 목적으로 하는 행위 5. 소송행위 6. 상속의 승인, 한정승인 또는 포기 및 상속재산의 분할에 관한 협의

　　또한 동조 제3항에 의하면 후견감독인의 동의가 필요한 법률행위를 후견인이 후견감독인의 동의 없이 하였을 때에는 피후견인 또는 후견감독인이 그 행위를 취소할 수 있다고 규정하고 있습니다.

　　그런데 개정 전 민법에서 인정되던 한정치산자와 관련하여 한정치산자의 후견인이 친족회의 동의 없이 소를 제기한 후 소송행위를 한 경우, 후견인이 한 제소 등 일련의 소송행위의 효

력에 관한 판례를 보면, "한정치산자의 후견인이 한정치산자의 이름으로 소송을 제기하는 등의 소송행위를 함에는 친족회의 동의를 얻어야 하며, 친족회의 동의를 얻지 아니한 채 제소하여 사실심의 변론종결시까지 그 동의가 보정되지 아니하였다면 그 제소 등 일련의 소송행위는 그에 필요한 수권이 흠결된 법정대리인에 의한 것으로서 절차적 안정이 요구되는 소송행위의 성격상 민법 제950조 제2항의 규정에도 불구하고 무효이다. 그러나 한정치산자의 법정대리인의 소송행위에 필요한 친족회의 동의는 보정되면 행위시에 소급하여 그의 효력이 생기고 그 보정은 상고심에서도 할 수 있다."라고 하였습니다(대법원 2001. 7. 27. 선고 2001다5937 판결).

따라서 위 사안에서 甲이 후견감독인의 동의 없이 乙의 교통사고로 인한 손해배상청구의 소를 제기하여 제1심에서 승소하였지만, 후견감독인의 동의가 없었으므로 甲의 그러한 소송행위는 무효가 될 것이지만, 항소심에서 후견감독인의 동의를 얻어 그 동의서를 제출한다면 제1심에서의 소송행위도 유효한 것이 될 것입니다.

◙ 재산상속에 있어서 법정상속인의 상속순위

> **【질의】** ➡ 처자와 노부모, 시동생이 있는 저의 남편이 교통사고를 당하여 사망하였습니다. 이 경우 남편의 재산 및 교통사고배상금의 상속관계는 어떻게 되는지요?

【답변】 ➡ 처자가 1순위로 모두 받게 됩니다.

상속의 순위에 관하여 민법 제1000조에 의하면 "①상속에 있어서는 다음 순위로 상속인이 된다. 1. 피상속인의 직계비속 2. 피상속인의 직계존속 3. 피상속인의 형제자매 4. 피상속인의 4촌 이내의 방계혈족 ②전항의 경우에 동순위의 상속인이 수인인 때에는 최근친을 선순위로 하고 동친 등의 상속인이 수인인 때에는 공동상속인이 된다. ③태아는 상속순위에 관하여는 이미 출생한 것으로 본다."라고 규정하고 있으며, 이를 구체적으로 살펴보면 다음과 같습니다.

제1순위는 사망한 자의 직계비속(**直系卑屬**), 즉 자(子), 손자 등입니다. 이 경우 자연혈족(친자식), 법정혈족(양자), 혼인중의 출생자, 혼인외의 출생자, 남자, 여자를 구별하지 아니하며, 태아는 상속순위에 있어서 이미 출생한 것으로 봅니다.

제2순위는 사망한 자의 직계존속(**直系尊屬**), 즉 부모, 조부모 등입니다. 직계존속은 부계(친가), 모계(외가), 양가, 생가를 구별하지 아니하며, 양자인 경우 친생부모와 양부모는 모두 같은 순위입니다.

제3순위는 사망한 자의 형제·자매이며, 제4순위는 사망한 자의 4촌 이내의 방계혈족입니다.

같은 순위의 상속인이 여러 명인 때에는 촌수가 가까운 사람이 선순위가 되고, 같은 촌수가 여러 명인 경우에는 공동으로 상속하게 됩니다.

또한, 배우자(혼인신고 된 배우자)의 경우에는 피상속인(사망한 자)의 직계비속 또는 피상속인의 직계존속과 같은 순위, 직계비속과 직계존속이 모두 없을 경우에는 단독으로 상속을 하게 됩니다(민법 제1003조).

따라서 위 사안의 경우 상속순위는 남편의 자식과 배우자인 귀하가 공동으로 제1순위의 상속인이 되므로 남편의 노모와 시동생은 상속인이 될 수 없다고 하겠습니다.

다만, 남편의 노모와 시동생은 아들 또는 형이 사망함으로 인한 정신적 고통에 대한 위자료청구권은 그들 고유의 권리로서 가지게 될 것입니다(대법원 1999. 6. 22. 선고 99다7046 판결).

◎ 태아도 재산상속을 할 수 있는지

> **【질의】** ➡ 저는 얼마 전 동거하는 甲남과 자동차를 타고 가던 중 반대차선에서 진행하던 乙의 잘못으로 교통사고를 당해 甲은 사망하였고 저는 조금 다쳤습니다. 사고 당시 저는 임신 중이었으나 甲의 부모와 상의하여 임신중절수술을 하였습니다. 태아인 경우에도 상속권이 있다고 하는데, 甲의 재산과 위 사고로 인한 손해배상청구권은 누가 상속받게 되는지요?

【답변】 ➡ 甲남의 부모가 상속받게 됩니다.

민법 제1000조 제3항 및 제762조에 의하면 태아는 상속순위와 손해배상청구권에 관하여는 이미 출생한 것으로 본다고 규정하고 있습니다.

그러나 태아의 재산상속권과 불법행위에 대한 손해배상청구권은 태아가 살아서 출생하는 것을 전제하여 인정되는 것이며, 만약 태아가 모체와 같이 사망하거나 또는 모체 내에서 사망하는 등 출생하기 전에 사망하였다면 재산상속권과 불법행위에 대한 손해배상청구권은 인정되지 않는 것입니다.

관련 판례를 보면 "태아도 손해배상청구권에 관하여는 이미 출생한 것으로 보는바, 부(父)가 교통사고로 상해를 입을 당시 태아가 출생하지 아니하였다고 하더라도 그 뒤에 출생한 이상 부의 부상으로 인하여 입게 될 정신적 고통에 대한 위자료를 청구할 수 있다."라고 하였지만(대법원 1993. 4. 27. 선고 93다4663 판결), "태아가 특정한 권리에 있어서 이미 태어난 것으로 본다는 것은 살아서 출생한 때에 출생시기가 문제의 사건의 시기까지 소급하여 그 때에 태아가 출생한 것과 같이 법률상 보아준다고 해석하여야 상당하므로, 그가 모체와 같이 사망하여 출생의 기회를 못 가진 이상 배상청구권을 논할 여지가 없다."라고 하였습니다(대법원 1976. 9. 14. 선고 76다1365 판결).

그러므로 귀하가 태아인 상태에서 임신중절수술을 받았다면 태아는 상속순위에서도 상속인이 되지 못하는 것이고, 물론 불법행위에 대한 손해배상청구권도 발생하지 않습니다. 또한, 귀하는 甲과 혼인신고를 하지 않은 상태이기 때문에 甲의 상속인이 되지 못합니다.

따라서 甲의 사망당시 재산과 위 사고로 인한 乙에 대한 손해배상청구권은 甲의 부모가 상속하게 될 것입니다. 다만, 귀하도 교통사고를 당하였으므로 그로 인하여 입은 치료비와 사실혼 관계에 있던 甲의 사망에 따른 정신적 고통에 대한 위자료 등은 乙에 대하여 청구할 수 있다고 할 것입니다.

◨ 남편과 아들이 동시에 사망한 경우 남편 재산의 상속인

> **【질의】** ➡ 저는 시아버지를 모시고 남편과 미혼인 외동아들을 키우며 생활하였는데, 얼마 전 남편과 미혼인 아들이 고속버스를 타고 큰댁으로 가던 중 버스가 전복되는 사고를 당하여 모두 동시에 사망하였습니다. 그런데 시고모는 시아버지가 남편에게 증여한 주택을 반환하고 교통사고배상금의 1/2은 시아버지에게 돌려주라고 합니다. 이것이 타당한지요?

【답변】 ➡ **타당하지 않습니다.**

상속은 피상속인의 사망으로 개시됩니다. 그런데 위와 같은 동시사망(同時死亡)에 관하여 민법 제30조에 의하면 "2인 이상이 동일한 위난으로 사망한 경우 동시에 사망한 것으로 추정한다."라고 규정하고 있습니다.

사망의 시기는 상속문제 등에 관련하여 중대한 의미를 갖고 있으나, 2인 이상이 동일한 위난으로 사망한 경우, 누가 먼저 사망하였는가를 입증하는 것은 대단히 곤란하거나 불가능하기 때문에 동시에 사망한 것으로 추정함으로써 사망자 상호간에는 상속이 개시되지 않도록 취급하려는 것입니다.

동시사망으로 추정되는 경우 그 효과는 추정에 불과하므로 반증을 들어 그 추정을 번복할 수 있으나, 반증은 거의 불가능하므로 이 경우의 '추정'은 사실상 '간주'에 가깝다고 할 것이며, 민법 제30조는 상속뿐만 아니라 대습상속 및 유증에도 적용되는 것입니다.

동시사망의 추정을 번복하기 위한 입증책임의 내용 및 정도에 관하여 판례는 "민법 제30조에 의하면, 2인 이상이 동일한 위

난으로 사망한 경우에는 동시에 사망한 것으로 추정하도록 규정하고 있는바, 이 추정은 법률상 추정으로서 이를 번복하기 위해서는 동일한 위난으로 사망하였다는 전제사실에 대하여 법원의 확신을 흔들리게 하는 반증을 제출하거나 또는 각자 다른 시각에 사망하였다는 점에 대하여 법원에 확신을 줄 수 있는 본증을 제출하여야 하는데, 이 경우 사망의 선후에 의하여 관계인들의 법적 지위에 중대한 영향을 미치는 점을 감안할 때 '충분하고도 명백한 입증이 없는 한' 위 추정은 깨어지지 아니한다."라고 하였습니다(대법원 1998. 8. 21. 선고 98다8974 판결).

위 사안에서 첫째, 남편이 먼저 사망했다고 하면 남편명의의 주택 및 그 사고로 인한 보상금은 1순위 상속인인 아들과 귀하가 상속하고, 아들의 사망으로 귀하가 다시 상속하게 되며, 아들의 보상금 역시 귀하가 단독으로 상속하게 되므로 이 경우 시아버지는 상속권이 없게 될 것입니다.

둘째, 아들이 먼저 사망하였다면 아들의 보상금을 귀하와 남편이 공동상속하고, 남편의 사망으로 남편의 상속분을 귀하와 시아버지가 공동으로 상속하게 되며, 남편의 주택과 보상금도 귀하와 시아버지가 공동상속 하게 됩니다.

셋째, 남편과 아들이 동시에 사망하였다면 아들의 보상금은 귀하가 단독으로 상속하게 되지만 남편의 주택과 보상금은 귀하와 시아버지가 공동상속 하게 됩니다.

그런데 남편과 아들이 동일한 위난으로 사망한 경우이므로 반대의 증거로 인한 반증이 없는 한 동시사망이 추정되어 아들에 대한 교통사고의 배상금은 귀하가 단독으로 상속하며, 남편에 대한 교통사고의 배상금은 시아버지와 귀하가 공동상속하나 그 상속분은 동일하지 않고 귀하가 3/5, 시아버지가 2/5가 됩니다.

그리고 시아버지가 매수하여 남편에게 준 주택은 증여의 효력이 인정되고 이미 이행한 부분은 취소할 수 없으므로 이것 또한 시아버지와 귀하가 공동상속인이 되어 그 상속분은 귀하가 3/5, 시아버지가 2/5가 될 것입니다.

◘ 특별연고자의 상속재산분여

> **【질의】** ➡ 저는 8년 전 고아인 남편과 만나 혼인신고 없이 동거하고 있는데, 남편은 얼마 전 회사에서 일을 끝마치고 집으로 돌아오던 중 교통사고로 사망하였습니다. 8년 간 결혼생활을 하며 취득한 남편명의의 부동산과 교통사고 배상금에 대하여 제가 상속받을 수 있는지요?

【답변】 ➡ 일정 절차를 거쳐 분여받을 수 있습니다.

우리 민법은 피상속인의 직계비속, 직계존속, 형제자매, 4촌 이내의 방계혈족 및 배우자에 한하여 상속인이 될 수 있으며, 이러한 상속인이 없는 상속재산은 국가에 귀속된다고 규정하고 있습니다(민법 제1058조 제1항).

그러나 사실상의 배우자나 사실상의 양자와 같이, 피상속인과 생계를 같이 하고 있거나 피상속인의 요양간호를 한 자, 기타 피상속인과 특별한 연고가 있던 자는 법률상 상속인이 아니기 때문에 피상속인의 재산을 상속할 길이 없다면 이는 불합리하다 할 것입니다. 이를 시정하기 위하여 현행 민법은 상속권을 주장하는 자가 없는 경우에 한하여 특별연고자에 대한 분여를 인정하였습니다.

즉, ①상속인의 존부가 분명하지 아니한 때에는 법원은 피상속인의 친족 기타 이해관계인 또는 검사의 청구에 의하여 상속재산관리인을 선임하고 지체 없이 이를 공고한 후에 공고가 있은 날로부터 3월내에 상속인의 존부를 알 수 없는 때에는 관리인은 지체 없이 일반상속채권자와 유증 받은 자에 대하여 2월 이상의 기간을 정하여 그 기간 내에 그 채권 또는 유증 받은 사실을 신고할 것을 공고하여야 하며, ②공고기간 내에 상속권을 주장하는 자가 없는 때에는 가정법원은 피상속인과 생계를 같이 하고 있던 자, 피상속인의 요양간호를 한 자 기타 피상속인과 특별한 연고가 있던 자의 청구에 의하여 상속재산의 전부 또는 일부를 분여할 수 있는데, 이 청구는 가정법원이 상속인수색의 공고에서 정한 상속권주장의 최고기간이 만료된 후 2월 이내에 하여야 합니다(민법 제1053조, 제1056조, 제1057조의2 제2항).

그리고 가정법원에서 분여청구를 인용하는 경우에도 그 분여의 범위는 법원의 자유로운 판단에 의하여 결정될 것입니다.

◐ 만취 후 운전하여 교통사고를 낸 경우 심신장애로 인한 감경여부

> **【질의】 ➡** 제 동생은 평소 가정불화로 괴로워하던 중 술을 먹기 위해 자기 차를 운전하여 술집으로 가서 음주한 후 만취상태로 자동차를 운전하다가 甲을 상해하는 교통사고를 일으키고 현재 구속기소 되었습니다. 이 경우 동생은 사고 당시 만취상태였으므로 형법상 심신장애로 인한 형의 감경을 받을 수 있는지요?

【답변】 ➡ 감경 받을 수 없습니다.

심신장애자의 처벌에 관하여 형법 제10조에 의하면 "①심신장애로 인하여 사물을 판별할 능력이 없거나 의사를 결정할 능력이 없는 자의 행위는 벌하지 아니한다. ②심신장애로 인하여 전항의 능력이 미약한 자의 행위는 형을 감경(減輕)한다. ③위험의 발생을 예견하고 자의로 심신장애를 야기한 자의 행위에는 전 2항의 규정을 적용하지 아니한다."라고 규정하고 있습니다.

행위자가 고의 또는 과실로 자기를 심신상실 또는 심신미약의 상태에 빠지게 한 후 이러한 상태에서 범죄를 실행하는 것을 '원인에 있어서 자유로운 행위'라고 합니다.

예컨대, 살인을 결심한 자가 용기를 얻기 위하여 음주 대취한 후 명정상태에서 범행을 저지른 경우 등을 말하는데, 이 경우 행위자는 비록 심신미약이나 심신상실의 상태에서 행위를 하였다고 할지라도 형이 감경되거나 면제되지 아니하고 형법 제10조 제3항에 따라 그 행위에 대한 완전한 책임을 부담하게 됩니다.

관련 판례를 보면, "피고인이 자신의 차를 운전하여 술집에

가서 술을 마신 후 운전을 하다가 교통사고를 일으켰다면, 이는 피고인이 음주할 때 교통사고를 일으킬 수 있다는 위험성을 예견하고도 자의로 심신장애를 야기한 경우에 해당하여, 가사 사고 당시 심신미약 상태에 있었다고 하더라도 심신미약으로 인한 형의 감경을 할 수 없다."라고 하였으며(대법원 1994. 2. 8. 선고 93도2400 판결, 1995. 6. 13. 선고 95도826 판결, 2002. 11. 8. 2002도5109 판결), 또한 "형법 제10조 제3항은 고의에 의한 원인에 있어서의 자유로운 행위만이 아니라 과실에 의한 원인에 있어서의 자유로운 행위까지도 포함하는 것으로서, 위험의 발생을 예견할 수 있었는데도 자의로 심신장애를 야기한 경우도 그 적용대상이 된다고 할 것이어서, 피고인이 음주운전을 할 의사를 가지고 음주만취 한 후 운전을 결행하여 교통사고를 일으켰다면 피고인은 음주시에 교통사고를 일으킬 위험성을 예견하였는데도 자의로 심신장애를 야기한 경우에 해당하므로 위 법 조항에 의하여 심신장애로 인한 감경 등을 할 수 없다."라고 하였습니다 (대법원 1992. 7. 28. 선고 92도999 판결).

따라서 귀하의 동생의 경우에도 비록 고의에 의하지 아니하였다고 하더라도 음주운전의 위험성을 예견한 경우에 해당한다 할 것이므로 심신미약을 이유로 형의 감경을 인정받기는 어려울 것으로 보입니다.

◘ 공소권 없음으로 처리될 진범 대신 허위 진술한 경우 처벌여부

【질의】 ➡ 甲은 친구 乙이 운전하고 종합보험에 가입한 乙소유 승용차에 동승하고 있던 중 乙이 운전부주의로 甲에게 전치 4주의 상해가 발생하는 교통사고를 야기하였음에도 불구하고, 乙이 그 이전에도 교통사고를 야기한 사실이 있었다는 말을 듣고 교통사고를 조사하는 경찰관에게 적극적으로 甲 자신이 운전하다 사고를 내었다고 허위의 진술을 하였습니다. 그런데 그 후 진술의 앞뒤가 맞지 않아 乙이 진범임이 밝혀졌으나 乙은 조사 받기를 회피하고 있으며, 甲은 범인도피죄로 조사를 받고 있습니다. 이 경우 乙이 자동차종합보험에 가입하여 교통사고 처리특례법에 의하여 공소권 없음으로 처리될 수 있는 경우에도 범인도피죄가 문제될 수 있는지요?

【답변】 ➡ 범인도피죄의 여지가 있습니다.

형법 제151조 제1항에 의하면 "벌금이상의 형에 해당하는 죄를 범한 자를 은닉 또는 도피하게 한 자는 3년 이하의 징역 또는 500만원이하의 벌금에 처한다."라고 규정하고 있습니다.

그런데 위 사안과 관련된 판례를 보면, "형법 제151조에 의하면 규정하는 범인도피죄는 범인은닉 이외의 방법으로 범인에 대한 수사, 재판 및 형의 집행 등 형사사법의 작용을 곤란 또는 불가능하게 하는 행위를 말하는 것으로서, 그 방법에는 어떠한 제한이 없고, 또한 위 죄는 위험범으로서 현실적으로 형사사법의 작용을 방해하는 결과가 초래될 것이 요구되지 아니할 뿐만 아니라, 형법 제151조 소정의 '벌금 이상의 형에 해당하는 죄를 범한 자'라 함은 범죄의 혐의를 받아 수사대상이 되어 있는 자도 포함하고, 벌금 이상의 형에 해당하는 자에 대한 인식은 실제로 벌금 이상의 형에 해당하는 범죄를 범한 자라는 것을 인식함으로써 족하고 그 법정형이 벌금 이상이라는 것까지 알 필요는 없으며, 범인이 아닌 자가 수사기관에 범인임을 자처하고 허위사실을 진술하여 진범의 체포와 발견에 지장을 초래하게 한 행위는 위 죄에 해당한다."라고 하면서 "범인에 대하여 적용 가능한 죄가 도로교통법위반죄로부터 교통사고처리특례법위반죄를 거쳐 상해죄에 이르기까지 다양하고, 그 죄들은 모두 벌금 이상의 형을 정하고 있으며 범인에게 적용될 수 있는 죄가 교통사고처리특례법위반죄에 한정된다고 하더라도 자동차종합보험 가입사실만으로 범인의 행위가 형사소추 또는 처벌을 받을 가능성이 없는 경우에 해당한다고 단정할 수 없을 뿐 아니라, 피고인이 수사기관에 적극적으로 범인임을 자처하고 허위사실을 진술함으로써 실제 범인을 도피하게 하였다."는 이유로 범인도피죄의 성립을 인정한 사례가 있습니다(대법원 2000. 11. 24. 선고 2000도4078 판결, 2003. 2. 14. 선고 2002도5374 판결).

위 판례의 이유를 구체적으로 살펴보면, 운전자의 행위가 교통사고처리특례법 제3조 제1항 위반죄에 한정된다고 하더라도, 자동차종합보험 가입사실은 교통사고처리특례법 제4조 제1항이 규정하는 바와 같이 공소를 제기할 수 없다는 소송조건에 해당하는 것으로서, 그것도 교통사고처리특례법 제3조 제2항에 의하여 피해자가 나중에 사망에 이르거나 또는 교통사고처리특례법 제3조 제2항이 규정하는 11가지의 단서, 특히 음주나 과속운전 등에 해당하는 경우에는 적용되지 아니하는 것이므로, 이러한 경우 수사기관으로서는 위 단서의 적용여부를 가리기 위하여 운전자의 행위에 대하여 얼마든지 수사를 할 수 있는 것이고, 그 결과에 따라 운전자에 대한 소추나 처벌 여부가 가려지게 되는 것이므로, 자동차종합보험 가입사실만으로 운전자의 행위가 형사소추 또는 처벌을 받을 가능성이 없는 경우에 해당한다고 단정할 수 없는 것임은 물론이고, 허위진술자가 수사기관에 적극적으로 자신이 운전자라는 허위사실을 진술함으로써 실제 운전자를 도피하게 하였다면 그로써 수사권의 행사를 비롯한 국가의 형사사법 작용은 곤란 또는 불가능하게 되는 것이라고 아니할 수 없으므로(예컨대, 수사기관이 초동단계에서 실제 운전자에 대한 음주측정을 하지 못하여 교통사고처리특례법위반죄로 기소하지 못하게 되는 상황이 발생할 수 있음), 허위진술자는 범인도피죄에 해당한다는 것입니다.

따라서 위 사안에서 乙이 자동차종합보험에 가입하여 결과적으로 교통사고처리특례법에 의하여 공소권이 없는 것으로 된다고 하여도, 甲은 적극적으로 자신이 운전자라는 허위사실을 진술함으로써 실제 운전자를 도피하게 하였으므로 범인도피죄가 성립될 여지가 있다고 하겠습니다.

◎ 무권대리인의 자격모용에 의한 사문서작성죄의 성립여부

> **【질의】** ➡ 저는 교통사고로 수개월간 입원치료를 받고 퇴원한 후 가해차량이 가입한 보험회사에 찾아가 손해배상금을 달라고 요청하였으나, 보험회사에서는 형이 저의 대리인으로 작성한 합의서를 보여주며 보험금도 형에게 주었다고 하였습니다. 저는 형에게 보험회사에 가서 보험금액 등을 알아보라고만 하였는데, 형은 저의 대리인 자격으로 합의서 작성 및 합의금을 수령하여 임의로 소비하였습니다. 이 경우 합의서 작성에 관하여 형에게 형사책임을 물을 수 있는지요?

【답변】 ➡ 책임을 물을 수 있습니다.

형법 제232조에 의하면 행사할 목적으로 타인의 자격을 모용(冒用)하여 권리·의무 또는 사실증명에 관한 문서 또는 도화를 작성한 자는 5년 이하의 징역 또는 1,000만원 이하의 벌금에 처한다고 규정하고 있습니다.

귀하의 질문내용을 보면 아무런 대리권도 없는 형이 귀하의 대리자격을 사칭하여 합의서를 작성하였다는 것으로서, 이 경우 합의서의 작성명의인을 귀하로 합의서를 작성하였다면 문서위조가 될 것이나, 형이 대리인자격으로 귀하 명의의 문서를 대신 작성하였으므로 자격모용에 의한 문서작성죄의 책임이 있다고 할 것입니다(형법 제231조, 제232조).

다만, 자격모용사문서작성죄가 성립하기 위해서는 행사할 목적 이외에 정당한 대표권이나 대리권이 없음을 알고도 마치 대표권이나 대리권이 있는 것처럼 가장하여 타인의 자격을 모용한다는 인식 즉 범의(犯意)가 있어야 할 것이므로(대법원 1996. 7. 12. 선고 93도2628 판결), 이를 입증하여야 합니다.

또한, 대리권이 있다고 하더라도 그 권한 이외의 사항에 관하여 대리권자 명의의 문서를 작성하는 경우와 권한을 단순히 보조하는 자가 권한 있는 자의 대리자격을 모용하여 권한 있는 자 명의의 문서를 작성하는 경우도 이에 해당합니다.

◎ 말다툼 중 사기꾼이라고 한 경우 명예훼손죄 성립여부

【질의】 ➡ 저는 동생의 교통사고로 병원에서 가해자측과 합의를 보려는 과정에서 상대방이 먼저 욕설을 하기에 이에 대응하여 '사기꾼'이라고 말하였습니다. 가해자는 저를 명예훼손죄로 고소한다고 하는데, 그 정도의 말로도 명예훼손죄가 성립되는지요?

【답변】 ➡ 모욕죄가 성립합니다.

형법 제307조에 의한 명예훼손죄의 구성요건을 보면 '공연히 사실(또는 허위사실)을 적시하여 사람의 명예를 훼손한 자'로 되어 있는바, 여기서 '공연히'라는 의미는 불특정 또는 다수인이 인식할 수 있는 상태에 있음을 의미하고 반드시 현실적으로 인식할 것을 요하지는 않습니다.

또한, 불특정인인 경우에는 수의 다소를 묻지 않고 다수인인 경우에는 그 다수인이 특정되어 있다 하더라도 관계없습니다.

판례는 "명예훼손죄의 구성요건인 공연성은 불특정 또는 다수인이 인식할 수 있는 상태를 의미하고, 비록 개별적으로 한 사람에 대하여 사실을 유포하였다고 하더라도 그로부터 불특정 또는 다수인에게 전파될 가능성이 있다면 공연성의 요건을 충족하지만, 이와 달리 전파될 가능성이 없다면 특정한 한 사람에 대한 사실의 유포는 공연성을 결한다."라고 하였습니다(대법원 2000. 5. 16. 선고 99도5622 판결).

그리고 '사실의 적시'란 사람의 사회적 가치 내지 평가를 저하시키는데 충분한 사실을 지적하는 것을 말하고 반드시 악한 행위, 추행을 지적할 것을 요하지 않고 널리 사회적 가치를 해

할 만한 사실이면 되지만 경제적 가치를 저하시키는 것은 신용훼손죄가 성립되므로 제외되며, 특정인의 가치가 침해될 주장이 될 수 있을 정도로 구체적일 것이 요구되고 또한 피해자가 특정될 것이 필요합니다(대법원 2003. 5. 13. 선고 2002도7420 판결).

구체적인 사실의 적시가 없는 단순한 모욕적인 추상적 가치판단은 모욕죄를 구성할 수 있을 뿐입니다.

귀하가 구체적인 사실을 이야기하면서 ′사기꾼′ 이라는 말을 하여 상대방의 명예를 훼손하였다면 명예훼손죄에 해당될 수도 있지만, 말다툼 도중 경멸적인 표현으로 단순히 ′사기꾼′이라고 말한 것이라면 명예훼손죄에는 해당하지 아니한다 할 것입니다 (대법원 1994. 10. 25. 선고 94도1770 판결, 1990. 9. 25. 선고90도873 판결). 다만, 귀하가 상대방에게 ′사기꾼′이라고 말한 장소가 불특정 또는 다수의 사람이 있는 장소였다면 형법 제311조의 ′공연히 사람을 모욕한′경우에 해당되어 모욕죄가 성립할 수는 있을 것입니다.

◘ 교통사고처리특례법상 예외사유

> **【질의】** ➡ **교통사고처리특례법상 예외사유에는 어떤 것이 있는지요?**

【답변】 ➡ **11가지가 있습니다.**

　교통사고처리특례법이란 업무상과실 또는 중대한 과실로 교통사고를 일으킨 운전자에 관한 형사처벌 등의 특례를 정함으로써 교통사고로 인한 피해의 신속한 회복을 촉진하고 국민생활의 편익을 증진함을 목적으로 제정된 법률입니다.

　이에 의하면 교통사고를 일으킨 자가 보험업법, 여객자동차 운수사업법, 화물자동차 운수사업법 등에 따라 보험 또는 공제에 가입된 경우에는 검사가 공소를 제기하지 못하도록 되어 있습니다(교통사고처리특례법 제4조). 그러나 차의 운전자가 업무상 과실·중과실 치사상죄를 범하고 피해자를 구호하는 등 도로교통법 제54조제1항의 규정에 의한 조치를 취하지 아니하고 도주하거나 피해자를 사고장소로부터 옮겨 유기하고 도주한 때, 같은 죄를 범하고 도로교통법 제44조제2항을 위반하여 음주측정 요구에 불응한 때 및 교통사고처리특례법 제3조 제2항 단서 규정의 11가지 사유에 해당되는 경우에는 피해자와의 합의나 종합보험가입여부에 상관없이 처벌을 받게 됩니다(교통사고처리특례법 제3조). 특례의 예외규정 11가지는 다음과 같습니다.

　　1) 신호위반: 교통신호기 또는 교통정리를 하는 경찰공무원 등의 신호나 통행의 금지 또는 일시정지를 내용으로 하는 안전표지가 표시하는 지시에 위반한 경우

　　2) 중앙선 침범: 차선이 설치된 도로의 중앙선을 침범하거나

횡단, 유턴 또는 후진한 경우

3) 속도위반: 제한속도를 시속 20킬로미터를 초과하여 운전
한 경우

4) 앞지르기방법 · 금지시기 · 금지장소 또는 끼어들기의 금지
에 위반하는 경우

5) 건널목 통과방법 위반의 경우

6) 횡단보도에서의 보행자보호의무를 위반한 경우

7) 무면허운전

8) 주취중에 운전을 하거나 약물의 영향으로 정상운전을 하
지 못할 염려가 있는 상태에서 운전한 경우

9) 보도 설치된 도로의 보도를 침범하거나, 보도횡단방법에
위반한 경우

10) 승객의 추락방지의무를 위반하여 운전한 경우

11) 어린이 보호구역에서 어린이의 안전에 유의하면서 운전
하여야 할 의무를 위반하여 어린이의 신체를 상해에 이
르게 한 경우

◎ 대학 구내에서 음주운전한 것이 도로교통법상 음주운전인지

【질의】 ➡ 저는 개강파티에서 약간의 음주를 한 후 귀가하기 위해 자동차를 운전하던 중 대학구내에서 접촉사고를 일으켜 피해자에게 전치 3주의 상해를 입혔습니다. 종합보험에 가입한 상태인데, 이 경우 형사처벌을 받게 되는지요?

【답변】 ➡ 받지 않을 것으로 보입니다.

차량의 운전으로 인한 교통사고처리특례법 제4조 제1항은 종합보험에 가입한 경우에는 교통사고로 업무상과실치상죄를 범하였어도 공소를 제기할 수 없도록 규정하고 있습니다. 그러나 교통사고처리특례법 제3조 제2항 제8호에서는 도로교통법 제41조 제1항(주취 중 운전금지)의 규정에 위반하여 주취 중에 운전을 한 경우에는 예외로 한다고 규정하고 있습니다.

그러므로 위 사안의 경우에 교통사고처리특례법상의 음주운전에 해당되는지에 따라서 형사처벌여부가 결정될 것입니다.

그런데 판례를 보면 "재학 중인 학생들이나 그 곳에 근무하는 교직원들이 이용하는 대학시설물의 일부로 학교운영자에 의하여 자주적으로 관리되는 대학구내 도로는 불특정다수의 사람 또는 차량의 통행을 위하여 공개된 장소로 교통경찰권이 미치는 공공성이 있는 곳으로는 볼 수 없어 도로교통법 제2조 제1호에서 말하는 도로로 볼 수 없다고 하면서, 교통사고처리특례법 소정의 교통사고는 도로교통법에서 정하는 도로에서 발생한 교통사고의 경우에만 적용되는 것은 아니고 차의 교통으로 인하여 발생한 모든 경우에 적용되는 것으로 보아야 하지만, 교통사고처리특례법 제3조 제2항 단서 제8호는 도로교통법 제41조 제1항

의 규정에 위반하여 주취 중에 운전한 경우를 들고 있으므로, 위 특례법 소정의 주취운전이 도로교통법상의 도로가 아닌 곳에서의 주취운전을 포함하는 것으로 해석할 수는 없다.″라고 하였습니다(대법원 1996. 10. 25. 선고 96도1848 판결).

따라서 위 사안의 경우에도 귀하가 교통사고처리특례법상의 음주운전에 해당되지는 않을 것으로 보이고, 종합보험에 가입되어 있으므로 형사처벌은 받지 않을 것입니다.

◎ 횡단보도상에 누워있는 사람을 충격한 경우의 형사책임

【질의】 ➡ 甲은 도로상에서 甲소유 승용차를 운행하던 중 음주 후 횡단보도 위에 누워있는 피해자 乙을 발견하지 못하고 상해를 입혔습니다. 이 경우 횡단보도상의 교통사고로 처벌받게 되는지요?

【답변】 ➡ 처벌받지 않습니다.

도로에 횡단보도를 설치하는 이유에 있어서 도로 중의 차도는 원칙적으로 차의 통행을 위주로 하는 곳이므로 사람의 통행(횡단)을 제한하되(도로교통법 제10조 제2항), 어린이가 보호자 없이 도로를 횡단하거나 도로에서 앉아 있거나 서있거나 놀이를 하는 등 어린이에 대한 교통사고의 위험이 있는 것을 발견한 때, 앞을 보지 못하는 사람이 흰색지팡이를 가지고 도로를 횡단하고 있는 때 또는 지하도·육교 등 도로횡단시설을 이용할 수 없는 지체장애인이 도로를 횡단하고 있는 때에는 일시 정지하여야 한다는 등 차도 중의 특정부분을 횡단보도로 지정하여 그 속에는 사람이 차보다 더 우선적으로 통행하도록 하고 이를 보장하기 위하여 차의 운전자로 하여금 보행자가 횡단보도를 통행하고 있는 때에는 일시 정지하는 등 그 통행을 방해하지 아니하도록 하여 고도의 주의의무를 부과하고 있는 것입니다(도로교통법 제49조 제1항 제2호).

즉, 횡단보도상의 보행자 보호의무에 관한 위 규정은 차도 중에서 특정부분을 보행자로 하여금 우선적으로 횡단하게 할 뿐 아니라 운전자에게 고도의 주의의무를 부과함으로써 보행자의 안전을 도모하고, 다른 한편으로는 횡단보도를 제외한 차도의

통행을 제한함으로써 교통의 원활도 함께 도모하고 있는 것입니다.

결국 이 사건의 문제는 횡단보도에 엎드려(누워) 있었던 것이 도로교통법 제27조 제1항의 보행자가 횡단보도를 통행하고 있는 때에 해당하는가가 문제의 초점이 될 것입니다.

이 문제와 관련하여 도로교통법상 횡단보도상의 사고에 대하여 살펴보면, 첫째로 '보행자'이어야 합니다. 여기서 보행자란 말 그대로 걸어 다니는 사람을 뜻합니다. 즉, 차를 운전하여 횡단보도를 횡단하거나 자전거나 원동기자동차를 타고 횡단하는 경우는 여기에 해당되지 않습니다.

둘째로 '횡단보도'이어야 합니다. 횡단보도란 보행자가 도로를 횡단할 수 있도록 안전표지로써 표시한 도로의 부분을 말합니다(도로교통법 제2조 제11호). 도로교통법시행규칙 제11조에는 횡단보도 설치시는 횡단보도표시와 횡단보도표지판을 같이 설치하는 것을 원칙으로 하고, 다만 횡단보행자용 신호기가 설치되어 있는 경우에는 횡단보도표시만을, 도로가 포장되지 아니하여 횡단보도를 표시를 할 수 없는 경우에는 횡단보도표지판만을 설치하도록 하고 있습니다.

셋째로 '통행하고 있는 때'라야 합니다. 횡단보도는 사람이 차도를 횡단하기 위하여 지정한 곳이므로 보행자가 횡단보도를 통행하고 있어야 합니다. 따라서 사람이 횡단보도에 존재하고 있었다는 이유만으로 운전자에게 위 규정상의 의무가 부과되는 것이 아니라 할 것입니다.

판례도 "구 도로교통법 제48조 제3호(현행 도로교통법 제24조 제1항)의 보행자가 횡단보도를 통행하고 있는 때라 함은 사람이 횡단보도에 있는 모든 경우를 의미하는 것이 아니라, 도로를 횡단할 의사로 횡단보도를 통행하고 있는 경우에 한하다 할 것이므로, 피해자가 사고당시 횡단보도에 엎드려 있었다면 횡단보도를 통행하고 있지 아니함이 명백하고, 그러한 피해자에 대한 관계에서는 횡단보도 보행자의 보호의무가 없다."라고 하였습니다(대법원 1993. 8. 13. 선고 93도1118 판결).

따라서 위 사안의 경우 乙이 비록 횡단보도상에 있었더라도 횡단보도상에서 횡단보도를 통행하려는 의사가 없어 통행인이 아니므로 甲은 횡단보도상의 교통사고로 책임은 지지 않을 것으로 사료됩니다.

◎ 녹색등화가 점멸되고 있을 때 횡단보도진입 후 사고당한 경우

> **【질의】 ➡** 甲은 차량을 운전하면서 보행신호등이 적색등화로 변경되고 차량신호등이 녹색등화로 된 상태에서 신호를 따라 진행하던 중 보행신호등의 녹색등화가 점멸되고 있는 상태에서 횡단보도에 진입한 보행자 乙을 충격하여 중상을 입히는 교통사고를 발생시켰습니다. 이 경우 甲은 횡단보도상의 사고에 해당하는지요?

【답변】 ➡ 횡단보도상의 사고에 해당하지 않습니다.

도로교통법 제27조 제1항에 의하면 "모든 차의 운전자는 보행자가 횡단보도를 통행하고 있는 때에는 그 횡단보도 앞(정지선이 설치되어 있는 곳에서는 그 정지선을 말한다)에서 일시 정지하여 보행자의 횡단을 방해하거나 위험을 주어서는 아니 된다."라고 규정하고 있으며, 교통사고처리특례법 제3조 제2항 제6호 단서에서는 도로교통법 제27조 제1항의 규정에 의한 횡단보도에서의 보행자 보호의무를 위반하여 운전하다가 업무상과실치상죄 또는 중과실치상죄를 범하고 피해자를 구조하는 등 도로교통법 제54조제1항의 규정에 의한 조치를 취하지 아니하고 도주하거나 피해자를 사고장소로부터 옮겨 유기하고 도주한 때, 같은 죄를 범하고 도로교통법 제44조제2항을 위반하여 음주측정요구에 불응한 때에는 피해자의 명시한 의사에 반하여 공소를 제기할 수 있도록 규정하고 있습니다.

그러므로 위 사안에 있어서도 보행신호등의 녹색등화가 점멸되고 있는 상태에서 횡단보도에 진입한 보행자 乙이 보행신호등이 적색등화로 변경된 후 차량신호등의 녹색등화에 따라 진행하

던 **甲**의 차량에 부딪친 경우 횡단보도상의 사고에 해당하는지 문제됩니다.

그런데 이와 관련된 판례를 보면, ″도로를 통행하는 보행자나 차마는 신호기 또는 안전표지가 표시하는 신호 또는 지시 등을 따라야 하는 것이고(도로교통법 제5조), ′보행등의 녹색등화의 점멸신호′의 뜻은, 보행자는 횡단을 시작하여서는 아니 되고 횡단하고 있는 보행자는 신속하게 횡단을 완료하거나 그 횡단을 중지하고 보도로 되돌아와야 한다는 것인바(도로교통법시행규칙 제5조 제2항 〔별표 3〕), 피해자가 보행신호등의 녹색등화가 점멸되고 있는 상태에서 횡단보도를 횡단하기 시작하여 횡단을 완료하기 전에 보행신호등이 적색등화로 변경된 후 차량신호등의 녹색등화에 따라서 직진하던 피고인 운전차량에 충격된 경우에, 피해자는 신호기가 설치된 횡단보도에서 녹색등화의 점멸신호에 위반하여 횡단보도를 통행하고 있었던 것이어서 횡단보도를 통행중인 보행자라고 보기는 어렵다고 할 것이므로, 피고인에게 운전자로서 사고발생방지에 관한 업무상 주의의무위반의 과실이 있음은 별론으로 하고 도로교통법 제24조 제1항 소정의 보행자 보호의무를 위반한 잘못이 있다고는 할 수 없다.″라고 하였습니다(대법원 2001. 10. 9. 선고 2001도2939 판결).

따라서 위 사안에 있어서도 **甲**에게 보행자 보호의무를 위반한 횡단보도상의 사고라고 할 수는 없을 것으로 보입니다.

◙ 진행차선의 장애물을 피하기 위한 경우 중앙선침범 여부

> 【질의】 ➡ 저는 편도 1차선 국도에서 제 소유 자동차를 운행하던 중 도로전방 30미터지점 우측 농로상에서 과속으로 진입해오는 오토바이를 피하기 위하여 황색실선의 중앙선을 침범하였는데, 때마침 반대방향에서 달려오던 차량과 충돌하여 상대방차량의 운전자에게 전치 4주의 상해를 입혔습니다. 이 경우 저는 교통사고처리특례법상의 중앙선침범사고로 처벌받게 되는지요?

【답변】 ➡ 중앙선침범사고가 아닌 일반교통사고입니다.

교통사고처리특례법 제4조에 의하면 교통사고를 일으킨 차가 보험업법 제4조 및 제126조부터 제128조까지, 여객자동차운수사업법 제60조 · 제61조 또는 화물자동차운수사업법 제51조의 규정에 의하여 보험이나 공제에 가입된 경우에는 업무상과실치상 또는 중과실치상죄와 도로교통법 제54조제1항의 규정에 의한 조치를 하지 아니하고 도주하거나 피해자를 사고장소로부터 옮겨 유기하고 도주한 때, 같은 죄를 범하고 도로교통법 제44조제2항을 위반하여 음주측정요구에 불응한 때에는 죄를 범한 당해 차의 운전자에 대하여 공소를 제기할 수 없고, 다만 교통사고 야기 후 구호조치를 취하지 않고 도주하거나, 신호위반 등 소위 교통사고처리특례법상의 11개항 위반 등의 경우는 그러하지 아니합니다.

귀하의 경우 교통사고처리특례법상의 11개항 중의 하나로 교통사고처리특례법 제3조 제2항 제2호에 규정된 중앙선침범사고인지 여부가 문제된다 하겠습니다.

관련 판례를 보면 "교통사고처리특례법 제3조 제2항 단서 제

2호 전단이 규정하는 '도로교통법 제12조 제3항의 규정에 위반하여 차선이 설치된 도로의 중앙선을 침범하였을 때'라 함은 교통사고의 발생지점이 중앙선을 넘어선 모든 경우를 가리키는 것이 아니라 부득이한 사유가 없이 중앙선을 침범하여 교통사고를 발생케 한 경우를 뜻하며, 여기서 '부득이한 사유'라 함은 진행차로에 나타난 장애물을 피하기 위하여 다른 적절한 조치를 취할 겨를이 없었다거나 자기 차로를 지켜 운행하려고 하였으나 운전자가 지배할 수 없는 외부적 여건으로 말미암아 어쩔 수 없이 중앙선을 침범하게 되었다는 등 중앙선침범 자체에는 운전자를 비난할 수 없는 객관적 사정이 있는 경우를 말하는 것이며, 중앙선침범행위가 교통사고발생의 직접적인 원인이 된 이상 사고장소가 중앙선을 넘어선 반대차선이어야 할 필요는 없으나, 중앙선침범행위가 교통사고발생의 직접적인 원인이 아니라면 교통사고가 중앙선침범운행 중에 일어났다고 하여 모두 이에 포함되는 것은 아니고, 피고인 운전차량에게 들이 받힌 차량이 중앙선을 넘으면서 마주 오던 차량들과 충격 하여 일어난 사고가 중앙선침범사고로 볼 수 없다."라고 하였으며(대법원 1998. 7. 28. 선고 98도832 판결), "차량충돌 사고장소가 편도 1차선의 아스팔트 포장도로이고, 피고인 운전차량이 제한속도(시속 60킬로미터)의 범위 안에서 운행하였으며(시속 40킬로미터 내지 50킬로미터), 비가 내려 노면이 미끄러운 상태였고, 피고인이 우회전을 하다가 전방에 정차하고 있는 버스를 발견하고 급제동조치를 취하였으나 빗길 때문에 미끄러져 미치지 못하고 중앙선을 침범하기에 이른 것이라면, 피고인이 버스를 피하기 위하여 다른 적절한 조치를 취할 방도가 없는 상황에서 부득이 중앙선을 침범하게 된 것이어서 교통사고처리특례법 제3조 제2항 단서 제2호에 해당되지 않는다."라고 하였습니다(대법원 1990. 5. 8. 선고 90도 606 판결).

그러므로 중앙선침범행위가 진행차선에 나타난 장애물을 피하기 위하여 다른 적절한 조치를 취할 겨를이 없이 이루어졌다거나, 자기 차선을 지켜 운행하려 하였으나 운전자가 지배할 수 없는 외부적 여건으로 말미암아 어쩔 수 없이 이루어진 경우 등은 교통사고처리특례법상의 중앙선침범사고가 아니라고 할 것입니다.

따라서 위 사안의 경우도 갑자기 진행차선에 뛰어든 오토바이를 피하려고 부득이 중앙선을 침범한 사고라고 볼 수 있다면, 위 판례의 취지에 비추어 귀하의 자동차가 위와 같은 보험이나 공제에 가입한 경우에는 공소권 없음에 해당되어 달리 처벌을 받지 아니하게 될 가능성이 많다고 하겠습니다.

◎ 편도 1차로에 정차한 버스 앞서려고 황색실선중앙선 넘어간 경우

> **【질의】** ➡ 甲은 승용차를 운전하여 편도 1차로 도로를 진행하다가 앞서가던 버스가 정차하여 진로를 막고 있어 황색실선의 중앙선을 넘어 추월을 하려다가 반대편에서 마주 오던 차량과 충돌하는 교통사고가 발생하였습니다. 이 경우 甲이 중앙선을 침범한 것이 되는지요?

【답변】 ➡ **중앙선침범사고로 처벌받게 됩니다.**

도로교통법 제13조 제3항에 의하면 "차마는 도로(보도와 차도가 구분된 도로에서는 차도)의 중앙(중앙선이 설치되어 있는 경우에는 그 중앙선을 말한다.)으로부터 우측부분을 통행하여야 한다."라고 규정하고 있습니다.

그런데 편도 1차로 도로에서 정차한 버스를 앞서가기 위하여 황색실선의 중앙선을 넘어가는 행위가 허용되는지에 관한 판례를 보면, "도로에 중앙선이 설치되어 있는 경우, 차마는 도로의 중앙선으로부터 우측부분을 통행하여야 하고, 다만 도로의 우측부분의 폭이 6미터가 되지 아니하는 도로에서 다른 차를 앞지르고자 하는 때에는, 그 도로의 좌측부분을 확인할 수 있으며 반대방향의 교통을 방해할 염려가 없고 안전표지 등으로 앞지르기가 금지 또는 제한되지 아니한 경우에 한하여 도로의 중앙이나 좌측 부분을 통행할 수 있도록 되어 있으나, 한편 도로교통법 제3조, 제4조, 도로교통법시행규칙 제3조, 제10조, 〔별표1〕에 의하면, 중앙선표지는 안전표지 중 도로교통법 제13조에 따라 도로의 중앙선을 표시하는 노면표지로서 그 중 황색실선은 자동차가 넘어갈 수 없음을 표시하는 것이라고 규정되어 있으므로, 편도 1차로 도로로서 황색실선의 중앙선표지가 있는 장소에서는 설사

앞서가던 버스가 정차하여 후행 차량의 진행로를 막고 있었다고 하더라도, 그 버스를 피하여 앞서가기 위하여 황색실선의 중앙선을 넘어 자동차를 운행할 수는 없다."라고 하였으며(대법원 1997. 7. 25. 선고 97도927 판결), "사고지점에 표시된 중앙선이 자동차가 통과할 수 없음을 표시하는 황색실선이었다면 설령 앞서가던 버스가 정차하여 진행로를 가로막고 있었다 하더라도 이를 피해 앞서가기 위해 그 중앙선을 침범하여 자동차를 운행 할 수는 없는 곳이므로 이에 위반한 행위는 차선이 설치된 도로의 중앙선을 침범한 경우에 해당한다."라고 하였습니다(대법원 1985. 9. 10. 선고 85도1264 판결).

따라서 위 사안에서 甲은 중앙선침범사고로 처리되어 교통사고처리특례법 제3조 제2항 단서 제2호 '도로교통법 제13조 제3항의 규정에 위반하여 중앙선을 침범하거나'에 해당되어 처벌될 것으로 보입니다.

◎ 가상의 경계선인 중앙선을 넘은 경우 중앙선침범사고인지

【질의】 ➡ 甲은 황색실선인 중앙선이 곧바로 이어지는 신호등 없는 횡단보도를 통로로 하여 반대차선으로 넘어가다가 반대차선을 진행하던 乙의 차량과 충돌하는 사고가 발생하여 乙에게 상해를 입혔습니다. 그런데 이 경우에도 중앙선침범사고가 되는지요?

【답변】 ➡ 중앙선침범사고가 됩니다.

차선이 접속하는 가상의 경계선인 중앙선을 침범한 사고가 교통사고처리특례법 제3조 제2항 단서 제2호에서 정한 중앙선침범사고에 해당하는지에 관한 판례를 살펴보면, "차선이 설치된 도로의 중앙선은 서로 반대방향으로 운행하는 차선이 접속하는 경계선에 다름 아니어서 차선을 운행하는 운전자로서는 특단의 사정이 없는 한 반대차선 내에 있는 차량은 이 경계선을 넘어 들어오지 않을 것으로 신뢰하여 운행하는 것이므로, 부득이한 사유가 없는데도 고의로 이러한 경계선인 중앙선을 넘어 들어가 침범 당한 차선의 차량운행자의 신뢰에 어긋난 운행을 함으로써 사고를 일으켰다면 교통사고처리특례법 제3조 제2항 단서 제2호가 정한 처벌특례의 예외규정인 중앙선침범사고에 해당하고, 피고인이 운전하던 차량이 신호등이 설치되어 있지 아니한 횡단보도를 통로로 하여 반대차선으로 넘어 들어가다 충돌사고가 발생한 경우, 그 횡단보도에 황색실선의 중앙선이 곧바로 이어져 좌회전이 금지된 장소인 점 등 사고경위에 비추어 피고인 차량이 넘어간 부분이 횡단보도로서 실제로 중앙선이 그어져 있지 아니하더라도 반대차선에서 오토바이를 운행하던 피해자의 신뢰에

크게 어긋남과 아울러 교통사고의 위험성이 큰 운전행위로서 사고발생의 직접적인 원인이 되었다고 보아 교통사고처리특례법 제3조 제2항 단서 제2호 소정의 중앙선침범사고에 해당한다."라고 한 사례가 있습니다(대법원 1995. 5. 12. 선고 95도512 판결).

따라서 위 사안에서 甲은 중앙선침범사고를 야기한 것이 되어 교통사고처리특례법위반으로 처벌될 것으로 보입니다.

◘ 피해자를 병원에 후송 후 연락처를 남기지 않은 경우 도주인지

【질의】 ➡ 저의 아들은 1년 전 새벽에 승용차를 운행하던 중 甲에게 2주간의 상해를 입히는 교통사고를 낸 후 근처 병원으로 甲을 후송하여 접수창구 의자에 앉히고 접수직원에게 "교통사고 피해자이니 치료를 잘 부탁한다. 날이 밝으면 다시 오겠다."라고 말한 후 집으로 돌아왔습니다. 그러나 다음날 아침 경찰관이 저의 집에 와서 "아들이 뺑소니를 쳤다."라고 하면서 연행해갔습니다. 이 경우 저의 아들은 피해자 甲을 병원으로 후송하였고 치료도중 병원에 있을 수 없어 다음날 아침 다시 오겠다고 말한 후 병원을 나왔는데, 사고 후 경황이 없어 경찰에 신고를 하지 않은 것만 가지고 뺑소니사고를 냈다고 할 수 있는지요?

【답변】 ➡ 뺑소니로 인정이 됩니다.

자동차를 운전하다가 사람을 사상하거나 물건을 손괴하는 교통사고를 낸 경우 운전자는 즉시 정차하여 피해자를 구호하는 등의 필요한 조치를 취할 의무가 있고 만일 이러한 조치를 취하지 아니하고 도주한 때에는 특정범죄가중처벌등에관한법률에 의하여 가중 처벌되게 됩니다(특정범죄가중처벌등에관한법률 제5조의3 제1항).

관련 판례를 보면 "특정범죄가중처벌등에관한법률 제5조의3 제1항 소정의 '피해자를 구호하는 등 도로교통법 제50조 제1항의 규정에 의한 조치를 취하지 아니하고 도주한 때'라 함은 사고운전자가 사고로 인하여 피해자가 사상을 당한 사실을 인식하였음에도 불구하고 피해자를 구호하는 등 도로교통법 제50조 제1항에 규정된 의무를 이행하기 이전에 사고현장을 이탈하여 사

고를 낸 자가 누구인지 확정될 수 없는 상태를 초래하는 경우를 말하고, 교통사고 야기자가 피해자를 병원에 데려다 준 다음 피해자나 병원 측에 아무런 인적사항을 알리지 않고 병원을 떠났다가 경찰이 피해자가 적어 놓은 차량번호를 조회하여 신원을 확인하고 연락을 취하자 2시간쯤 후에 파출소에 출석한 경우, 특정범죄가중처벌등에관한법률 제5조의3 제1항 소정의 '도주'에 해당한다."라고 하였습니다(대법원 1999. 12. 7. 선고 99도2869 판결).

따라서 귀하의 아들은 피해자를 즉시 병원으로 후송하기는 하였으나 연락처를 남겨놓지 않았으므로, 교통사고 후 뺑소니를 친 경우에 해당하여 가중처벌을 받을 수 있다 하겠습니다. 다만, 치료를 위해 병원에 옮기는 등의 행위는 이른바 재판과정에서 형량을 정하는데 참작이 될 수는 있을 것입니다.

◉ 교통사고 후 처에게 뒤처리를 부탁하고 현장 이탈한 경우

> **【질의】** ➡ 甲은 자신의 승용차를 운전하던 중 운전부주의로 乙의 차량을 추돌 하여 인적 · 물적 피해를 입혔습니다. 甲은 사고직후 동승한 그의 처 丙에게 사고처리를 부탁한 후 자신은 사고현장을 이탈하였으며 丙이 피해자의 구호조치 및 사고처리를 하였습니다. 이 경우 甲은 도주한 것으로 되어 가중처벌을 받아야 하는지요?

【답변】 ➡ **가중처벌에 해당하지 않습니다.**

흔히 '뺑소니'라고 속칭되는 도주죄를 규율하는 특정범죄가중처벌등에관한법률 제5조의3 제1항은 "도로교통법 제2조에 규정된 자동차, 원동기장치자전거의 교통으로 인하여 형법 제268조〔업무상과실 · 중과실치사상〕의 죄를 범한 해당 차량의 운전자(이하 "사고운전자"라 한다)가 피해자를 구호하는 등 도로교통법 제54조 제1항에 따른 조치를 하지 아니하고 도주한 경우에는 다음 각 호의 구분에 따라 가중처벌한다.

1. 피해자를 사망에 이르게 하고 도주하거나, 도주 후에 피해자가 사망한 경우에는 무기 또는 5년 이상의 징역에 처한다.

2. 피해자를 상해에 이르게 한 경우에는 1년 이상의 유기징역 또는 500만원 이상 3천만원 이하의 벌금에 처한다."라고 규정하고 있고, 도로교통법 제54조 제1항은 "차의 교통으로 인하여 사람을 사상하거나 물건을 손괴한 때에는 그 차의 운전자 그 밖의 승무원은 즉시 정차하여 사상자를 구호하는 등 필요한 조치를 하여야 한다."라고 규정하고 있습니다.

그런데 위 사안에서는 甲이 위와 같은 구호조치를 하지 않고

사고현장을 이탈하였으며 그의 처(妻)인 丙에게 부탁하여 丙이 피해자의 구호조치 및 사고처리를 하였으므로, 이러한 경우에도 위 규정에 위반한 것으로서 도주차량운전자로서 가중처벌이 되는지 여부가 문제된다 하겠습니다.

관련 판례는 "교통사고시 피고인이 피해자와 사고여부에 관하여 언쟁하다가 동승했던 아내에게 '네가 알아서 처리해라.'라고 하며 현장을 이탈하고 그의 아내가 사후처리를 한 경우 피고인이 피해자를 구호하지 아니하고 사고현장을 이탈하여 사고야기자로서 확정될 수 없는 상태를 초래한 경우에 해당하지 않는다."라고 하였습니다(대법원 1997. 1. 21. 선고 96도2843 판결).

따라서 甲이 업무상과실치상죄 등으로 처벌되는 것은 별론으로 하고 특정범죄가중처벌등에관한법률상의 도주차량운전자의 가중처벌규정에는 해당되지 않을 것으로 보입니다.

◎ 교통사고 후 구호의무를 위반하고 도주한 경우의 가중처벌

【질의】 ➡ 저는 약간의 술을 마시고 도로를 주행하던 중 무단횡단하던 피해자를 발견하지 못하여 중상을 입히는 사고를 냈습니다. 그런데 저는 일단 그 자리를 피한 후 술이 깨고 나면 사고신고를 하려고 그 현장을 떠나있던 중 검거되었습니다. 사고발생 다음날 피해자측과 모든 합의를 하였으나 경찰에서는 구속한다고 하는데, 어떻게 하면 되는지요?

【답변】 ➡ 뺑소니로 인한 가중처벌이 됩니다.

귀하의 경우 음주운전에 의한 교통사고를 낸 행위에 대하여는 피해자와의 합의여부 등에 관계없이 교통사고처리특례법 제3조 제2항 단서에 의하여 당연히 처벌대상이 된다고 하겠습니다.

그런데 문제는 귀하의 행위가 특정범죄가중처벌등에관한법률상 교통사고를 낸 후 구호조치의무를 위반하고 도주한 행위에 해당하여 가중처벌의 대상이 되는가 하는 것입니다.

즉, 위 법 제5조의3에 의하면 "도로교통법 제2조에 규정된 자동차·원동기장치자전거의 교통으로 인하여 형법 제268조(업무상과실·중과실치사상)의 죄를 범한 해당 차량의 운전자가 피해자를 구호하는 등 도로교통법 제54조 제1항의 규정에 의한 조치를 하지 아니하고 도주한 경우에는 다음 각 호의 구분에 따라 가중 처벌한다.

1. 피해자를 사망에 이르게 하고 도주하거나, 도주 후에 피해자가 사망한 경우에는 무기 또는 5년 이상의 징역에 처한다.

2. 피해자를 상해에 이르게 한 경우에는 1년 이상의 유기징역 또는 500만원 이상 3천만원 이하의 벌금에 처한다."라고 규정하

고 있습니다.

이와 관련된 판례를 보면 "특정범죄가중처벌등에관한법률 제5조의3 제1항 소정의 '피해자를 구호하는 등 도로교통법 제50조 제1항의 규정에 의한 조치를 취하지 아니하고 도주한 때'라 함은 사고운전자가 사고로 인하여 피해자가 사상을 당한 사실을 인식하였음에도 불구하고 피해자를 구호하는 등 도로교통법 제50조 제1항에 규정된 의무를 이행하기 이전에 사고현장을 이탈하여 사고를 낸 자가 누구인지 확정될 수 없는 상태를 초래하는 경우를 말한다."라고 하였습니다(대법원 2000. 3. 28. 선고 99도5023 판결, 2002. 11. 26. 선고 2002도4986 판결, 2003. 3. 25. 선고 2002도5748 판결, 2003. 4. 25. 선고 2002도6903 판결).

따라서 운전자가 운전 중 사람을 다치게 하거나 죽게 한 때에는 즉시 차를 멈추어 사상자를 구호하는 등 필요한 조치를 취하여야 하는데, 이를 위반하여 연락처도 알리지 않고 사고현장을 떠난 이상 비록 사후조치를 취할 마음을 갖고 떠났다 하더라도 구호 등 조치의무위반의 책임이 있다 하겠습니다.

특히 귀하의 경우는 교통사고가 발생하고 사고발생으로 사람이 충격 당하여 도로상에 쓰러져 즉시 구호조치를 취하지 않으면 심각한 결과가 초래될지도 모른다는 인식이 있었음에도 불구하고 귀하의 음주사실을 숨기기 위하여 사고장소를 임의로 떠난 것으로 보이므로, 피해자와의 합의사실여부와 관계없이 위 규정상의 도주행위에 해당되어 가중처벌을 받아야 할 것으로 판단됩니다.

참고로 사고 후 현장을 이탈한 것이 다시 음주를 함으로써 음주운전사실을 은폐하기 위한 것이라는 경우 판례를 보면, "특정범죄가중처벌등에관한법률 제5조의3 제1항 소정의 '피해자를 구호하는 등 도로교통법 제50조 제1항의 규정에 의한 조치를 취하지 아니하고 도주한 때'라 함은 사고 운전자가 사고로 인하여 피해자가 사상을 당한 사실을 인식하였음에도 불구하고 피해자를 구호하는 등 도로교통법 제50조 제1항에 규정된 의무를 이행하기 이전에 사고현장을 이탈하여 사고를 낸 자가 누구인지 확정될 수 없는 상태를 초래하는 경우를 말하는 것이고, 여기에서 말하는 사고로 인하여 피해자가 사상을 당한 사실에 대한 인식의 정도는 반드시 확정적임을 요하지 아니하고 미필적으로라도 인식하면 족한 것이고, 사고 후 현장을 이탈한 것이 다시 음주를 함으로써 음주운전사실을 은폐하기 위한 것이라는 등의 이유로 도주의 범의를 인정하지 아니한 원심판결은 제반 사정에 비추어 도주차량에 관한 법리를 오해하거나 채증법칙을 위배한 위법이 있다."라는 이유로 파기한 사례가 있습니다(대법원 2001. 1. 5. 선고 2000도2563 판결).

◘ 교통사고피해자의 상해가 경미하여 구호조치 않은 경우

【질의】 ➡ 甲은 신호를 대기하면서 정차중인 乙의 승용차의 뒷부분을 충격 하였으나, 乙의 승용차에는 가볍게 흠집만 난 상태이고, 乙에게 아픈 곳이 있는지 물었으나 아픈 곳이 없다고 하여 별일이 없는 것으로 알고 연락처도 알려주지 않고 현장을 떠났습니다. 그 후 乙은 허리부분에 통증이 있어 전치 1주의 상해가 발생하였다고 하면서 뺑소니로 문제 삼겠다고 합니다. 그런데 乙의 허리통증은 특별한 치료를 요하지 않고 시일이 경과되면 나을 수 있는 경우라고 하는바, 이 경우에도 甲이 뺑소니로 문제되는지요?

【답변】 ➡ 문제되지 않을 것으로 보입니다.

도로교통법 제54조 제1항은 "차의 교통으로 인하여 사람을 사상하거나 물건을 손괴한 때에는 그 차의 운전자나 그 밖의 승무원은 즉시 정차하여 사상자를 구호하는 등 필요한 조치를 하여야 한다."라고 규정하고 있으며, 도주차량운전자의 가중처벌에 관하여 특정범죄가중처벌등에관한법률 제5조의3 제1항에 의하면 도로교통법 제2조에 규정된 자동차·원동기장치자전거의 교통으로 인하여 형법 제268조(업무상과실·중과실치상)의 죄를 범한 해당 차량의 운전자가 피해자를 구호하는 등 도로교통법 제54조 제1항에 따른 조치를 취하지 아니하고 도주한 때에는 ①피해자를 사망에 이르게 하고 도주하거나, 도주 후에 피해자가 사망한 경우에는 무기 또는 5년 이상의 징역에 처하고, ②피해자를 상해에 이르게 한 경우에는 1년 이상의 유기징역 또는 500만원 이상 3천만원 이하의 벌금에 처한다고 규정하고 있습니다.

그런데 특정범죄가중처벌등에관한법률 제5조의3 제1항 소정의 도주운전죄가 성립하기 위한 상해의 정도에 관한 판례를 보면, "특정범죄가중처벌등에관한법률 제5조의3 제1항이 정하는 '피해자를 구호하는 등 도로교통법 제50조 제1항에 의한 조치를 취하지 아니하고 도주한 때'라고 함은 사고운전자가 사고로 인하여 피해자가 사상을 당한 사실을 인식하였음에도 불구하고, 피해자를 구호하는 등 도로교통법 제50조 제1항에 규정된 의무를 이행하기 이전에 사고현장을 이탈하여 사고를 낸 자가 누구인지 확정할 수 없는 상태를 초래하는 경우를 말하는 것이므로, 위 도주운전죄가 성립하려면 피해자에게 사상의 결과가 발생하여야 하고, 생명·신체에 대한 단순한 위험에 그치거나 형법 제257조 제1항에 규정된 '상해'로 평가될 수 없을 정도의 극히 하찮은 상처로서 굳이 치료할 필요가 없는 것이어서 그로 인하여 건강상태를 침해하였다고 보기 어려운 경우에는 위 죄가 성립하지 않는다."라고 하였으며(대법원 1997. 12. 12. 선고 97도2396 판결, 2002. 10. 22. 선고 2002도4452 판결, 2003. 4. 25. 선고 2002도6903 판결), 교통사고로 인하여 피해자가 입은 요추부통증이 굳이 치료할 필요가 없이 자연적으로 치유될 수 있는 것으로서 '상해'에 해당한다고 볼 수 없다는 이유로 특정범죄가중처벌등에관한법률 제5조의3 제1항 소정의 도주운전죄의 성립을 부정한 사례가 있습니다(대법원 2000. 2. 25. 선고 99도3910 판결, 2002. 1. 11. 선고 2001도2869 판결).

따라서 위 사안의 경우에도 甲에게 도주운전죄의 책임을 묻기는 어려울 것으로 보입니다.

◎ 경찰에 의해 피해자와 함께 병원 후송된 후 말없이 나온 경우

【질의】 ➡ 甲은 친척소유의 차량을 운전하다가 과실로 교통사고를 야기하여 자기도 부상을 입었고 乙과 丙에게 상해를 입혔는데, 사고현장에 출동한 경찰관에 의해 乙·丙과 함께 병원으로 후송되어 응급치료를 받은 후 병원에서 정밀검사를 받을 것을 요구하므로 병원비가 없어 나중에 치료받을 생각으로 아무런 말도 없이 병원에서 나왔습니다. 경찰에서는 甲이 주민등록증이나 운전면허증을 소지하지 않았으므로 차량등록증만을 건네받고 후송을 하였는바, 甲은 그 후 경찰에도 아무런 연락을 취하지 않았습니다. 이 경우 도주운전죄가 성립되는지요?

【답변】 ➡ 성립되지 않습니다.

도로교통법 제54조 제1항은 "차의 교통으로 인하여 사람을 사상하거나 물건을 손괴한 때에는 그 차의 운전자나 그 밖의 승무원은 즉시 정차하여 사상자를 구호하는 등 필요한 조치를 하여야 한다."라고 규정하고 있으며, 특정범죄가중처벌등에관한법률 제5조의3 제1항에 의하면 도로교통법 제2조에 규정된 자동차·원동기장치자전거의 교통으로 인하여 형법 제268조(업무상과실·중과실치상)의 죄를 범한 해당 차량의 운전자가 피해자를 구호하는 등 도로교통법 제54조 제1항의 규정에 의한 조치를 취하지 아니하고 도주한 때에는 다음 각 호의 구분에 따라 가중처벌한다.

1. 피해자를 사망에 이르게 하고 도주하거나, 도주 후에 피해자가 사망한 경우에는 무기 또는 5년 이상의 징역에 처한다.

2. 피해자를 상해에 이르게 한 경우에는 1년 이상의 유기징역 또는 500만원 이상 3천만원 이하의 벌금에 처한다."고 규정하고 있습니다.

특정범죄가중처벌등에관한법률 제5조의3 제1항 소정의 '피해자를 구호하는 등 도로교통법 제54조 제1항의 규정에 의한 조치를 취하지 아니하고 도주한 때'의 의미에 관하여 판례를 보면, "특정범죄가중처벌등에관한법률 제5조의3 제1항 소정의 '피해자를 구호하는 등 도로교통법 제50조 제1항의 규정에 의한 조치를 취하지 아니하고 도주한 때'라 함은 사고운전자가 사고로 인하여 피해자가 사상을 당한 사실을 인식하였음에도 불구하고, 피해자를 구호하는 등 도로교통법 제50조 제1항에 규정된 의무를 이행하기 전에 사고장소를 이탈하여 사고야기자로서 확정될 수 없는 상태를 초래하는 경우를 말한다."라고 하였습니다(대법원 2001. 1. 5. 선고 2000도2563 판결, 2003. 3. 25. 선고 2002도5748 판결).

그런데 위 사안에서와 같이 경찰관에 의해 구호조치가 이루어진 경우에도 도주운전죄가 성립되는지에 관하여 판례를 보면, "피고인은 그 자신이 부상을 입고 경찰에 의하여 병원으로 후송된 것일 뿐 스스로 사고장소에서 이탈한 것이 아니고, 피고인이 그 후 병원으로 후송되어 치료를 받던 도중 아무런 말이 없이 병원에서 나와 경찰에 연락을 취하지 아니하였다 하더라도 그 당시에는 이미 경찰에 의하여 피해자를 구호하는 등의 조치가 이루어진 후이므로, 이를 두고 피고인이 피해자를 구호하는 등 도로교통법 제50조 제1항에 규정된 의무를 이행하기 전에 사고장소를 이탈하여 사고야기자로서 확정될 수 없는 상태를 초래한 경우에 해당한다고 볼 수도 없다."라고 하였습니다(대법원 1999. 4. 13. 선고 98도3315 판결, 2002. 11. 26. 선고 2002도4986 판결).

따라서 위 사안에서 甲이 도주운전죄로 가중 처벌되지는 않을 것으로 보입니다.

◎ 피해자와 합의 중 사정상 운전면허증만 주고 간 경우

> **【질의】 ➡** 甲은 승용차를 운전하다가 과실로 乙의 승용차를 들이받았는데, 乙에게 다친 곳이 없는지 물었으나 다친 곳은 없다고 하여 차량의 파손에 대하여 합의를 하던 중 경찰관의 사이렌 소리를 듣고서 운전면허증만을 乙에게 건넨 후 사고현장을 떠났으며, 乙도 역시 자기의 차량을 운전하여 사고현장을 떠났습니다. 그런데 乙은 전치 2주의 진단서를 발급 받아 수사기관에 제출하고 도주운전죄라고 주장하면서 합의금을 과다하게 요구하고 있습니다. 이 경우 甲이 도주운전죄에 해당되는지요?

【답변】 ➡ 도주운전죄에 해당하지 않습니다.

특정범죄가중처벌등에관한법률 제5조의3 제1항 소정의 '피해자를 구호하는 등 도로교통법 제54조 제1항의 규정에 의한 조치를 취하지 아니하고 도주한 때'의 의미에 관하여 판례를 보면, "특정범죄가중처벌등에관한법률 제5조의3 제1항 소정의 '피해자를 구호하는 등 도로교통법 제50조 제1항의 규정에 의한 조치를 취하지 아니하고 도주한 때'라 함은 사고운전자가 사고로 인하여 피해자가 사상을 당한 사실을 인식하였음에도 불구하고, 피해자를 구호하는 등 도로교통법 제50조 제1항에 규정된 의무를 이행하기 전에 사고장소를 이탈하여 사고야기자로서 확정될 수 없는 상태를 초래하는 경우를 말한다."라고 하였습니다(대법원 2001. 1. 5. 선고 2000도2563 판결, 2002. 11. 26. 선고 2002도4986 판결, 2003. 3. 25. 선고 2002도5748 판결, 2003. 4. 25. 선고 2002도6903 판결).

그런데 교통사고 운전자가 사고현장에서 다친 곳이 없다고

말한 피해자와 합의 중 경찰차의 사이렌 소리가 들리자 피해자에게 자신의 운전면허증을 건네주고 가버린 경우 도주에 해당하는지에 관하여 판례를 보면, "피고인은 교통사고를 낸 뒤 길옆으로 차를 세워놓고 피해자에게 가서 괜찮으냐고 물으면서 여기는 사람들이 많으니 호텔 밖으로 나가서 변상해주겠다고 했고, 피해자는 현장에서 해결하자고 하면서 다친 데는 없으니 피해차량이 부서진 곳을 변상해달라고 하였는데, 마침 사고장소인 호텔 밖에서 경찰차의 사이렌 소리가 나는 것 같자 피고인은 음주사실이 두려워 피해자에게 피해차량의 견적을 빼보라고 한 다음 운전면허증을 건네주고 피고인의 차를 운전하여 가버렸고, 피해자는 피고인의 차량번호도 알고 운전면허증도 교부 받았으므로 더 이상 피고인을 따라가지 않고 자신의 택시를 운전하고 간 다음 나중에 전치 2주의 경추 및 요추염좌상을 입었다는 진단서를 수사기관에 제출한 것이라면, 피고인이 피해자를 구호하지 아니하고 사고현장을 이탈하여 사고야기자로서 확정될 수 없는 상태를 초래한 경우에 해당한다거나 교통질서의 회복을 위한 어떠한 조치가 필요하였던 것으로 보이지 아니한다고 할 것인바, 이와 같은 취지에서 피고인이 이 사건 사고 후 현장을 이탈하였다는 점만을 들어 피고인의 행위가 사고야기 후 도주에 관한 특정범죄가중처벌등에관한법률위반죄나 도로교통법위반죄에 해당하는 것으로 볼 수 없다."라고 한 바 있습니다(대법원 1997. 7. 11. 선고 97도1024 판결, 2003. 4. 25. 선고 2002도6903 판결).

따라서 위 사안에서 甲이 도주운전죄에 해당된다고 할 수는 없을 것으로 보입니다. 참고로 교통사고 후 피해자와 경찰서에 신고하러 가다가 음주운전이 발각될 것이 두려워 피해자가 경찰

서에 들어간 후 그냥 돌아간 경우에 관한 판례를 보면, "피고인
은 피해자에게 약 3주간의 치료를 요하는 우좌골 골절상 등을
입게 하는 교통사고를 일으킨 후 피해자로부터 넘어져서 조금
아프기는 하지만 많이 다치지는 않은 것 같으니 일단 경찰서에
신고하러 가자는 말을 듣고, 먼저 경찰서에 신고를 하고 나중에
병원에 가도 될 것으로 여기고 피해자를 피고인의 자동차에 태
우고 경찰서에 신고하러 갔는데, 피해자가 먼저 차에서 내려 경
찰서로 들어가자 피고인은 자신의 음주운전이 발각될 것이 두려
워 아무런 말도 없이 경찰서 앞에서 그냥 돌아 가버린 경우 당
시 피해자의 부상이 걸을 수 있는 정도의 경미한 상태였고, 피
고인이 돌아간 이유가 범죄를 은폐하고 도주하기 위한 것이 아
니라 음주운전으로 인한 처벌을 면하기 위한 것이었으며, 피해
자에게 피고인의 직업과 이름을 알려 주었다는 등의 여러 사정
이 있다고 하더라도, 피고인이 피해자의 구호의무를 이행하지
아니하고 사고현장을 이탈하여 도주한 것이라고 할 것이다."라
고 한 바 있습니다(대법원 1996. 4. 9. 선고 96도252 판결).

◙ 구호조치 취함 없이 목격자인 양 행동한 때 도주운전죄 여부

> **【질의】 ➡** 甲은 교통사고를 야기하여 피해자 乙이 출동한 경찰 순찰차에 실려 병원으로 후송되자 현장조사를 하는 경찰관에게 목격자인 것처럼 행세하다가 귀가하였으나, 그 이후 차량의 사고흔적으로 인하여 입건되었는바, 이 경우 甲에게 도주운전죄가 성립되지 않는지요?

【답변】 ➡ 도주운전죄가 성립합니다.

특정범죄가중처벌등에관한법률 제5조의3 제1항 소정의 '피해자를 구호하는 등 도로교통법 제54조 제1항의 규정에 의한 조치를 취하지 아니하고 도주한 때'의 의미에 관하여 판례를 보면, "특정범죄가중처벌등에관한법률 제5조의3 제1항 소정의 '피해자를 구호하는 등 도로교통법 제50조 제1항의 규정에 의한 조치를 취하지 아니하고 도주한 때'라 함은 사고운전자가 사고로 인하여 피해자가 사상을 당한 사실을 인식하였음에도 불구하고, 피해자를 구호하는 등 도로교통법 제50조 제1항에 규정된 의무를 이행하기 전에 사고장소를 이탈하여 사고야기자로서 확정될 수 없는 상태를 초래하는 경우를 말한다."라고 하였습니다(대법원 2001. 1. 5. 선고 2000도2563 판결, 2002. 11. 26. 선고 2002도4986 판결, 2003. 4. 25. 선고 2002도6903 판결).

그리고 사고야기자가 사고현장에서 목격자처럼 행세한 경우에 대한 판례를 살펴보면, "피고인은 교통사고를 일으킨 다음 사고현장 부근에 정차하였으나, 출동한 경찰관의 요청으로 파출소에 임의 동행하여 사고야기여부에 관하여 추궁을 받으면서도 피고인 차량에 충격 흔적이 발견되었다는 지적을 받기까지는 사고

사실을 부인하고, 사고현장에서도 피해자에 대하여 아무런 구호조치도 취하지 아니한 채 목격자인 양 행동한 사실이 인정되는 바, 그렇다면 피고인이 비록 사고현장을 바로 이탈하지는 아니하였다고 하더라도, 사고야기사실 자체를 부인하면서 피해자에 대한 구호조치를 취하지 아니하고 있다가 사고현장을 떠난 이상, 특정범죄가중처벌등에관한법률 제5조의3 제1항에서 말하는 ´도주´에 해당한다고 보지 않을 수 없다."라고 하였습니다(대법원 1999. 11. 12. 선고 99도3781 판결, 2003. 3. 25. 선고 2002도5748 판결).

따라서 위 사안에서 甲도 도주운전죄의 책임을 면하기 어려울 것으로 보입니다.

◙ 손해사정인이 보수 받고 피해자대리로 보험금청구 등을 한 경우

【질의】➡ 손해사정인이 보수를 받기로 하고 교통사고의 피해자를 대리하여 보험회사에 보험금을 청구하거나 피해자와 가해자가 가입한 자동차보험회사 등과 사이에 이루어지는 손해배상액결정에 관하여 중재 또는 화해를 하도록 주선하거나 편의를 도모하는 등으로 관여하는 것이 변호사법위반이 되는지요?

【답변】➡ 변호사법 위반이 될 것으로 보입니다.

변호사법 제109조 제1호에서는 "변호사가 아니면서 금품·향응 기타 이익을 받거나 받을 것을 약속하고 또는 제3자에게 이를 공여하게 하거나 공여하게 할 것을 약속하고 소송사건·비송사건·가사조정 또는 심판사건·행정심판 또는 심사의 청구나 이의신청 기타 행정기관에 대한 불복신청사건, 수사기관에서 취급중인 수사사건 또는 법령에 의하여 설치된 조사기관에서 취급중인 조사사건 기타 일반의 법률사건에 관하여 감정·대리·중재·화해·청탁·법률상담 또는 법률관계 문서작성 기타 법률사무를 취급하거나 이러한 행위를 알선한 자는 7년 이하의 징역 또는 5천만원 이하의 벌금에 처하거나 이를 병과(倂科)할 수 있다."라고 규정하고 있습니다.

그리고 손해사정인 등의 업무에 관하여 보험업법 제188조에 의하면 "손해사정인 또는 손해사정을 업(業)으로 하는 자의 업무는 다음 각 호와 같습니다.

1. 손해발생사실의 확인
2. 보험약관 및 관계법규적용의 적정성 판단
3. 손해액 및 보험금의 사정

4. 제1호부터 제3호까지의 업무와 관련된 서류의 작성·제출의 대행

5. 제1호부터 제3호까지의 업무수행과 관련된 보험회사에 대한 의견의 진술"이라고 규정하고 있습니다.

그러므로 손해사정인이 교통사고의 피해자를 대리하여 보험회사에 보험금을 청구하거나 피해자와 가해자가 가입한 자동차보험회사 등과 사이에 이루어지는 손해배상액결정에 관하여 중재 또는 화해를 하도록 주선하거나 편의를 도모하는 등으로 관여하는 경우 변호사법위반인지 문제됩니다.

이에 관련된 판례를 보면, "손해사정인이 금품을 받거나 보수를 받기로 하고 교통사고의 피해자측을 대리 또는 대행하여 보험회사에 보험금을 청구하거나, 피해자측과 가해자가 가입한 자동차보험회사 등과 사이에서 이루어질 손해배상액의 결정에 관하여 중재나 화해를 하도록 주선하거나 편의를 도모하는 등으로 관여하는 것은 손해사정인의 업무범위에 속하는 손해사정에 관하여 필요한 사항이라고 할 수 없다."라고 규정하고 있습니다(대법원 2001. 11. 27. 선고 2000도513 판결, 2000. 6. 19. 선고 2000도1405 판결).

따라서 위 질의의 경우에도 손해사정인의 업무범위를 넘어 변호사법위반이 문제될 것으로 보입니다.

◙ 공무원이 형사처벌 받아 그 신분을 상실하게 되는 경우

> **【질의】** ➡ 저는 동사무소에 근무하는 7급 공무원으로 한달 전 차량을 운전하던 중 부주의로 사람을 치어 사망케 하여 현재 구속되었습니다. 제가 형사처벌을 받게 될 경우 공무원생활을 계속할 수 있는지요?

【답변】 ➡ **금고이상의 형을 받는 경우 계속할 수 없습니다.**

차의 운전자가 교통사고를 내어 사람을 다치게 하거나 사망에 이르게 하면 5년 이하의 금고 또는 2,000만원 이하의 벌금형에 처하게 됩니다(교통사고처리특례법 제3조 제1항).

공무원 신분인 귀하의 경우에는 형사처벌과 관련하여 공무원으로서의 신분이 어떻게 되는지도 중요한 문제가 될 것입니다.

국가공무원법 제33조에 의하면 금고 이상의 형을 받고 그 집행이 종료되거나 집행을 받지 아니하기로 확정된 후 5년을 경과하지 아니한 자, 금고 이상의 형을 받고 그 집행유예의 기간이 완료된 날로부터 2년을 경과하지 아니한 자, 금고 이상의 형의 선고유예를 받은 경우에 그 선고유예기간 중에 있는 자, 법원의 판결 또는 다른 법률에 의하여 자격이 상실 또는 정지된 자 등은 공무원에 임용될 수 없다고 규정하고 있으며, 국가공무원법 제69조에 의하면 공무원이 위 제33조에 해당할 때에는 당연히 퇴직한다고 규정하고 있습니다(지방공무원법도 내용이 같음).

이와 관련해 ″국가공무원법 제69조는 공무원이 같은 법 제33조 각 호의 1에 해당할 때에는 당연히 퇴직한다고 규정하고, 같은 법 제33조 제1항은 임용결격사유를 규정하면서 그 제4호에서 ′금고 이상의 형을 받고 그 집행유예의 기간이 완료된 날로부터

2년을 경과하지 아니한 자'를 들고 있는데, 위 각 규정은 임용결격사유에 해당하는 자를 공무원의 직무로부터 배제함으로써 그 직무수행에 대한 국민의 신뢰, 공무원직에 대한 신용 등을 유지하고 그 직무의 정상적인 운영을 확보하기 위한 것뿐만 아니라 공무원범죄를 사전에 예방하고 공직사회의 질서를 유지하고자 함에 그 목적이 있는 것이므로, 공무원이 직무와 관련 없는 사유에 의하거나 또는 과실로 인하여 금고이상의 형을 선고 받아 위 국가공무원법상의 임용결격사유에 해당하는 경우라고 하더라도 당연히 국가공무원법 제69조에 의하여 퇴직하는 것이라고 할 것이다."라는 것이 판례(대법원 1996. 5. 14. 선고 95누7307 판결)의 태도이므로 귀하가 재판을 받아 위와 같은 형벌에 해당되는 형을 선고받게 되면 공무원생활을 더 할 수 없다 할 것입니다. 다만, 벌금 이하의 형을 선고받으면 공무원신분에는 아무런 지장이 없다 할 것이므로, 피해자의 유족과 원만히 합의하는 등 형량 감경을 위한 최선의 노력을 다해야 할 것입니다.

참고로 금고 이상의 형의 선고유예를 받은 경우에는 공무원직에서 당연히 퇴직하는 것으로 규정한 지방공무원법 제61조 중 제31조 제5호와 관련한 판례를 보면 "공무원이 금고 이상의 형의 선고유예를 받은 경우에는 공무원직에서 당연히 퇴직하는 것으로 규정하고 있는 이 사건 법률조항은 금고 이상의 선고유예의 판결을 받은 모든 범죄를 포괄하여 규정하고 있을 뿐 아니라, 심지어 오늘날 누구에게나 위험이 상존하는 교통사고 관련 범죄 등 과실범의 경우마저 당연퇴직의 사유에서 제외하지 않고 있으므로 최소침해성의 원칙에 반한다.

오늘날 사회구조의 변화로 인하여 '모든 범죄로부터 순결한 공직자 집단'이라는 신뢰를 요구하는 것은 지나치게 공익만을 우선한 것이며, 오늘날 사회국가원리에 입각한 공직제도의 중요성이 강조되면서 개개 공무원의 공무담임권 보장의 중요성이 더욱 큰 의미를 가지고 있다. 일단 공무원으로 채용된 공무원을 퇴직시키는 것은 공무원이 장기간 쌓은 지위를 박탈해 버리는 것이므로 같은 입법목적을 위한 것이라고 하여도 당연퇴직사유를 임용결격사유와 동일하게 취급하는 것은 타당하다고 할 수 없다. 결국, 지방공무원법 제61조 중 제31조 제5호 부분은 헌법 제25조의 공무담임권을 침해하였다고 할 것이다. 따라서 헌법재판소가 종전에 1990. 6. 25. 89헌마220 결정에서 위 규정이 헌법에 위반되지 아니한다고 판시한 의견은 이를 변경하기로 한다."라고 하였습니다(헌법재판소 2002. 8. 29. 선고 2001헌마788 결정).

◉ 고의로 교통사고를 발생시킨 경우 자동차보험 적용여부

> **【질의】➡** 저는 얼마 전 택시기사와의 말다툼 끝에 위 택시기사가 저의 차를 가로막고 진행을 방해하여 "비키지 않으면 치어 버리겠다."라고 경고하였으나 듣지 않아 홧김에 그대로 출발하였습니다. 그런데 예상과 달리 그가 비키지 않아 상해를 입혔는바, 이 경우에도 자동차보험을 적용 받을 수 있는지요?

【답변】➡ 보험적용을 받을 수 없습니다.

상법 제659조에 의하면 "보험사고가 보험계약자 또는 피보험자나 보험수익자의 고의 또는 중대한 과실로 인하여 생긴 때에는 보험자는 보험금액을 지급할 책임이 없다."라고 규정하고 있으며, 자동차보험의 약관상으로도 보험회사는 피보험자가 자동차의 사고로 법률상 손해배상책임을 짐으로써 입은 손해를 보험약관에서 정한 바에 따라 보상하는 책임을 지게 되나 보험계약자, 피보험자의 고의에 의한 손해는 보상하지 아니한다고 약관으로 규정하고 있습니다.

교통사고의 경우는 일반적으로 운전자의 안전운전 주의의무 위반, 즉 과실에 의한 사고를 말하지만, 위 사안의 경우는 고의 내지 미필적 고의에 의한 사고로서 형사적으로는 위험한 물건에 의한 폭행치상 내지 상해에 해당하므로 폭력행위등처벌에관한법률위반의 처벌까지 받게 된다 하겠습니다.

관련 판례를 보면 "자동차보험약관상 면책사유인 '피보험자의 고의에 의한 사고'에서의 '고의'라 함은 자신의 행위에 의하여 일정한 결과가 발생하리라는 것을 알면서 이를 행하는 심리상태를 말하고, 여기에는 확정적 고의는 물론 미필적 고의도 포함된다고 할 것이며, 고의와 같은 내심의 의사는 이를 인정할 직접적인 증거가 없는 경우에는 사물의 성질상 고의와 상당한 관련성이 있는 간접사실을 증명하는 방법에 의하여 입증할 수밖에 없고, 무엇이 상당한 관련성이 있는 간접사실에 해당할 것인가는 사실관계의 연결상태를 논리와 경험칙(經驗則)에 의하여 합리적으로 판단하여야 할 것이다."라고 하면서 "출발하려는 승용차 보닛 위에 사람이 매달려 있는 상태에서 승용차를 지그재그로 운행하여 도로에 떨어뜨려 상해를 입게 한 경우, 운전자에게 상해발생에 대한 미필적 고의가 있다."라고 하였습니다(대법원 2001. 3. 9. 선고 2000다67020 판결, 2001. 4. 24. 선고 2001다10199 판결).

따라서 위 사안과 같은 경우는 고의로 평가되는 행위로 인한 사고로서 보험적용을 받을 수 없다 할 것이며 민·형사상의 책임을 면하기는 어려울 것으로 보입니다.

◘ 공동불법행위자의 보험자 상호간 발생한 직접구상권의 소멸시효기간

> **【질의】** ➡ 甲과 乙은 쌍방의 과실로 丙을 사망하게 하는 교통사고를 일으켰습니다. 그런데 甲에 대한 자동차종합보험의 보험자인 丁보험회사에서 丙의 상속인들에게 손해배상금을 모두 지급하였는바, 이 경우 丁보험회사에서 乙에 대한 자동차종합보험의 보험자인 戊보험회사에 대하여 직접 구상권을 행사할 수 있는지, 그러한 구상권 행사가 가능할 경우 그 소멸시효기간은 어떻게 되는지요?

【답변】 ➡ 소멸시효기간은 10년입니다.

상법 제724조 제2항 본문에 의하면 "제3자는 피보험자가 책임을 질 사고로 입은 손해에 대하여 보험금액의 한도 내에서 보험자에게 직접 보상을 청구할 수 있다."라고 규정하고 있으며, 이 규정에 의한 피해자의 보험자에 대한 직접청구권의 성질에 관하여 판례를 보면, "상법 제724조 제2항에 의하여 피해자에게 인정되는 직접청구권의 법적 성질은 보험자가 피보험자의 피해자에 대한 손해배상채무를 병존적(竝存的)으로 인수한 것으로서 피해자가 보험자에 대하여 가지는 손해배상청구권이고 피보험자의 보험자에 대한 보험금청구권의 변형 내지는 이에 준하는 권리가 아니며, 또한 피해자의 보험자에 대한 손해배상채권과 피해자의 피보험자에 대한 손해배상채권은 별개 독립의 것으로서 병존한다."라고 하였습니다(대법원 2000. 6. 9. 선고 98다54397 판결).

그렇다면 위 사안에서 丁회사와 戊회사는 부진정연대채무관계에 있게 되는데, 민법 제425조 제1항에서는 "어느 연대채무자가 변제 기타 자기의 출재로 공동면책이 된 때에는 다른 연대채

무자의 부담부분에 대하여 구상권을 행사할 수 있다."라고 규정하고 있습니다.

그리고 공동불법행위자의 보험자 상호간에 위 규정에 의한 직접 구상권을 행사할 수 있는지에 관하여 판례를 보면, "공동불법행위에 있어서 공동불법행위자들과 각각 보험계약을 체결한 보험자들은 그 공동불법행위의 피해자에 대한 관계에서 상법 제724조 제2항에 의한 손해배상채무를 각자 직접 부담하는 것이므로, 이러한 관계에 있는 보험자들 상호간에 있어서는 공동불법행위자 중의 1인과 사이에 보험계약을 체결한 보험자가 피해자에게 손해배상금을 보험금으로 모두 지급함으로써 공동불법행위자들의 보험자들이 공동면책 되었다면 그 손해배상금을 지급한 보험자는 다른 공동불법행위자들의 보험자들이 부담하여야 할 부분에 대하여 직접 구상권을 행사할 수 있다고 봄이 상당하다고 할 것이다."라고 하였으며(대법원 1999. 2. 12. 선고 98다44956 판결, 1998. 9. 18. 선고 96다19765 판결, 1999. 6. 11. 선고 99다3143 판결).

또한, "승용차 운전자인 갑과 을 회사 소유 화물차 운전자의 과실이 경합하여 병 회사의 버스 승객들이 상해를 입은 사고에서, 병 회사는 그 운전자의 과실이 없다고 하더라도 위 버스의 운행자로서 위 피해자들에 대하여 자동차손해배상보장법상의 배상책임을 부담하고, 한편 을 회사와 갑 역시 위 화물차 및 승용차의 운행자 또는 공동불법행위자로서 위 피해자들에 대하여 손해배상책임을 부담하며, 병 회사와 을 회사 및 갑의 위 각 책임은 부진정연대채무의 관계에 있다고 할 것인즉, 이러한 경우 병 회사의 보험자가 병 회사와 체결한 보험계약에 따라 위 피해자들에게 그 손해배상금을 보험금으로 모두 지급함으로써 을 회사와 갑도 공동면책이 되었다면, 병 회사는 을 회사에게 그 부담부분에 대한 구상권을 행사할 수 있다."라고 하였습니다(대법원 1998. 12. 22. 선고 98다40466 판결).

그리고 보험자대위에 의하지 아니하고 공동불법행위자의 보험자 상호간에 직접 구상권을 행사할 경우 보험자 상호간의 구상권의 소멸시효에 관하여 판례를 보면, "공동불법행위자들과 각각 상행위인 보험계약을 체결한 보험자들 상호간에 있어서 공동불법행위자 중의 1인과 사이에 보험계약을 체결한 보험자가 피해자에게 손해배상금을 보험금액의 범위 내에서 지급하고 다른 공동불법행위자의 보험자가 부담하여야 할 부분에 대하여 직접 구상권을 행사하는 경우 그 손해배상금 지급행위는 상인이 영업을 위하여 하는 행위라고 할 것이므로, 그 구상금채권은 '보조적 상행위로 인한 채권'으로서 그 권리를 행사할 수 있는 때로부터 5년 간 행사하지 아니하면 소멸시효가 완성한다."라고 하였습니다(대법원 1998. 7. 10. 선고 97다17544 판결).

따라서 위 사안에서도 丁보험회사에서는 戊보험회사가 부담하였어야 할 부분까지도 변제하였으므로 戊보험회사에 대하여 그 부분에 대하여는 직접 구상권을 행사할 수 있을 것으로 보이고, 그 직접 구상권의 소멸시효기간은 5년으로 보아야 할 듯합니다. 다만, 위 사안에서 丁보험회사가 보험자대위의 법리에 의하여 취득한 甲의 乙의 보험자인 戊보험회사에 대한 구상권을 戊보험회사에게 행사하는 경우에는 그 소멸시효기간은 10년이 될 것입니다(대법원 1998. 12. 22. 선고 98다40466 판결).

참고로 불법행위에 있어서 부진정연대채무자에게 구상권을 행사하는 경우, 부담부분의 비율을 판단하는 기준에 관하여 판례는 "불법행위에 있어서 부진정연대채무의 관계에 있는 복수의 책임주체 중 1인이 자기 부담부분 이상을 변제하여 공동의 면책을 얻게 하고 다른 부진정연대채무자에 대하여 그 부담부분의 비율에 따라 구상권을 행사하는 경우 부담부분의 비율을 판단함에 있어서는, 불법행위 및 손해와 관련하여 그 발생 내지 확대에 대한 각 부진정연대채무자의 주의의무의 정도에 상응한 과실의 정도를 비롯한 기여도 등 사고 내지 손해와 직접적으로 관련된 대외적 요소를 고려하여야 함은 물론, 나아가 부진정연대채무자 사이에 특별한 내부적 법률관계가 있어 그 실질적 관계를 기초로 한 요소를 참작하지 않으면 현저하게 형평에 어긋난다고 인정되는 경우에는 그 대내적 요소도 참작하여야 하며, 일정한 경우에는 그와 같은 제반 사정에 비추어 손해의 공평한 분담이라는 견지에서 신의칙상(信義則上) 상당하다고 인정되는 한도 내에서만 구상권을 행사하도록 제한할 수도 있다."라고 하였습니다(대법원 2001. 1. 19. 선고 2000다33607 판결, 2002. 9. 24. 선고 2000다69712 판결).

◘ 보험자가 보험자대위로 취득한 다른 보험자에 대한 구상권의 소멸시효

> **【질의】➡** 甲과 乙은 쌍방의 과실로 丙을 사망하게 하는 교통사고를 일으켰습니다. 그런데 甲에 대한 자동차종합보험의 보험자인 丁보험회사에서 丙의 상속인들에게 손해배상금을 모두 지급하였는바, 이 경우 丁보험회사에서 상법 제682조에 의한 보험자대위에 의하여 乙에 대한 자동차종합보험의 보험자인 戊보험회사에 대하여 구상권을 행사할 수 있는지, 그러한 구상권행사가 가능할 경우 그 소멸시효기간은 어떻게 되는지요?

【답변】➡ 10년으로 볼 수 있습니다.

제3자에 대한 보험대위에 관하여 상법 제682조에 의하면 "손해가 제3자의 행위로 인하여 생긴 경우에 보험금액을 지급한 보험자는 그 지급한 금액의 한도에서 그 제3자에 대한 보험계약자 또는 피보험자의 권리를 취득한다. 그러나 보험자가 보상할 보험금액의 일부를 지급한 때에는 피보험자의 권리를 해하지 아니하는 범위 내에서 그 권리를 행사할 수 있다."라고 규정하고 있으며, 같은 법 제724조 제2항에 의하면 "제3자는 피보험자가 책임을 질 사고로 입은 손해에 대하여 보험금액의 한도 내에서 보험자에게 직접 보상을 청구할 수 있다. 그러나 보험자는 피보험자가 그 사고에 관하여 가지는 항변으로써 제3자에게 대항할 수 있다."라고 규정하고 있습니다.

그런데 판례를 보면, "공동불법행위자 중의 1인과 사이에 체결한 보험계약이나 공제계약에 따라 보험자나 공제사업자가 피해자에게 손해배상금을 보험금액으로 모두 지급함으로써 공동불법행위자들이 공동면책이 된 경우 보험계약이나 공제계약을 체결한 공동불법행위자가 변제 기타 자기의 출재로 공동면책이 된 때와 마찬가지로 그 공동불법행위자는 다른 공동불법행위자의 부담부분에 대하여 구상권을 행사할 수 있고, 보험금액을 지급한 보험자나 공제사업자는 상법 제682조 소정의 보험자대위의 제도에 따라 공동불법행위자의 다른 공동불법행위자에 대한 위와 같은 구상권을 취득한다."라고 하였으며(대법원 1993. 1. 26. 선고 92다4871 판결), "공동불법행위자의 보험자들 상호간에는 그 중 하나가 피해자에게 보험금으로 손해배상금을 지급함으로써 공동면책 되었다면 그 보험자는 상법 제682조의 보험자대위의 법리에 따라 피보험자의 다른 공동불법행위자의 부담부분에 대한 구상권을 취득하여 그의 보험자에 대하여 행사할 수 있다."라고 하였고(대법원 1999. 6. 11. 선고 99다3143 판결). "상법 제682조 소정의 보험자대위에 의하여 취득한 구상권의 소멸시효의 기산점과 그 기간은 대위에 의하여 이전되는 권리자체를 기준으로 판단하여야 하며, 그와 같은 구상권은 그 소멸시효에 관하여 법률에 따로 정한 바가 없으므로 일반원칙으로 돌아가 일반채권과 같이 그 소멸시효는 10년으로 완성된다고 해석함이 상당하고, 그 기산점은 구상권이 발생한 시점, 즉 구상권자가 현실로 피해자에게 지급한 때이다."라고 하였습니다(대법원 1994. 1. 11. 선고 93다32958 판결).

따라서 위 사안에서도 丁보험회사는 甲이 戊보험회사에 대하여 가지는 구상권(乙의 부담부분 한도 내)을 상법 제682조의 보험자대위에 의하여 취득하게 되고, 그 구상권의 소멸시효기간은 피해자에게 보험금을 지급한 때로부터 10년의 소멸시효기간이 경과되어야 시효로 소멸하게 될 것으로 보입니다(대법원 1998. 12. 22. 선고 98다40466 판결).

◘ 피보험자가 피해자와 서면 합의한 배상액에 보험자는 구속되는지

【질의】 ➡ 자동차종합보험에 가입된 피보험자가 교통사고 피해자와 피해액 전체에 대하여 합의를 하였을 경우 보험회사에서는 그 합의금액에 대해 항상 전액을 지급해야 하는지요?

【답변】 ➡ 아닙니다.

자동차종합보험 보통약관에 피보험자는 대한민국 법원에 의한 판결의 확정, 재판상의 화해, 중재 또는 서면에 의한 합의로 손해액이 확정되었고, 손해배상청구권자가 그 손해배상을 받은 경우에는 보험금을 피보험자에게 지급하도록 규정하고 있으며, 이러한 경우 지급한도는 보험약관의 보험금지급기준에 의하여 산출한 금액을 보상하되, 다만 소송이 제기되었을 경우에는 대한민국 법원의 확정판결에 의하여 피보험자가 손해배상청구권자에게 배상하여야 할 금액(지연배상금 포함)을 보상하도록 정하고 있습니다.

판례도 확정판결에 의하지 아니하고 피보험자와 피해자 사이에 서면에 의한 합의로 배상액이 결정된 경우에는 보험회사는 그 보험약관에서 정한 보험금지급기준에 의하여 산출된 금액의 한도 내에서 보험금을 지급할 의무가 있다고 하고 있습니다(대법원 1995. 11. 7. 선고 95다1675 판결, 1994. 4. 23. 선고 93다11807 판결).

또한, "자동차종합보험 보통약관에서 대인배상의 보상한도에 관하여 '약관의 보험금지급기준에 의하여 산출한 금액을 보상하되, 다만 소송이 제기되었을 경우에는 대한민국 법원의 확정판결에 의하여 피보험자가 손해배상청구권자에게 배상하여야 할 금액'을 보상하도록 규정하고 있는 경우, 위 약관조항은 보험계약의 당사자인 보험계약자와 보험자간에 합의에 의하여 계약내용에 편입된 것으로서 보험자가 원칙적으로 위와 같은 약관상의 지급할 보험금을 기준으로 하여 보험료를 책정하고 보험계약자로서도 이를 용인하였다고 보여지고, 위 보험약관에 정한 보험금지급기준에 의하여 산출된 금액이 법원의 확정판결에 의하여 인정된 금액보다 적다고 하더라도 피보험자와 보험자간에 보험금지급에 관하여 합의가 이루어지지 아니한 경우에는 법원의 판결에 의한 손해배상액을 보상하여 주는 것인 이상, 피보험자로서는 보험자와의 사이에 합의가 이루어지지 않는다고 하여 피해자와 성급하게 서면합의를 할 것이 아니고 우선 손해배상금의 일부조로 피해자에게 지급하고 나머지 손해배상액은 보험자에게 소송을 해서 받기로 하는 등의 조치를 취할 수 있는 점 등에 비추어 보면, 위 약관의 보험금지급기준에 관한 조항이 신의칙(信義則)에 위반되거나 피보험자에게 부당하게 불리한 조항이어서 약관의규제에관한법률 제6조의 규정에 위배되어 무효라고 볼 수 없으므로, 위와 같은 보험약관 아래서 확정판결에 의하지 아니하고 피보험자와 피해자 사이의 서면에 의한 합의로 배상액이 결정된 경우에는 보험자는 위 보험약관에서 정한 보험금지급기준에 의하여 산출된 금액의 한도 내에서 보험금을 지급할 의무가 있다."라고 하였습니다(대법원 1998. 3. 24. 선고 96다38391 판결).

따라서 피보험자와 피해자의 합의가 서면에 의하여 작성된 경우에 보험자는 보험약관상의 보험금지급기준에 의한 산출금액 한도에서만 지급하게 될 것입니다. 다만, 합의금액이 보험약관상의 보험금지급기준에 의한 산출금액보다 적을 경우에는 피보험자가 피해자에게 지급한 손해배상액(합의금)을 초과하여 지급하지는 않을 것으로 보입니다.

⬧ 무단운전자가 보험계약자의 동거가족인 경우 상법상 보험자대위여부

【질의】 ➡ 甲은 乙보험회사와 사이에 甲소유 소나타 승용차에 관하여 만 26세 이상 한정운전 및 가족운전자 한정운전 특별약관부와 무면허운전 면책약관부 자동차종합보험계약을 체결하였는데, 甲의 아들로서 18세 남짓이던 丙이 보험계약 기간 중 가족이 잠자고 있는 사이 안방의 잠겨지지 아니한 문갑서랍 안에 있던 승용차 예비열쇠를 몰래 가지고 나와 집 앞에 주차해둔 위 승용차를 면허 없이 운전하기 시작하여 새벽에 교통사고를 야기하고 아무런 조치 없이 그대로 도주하였습니다. 그런데 위 사고는 만 26세 이상 한정운전 특별약관의 단서조항의 '피보험자동차가 도난당하였을 경우'에 해당되고, 丙의 무단운전을 사전에 엄격하게 금지하지 아니하고 차량의 열쇠를 허술하게 관리한 甲의 과실과 위 승용차를 무단으로 운전하다 사고를 일으킨 丙의 과실이 경합하여 일어난 것이라는 이유로 피해자가 乙보험회사를 상대로 제기한 손해배상청구소송에서 乙보험회사가 패소됨으로 인하여 피해자에게 보험금을 지급하였습니다. 이 경우 乙보험회사에서 丙을 상대로 상법 제682조 소정의 보험자대위의 법리에 따라 구상금청구를 할 수 있는지요?

【답변】 ➡ 구상금청구를 할 수 없습니다.

상법 제682조에 의하면 "손해가 제3자의 행위로 인하여 생긴 경우에 보험금액을 지급한 보험자는 그 지급한 금액의 한도에서 그 제3자에 대한 보험계약자 또는 피보험자의 권리를 취득한다. 그러나 보험자가 보상할 보험금액의 일부를 지급한 때에는 피보험자의 권리를 해하지 아니하는 범위 내에서 그 권리를 행사할 수 있다."라고 규정하고 있습니다. 그런데 운전자연령한정운전 특별약관부 자동차종합보험계약에서 연령미달의 임의운전자가 보험계약자 또는 피보험자의 동거가족인 경우, 위 같은 법 제

682조 소정의 보험자대위권행사의 대상인 제3자에 포함되는지에 관하여 판례를 보면, "피보험자의 동거친족에 대하여 피보험자가 배상청구권을 취득한 경우, 통상은 피보험자는 그 청구권을 포기하거나 용서의 의사로 권리를 행사하지 않은 상태로 방치할 것으로 예상되는바, 이러한 경우 피보험자에 의하여 행사되지 않는 권리를 보험자가 대위취득 하여 행사하는 것을 허용한다면 사실상 피보험자는 보험금을 지급 받지 못한 것과 동일한 결과가 초래되어 보험제도의 효용이 현저히 해하여진다 할 것이고, 운전자연령한정운전특별약관은 보험약관에 있어서의 담보위험을 축소하고 보험료의 할인을 가능하게 하는데 그 취지가 있는 것이므로 보험계약자의 의사는 보험료를 할인 받는 대신 특약위반시 보험혜택을 포기하는 것이라고 할 것이나, 그 경우에도 피보험자의 명시적이거나 묵시적인 의사에 기하지 아니한 채 연령 미달자가 피보험자동차를 운전한 경우에는 면책조항의 예외로서 보험자가 책임을 지는 점에 미루어 연령 미달의 임의운전자가 동거가족인 경우에도 보험자의 대위권 행사의 대상이 되는 것으로 해석한다면, 임의운전자가 가족이라는 우연한 사정에 의하여 특약에 위배되지 않은 보험계약자에게 사실상 보험혜택을 포기시키는 것이어서 균형이 맞지 않는 점 등에 비추어, 운전자연령한정운전특별약관부 보험계약에서 연령 미달의 동거가족의 경우 특별한 사정이 없는 한 상법 제682조 소정의 제3자의 범위에 포함되지 않는다고 봄이 타당하다."라고 하였습니다(대법원 2000. 6. 23. 선고 2000다9116 판결, 2002. 9. 6. 선고 2002다32547 판결). 따라서 위 사안에서 乙보험회사가 丙에게 위 같은 법 제682조에 기하여 보험자 대위권을 행사하여 구상금청구를 할 수는 없을 것으로 보입니다.

◎ 무면허운전사실을 인식 못한 경우 무면허운전면책약관의 적용여부

> **【질의】 ➡** 甲회사는 甲회사 소속 적재중량 13,840kg, 적재용량 14,456ℓ로서 세차장이나 경정비업소에서 수거한 폐엔진오일을 운반하는 화물차량에 대한 자동차종합보험계약을 乙보험회사와 체결하였습니다. 그런데 乙보험회사에서는 보험계약체결시 위 차량을 대형면허소지자가 운전하여야 함을 알려주지 않았고, 甲회사에서는 위 차량을 제1종 보통면허로 운전함이 허용되는 줄로만 알고서 甲회사 소속으로 제1종 보통면허만을 소지한 丙에게 위 차량을 운전하도록 하던 중, 丙이 그의 과실로 교통사고를 발생시켰습니다.
> 이 경우 乙보험회사에서 무면허운전으로 발생된 사고임을 들어 보험금을 지급하지 않을 수 있는지요?

【답변】 ➡ 지급하지 않습니다.

　　상법 제638조의3에 의하면 〃①보험자는 보험계약을 체결할 때에 보험계약자에게 보험약관을 교부하고 그 약관의 중요한 내용을 알려주어야 한다. ②보험자가 제1항의 규정에 위반한 때에는 보험계약자는 보험계약이 성립한 날부터 1월내에 그 계약을 취소할 수 있다.〃라고 규정하고 있으며, 약관의규제에관한법률 제3조에 의하면 〃①사업자는 고객이 약관의 내용을 쉽게 알 수 있도록 한글로 작성하고, 표준화·체계화된 용어를 사용하며, 약관의 중요한 내용을 부호·문자·색채 등으로 명확하게 표시하여 알아보기 쉽게 약관을 작성하여야 한다.

　　②사업자는 계약을 체결할 때에는 고객에게 약관의 내용을 계약의 종류에 따라 일반적으로 예상되는 방법으로 분명하게 밝히고, 고객이 요구할 경우 그 약관의 사본을 고객에게 내주어 고

객이 약관의 내용을 알 수 있게 하여야 한다. 다만, 다른 법률에 따라 행정관청의 인가를 받은 약관으로서 신속한 거래를 위하여 필요하다고 인정되어 대통령령으로 정하는 약관에 대하여는 그러하지 아니하다. ③사업자는 약관에 정하여져 있는 중요한 내용을 고객이 이해할 수 있도록 설명하여야 한다. 다만, 계약의 성질상 설명이 현저하게 곤란한 경우에는 그러하지 아니하다. ④사업자가 제2항 및 제3항을 위반하여 계약을 체결한 경우에는 해당 약관을 계약의 내용으로 주장할 수 없다."라고 규정하고 있습니다.

한편 제1종 보통면허로는 적재중량 12톤 미만의 화물자동차를 운전을 할 수 있습니다(도로교통법시행규칙 〔별표 18〕).

위 사안에서 丙은 제1종 보통면허로 적재중량 12톤 초과의 화물자동차를 운전하다가 교통사고를 야기한 경우인바, 어떤 면허를 가지고 피보험자동차를 운전하여야 무면허운전이 되지 않는지도 보험자의 약관설명의무의 범위에 포함되는지에 관하여 판례를 보면, "상법 제638조의3 제1항 및 약관의규제에관한법률 제3조의 규정에 의하여 보험자는 보험계약을 체결할 때에 보험계약자에게 보험약관에 기재되어 있는 보험상품의 내용, 보험료율의 체계, 보험청약서상 기재 사항의 변동 및 보험자의 면책사유 등 보험계약의 중요한 내용에 대하여 구체적이고 상세한 명시·설명의무를 지고 있다고 할 것이어서, 만일 보험자가 이러한 보험약관의 명시·설명의무에 위반하여 보험계약을 체결한 때에는 그 약관의 내용을 보험계약의 내용으로 주장할 수 없지만, 어떤 면허를 가지고 피보험자동차를 운전하여야 무면허운전이 되지 않는지는 보험자의 약관설명의무의 범위에 포함되지 않는다."라고 하였습니다.

또한, 운전자가 무면허운전 사실을 인식하지 못한 경우에도 자동차종합보험면책약관상의 무면허운전에 해당하는지에 관하여 "자동차종합보험 보통약관상의 무면허운전 면책조항은 사고발생의 원인이 무면허운전에 있음을 이유로 한 것이 아니라 사고발생시에 무면허운전 중이었다는 법규위반상황을 중시하여 이를 보험자의 보험대상에서 제외하는 사유로 규정한 것으로서, 운전자가 그 무면허운전 사실을 인식하지 못하였다고 하더라도 면책약관상의 무면허운전에 해당된다."라고 하였습니다(대법원 2000. 5. 30. 선고 99다66236 판결, 2002. 9. 24. 선고 2002다27620 판결).

따라서 위 사안의 경우 乙보험회사에서는 丙의 무면허운전 중 발생된 교통사고에 대하여 보험금을 지급할 책임을 면하게 될 것으로 보입니다.

◘ 피보험자가 손해배상판결에 항소하지 않아 확정시킨 경우 보험자
  면책되는지

【질의】 ➡ 甲은 乙보험회사와 화물자동차에 관하여 기명피보험자를 甲으로 하는 업무용자동차종합보험계약을 체결하였는데, 丙이 무면허로 甲 몰래 위 화물자동차를 운전하다가 丁을 사망케 하는 교통사고를 야기하였습니다. 그런데 丁의 유족들은 甲과 乙보험회사를 공동피고로 하여 丁의 사망으로 인한 손해배상청구의 소송을 제기해왔으며, 甲은 乙보험회사와 별도로 소송대리인을 선임하여 소송을 수행하였고, 제1심 판결 후 甲은 항소를 하지 않았으나, 乙보험회사는 항소를 하여 조정이 성립됨으로써 제1심 판결금액을 감액시켰습니다. 그러자 丁의 유족들은 乙보험회사에 대한 승소금을 수령하고, 그 금액과 甲에 대한 승소금과의 차액을 甲에게 청구하기 위하여 甲의 채권을 압류하였습니다. 이 경우 乙보험회사에서 위 차액을 甲에게 지급하여야 되는지요?

【답변】 ➡ 지급하여야 합니다.

상법 제723조에 의하면 "①피보험자가 제3자에 대하여 변제, 승인, 화해 또는 재판으로 인하여 채무가 확정된 때에는 지체 없이 보험자에게 그 통지를 발송하여야 한다. ②보험자는 특별한 기간의 약정이 없으면 전항의 통지를 받은 날로부터 10일 내에 보험금액을 지급하여야 한다. ③피보험자는 보험자의 동의 없이 제3자에 대하여 변제, 승인 또는 화해를 한 경우에는 보험자가 그 책임을 면하게 되는 합의가 있는 때에도 그 행위가 현저하게 부당한 것이 아니면 보험자는 보상할 책임을 면하지 못한다."라고 규정하고 있습니다.

그런데 위 사안과 관련된 판례를 보면, "업무용자동차종합보험약관 제13조 제1항에는 피보험자가 손해배상청구를 받은 경우 피보험자의 동의를 얻어 보험자가 그 소송을 대행할 수 있다고만 규정되어 있을 뿐이어서 피보험자가 반드시 보험자로 하여금 그 소송을 대행하도록 할 의무가 있는 것으로는 보이지 않으므로(피보험자가 소송의 대행을 동의하지 않는 경우에는 보험자는 보조참가 할 수 있을 것임), 피보험자가 손해배상청구소송을 보험자로 하여금 대행하도록 하지 않고 법률전문가인 변호사를 소송대리인으로 선임하여 독자적으로 수행하였다고 하여 곧 위 약관조항을 위배하였다거나 또는 피보험자가 정당한 이유 없이 손해배상청구소송에서 보험자에게 협조하지 않을 경우 그로 말미암아 늘어난 손해에 대하여 보상하지 아니하도록 규정한 약관조항에 해당한다고 할 수 없다."라고 하면서, "책임보험계약의 피보험자가 보험자의 동의 없이 제3자에 대하여 변제, 승인 또는 화해를 한 경우에는 보험자가 그 책임을 면하게 되는 합의가 있는 때에도 그 행위가 현저하게 부당한 것이 아니면 보험자는 보상할 책임을 면하지 못한다고 규정하고 있는 상법 제723조 제3항의 취지에 비추어 보면, 피보험자가 제3자로부터 재판상 손해배상청구를 받아 그 소송에서 손해배상을 명하는 판결을 선고받고 항소하지 않은 채 이를 확정 시켰다고 하더라도 그것이 '현저하게 부당한 경우'로 평가되지 않는 한 보험자는 보상할 책임을 면할 수 없으며, 피해자가 피보험자 및 보험자를 공동피고로 하여 제기한 손해배상청구소송의 제1심 판결에 대하여 피보험자는 항소하지 않고 보험자만이 항소하여 항소심에서 제1심 판결 금액보다 감액된 금액으로 조정이 성립되었다는 사실만으로 피보험자의 항소부제기를 '현저하게 부당한 경우'로 평가하여 보험자가 그 차액 상당의 보험금지급의무를 면한다고 볼 수 없다."
라고 하였습니다(대법원 2000. 4. 21. 선고 99다72293 판결).

　따라서 위 사안에서 乙보험회사로서는 甲이 단순히 항소를
하지 않았다는 사유만으로, 丁의 유족들이 甲에 대하여 확정된
제1심 판결의 승소금과 제2심에서 乙보험회사와 조정이 성립된
금액의 차액을 甲에게 지급할 책임을 면하지는 못할 것으로 보
입니다.

◘ 보험자가 피해자에 대한 손해배상확정판결상의 지연손해금까지
　부담하는지

> **【질의】** ➡ 　甲은 乙보험회사와 업무용자동차종합보험계약을 체결하였습니다. 그런데 甲의 과실로 인하여 교통사고가 발생하였고, 피해자 丙은 甲을 피고로 하여 손해배상청구의 소송을 제기하여 승소하였습니다. 이 경우 乙보험회사에서 丙이 甲을 상대로 제기한 소송의 확정판결에서 지급을 명한 소송촉진등에관한특례법 소정의 지연손해금까지 지급할 책임이 있는지요?

【답변】 ➡ 지급할 책임이 있습니다.

　　업무용자동차보험약관 제2조와 제16조는 피고 회사가 지급하는 보험금은 '이 약관의 보험금 지급기준에 의하여 산출한 금액으로 하되, 다만 소송이 제기되었을 경우에는 대한민국 법원의 확정판결에 의하여 피보험자가 손해배상청구권자에게 배상하여야 할 금액(지연배상금 포함)'이라고 규정하고 있습니다.

　　그리고 책임보험(자동차보험도 책임보험에 해당됨)의 보험자가 피해자와 피보험자 사이의 손해배상 확정판결에서 지급을 명한 소송촉진등에관한특례법 소정의 지연손해금까지 지급할 책임이 있는지에 관하여 판례를 보면, "피보험자에게 지급할 보험금액에 관하여 확정판결에 의하여 피보험자가 피해자에게 배상하여야 할 지연손해금을 포함한 금액으로 규정하고 있는 자동차종합보험약관의 규정취지에 비추어 보면, 보험자는 피해자와 피보험자 사이에 판결에 의하여 확정된 손해액은 그것이 피보험자에게 법률상 책임이 없는 부당한 손해라는 등의 특별한 사정이 없는 한 원본이든 지연손해금이든 모두 피보험자에게 지급할 의무

가 있다."라고 하였습니다(대법원 2000. 10. 13. 선고 2000다2542 판결, 1995. 9. 15. 선고 94다17888 판결).

따라서 위 사안에서도 甲에게 법률상 책임이 없는 부당한 손해라는 등의 특별한 사정이 없는 한 乙보험회사는 위 확정판결에서 지급을 명한 소송촉진등에관한특례법 소정의 지연손해금까지 지급할 책임이 있다고 할 것입니다.

◘ 통계청자료인 한국인생명표상 기대여명이 법원에 현저한 사실인지

> **【질의】 ➡** 甲은 교통사고의 가해자로서 손해배상청구소송의 피고인데, 피해자 乙은 일실수입 및 개호비 산정에 필요한 통계청이 정기적으로 조사·작성하는 한국인의 생명표를 종전의 것으로 제출하였으나, 법원은 乙이 제출하지도 않은 최근에 작성된 생명표에 의하여 평균기대여명을 인정하였습니다. 이것은 부당한 것이 아닌지요?

【답변】 ➡ 부당하지 않습니다.

민사소송법 제288조에 의하면 ″법원에서 당사자가 자백한 사실과 현저한 사실은 증명을 요하지 아니한다. 다만, 진실에 어긋나는 자백은 그것이 착오로 말미암은 것임을 증명한 때에는 취소할 수 있다.″라고 규정하고 있습니다. 그리고 민사소송법 제288조 소정의 ′법원에 현저한 사실′의 의미에 관하여 판례를 보면, ″민사소송법 제261조(현행 민사소송법 제288조) 소정의 ′법원에 현저한 사실′이라 함은 법관이 직무상 경험으로 알고 있는 사실로서 그 사실의 존재에 관하여 명확한 기억을 하고 있거나 또는 기록 등을 조사하여 곧바로 그 내용을 알 수 있는 사실을 말한다.″라고 하였습니다(대법원 1996. 7. 18. 선고 94다20051 전원합의체 판결).

그러므로 위 사안에서 통계청이 정기적으로 조사·작성하는 한국인의 생명표에 의한 남녀별 각 연령별 기대여명이 법원에 현저한 사실이라면 법원은 당사자가 제출한 증거에 구애되지 않을 것이므로 위 기대여명이 법원에 현저한 사실인지 문제됩니다.

그런데 이에 관하여 판례를 보면, ″통계청이 정기적으로 조사 · 작성하는 한국인의 생명표에 의한 남녀별 각 연령별 기대여명은 법원에 현저한 사실이므로 불법행위로 인한 피해자의 일실수입 등 손해액을 산정 함에 있어 기초가 되는 피해자의 기대여명은 당사자가 제출한 증거에 구애됨이 없이 그 손해발생시점과 가장 가까운 때에 작성된 생명표에 의하여 확정할 수 있다.″라고 하였습니다(대법원 1999. 12. 7. 선고 99다41886 판결, 1984. 11. 27. 선고 84다카1349 판결).

따라서 위 사안에서 원고인 乙이 제출한 생명표상의 기대여명이 아닌 최근 발표된 통계청의 생명표에 의한 기대여명을 인정한 조치는 정당하다고 할 것입니다.

◘ 교통사고로 인한 손해배상청구시 부대항소로 청구취지 확장가능한지

【질의】 ➡ 저는 공무원으로 근무하던 중 교통사고를 당하여 가해차량의 소유자를 상대로 800만원의 손해배상청구소송을 제기하여 600만원의 승소판결을 받았습니다. 그런데 패소한 상대방이 항소를 제기하면서 저의 과실이 제1심에서 인정된 정도보다 크다고 주장하고 있고 위 주장이 인정될 가능성이 많습니다. 이 경우 항소를 하지 않은 제가 제1심에서 청구하지 않았던 일실수익 중 수당에 대하여 항소심에서 청구할 수 있는지, 또한, 저의 제1심 청구금액 800만원을 초과하여 더 청구할 수도 있는지요?

【답변】 ➡ 청구할 수 있습니다.

'부대항소(附帶抗訴)'라 함은 민사소송법상 피항소인이 항소인의 항소에 의하여 개시된 항소심절차를 이용하여, 항소심의 심판의 범위를 자기에게 유리하게 확장시켜서 원심판결의 취소·변경을 구하는 취지의 주장을 하고 그 당부에 관하여 심판을 구하는 공격적 신청을 말하며, 항소심에서 양당사자를 공평하게 보호하기 위해 피항소인에게 인정된 권리입니다.

민사소송법 제403조에 의하면 "피항소인은 항소권이 소멸된 뒤에도 변론이 종결될 때까지 부대항소(附帶抗訴)를 할 수 있다."라고 규정하고 있으므로 이에 의하여 피항소인은 항소기간 내에 항소를 제기하지 아니하였다든지 항소권을 포기하였다든지 하여 독립하여 항소를 할 수 없게 된 경우에도 상대방이 제기한 항소의 존재를 전제로 하여 이에 부대해서 원판결 중 자기에게 불이익한 부분의 변경을 구하는 신청을 할 수 있습니다. 그리고 판례를 보면, "부대항소란 피항소인의 항소권이 소멸하여 독립하

여 항소를 할 수 없게 된 후에도 상대방이 제기한 항소의 존재를 전제로 이에 부대(附帶)하여 원판결을 자기에게 유리하게 변경을 구하는 제도로서, 피항소인이 부대항소를 할 수 있는 범위는 항소인이 주된 항소에 의하여 불복을 제기한 범위에 의하여 제한을 받지 아니한다."라고 하였습니다(대법원 1999. 11. 26. 선고 99므1596 등 판결).

또한, "제1심에서 원고가 전부 승소하여 피고만이 항소한 경우에 원고는 항소심에서도 청구취지를 확장할 수 있고, 이는 부대항소를 한 것으로 의제(擬制)된다."라고 하였고(대법원 1992. 12. 8. 선고 91다43015 판결), "피고만이 항소한 항소심에서 원고가 청구취지를 확장·변경한 경우에는 그에 의하여 피고에게 불리하게 되는 한도에서 부대항소를 한 취지라고 볼 것이므로, 항소심이 제1심판결의 인용금액을 초과하여 원고 청구를 인용하더라도 불이익변경금지의 원칙에 위배되는 것이 아니다."라고 하였습니다(대법원 2000. 2. 25. 선고 97다30066 판결).

따라서 귀하는 항소심의 변론종결 전까지 부대항소장을 법원에 제출하여 위 패소부분에 대하여 다툴 수 있고, 제1심에서 청구하지 않았던 수당을 청구하여 제1심 청구금액 800만원을 초과하여 확장할 수도 있다 할 것입니다.

그러나 부대항소는 주된 항소를 전제로 하기 때문에 항소가 취하되거나 부적법하여 각하 된 때에는 그 효력을 잃게 됩니다. 다만, 적법한 항소기간 이내에 제기된 부대항소는 독립된 항소로 간주되기 때문에 실효 되지 않습니다(민사소송법 제404조).

◘ 피해자피보험자간 손해배상판결의 기판력이 미치는 범위

> **【질의】 ➡** 甲은 교통사고 가해자인 乙과 乙이 자동차종합보험에 가입한 丙보험회사를 공동피고로 손해배상청구를 하였습니다. 그런데 제1심에서 甲이 승소한 후 乙은 항소를 포기하여 乙에 대한 부분은 확정되었으나, 丙보험회사는 항소를 하였습니다. 이 경우 乙에 대한 확정된 판결의 기판력이 甲 · 丙보험회사간의 항소심에 미치지 않는지요?

【답변】 ➡ 미치지 않습니다.

　기판력이란 선행하는 재판의 내용이 후행하는 재판에 있어서의 내용을 구속한다고 하는 제도적 효력을 말합니다. 일단 판결이 형식적으로 확정되면 그 판결의 내용인 특정한 소송물에 관한 법률적 판단이 소송당사자와 법원을 구속하고, 그 후 다시 동일사항이 소송상 문제되더라도 당사자와 법원은 이에 반하는 주장과 판단을 할 수 없게 되는 효력이 바로 기판력입니다.

　그런데 피해자와 피보험자간의 손해배상책임의 존부 및 범위에 관한 확정판결의 기판력이 피해자와 보험자간의 손해배상청구소송에 미치는지에 관하여 판례를 보면, "상법 제724조 제2항에 의하여 피해자에게 인정되는 직접청구권의 법적 성질은 보험자가 피보험자의 피해자에 대한 손해배상채무를 병존적으로 인수한 것으로서 피해자가 보험자에 대하여 가지는 손해배상청구권이고, 피보험자의 보험자에 대한 보험금청구권의 변형 내지는 이에 준하는 권리가 아니며, 또한 피해자의 보험자에 대한 손해배상채권과 피해자의 피보험자에 대한 손해배상채권은 별개 독립의 것으로서 병존하고(대법원 1999. 2. 12. 선고 98다44956 판

결, 1999. 11. 26. 선고 99다34499 판결), 피해자와 피보험자 사이에 손해배상책임의 존부 내지 범위에 관한 판결이 선고되고 그 판결이 확정되었다고 하여도 그 판결의 당사자가 아닌 보험자에 대하여서까지 판결의 효력이 미치는 것은 아니므로, 피해자가 보험자를 상대로 하여 손해배상금을 직접 청구하는 사건의 경우에 있어서는, 특별한 사정이 없는 한 피해자와 피보험자 사이의 전소판결과 관계없이 피해자의 보험자에 대한 손해배상청구권의 존부 내지 범위를 다시 따져보아야 하는 것이다."라고 하였습니다(대법원 2000. 6. 9. 선고 98다54397 판결).

따라서 위 사안에서 甲·乙간의 제1심 판결이 확정되었다고 하여도 丙보험회사가 항소하여 계류중인 甲·丙보험회사간의 항소심에서는 손해배상의 존부 및 그 범위를 다시 따져 보아야 할 것입니다.

◘ 예납금 이외에 직접 지출한 신체감정비용은 어떻게 받아야 하는지

【질의】 ➡ 저는 교통사고로 인한 손해배상청구절차에서 장해여부를 파악하기 위하여 신체감정을 신청하였습니다. 그러나 정신적 장해에 대한 감정이기 때문에 병원에 직접 지불하여야 하는 비용이 250만원을 초과합니다. 이 경우 그 감정비용은 위 소송에서 적극적 손해액으로 추가하여 청구취지를 확장해야 하는지요?

【답변】 ➡ 확장하지 않아도 됩니다.

소송비용액의 확정결정에 관하여 민사소송법 제110조 제1항에 의하면 "소송비용의 부담을 정한 재판에 그 액수가 정하여지지 아니한 경우에 제1심 법원은 그 재판이 확정되거나, 소송비용부담의 재판이 집행력을 갖게 된 후에 당사자의 신청을 받아 결정으로 그 소송비용액을 확정한다."라고 규정하고 있으며, 민사소송비용법 제6조에 의하면 "감정, 통역, 번역과 측량에 관한 특별요금은 법원이 정한 금액에 의한다."라고 규정하고 있습니다.

그리고 피해자가 법원의 감정명령에 따라 신체감정을 받으면서 지출한 감정비용을 별도로 소송으로 청구할 수 있는지에 관하여 판례를 보면, "피해자가 법원의 감정명령에 따라 신체감정을 받으면서 그 감정을 위한 제반 검사비용으로 지출하였다는 금액은 예납의 절차에 의하지 않고 직접 지출하였다 하더라도 감정비용에 포함되는 것으로서 소송비용에 해당하는 것이고, 소송비용으로 지출한 금액은 소송비용확정의 절차를 거쳐 상환 받을 수 있는 것이어서 이를 별도로 소구(訴求)할 이익이 없다."라고 하였습니다(대법원 2000. 5. 12. 선고 99다68577 판결).

또한 "타인의 불법행위로 인하여 상해를 입었음을 내세워 그로 인한 손해의 배상을 구하는 소송에서 법원의 감정명령에 따라 신체감정을 받으면서 법원의 명에 따른 예납금액 외에 그 감정을 위하여 당사자가 직접 지출한 비용이 있다 하더라도 이는 소송비용에 해당하는 감정비용에 포함되는 것이고, 소송비용으로 지출한 금액은 재판확정 후 민사소송비용법의 규정에 따른 소송비용액확정절차를 거쳐 상환 받을 수 있는 것이므로 이를 별도의 적극적 손해라 하여 그 배상을 구할 수는 없다."라고 하였습니다(대법원 1995. 11. 7. 선고 95다35722 판결).

따라서 귀하는 위와 같은 감정비용을 위 소송이 끝난 뒤 다른 소송비용과 함께 소송비용액의 확정결정을 신청하여 그 확정결정문에 기하여 지급 받으면 될 것입니다.

◘ 집행유예기간 중죄를 범한 피고인에 대한 보석 가능여부

【질의】 ➡ 甲은 교통사고를 야기하여 집행유예를 선고받고 그 집행유예기간이 경과되기 전에 다시 폭행죄를 범하여 구속되었습니다. 그런데 甲은 점포를 운영하고 있는데 甲이 구속됨으로 인하여 가족의 생계가 어렵게 되었는바, 집행유예기간 중 죄를 범한 경우에는 절대적으로 보석이 허용되지 않는지요?

【답변】 ➡ 구체적 사안에 따라 달라집니다.

형사소송법 제95조에 의하면 필요적 보석에 관하여 ″보석의 청구가 있는 때에는 ①피고인이 사형, 무기 또는 장기 10년이 넘는 징역이나 금고에 해당하는 죄를 범한 때, ②피고인이 누범(累犯)에 해당하거나 상습범(常習犯)인 죄를 범한 때, ③피고인이 죄증(罪證)을 인멸하거나 인멸할 염려가 있다고 믿을 만한 충분한 이유가 있는 때, ④피고인이 도망하거나 도망할 염려가 있다고 믿을 만한 충분한 이유가 있는 때, ⑤피고인의 주거가 분명하지 아니한 때, ⑥피고인이 피해자, 당해 사건의 재판에 필요한 사실을 알고 있다고 인정되는 자 또는 그 친족의 생명. 신체나 재산에 해를 가하거나 가할 염려가 있다고 믿을 만한 충분한 이유가 있는 때 이외의 경우에는 보석을 허가하여야 한다.″라고 규정하고 있습니다.

그렇다면 집행유예기간 중에 있는 피고인에 대한 보석은 불가능한 것인지에 관하여 판례를 보면, ″피고인이 집행유예의 기간 중에 있어 집행유예의 결격자라고 하여 보석을 허가할 수 없는 것은 아니고, 형사소송법 제95조는 그 제1호 내지 제5호 이외의 경우에는 필요적으로 보석을 허가하여야 한다는 것이지 여

기에 해당하는 경우에는 보석을 허가하지 아니할 것을 규정한 것이 아니므로, 집행유예기간 중에 있는 피고인의 보석을 허가한 것이 누범과 상습범에 대하여는 보석을 허가하지 아니할 수 있다는 형사소송법 제95조 제2호의 취지에 위배되어 위법이라고 할 수 없다."라고 하였습니다(대법원 1990. 4. 18.자 90모22 결정).

따라서 甲이 집행유예기간 중 다시 죄를 범하였다는 사유만으로 반드시 보석허가를 받을 수 없다고 할 수는 없을 것이지만, 보석이 허가될 것인지는 구체적 사안에 따라서 판단될 것입니다.

◎ 사망한 피해자의 부모가 형사소송법상 피해자에 해당되는지

> **【질의】** ➡ 甲의 아들 乙은 丙이 야기한 교통사고로 사망하였습니다. 그런데 丙에 대한 형사사건의 조사과정에서 사고경위가 사실과 다르게 조사된 채로 재판에 회부되어 공판이 진행되고 있습니다. 이러한 경우 甲이 피해자 망 乙의 부모로서 형사소송법 제294조의2에 의한 피해자의 진술권에 의한 진술신청을 할 수 있는지요?

【답변】 ➡ 할 수 있습니다.

헌법 제27조 제5항에 의하면 "형사피해자는 법률이 정하는 바에 의하여 당해 사건의 재판절차에서 진술할 수 있다."라고 규정하고 있으며, 피해자의 진술권에 관하여 형사소송법 제294조의2에 의하면 "①법원은 범죄로 인한 피해자 또는 그 법정대리인(피해자가 사망한 경우에는 배우자 · 직계친족 · 형제자매를 포함한다. 이하 이 조문에서 "피해자등"이라 한다)의 신청이 있는 때에는 그 피해자등을 증인으로 신문하여야 한다. 다만, 피해자등 이미 당해 사건에 관하여 공판절차에서 충분히 진술하여 다시 진술할 필요가 없다고 인정되는 경우, 피해자등의 진술로 인하여 공판절차가 현저하게 지연될 우려가 있는 경우에는 그러하지 아니하다. ②법원은 제1항에 따라 피해자등을 신문하는 경우 피해의 정도 및 결과, 피고인의 처벌에 관한 의견, 그 밖에 당해 사건에 관한 의견을 진술할 기회를 주어야 한다. ③법원은 동일한 범죄사실에서 제1항의 규정에 의한 신청인이 여러 명인 경우에는 진술할 자의 수를 제한할 수 있다. ④제1항의 규정에 의한 신청인이 출석통지를 받고도 정당한 이유없이 출석하지 아니한 때에는 그 신청을 철회한 것으로 본다."라고 규정하고 있습니다.

그런데 헌법재판소의 판례는 형사소송법 제294조의2 제1항 본문의 '범죄로 인한 피해자'의 개념은 헌법 제27조 제5항의 취지에 맞추어 재판절차진술권을 보장하는 '형사피해자'의 개념과 동일한 뜻으로 풀이하는 것이 올바른 해석일 것이라고 하면서, 피해자의 부모가 헌법 제27조 제5항에 의한 재판절차진술권이 보장되는 형사피해자에 해당되는지에 관하여 "헌법 제27조 제5항에서 형사피해자의 재판절차진술권을 독립된 기본권으로 보장한 취지는 피해자 등에 의한 사인소추를 전면 배제하고 형사소추권을 검사에게 독점시키고 있는 현행 기소독점주의의 형사소송체계 아래에서 형사피해자로 하여금 당해 사건의 형사재판절차에 참여할 수 있는 청문의 기회를 부여함으로써 형사사법의 절차적 적정성을 확보하기 위한 것이므로, 위 헌법조항의 형사피해자의 개념은 반드시 형사실체법상의 보호법익을 기준으로 한 피해자개념에 한정하여 결정할 것이 아니라 형사실체법상으로는 직접적인 보호법익의 향유주체로 해석되지 않는 자라 하더라도 문제된 범죄행위로 말미암아 법률상 불이익을 받게 되는 자의 뜻으로 풀이하여야 할 것이고, 교통사고로 사망한 사람의 부모는 형사실체법상 고소권자의 지위에 있을 뿐만 아니라, 비록 교통사고처리특례법의 보호법익인 생명의 주체는 아니라고 하더라도, 그 교통사고로 자녀가 사망함으로 인하여 극심한 정신적 고통을 받은 법률상 불이익을 입게 된 자임이 명백하므로, 헌법상 재판절차진술권이 보장되는 형사피해자의 범주에 속한다."라고 하였습니다(헌법재판소 1997. 2. 20. 선고 96헌마76 결정).

따라서 위 사안에서의 甲은 형사소송법 제294조의2에서 규정

하는 피해자에 해당되어 진술신청을 해볼 수 있을 것입니다. 그
러나 형사소송법 제294조의2 제1항 단서에 해당될 경우에는 진
술 등이 허용되지 않을 수 있을 것입니다.

◙ 항소심에서 사회봉사명령 부과시 불이익인지

> **【질의】** ➡ 甲은 교통사고를 야기하고 도주하여 특정범죄가중 처벌등에관한법률위반으로 제1심에서 징역 3년을 선고받고, 항소하여 항소심에서 징역 2년 6월에 집행유예 3년, 240시간의 사회봉사를 명하였습니다. 이 경우 형사소송법상의 불이익변경 금지의 원칙에 위반되지 않는지요?

【답변】 ➡ **위반되지 않습니다.**

형법 제62조의2에 의하면 "①형의 집행을 유예하는 경우에는 보호관찰을 받을 것을 명하거나 사회봉사 또는 수강을 명할 수 있다. ②제1항의 규정에 의한 보호관찰의 기간은 집행을 유예한 기간으로 한다. 다만, 법원은 유예기간의 범위 내에서 보호관찰 기간을 정할 수 있다. ③사회봉사명령 또는 수강명령은 집행유예기간 내에 이를 집행한다."라고 규정하고 있습니다.

그리고 불이익변경의 금지에 관하여 형사소송법 제368조에 의하면 "피고인이 항소한 사건과 피고인을 위하여 항소한 사건에 대하여는 원심판결의 형보다 중한 형을 선고하지 못한다."라고 규정하고 있습니다.

그런데 제1심에서 실형을 선고받은 피고인에 대하여 항소심에서 집행유예와 함께 사회봉사명령을 부과한 경우 불이익변경 금지의 원칙에 위반되는지에 관하여 판례를 보면, "형법 제62조의2 제1항에 의하면 형의 집행을 유예하는 경우에는 사회봉사를 명할 수 있다고 규정하고 있는바, 위 조항에서 말하는 사회봉사는 형벌이 아니므로, 제1심에서 징역 3년의 형을 선고받은 피고인에 대하여 항소심이 징역 2년 6월에 집행유예 3년을 선고하면서 240시간의 사회봉사를 명하였다고 하여 형사소송법 제368조의 불이익변경금지의 원칙에 위반되는 것은 아니다."라고 하였습니다(대법원 1999. 7. 27. 선고 99도2074 판결).

따라서 위 사안에 있어서도 제1심에서 징역 3년형을 선고받은 甲에게 항소심에서 징역 2년 6월에 집행유예 3년을 선고하면서 240시간의 사회봉사를 명하였다고 하여도 그것이 형사소송법상의 불이익변경금지의 원칙에 위반한 것이라고 할 수는 없을 것으로 보입니다.

◙ 경찰 대질신문 중 피고인의 자백을 들었다는 피해자 진술의 증거능력

> **【질의】** ➡ 甲은 乙이 야기한 교통사고의 피해자로서 수사경찰관이 대질신문을 위하여 甲과 乙을 동석시킨 자리에서 乙이 신호를 위반하였음을 피해자에게 자백하였다는 사실을 진술하였고, 乙은 이에 대하여 별다른 반응을 보이지 않았습니다. 그런데 乙은 공판기일에 법정에서는 신호위반사실을 부인하고 있습니다. 이 경우 위와 같은 甲의 진술이 증거능력을 인정받지 못하는지요?

【답변】 ➡ **증거능력을 인정받지 못합니다.**

검사 또는 사법경찰관이 작성한 조서의 증거능력에 관하여 형사소송법 제312조에 의하면 "①검사가 피고인이 된 피의자의 진술을 기재한 조서는 적법한 절차와 방식에 따라 작성된 것으로서 피고인이 진술한 내용과 동일하게 기재되어 있음이 공판준비 또는 공판기일에서의 피고인의 진술에 의하여 인정되고, 그 조서에 기재된 진술이 특히 신빙할 수 있는 상태하에서 행하여져 있음이 증명된 때에 한하여 증거로 할 수 있다. ②제1항에도 불구하고 피고인이 그 조서의 성립의 진정을 부인하는 경우에는 그 조서에 기재된 진술이 피고인이 진술한 내용과 동일하게 기재되어 있음이 영상녹화물이나 그 밖의 객관적인 방법에 의하여 증명되고, 그 조서에 기재된 진술이 특히 신빙할 수 있는 상태 하에서 행하여졌음이 증명된 때에 한하여 증거로 할 수 있다.

③검사 이외의 수사기관이 작성한 피의자신문조서는 적법한 절차와 방식에 따라 작성된 것으로서 공판준비 또는 공판기일에

그 피의자였던 피고인 또는 변호인이 그 내용을 인정할 때에 한하여 증거로 할 수 있다. ④검사 또는 사법경찰관이 피고인이 아닌 자의 진술을 기재한 조서는 적법한 절차와 방식에 따라 작성된 것으로서 그 조서가 검사 또는 사법경찰관 앞에서 진술한 내용과 동일하게 기재되어 있음이 원진술자의 공판준비 또는 공판기일에서의 진술이나 영상녹화물 또는 그 밖의 객관적인 방법에 의하여 증명되고, 피고인 또는 변호인이 공판준비 또는 공판기일에 기 기재 내용에 관하여 원진술자를 신문할 수 있었던 때에는 증거로 할 수 있다. 다만, 그 조서에 기재된 진술이 특히 신빙할 수 있는 상태하에서 행하여졌음이 증명된 때에 한한다. ⑤제1항부터 제4항까지의 규정은 피고인 또는 피고인이 아닌 자가 수사과정에서 작성한 진술서에 관하여 준용한다. ⑥검사 또는 사법경찰관이 검증의 결과를 기재한 조서는 적법한 절차와 방식에 따라 작성된 것으로서 공판준비 또는 공판기일에서의 작성자의 진술에 따라 그 성립의 진정함이 증명된 때에는 증거로 할 수 있다″라고 규정하고 있습니다.

그런데 형사소송법 제312조 제2항의 적용대상 및 전문자(傳聞者)의 진술이 검사 이외의 수사기관 앞에서의 피고인의 진술을 내용으로 하고 있는데 피고인이 그 진술의 내용을 부인하는 경우, 그 진술의 증거능력유무에 관하여 판례를 보면, ″형사소송법 제312조 제2항은 검사 이외의 수사기관의 피의자신문은 이른바 신용성의 정황적(情況的) 보장이 박약하다고 보아 피의자신문에 있어서 진정성립 및 임의성이 인정되더라도 공판 또는 그 준비절차에 있어 원진술자인 피고인이나 변호인이 그 내용을 인정하지 않는 한 그 증거능력을 부정하는 취지로 입법된 것으로, 그 입법취지와 법조의 문언에 비추어 볼 때 피의자였던 피고인에 대한 검사 이외의 수사기관 작성의 피의자신문조서에만 적용되는 것이 아니고, 피의자였던 피고인의 검사 이외의 수사기관 앞에서의 진술자체를 그 적용대상으로 하고 있는 것이라고 보아야 할 것이어서 전문자(傳聞者)의 진술이 검사 이외의 수사기관 앞에서의 피고인의 진술을 내용으로 하고 있는 경우에 피고인이 그 진술의 내용을 부인하고 있는 이상 그 진술의 내용이 피의자신문조서에 기재된 것인지 또는 전문자(傳聞者)가 수사경찰관이 아닌 피해자 등 제3자에 해당하는지 여부 등에 관계없이 증거능력이 없고, 수사경찰관이 피해자와의 대질신문을 위하여 피고인을 피해자와 동석시킨 자리에서 피해자가 피고인으로부터 자신의 범행을 자백하는 진술을 들었다는 취지의 진술의 경우, 피고인이 법정에서 그 진술의 내용을 부인하고 있는 이상 형사소송법 제312조 제2항의 규정과 그 취지에 비추어 볼 때 그 증거능력을 인정할 수 없다."라고 한 경우가 있습니다(대법원 2001. 3. 27. 선고 2000도4383 판결).

따라서 위 사안에서 피해자인 甲이 乙의 자백사실을 진술한 진술조서는 乙이 법정에서 부인하고 있는 이상 증거능력이 인정되기 어려울 것으로 보입니다.

◎ 피고인의 상소권 포기 후 변호인이 상소제기를 할 수 있는지

> **【질의】 ➡** 저는 교통사고로 구속·기소되어 제1심에서 변호사를 선임하였고 징역 1년을 선고받은 후 성급하게 항소를 포기하였습니다. 이 경우 저의 상소포기에도 불구하고 변호인이 피고인을 위하여 상소를 할 수 있다고 하는데, 제가 선임한 변호인이 상소를 제기할 수 있는지요?

【답변】 ➡ 제기할 수 없습니다.

형사소송법 제341조에 의하면 "①피고인의 배우자, 직계친족, 형제자매, 또는 원심의 대리인이나 변호인은 피고인을 위하여 상소할 수 있다. ②전항의 상소는 피고인의 명시한 의사에 반하여 하지 못한다."라고 규정하고 있습니다.

여기에서 '원심의 변호인은 피고인을 위하여 상소할 수 있다'라는 규정에 관하여 판례를 보면 "변호인은 독립한 상소권자가 아니고 다만 피고인의 상소권을 대리행사 할 수 있을 따름이므로 피고인의 상소권이 소멸한 후에는 상소를 제기할 수 없다 할 것인데, 피고인이 원심판결에 대하여 선고일에 상고를 포기하여 다시 상소할 수 없으므로 피고인의 변호인이 그 후에 한 상고는 피고인의 상소권포기로 상소권이 소멸한 후에 제기된 것이어서 부적법하고(대법원 1991. 4. 23. 선고 91도456 판결), 또한 변호인은 피고인의 상소권이 소멸된 후에는 상소를 제기할 수 없는 것이고, 상소를 포기한 자는 형사소송법 제354조에 의하여 그 사건에 대하여 다시 상소를 할 수 없다."라고 하였습니다(대법원 1998. 3. 27. 선고 98도253 판결).

따라서 귀하가 판결선고를 받고 상소권포기를 하였다면 동일

사건에 대하여 다시 상소할 수 없다고 할 것이며, 원심변호인도 피고인의 상소권이 포기 등으로 소멸된 후에는 상소를 제기할 수가 없으므로, 위 사안의 경우에도 귀하의 제1심 변호인은 귀하가 상소를 포기한 후에는 상소할 수 없을 것으로 보입니다.

◙ 당연퇴직처분이 행정소송의 대상인 행정처분인지

【질의】 ➡ 甲은 국가공무원으로서 음주운전으로 교통사고를 야기하여 징역 6월에 집행유예 1년형을 선고받고 확정되었습니다. 이로 인해 甲은 공무원직에서 퇴직하게 되었는데, 이 경우에도 행정소송으로 다투어 볼 수 있는지요?

【답변】 ➡ 다투어 볼 수 없습니다.

행정소송법 제1조에 의하면 "이 법은 행정소송절차를 통하여 행정청의 위법한 처분 그밖에 공권력의 행사·불행사 등으로 인한 국민의 권리 또는 이익의 침해를 구제하고, 공법상의 권리관계 또는 법적용에 관한 다툼을 적정하게 해결함을 목적으로 한다."라고 규정하고 있고, 같은 법 제2조 제1항 제1호에 의하면 "'처분 등'이라 함은 행정청이 행하는 구체적 사실에 관한 법집행으로서의 공권력의 행사 또는 그 거부와 그밖에 이에 준하는 행정작용 및 행정심판에 대한 재결을 말한다."라고 규정하고 있습니다.

즉, 행정소송의 대상이 되는 행정처분이라 함은 행정청 또는 그 소속기관이나 법령에 의하여 행정권한의 위임 또는 위탁을 받은 공공단체가 국민의 권리의무에 관계되는 사항에 관하여 직접 효력을 미치는 공권력의 발동으로서 하는 공법상의 행위를 말합니다(대법원 1999. 11. 26.자 99부3 결정).

그러므로 위 사안에서 귀하의 당연퇴직이 위 행정소송의 대상이 되는 행정처분인지 여부에 관하여 살펴볼 필요가 있는데, 관련 판례를 보면 "국가공무원법 제69조에 의하면 공무원이 제33조 각 호의 1에 해당할 때에는 당연히 퇴직한다고 규정하고 있으므로, 국가공무원법상 당연퇴직은 결격사유가 있을 때 법률상 당연히 퇴직하는 것이지 공무원관계를 소멸시키기 위한 별도의 행정처분을 요하는 것이 아니며, 당연퇴직의 인사발령은 법률상 당연히 발생하는 퇴직사유를 공적으로 확인하여 알려주는 이른바 관념의 통지에 불과하고 공무원의 신분을 상실시키는 새로운 형성적 행위가 아니므로 행정소송의 대상이 되는 독립한 행정처분이라고 할 수 없다."라고 하였습니다(대법원 1995. 11. 14. 선고 95누2036 판결).

따라서 당연퇴직 이전에 별도의 직위해제가 있었던 경우(대법원 1999. 9. 17. 선고 98두15412 판결)가 아니라면, 위 사안과 같은 경우에 행정소송으로 다투어 볼 수 없을 것으로 보입니다.

◘ 교통사고 불기소처분시 무사고운전경력이 될 수 있는지

【질의】 ➡ 저는 甲택시회사에서 운전기사로 6년 동안 근무하면서 딱 한번의 교통사고로 불기소처분을 받은 사실이 있습니다. 이 경우 제가 5년 이상 무사고 운전경력자로서 개인택시운송사업면허를 받을 수 있는 자격이 있는지요?

【답변】 ➡ 자격이 있습니다.

여객자동차운수사업법시행규칙 제17조 제1항 제1호에 의하면 면허신청공고일부터 계산하여 과거 6년 동안 국내에서 여객자동차운송사업용 자동차, 「화물자동차 운수사업법 시행규칙」 제3조에 따른 화물자동차(이하 이 조에서 "화물자동차"라 한다)로서 화물자동차 운수사업에 사용되는 화물자동차 또는 「건설기계관리법 시행규칙」 제73조제1항에 따른 건설기계(이하 이 조에서 "건설기계"라 한다)로서 건설기계대여업에 사용되는 건설기계를 운전한 경력이 5년 이상인 자로서 면허신청공고일 이전의 최종 운전종사일부터 계산하여 5년 이상 무사고로 운전한 경력이 있는 자, 면허신청공고일부터 계산하여 과거 11년 동안 국내에서 다른 사람에게 고용되어 자가용자동차, 자가용화물자동차 또는 자가용 건설기계를 운전한 경력이 10년 이상인 자로서 면허신청공고일 이전의 최종 운전종사일부터 기산하여 10년 이상 무사고로 운전한 경력이 있는 자, 국내에서 위 운전 경력이 있는 자로서 면허신청공고일 이전의 최종 운전종사일부터 계산하여 과거 5년 이상 무사고로 운전한 경력(자가용자동차, 자가용 화물자동차 및 자가용 건설기계의 무사고운전경력은 그 기간을 2분의 1로 환산하여 합산한다)이 있고, 합산한 무사고운전경력의 최초

운전종사일부터 면허신청공고일까지의 기간중 운전업무에 종사하지 아니한 기간이 1년을 초과하지 아니하는 자는 개인택시운송사업면허를 신청할 수 있습니다.

그런데 관련 판례를 보면 "자동차운송사업면허에 관한 특례를 규정하고 있는 자동차운수사업법시행규칙 제15조 제1항 제1호(현행 여객자동차운수사업법시행규칙 제17조 제1항 제1호) 소정의 무사고운전경력이라 함은, 처벌사실의 유무를 불구하고 운전자의 책임 있는 사유에 의한 사고가 없었다는 운전경력을 말하고, 운전자에게 귀책하는 사고는 있으면서 피해자와의 합의 등으로 교통사고처리특례법 제3조 제2항에 의하여 피해자가 운전자의 처벌을 바라지 않아 불기소 처분이 된 경우는 물론 교통사고를 일으킨 차가 교통사고처리특례법 제4조 소정의 보험 또는 공제에 가입된 사실이 증명되어 공소를 제기할 수 없어 불기소처분을 받은 경우 등은 이를 무사고운전경력에 포함시킬 수 없다."라고 하였으며(대법원 1992. 2. 14. 선고 91누8838 판결, 1990. 9. 14. 선고 90누1236 판결), 또한 "무사고운전경력과 관련하여 수사기관 등에 의하여 운전자의 과실 또는 무과실에 의한 사고로 종결처리 되었다고 하더라도 법원이 그에 구속될 이유는 없는 것이므로 법원으로서는 독자적으로 운전자의 과실유무를 판단하여야 한다."라고 하였습니다(대법원 1997. 8. 22. 선고 97누5923 판결).

그러므로 귀하가 위 교통사고로 불기소처분되어 형사처벌을 받지 않았다고 하여 그 사유만으로 바로 무사고운전경력자에 해당된다고는 할 수 없고, 이에 대한 해당여부는 위 교통사고가 귀하의 귀책사유(고의 또는 과실)에 의하여 발생되었는지의 여부에 따라 결정될 것입니다.

따라서 위 교통사고 발생당시 귀하가 운전자로서의 주의의무를 다하였다는 사실이 인정되는 경우에 귀하는 무사고운전경력자로서 개인택시운송사업면허신청을 할 수 있을 것입니다.

◑ 피해자과실로 인한 교통사고로 개인택시사업면허가 취소된 경우

> **【질의】** ➡ 저는 개인택시영업을 하는 운전기사인데, 얼마 전 교차로부근에서 신호를 무시하고 좌회전하는 오토바이와 충돌하면서 오토바이운전자 및 그 동승자 모두 사망하여 제가 취득한 개인택시사업면허가 취소되었습니다. 저는 부당한 처분이라고 생각되는데 구제방법은 없는지요?

【답변】 ➡ 관할법원에 행정소송을 제기하면 됩니다.

여객자동차운수사업법 제85조 제1항 제3호에 의하면 "여객자동차운수사업자가 중대한 교통사고 또는 빈번한 교통사고로 많은 사람을 죽거나 다치게 한 경우에는 국토해양부장관 또는 시·도지사(터미널사업·자동차대여사업 및 대통령령으로 정하는 여객자동차운송사업인 경우만 해당된다)는 면허·허가·인가 또는 등록을 취소하거나 6개월 이내의 기간을 정하여 사업의 전부 또는 일부를 정지하도록 명하거나 노선폐지 또는 감차(**減車**) 등이 따르는 사업계획 변경을 명할 수 있다."라고 규정하고 있습니다.

여기서 말하는 '중대한 교통사고'의 의미 및 판단기준과 관련하여 판례는 "교통사고가 자동차운수사업법 제31조 제1항 제5호(현행 여객자동차운수사업법 제76조 제1항 제3호) 소정의 '중대한 교통사고'에 해당하는지의 여부는 그 교통사고를 일으킨 사람의 과실의 정도, 피해상황 그 사고가 일반사회에 미치는 영향 등 교통사고의 내용과 결과를 두루 살펴보아 그와 같은 교통사고가 통상 발생할 수 있는 것이 아니라 자동차운송사업자(현행 여객자동차운수사업자)로 하여금 운송사업을 계속하게 하거

나, 면허나 등록을 보유하게 하는 것이 자동차운수사업법(현행 여객자동차운수사업법)이 달성하려고 하는 공익목적에 비추어 부적당하다고 인정될 정도로 중대한 것인지의 여부에 따라 판단하여야 하고(대법원 1996. 1. 26. 선고 95누14084 판결), 단순히 사상자의 숫자만을 기준으로 하여 판단할 것은 아니다(대법원 1990. 4. 24. 선고 90누1267 판결)."라고 하였습니다.

귀하의 질의내용으로는 구체적 사고경위 등을 알 수 없지만, 피해자가 신호를 무시하고 오토바이를 운행하다가 이 사건 사고가 발생하였다면 일응 처분청의 재량권남용 및 그 행사범위를 벗어난 것이 아닌가 생각됩니다.

따라서 귀하는 시·도지사를 상대로 개인택시사업면허취소에 대한 취소를 구하는 행정심판청구를 하거나, 관할법원에 정식으로 행정소송을 제기할 수도 있을 것으로 보입니다.

◙ 음주운전자에 대한 운전면허취소시 그 근거의 객관성 정도

【질의】➡ 저는 개인택시운송사업자로서 음주운전을 하다가 적발되어 음주측정요구를 받았으나 음주측정기에 의한 음주측정을 믿을 수 없다면서 측정에 응하지 않아 음주측정거부로 인하여 자동차운전면허가 취소되었습니다. 그런데 저의 음주정도가 측정에 응하였다면 혈중알콜농도 0.1%에 이르지 못하였을 것으로 생각되는바, 음주측정거부를 이유로 자동차운전면허를 취소하는 경우에 혈중알콜농도 0.1% 이상의 만취한 상태에서 운전하였다는 객관적인 근거를 필요로 하는 것은 아닌지요?

【답변】➡ 필요로 하지 않습니다.

도로교통법 제93조 제1항 제3호에 의하면 제44조 제2항의 규정에 위반하여 술에 취한 상태에 있다고 인정할만한 상당한 이유가 있음에도 불구하고 경찰공무원의 측정에 응하지 아니한 때에는 지방경찰청장이 운전면허를 취소시킬 수 있도록 규정하고 있으며, 도로교통법시행규칙 제91조 제1항에 의한 별표28 취소처분개별기준은 혈중알콜농도 0.1%이상에서 운전한 경우에는 사고를 야기시키지 않았어도 면허취소가 가능하도록 규정하고 있습니다.

그런데 운전면허취소처분의 재량권남용에 관한 판단기준에 관하여 판례를 보면, "오늘날 자동차가 대중적인 교통수단이고 그에 따라 대량으로 자동차운전면허가 발급되고 있는 상황이나 음주운전으로 인한 교통사고의 증가경향 및 그 결과가 극히 비참한 점 등에 비추어 볼 때, 음주운전으로 인한 교통사고를 방지할 공익상의 필요는 매우 크다고 할 수밖에 없으므로, 음주운

전을 이유로 한 자동차운전면허의 취소에 있어서는 일반의 수익적 행정행위의 취소와는 달리 그 취소로 인하여 입게 될 당사자의 불이익보다는 이를 방지하여야 하는 일반 예방적 측면이 더욱 강조되어야 할 것이다."라고 하였습니다(대법원 2002. 2. 22. 선고 2001두9998 판결, 1997. 12. 26. 선고 97누17216 판결).

그리고 음주측정거부를 이유로 자동차운전면허를 취소하는 경우, 혈중알콜농도 0.1% 이상의 상태에서 운전하였다는 객관적인 근거를 필요로 하는지에 관하여 판례를 보면, "음주측정거부를 이유로 자동차운전면허를 취소하는 경우에 반드시 그 운전자가 혈중알콜농도 0.1% 이상의 만취한 상태에서 운전하였다는 객관적인 근거를 필요로 하는 것은 아니다."라고 하였으며, 개인택시운전자에 대한 운전면허취소처분에 대하여 "음주운전 내지 그 제재를 위한 음주측정요구의 거부 등을 이유로 한 자동차운전면허의 취소에 있어서는 일반의 수익적 행정행위의 취소와는 달리 그 취소로 인하여 입게 될 당사자의 개인적인 불이익보다는 이를 방지하여야 하는 일반예방적인 측면이 더욱 강조되어야 하고, 특히 그 운전자가 개인택시운송사업자 등과 같이 자동차운전을 업(業)으로 삼고 있는 자인 경우에는 더욱 그러하다."라고 하였습니다(대법원 1995. 3. 24. 선고 94누13947 판결).

또한, 음주측정기의 신뢰성을 문제삼아 음주측정을 거부한 운전자에 대한 운전면허취소처분에 관하여 "운전자에게 음주측정을 요구한 경찰공무원이 가지고 있던 바로 그 음주측정기가 고장이 났거나 이상이 있다는 구체적인 사정이 있었다면 그 음주측정기에 의한 측정을 거부하고 정상적으로 작동되는 다른 음주측정기로 측정하여 줄 것을 요구할 수 있지만, 그러한 구체적인 사정이 없는데도 불구하고 일반적으로 음주측정기에 의한 음주측정을 믿을 수 없다면서 음주측정을 거부할 수 없고, 또한 운전자가 술을 거의 마시지 않았다면 오히려 적극적으로 음주측정을 하여 자신이 법에서 금하고 있는 정도의 혈중알콜농도의 상태에 있지 않았다는 것을 입증할 수도 있으므로, 마신 술의 양이 적다는 사유는 음주측정을 거부할 합리적인 사유에 해당한다고 볼 수 없다."라고 하였습니다(대법원 1995. 7. 28. 선고 95누3602 판결).

따라서 위 사안의 경우 귀하가 개인택시 운전자로서 자동차 운전을 업(業)으로 삼고 있다거나, 혈중알콜농도 0.1% 이상의 만취한 상태에서 운전하였다는 객관적인 근거가 없었다는 등의 사유로 위 운전면허취소처분에 대하여 다투기는 어려울 것으로 보입니다.

◘ 레이카크레인을 음주운전한 경우 1종 보통면허도 취소되는지

【질의】 ➡ 저는 제1종 보통면허, 제1종 대형면허, 제1종 특수면허를 각 취득 · 보유하고 있는데, 레이카크레인을 음주운전하다가 교통사고를 야기하였고 음주측정수치가 면허취소 될 정도입니다. 이 경우 甲의 제1종 보통면허, 제1종 대형면허, 제1종 특수면허가 모두가 취소되게 되는지요?

【답변】 ➡ 제1종 특수면허만 취소됩니다.

도로교통법시행규칙 제53조와 관련된 〔별표 18〕 운전할 수 있는 차의 종류를 보면, '제1종 대형면허'로 운전할 수 있는 차량은 승용자동차, 승합자동차, 화물자동차, 긴급자동차, 건설기계{덤프트럭, 아스팔트살포기, 노상안전기, 콘크리트믹서트럭, 콘크리트펌프, 천공기(트럭적재식), 콘크리트믹스트레일러, 아스팔트콘크리트재생기, 도로보수트럭, 3톤 미만의 지게차}, 특수자동차(트레일러, 레커는 제외), 원동기장치자전거이고, '제1종 보통면허'로 운전할 수 있는 차량은 승용자동차, 15인 이하 승합자동차, 12인 이하 긴급자동차(승용 및 승합자동차에 한함), 적재중량 12톤 미만 화물자동차, 건설기계(도로를 운행하는 3톤 미만의 지게차에 한함), 총중량 10톤 미만의 특수자동차(트레일러 및 레커는 제외), 원동기장치자전거이며, '특수면허'로 운전할 수 있는 차량은 트레일러, 레커, 제2종 보통면허로 운전할 수 있는 차량으로 규정하고 있습니다.

그런데 관련 판례를 보면, "한 사람이 여러 종류의 자동차운전면허를 취득하는 경우뿐 아니라 이를 취소 또는 정지함에 있어서도 서로 별개의 것으로 취급하는 것이 원칙이고, 한 사람이 여러 종류의 자동차운전면허를 취득하는 경우 1개의 운전면허증을 발급하고 그 운전면허증의 면허번호는 최초로 부여한 면허번호로 하여 이를 통합관리하고 있다고 하더라도, 이는 자동차운전면허증 및 그 면허번호 관리상의 편의를 위한 것에 불과할 뿐 그렇다고 하여 여러 종류의 면허를 서로 별개의 것으로 취급할 수 없다거나 각 면허의 개별적인 취소 또는 정지를 분리하여 집행할 수 없는 것은 아니고, 외형상 하나의 행정처분이라 하더라도 가분성이 있거나 그 처분대상의 일부가 특정될 수 있다면 그 일부만의 취소도 가능하고 그 일부의 취소는 당해 취소부분에 관하여 효력이 생긴다고 할 것인바, 이는 한 사람이 여러 종류의 자동차운전면허를 취득한 경우 그 각 운전면허를 취소하거나 그 운전면허의 효력을 정지함에 있어서도 마찬가지이다."라고 하면서 "제1종 보통, 대형 및 특수면허를 가지고 있는 자가 레이카크레인을 음주운전한 행위는 제1종 특수면허의 취소사유에 해당될 뿐 제1종 보통 및 대형면허의 취소사유는 아니므로, 3종의 면허를 모두 취소한 처분 중 제1종 보통 및 대형면허에 대한 부분은 이를 이유로 취소하면 될 것이고, 한편 제1종 보통 및 대형면허에 대한 취소처분이 위법하다고 하여 제1종 특수면허에 대한 취소처분까지 당연히 위법하게 되는 것은 아니다."라고 하였습니다(대법원 1995. 11. 16. 선고 95누8850 판결, 1997. 5. 16. 선고 97누1310 판결, 1998. 5. 29. 선고 98두2515 판결).

따라서 위 사안에서도 귀하의 제1종 특수면허는 취소될 수밖에 없을 것이지만, 제1종 보통면허, 제1종 대형면허는 취소되지 않을 것으로 보입니다.

◎ 면허정지처분시 면허종별없이 면허번호만 특정한 경우 그 효력

> **【질의】** ➡ 저는 제1종 보통면허와 제1종 대형면허를 모두 취득하였는데, 음주 후 대형화물자동차를 운행하다가 적발되어 음주측정수치가 면허정지 될 정도였습니다. 그런데 관할 경찰청에서는 면허정지처분을 하면서 면허의 종별을 기재하지 않고 면허번호만을 특정하였습니다. 이 경우 제1종 보통면허도 정지된 것인지요?

【답변】 ➡ 제1종 보통면허는 정지되지 않습니다.

한 사람이 여러 종류의 자동차운전면허를 취득하는 경우, 특정면허의 취소 또는 정지에 의하여 다른 운전면허에까지 당연히 그 취소 또는 정지의 효력이 미치는지에 관하여 판례를 보면, ″한 사람이 여러 종류의 자동차운전면허를 취득하는 경우뿐만 아니라 이를 취소 또는 정지함에 있어서도 서로 별개의 것으로 취급함이 원칙이라 할 것이고, 그 취소나 정지의 사유가 특정의 면허에 관한 것이 아니고 다른 면허와 공통된 것이거나 운전면허를 받은 사람에 관한 것일 경우에는 여러 운전면허 전부를 취소 또는 정지할 수도 있다고 보는 것이 상당하지만, 한 사람이 여러 종류의 자동차운전면허를 취득하는 경우 1개의 운전면허증을 발급하고 그 운전면허증의 면허번호는 최초로 부여한 면허번호로 하여 이를 통합관리하고 있다고 하더라도, 이는 자동차운전면허증 및 그 면허번호 관리상의 편의를 위한 것에 불과할 뿐이어서 여러 종류의 면허를 서로 별개의 것으로 취급할 수 없다거나 각 면허의 개별적인 취소 또는 정지를 분리하여 집행할 수 없는 것이 아니므로, 특정의 면허의 취소 또는 정지에 의하여 다른 운전면허에까지 당연히 그 취소 또는 정지의 효력이 미치는 것은 아니다."라고 하면서 "행정청이 행하는 행정행위의 내용은 구체적이고 명확하여야 하므로 여러 종류의 자동차운전면허를 취득한 사람에 대한 운전면허정지처분은 그 대상을 면허종별 등으로 정확히 특정할 필요가 있는바, 제1종 보통운전면허와 제1종 대형운전면허를 취득한 자가 대형화물자동차를 운전하다가 교통사고를 낸 것과 관련하여 행정청이 운전면허정지처분을 하면서 면허의 종별을 기재하지 않고 면허번호만을 특정한 경우, 위 각 운전면허가 1개의 면허번호에 의하여 통합·관리되고 있다고 하더라도 운전면허정지처분의 대상은 제1종 대형운전면허에 국한되므로 제1종 보통운전면허는 정지되지 않는다."라고 한 사례가 있습니다(대법원 2000. 9. 26. 선고 2000두5425 판결).

따라서 위 사안에 있어서도 甲이 대형 화물자동차를 운행하면서 음주운전을 하여 면허가 정지되는 경우, 면허의 종별을 기재하지 않고 면허관리번호만을 특정한 경우이므로, 이러한 경우 甲의 운전면허 중 제1종 대형면허만 정지된 것으로 보아야 할 것입니다.

◑ 음주운전으로 인한 운전면허취소처분의 기준 및 불복절차

> **【질의】** ➡ 저는 지난 달 오랜만에 동창회에 나갔다가 친구들의 강권에 견디다 못하여 소주 몇 잔을 마시고 차를 몰고 집으로 귀가하던 중 음주운전단속에 적발되어 혈중알콜농도가 0.18%로 나와 운전면허취소처분을 받았습니다. 甲회사의 영업사원인 저의 경우 운전면허가 취소되면 가정의 생계가 곤란하여 운전면허취소처분에 대하여 불복하고자 합니다. 운전면허취소처분의 기준 및 불복절차는 어떻게 되는지요?

【답변】 ➡ 행정소송을 제기하시면 됩니다.

도로교통법시행규칙 제91조 제1항 〔별표28〕에 의한 취소처분 개별기준을 보면, 혈중알콜농도 0.1% 이상에서 운전한 경우에는 사고를 야기(惹起)시키지 않았어도 면허취소가 가능하도록 되어 있습니다.

다만, 위 운전면허행정처분기준은 그 규정의 성질과 내용이 운전면허의 취소처분 등에 관한 행정청 내부의 사무처리기준준칙을 규정한 것에 지나지 아니하여 대외적으로 법원이나 국민을 기속(羈束)하는 효력은 없습니다(대법원 1991. 6. 11. 선고 91누2083 판결).

따라서 운전면허를 받은 사람이 음주운전을 하다가 적발된 경우 운전면허의 취소 또는 정지여부는 행정청의 재량행위라 할 것인데, 그 기준은 일률적으로 정할 수 없으나 보통 음주운전의 동기, 음주정도, 무사고운전경력, 음주 후의 운전거리 및 사고여부, 운전면허의 취소로 입게 될 불이익(생계수단 등)등을 참작하여 판단되어 진다고 볼 것입니다.

그러므로 귀하의 경우 운전면허취소처분이 정당한지 여부는 위 처분기준을 고려하여 구체적으로 법원의 판단에 달려있다고 할 것이나, 최근 행정법원의 판례경향에 의하면, 혈중알콜농도가 0.1% 이상이면 시행규칙대로 운전면허를 취소함이 원칙이고, 다만 혈중알콜농도가 0.12% 미만이고 교통사고 전력이 없고 법규위반으로 처벌받은 적이 없으며, 운전이 생계수단으로 판단되는 경우 등 예외적·선별적으로 구제하고 있음에 비추어 귀하는 구제 받기 어려울 것으로 보입니다.

참고로 운전면허취소처분과 관련된 판례를 보면, 음주운전으로 인한 교통사고를 방지할 공익상의 필요가 크고 운전면허 취소에 있어서는 일반의 수익적 행정행위의 취소와는 달리 그로 인한 당사자의 불이익보다는 교통사고 등을 방지하여야 하는 일반 예방적 측면이 더욱 강조되어야 하는바, 특히 운전자가 자동차운전을 생업으로 삼고 있는 경우에는 더욱 더 그러하다고 하였고(대법원 1996. 2. 27. 선고 95누16523 판결), 가구점 운전기사가 자신의 집에 도착하여 주차할 장소를 찾기 위하여 돌아다니다가 경찰관에게 적발되었고 음주운전으로 인하여 아무런 사고를 일으키지 아니한 경우, 자동차운전면허가 취소되면 그의 생계에 막대한 지장을 입게 되는데 주취운전이 운전면허행정처분의 기준에 해당한다는 점만을 내세워 그 운전면허를 취소까지 한 것은 도로교통법에 의하여 달성하고자 하는 공익목적의 실현보다는 그로 인하여 운전기사가 입게 될 불이익이 너무 커서 이익교량의 원칙에 위배된다고 하였습니다(대법원 1995. 9. 29. 선고 95누9686 판결).

위와 같은 행정처분에 대한 불복방법과 관련하여 도로교통법 제142조에 의하면 "이 법에 의한 처분으로서 당해 처분에 대한 행정소송은 행정심판의 재결을 거치지 아니하면 이를 제기할 수 없다."라고 규정하고 있습니다. 그리고 일반적으로 행정심판청구는 처분이 있음을 안 날부터 90일 이내에 제기하여야 하고, 처분이 있은 날로부터 180일을 경과하면 제기하지 못합니다(행정심판법 제27조). 그리고 행정심판의 재결에 불복할 경우에는 행정심판재결서정본을 송달 받은 날로부터 90일, 재결이 있은 날로부터 1년 내에 소를 제기하여야 합니다(행정소송법 제20조).

◎ 집행유예선고가 당연면직사유인 '금고 이상의 형 선고'에
   해당되는지

> 【질의】 ➡ 저는 甲회사에 직원으로 근무하던 중, 교통사고와
> 관련하여 불구속 입건되어 도로교통법위반으로 징역8월에 집행
> 유예 1년 6월을 선고받았습니다. 그런데 甲회사에서는 취업규
> 칙에 '근로자가 금고 이상의 형을 선고받았을 때'가 당연퇴직
> 사유로 규정되어 있다는 이유로 더 이상 출근할 필요가 없다고
> 합니다. 저는 부모님과 자식을 부양하고 있어 직장을 잃고 싶
> 지 않습니다. 제가 구제받을 방법이 없는지요?

【답변】 ➡ 노동부에 부당해고구제심판을 신청하면 됩니다.

　　귀하와 유사한 사안에 관한 판례를 보면, "사용자가 어떤 사
유의 발생을 당연퇴직 또는 면직사유로 규정하고 그 절차를 통
상의 해고나 징계해고와 달리 한 경우에 그 당연퇴직사유가 근
로자의 사망이나 정년, 근로계약기간의 만료 등 근로관계의 자
동소멸사유로 보이는 경우를 제외하고는 이에 따른 당연퇴직처
분은 구 근로기준법(1997. 3. 13. 법률 제5309호로 제정되
기 전의 것) 제27조(현행 근로기준법 제30조) 소정의 제한을
받는 해고라고 할 것이고, 위와 같이 취업규칙 등에 당연퇴직사
유로서 근로관계의 자동소멸사유에 해당하지 아니하는 사유를
규정한 경우 그 의미는 그 규정취지나 다른 당연퇴직사유의 내
용 등에 비추어 합리적으로 판단하여야 할 것이다."라고 전제하
고, "'금고 이상의 형을 선고받았을 때'를 당연면직사유로 한 취
지도 근로계약에 따른 근로자의 기본적인 의무인 근로제공의무
를 이행할 수 없는 상태가 장기간 계속되어 왔음을 근거로 하여

사용자가 근로자를 당연면직시켜도 근로자 측에서 이의를 제기할 여지가 없을 정도의 상태, 다시 말하자면 형사상 범죄로 구속되어 있는 근로자가 현실적인 근로제공이 불가능한 신체의 구속상태가 해소되지 아니하는 내용의 유죄판결, 즉 실형판결을 받은 경우를 의미한다고 풀이함이 상당하다."라고 하였습니다(대법원 1999. 9. 3. 선고 98두18848 판결).

이와 같이 판례는 '근로자가 금고 이상의 형을 선고받았을 때'라는 당연퇴직사유와 회사의 취업규칙에 규정된 다른 당연퇴직사유들을 비교, 검토하여 이와 같이 제한적으로 해석함이 상당하다는 결론을 도출하고 있습니다.

따라서 귀하의 경우에도 甲회사 취업규칙상의 다른 당연퇴직사유들을 검토할 필요가 있다고 할 것이나, 노동부에 부당해고구제심판을 청구하고 최종적으로는 법원에 부당해고무효확인소송을 제기하여 권리구제를 받을 수 있는 가능성이 높다고 할 것입니다.

참고로 공기업의 인사규정상 금고 이상의 실형뿐만 아니라 집행유예를 선고받고 2년이 경과하지 아니한 자는 임용결격자로서 당연퇴직사유에 해당하는 것으로 규정하고 있는 경우, 단체협약에 해고사유로서 '형사사건으로 기소된 자가 금고 이상의 형의 판결을 받았을 때'의 취지에 관하여는 "단체협약에 해고사유로서 '형사사건으로 기소된 자가 금고 이상의 형의 판결을 받았을 때'라는 규정을 두고 있는 취지는 통상 그러한 유죄판결로 인하여 ①근로자의 기본적인 의무인 근로제공의무를 이행할 수 없는 상태가 장기화되어 근로계약의 목적을 달성할 수 없게 되었기 때문일 뿐만 아니라, ②기업 내의 다른 종업원과의 신뢰관계나 인간관계가 손상되어 직장질서의 유지를 저해하거나, ③당해 근로자의 지위나 범죄행위의 내용 여하에 따라서는 회사의 명예와 신용을 심히 훼손하거나 거래관계에까지 악영향을 미치게 되기 때문이라고 할 것이므로 여기서의 '금고 이상의 형의 판결'이 반드시 실형판결만을 의미한다고 단정하여서는 아니 된다."라고 한 바 있습니다(대법원 1997. 9. 26. 선고 97누1600 판결).

◎ 산업재해보상보험과 자동차보험과의 관계

> **【질의】** ➡ 저는 회사버스로 출근하던 중 버스기사의 일방적 과실로 교통사고를 당하였습니다. 그런데 위 사고버스가 가입된 자동차보험회사에서는 '회사버스로 출근하다가 사고가 난 경우에는 산업재해보상보험법에 의한 재해보상을 받을 수 있으므로 자기들은 면책되었다.' 라고 하면서 보상금을 지급하지 않고 있습니다. 이 경우 어떤 보상을 받을 수 있는지요?

【답변】 ➡ 보상범위를 초과한 범위에 대해서는 회사에 청구할 수 있습니다.

근로자가 업무를 수행하던 중 제3자의 과실에 의한 교통사고로 부상 또는 장해를 입은 경우에는 업무상의 재해에 해당되어 산업재해보상보험법상의 보험급여청구권을 행사할 수 있음과 동시에 사고운전자인 제3자 및 차량소유자 또는 자동차보험회사에 대하여도 민법이나 자동차손해배상보장법에 의한 배상청구권이 발생합니다.

그러나 판례는 "자동차종합보험계약의 대인배상 책임보험계약에 있어서 그 사고의 피해자가 배상책임 의무있는 피보험자의 피용자로서 근로기준법에 의한 재해보상을 받을 수 있는 사람인 경우에는 그 사고로 인하여 피보험자가 입게 된 손해를 보험자가 보상하지 아니하기로 정한 자동차종합보험 보통약관상의 면책조항은, 노사관계에서 발생하는 재해보상에 대하여는 원칙적으로 산업재해보상보험에 의하여 전보받도록 하고 제3자에 대한 손해배상책임을 전보하는 것을 목적으로 한 자동차보험의 대인배상 범위에서는 이를 제외하려는데 그 취지가 있는 것이므로,

피해자가 산업재해보상보험법에 의한 재해보상을 받을 수 있는 사람인 경우에는 보험자는 위의 면책약관에 따라 피보험자에 대하여 보상책임을 지지 아니한다."라고 하였으며(대법원 1995. 11. 24. 선고 95다39540 판결, 2002. 9. 4. 선고 2002다4429 판결), 또한 "대인배상에 관한 보험회사의 면책사유의 하나로 피해자가 배상책임 있는 피보험자의 피용자로서 근로기준법에 의한 재해보상을 받을 수 있는 사람인 경우를 들고 있는 자동차종합보험 보통약관의 규정의 의미는, 사용자와 근로자의 노사관계에서 발생한 업무상 재해로 인한 손해에 대하여는 노사관계를 규율하는 근로기준법에서 사용자의 각종 보상책임을 규정하는 한편, 이러한 보상책임을 담보하기 위하여 산업재해보상보험법으로 산업재해보상보험제도를 설정하고 있으므로, 위 면책조항은 노사관계에서 발생하는 재해보상에 대하여는 궁극적으로 산업재해보상보험에 의하여 전보 받도록 하고 제3자에 대한 배상책임을 전보하는 것을 목적으로 한 자동차보험의 대인배상범위에서는 이를 제외한 취지라고 보는 것이 타당하며, 위와 같은 면책조항이 상법 제659조에서 정한 보험자의 면책사유보다 보험계약자 또는 피보험자에게 불이익하게 면책사유를 변경함으로써 상법 제663조에 위반된다고 볼 수 없으며, 약관의규제에관한법률 제7조 제2호에서 정한 '상당한 이유 없이 사업자(즉 보험회사)의 손해배상 범위를 제한하거나 사업자가 부담하여야 할 위험을 고객에게 이전시키는 조항'에도 해당되지 아니하므로 이를 무효라고 할 수 없다."라고 하였습니다(대법원 2000. 9. 29. 선고 2000다19021 판결, 2000. 4. 25. 선고 99다68027 판결).

따라서 귀하는 산업재해보상보험에 의하여 보상을 받아야 할 것이고, 그에 따른 보상이 부족하고 사용자인 회사에 과실이 인정되며 자동차종합보험보통약관상의 면책조항상 산업재해보상보험법에 의한 보상범위를 넘어서는 손해가 발생한 경우에도 자동차보험에서 보상하지 아니한다고 정하고 있으므로 귀하가 근무하고 있는 회사를 상대로 별도로 손해배상청구를 해야 할 것입니다.

◙ 공무원이 출근 중 당한 사고가 공무수행 중의 재해인지

【질의】 ➡ 저는 지난 해 12월 13일 숙직근무를 하러 가던 중 교통사고를 당해 장애를 입게 되었습니다. 사고내용은 제가 동사무소 재직 중 숙직근무를 위해 49cc 오토바이를 운전하여 가던 중 가해 봉고차량이 중앙선을 넘어 오면서 사고가 났습니다. 그러나 가해차량은 책임보험만 가입되어 있고, 가해운전자는 일용근로자였으므로 제대로 치료비도 받지 못하고, 결국은 저의 부모님이 300만원을 받고 합의를 해주었습니다. 사고 당시 저는 무면허로 운전을 했고 가해자가 있기 때문에 공상처리가 아니 된다고 하여 지금은 직장을 잃고 보상도 받지 못한 상태입니다. 제가 달리 권리구제를 받을 수 있는 방법은 없는지요?

【답변】 ➡ 공무상 재해이므로 공무원연금관리공단에 연금지급을 신청하시면 됩니다.

공무원연금법 제25조에 의하면 "공무원의 공무로 인한 질병·부상과 재해에 대하여는 제34조의 규정에 의한 단기급여를 지급하고, 공무원의 퇴직·장애 및 사망에 대하여는 제42조에 따른 장기급여를 지급한다."라고 규정하고 있습니다.

그러므로 귀하의 경우와 같이 숙직근무를 하러 가던 중 교통사고를 당한 경우에는 '공무로 인한 부상'에 해당되는지가 문제가 됩니다.

이에 관하여 판례는 "공무원이 근무를 하기 위하여 주거지와 근무장소와의 사이를 순리적인 경로와 방법으로 출·퇴근을 하던 중에 발생한 재해는 공무수행과 관련하여 발생한 재해로서 공무원연금법상의 공무상 재해에 해당한다."라고 하였습니다(대

법원 1993. 10. 8. 선고 93다16161 판결).

따라서 귀하의 경우 숙직근무를 하기 위하여 출근중 사고 당한 것을 입증할 수 있다면 공무원연금법상의 급여를 받을 수 있다고 생각됩니다. 또한, 사고 당시 귀하가 무면허운전을 하였는지 여부와 가해자가 따로 있는지 여부는 문제가 되지 않습니다.

요양비 등을 지급받기 위한 절차는 소속기관장의 확인을 거쳐 공무원연금관리공단에 급여의 지급을 청구하면 공무원연금급여심의회의 심의를 거쳐 급여를 지급하게 됩니다.

그런데 공무원연금법 제33조 제2항 본문에서는 "이 법에 따른 급여의 사유가 제3자의 행위로 인하여 발생한 경우에는 공단이나 지방자치단체는 그 급여의 사유에 대하여 이미 지급한 급여액(장해연금을 받는 경우에는 장해보상금을 받는 것으로 보아 산정한 금액)의 범위에서 수급권자가 제3자에 대하여 가지는 손해배상청구권을 취득한다. 다만, 제3자가 다음 각 호의 어느 하나에 해당하는 경우에는 공무원연금급여심의회의 심의를 거쳐 손해배상청구권의 전부 또는 일부를 행사하지 아니할 수 있다.

1. 해당 공무원 또는 공무원이었던 자의 배우자

2. 해당 공무원 또는 공무원이었던 자의 직계존비속

3. 공무수행 중인 공무원"라고 규정하고 있으며, 공무원연금법 제33조 제3항에 의하면 "제2항의 경우에 수급권자가 그 제3자로부터 같은 사유로 이미 손해배상을 받았을 때에는 그 배상액의 범위 안에서 급여를 지급하지 아니한다."라고 규정하고 있습니다.

따라서 위 사안의 경우 귀하가 이미 지급 받은 책임보험금 등은 급여에서 공제될 수 있을 것입니다.

◎ 정례회식 후 개별모임 중 당한 재해도 산재보험이 적용되는지

【질의】 ➡ 회사에서 정례회식을 마치고 참석근로자의 일부가 술을 더 마시기 위하여 회사차량으로 이동하던 중 발생된 교통사고로 근로자들이 다친 경우 업무상 재해로 될 수 있는지요?

【답변】 ➡ 업무상 재해로 인정되지 않습니다.

관련 판례를 살펴보면, "근로자가 근로계약에 의하여 통상 종사할 의무가 있는 업무로 규정되어 있지 아니한 회사 외의 행사나 모임에 참가하던 중 재해를 당한 경우, 이를 업무상 재해로 인정하려면 우선 그 행사나 모임의 주최자, 목적, 내용, 참가인원과 그 강제성 여부, 운영방법, 비용부담 등의 사정들에 비추어 사회통념상 그 행사나 모임의 전반적인 과정이 사용자의 지배나 관리를 받는 상태에 있어야 하고, 또한 근로자가 그와 같은 행사나 모임의 순리적인 경로를 일탈하지 아니한 상태에 있어야 하는바, 사용자가 주최하던 정례회식을 마치고 참석근로자들에게도 귀가를 지시한 후 먼저 귀가한 다음에도 근로자들이 다른 곳에 가서 술을 더 마시기 위하여 사용자 소유의 차량을 함께 타고 가다가 발생한 교통사고로 인하여 근로자들이 사망하거나 다친 경우, 피해 근로자들이 임의로 자기들만의 모임을 계속한 것은 그들의 사적인 행위에 해당하는 것으로서 이를 가리켜 사용자의 지배·관리하의 행사가 계속된 것이라고 볼 수는 없고, 더욱이 피해 근로자들은 당초 행사의 순리적인 경로를 이탈한 것이므로 그 업무수행성을 인정할 수 없어 근로기준법에 의한 재해보상을 받을 수 있는 업무상의 재해에 해당한다고 볼 수 없다."라고 하였습니다(대법원 1995. 5. 26. 선고 94다60509

판결).

또한, "근로자가 자신이 팀장으로 있는 직원의 인사이동에 따른 회식을 2차까지 마친 후 야간근로자들의 작업상태를 확인하기 위하여 밤 00:30경 음주한 채 자신의 승용차를 운전하여 귀사(歸社) 도중 위 승용차가 도로 우측의 화단분리대를 충돌하고 전복되는 사고가 발생하여 사망한 경우, 위 회식은 그 참석이 강제되지 않았고, 또한 위 회식 후 망인의 귀사 행위도 망인의 임의적인 행위로서 근로의무이행을 위한 업무수행의 연속이라거나 업무수행과 관련된 활동이라고 보기 어려우며, 나아가 교통사고는 망인 자신의 자동차 운전행위에 매개된 음주운전으로 발생된 것으로서 위 망인의 사망을 그 업무수행을 위한 귀사 과정에서 통상 수반하는 위험의 범위 내에 있는 것이라고 보기 어려워 위 망인의 사망과 업무와의 사이에 상당인과관계를 인정할 수 없다."라고 한 원심판결을 수긍한 사례가 있고(대법원 1996. 6. 14. 선고 96누3555 판결), "근로자가 출장 중 밤늦게 일을 마치고 부근에서 동료들과 함께 자정이 지날 때까지 저녁식사 겸 술을 마신 다음, 택시로 이동하여 포장마차에서 술을 더 마시고 밖으로 나와 횡단보도를 건너던 중 동료들보다 약 5미터 쳐져서 뒤늦게 횡단을 하다가 교통사고를 당한 경우, 위 사고가 출장과정에 당연히 또는 통상 수반되는 행위 중에 발생한 것으로서 업무상의 재해에 해당한다."라고 본 원심판결을 파기한 사례가 있습니다(대법원 1998. 5. 29. 선고 98두2973 판결, 2002. 12. 27. 2000다18714 판결).

따라서 위 사안의 경우에도 행사의 순리적 경로를 이탈한 경우로 볼 수 있어 업무상 재해로 인정될 수 없을 것으로 보여집니다.

◙ 후유증에 대한 손해배상과 소멸시효

【답변】➡

　사고를 당한 피해자가 일단 치료를 받고 손해배상금에 대한 합의를 하였으나, 몇 년이 지난 후 후유증이 발생한 경우 그 후유증이 합의 당시에는 전혀 예측할 수 없었던 성질의 것이라면 손해배상에 관한 합의가 성립되었더라도 추가로 손해배상청구를 할 수 있을 것입니다. 그러나 일반적으로 피해자가 합의당시 예측할 수 없었던 후유증이었음을 입증하기란 대단히 어려운 문제이므로 치료경과를 주시하며 합의시점에 신중을 기하여야 합니다.(92.12.8. 대법 92다42583)

　교통사고나 산재사고 등과 같은 불법행위로 인한 손해배상청구권은 피해자나 그 법정대리인이 그 손해 및 가해자를 안 날로부터 3년 내에, 불법행위를 한 날로부터 10년 내에 행사하여야 합니다. 다만, 치료종결 후 예상외로 부상이 악화되어 손해가 확대된 후유증의 경우에는 그러한 사유가 판명되었을 때 비로소 확대된 손해를 알았다고 보아 그 부분에 한하여는 그 판명된 날부터 소멸시효가 진행됩니다.(민법 제766조, 90.6.26. 대법 89다카23510)

◨ 손해배상 합의금을 보험회사에 청구할 수 있는지

【답변】 ➡

　　사고차량이 보험에 가입되어 있고, 보험가입자인 피보험자와 피해자인 제3자와의 사이에 손해배상금을 합의한 경우 피해자인 제3자는 보험금액의 한도 내에서 보험자에게 직접 보상을 청구할 수 있고, 보험회사는 피해자인 제3자가 그 배상을 받기 전에는 보험금액의 전부 또는 일부를 피보험자인 가해자에게 지급하지 못하므로, 합의당사자 중 피해자는 보험회사에 대하여 그 합의금의 지급을 직접 청구할 수 있으나, 보험가입자는 피해자에게 먼저 합의금을 지급한 후 보험회사에 그 합의금을 청구할 수 있습니다. 이 경우 보험회사측에서 합의금액의 적정여부를 다툰다면 법적인 판단을 받아야할 것입니다.(상법 제**723**조, 제**724**조)

◎ 보험계약상 무면허운전 면책약관의 효력

【답변】 ➡

자동차보험계약상 자동차운전자의 무면허운전으로 인한 사고의 경우에는 보험자가 그 손해를 보상하지 아니한다는 면책규정이 있으나, 이 규정은 보험가입자 또는 피보험자 자신이 운전면허가 없거나, 운전면허가 정지 또는 취소된 상태에서 운전하다 사고 낸 경우이거나, 그 밖에 운전자의 무면허운전이 보험계약자나 피보험자의 지배 또는 관리가 가능한 상황 즉, 명시적 또는 묵시적 승인 하에서 이루어진 경우에 한하여 적용된다 할 것이므로, 무면허운전이 차량도난 등으로 보험계약자 또는 피보험자의 지배 또는 관리가 불가능한 상황에서 발생한 경우에는 무면허운전면책조항이 적용되지 않는다고 할 것입니다.(1995.12.12 대법 95다19195)

◐ 자동차전용도로상의 대인사고책임

【답변】 ➡

보행자 또는 자동차 외의 차마는 고속도로 또는 자동차전용도로를 통행하거나 횡단하여서는 아니되고, 고속도로나 자동차전용도로상의 무단보행자를 충격하여 사고를 발생시킨 운전자는 특별한 사정이 없는 한 손해배상책임이 없습니다.

판례도 자동차전용도로를 운행하는 운전자는 무단 횡단하는 보행자가 나타날 경우를 미리 예상하여 급정차할 수 있도록 대비하여 운전할 주의의무는 없는 것이고, 만일 자동차전용도로를 무단횡단하는 사람을 충격하여 사고를 발생시킨 경우에도 그 피해자를 발견하는 즉시 제동장치를 취하여 그 사고를 피할 수 있었다거나, 또는 다른 곳으로 피할 수도 있었는데 자동차의 조향장치 등 그 밖의 장치를 정확히 조작하지 아니하고 운전하였기 때문에 사고가 발생하였다는 등의 특별한 사정이 없는 한 자동차운전자에게 과실이 없다고 하였습니다(**1996.10.15, 대법 96다 22525**)

◙ 렌트차량의 사고와 배상책임

【답변】 ➡

　　렌트차량은 유상으로 자동차를 빌려주는 것에 해당하므로 렌트카 사업자에게 간접적·경제적 운행이익이 있는 것이므로, 렌트회사로부터 차량을 빌려간 사람이 교통사고를 낸 경우 피해자는 사고운전자는 물론 렌트카사업자와 자동차보험회사 등을 상대로 손해배상을 청구할 수 있습니다. 판례도 자동차대여업자는 대여약정에 의하여 대여한 차량에 대한 직접적이고 현재적인 운행지배권을 가지고 있으며, 임차인이 제3자에게 운전시킬 수 없다는 약정을 위반한 경우에도 그 제3자를 통하여 자동차의 운행에 대하여 간접적이고 잠재적으로 그 지배작용을 미치고 있다고 하였습니다(1991.4.12. 대법 91다3932).

◘ 호의동승과 손해배상액의 감경

【답변】 ➡

교통사고의 피해자가 사고차량에 호의동승(**好意同乘**)하였다는 사실 자체만으로 피해자의 과실을 인정하여 손해배상청구액을 감경(**減輕**)할 수는 없는 것이며, 개별 구체적 사안에 따라 신의칙이나 형평의 원칙에 비추어 피해자의 과실 및 과실비율을 판단해야합니다.

판례는 피해자가 음주 또는 미숙련자, 수면부족인 자 등이 운전하는 차량에 동승한 경우와 정원초과 또는 고장 난 사실을 알면서 이를 무시하고 승차한 경우 및 피해자인 동승자가 운전자의 과속행위를 제지하지 않은 경우 등에 있어서는 피해자의 과실을 인정하고 있습니다.(81.2.24. 대법 80다2568, 87.11.10. 대법 87다카376, 92.11.27. 대법 92다24561)

◙ 형사상 위로금과 민사상 손해배상과 관계

【답변】➡

　　교통사고가 발생하면 형사상의 처벌문제와 민사상의 손해배상 책임문제가 동시에 발생하는 경우가 많으며, 형사상의 처벌문제는 국가와 가해운전자와의 관계이고, 민사상 손해배상책임문제는 피해자와 가해운전자 및 차주와의 관계이므로, 특별한 사정이 없는 한 피해자는 가해자의 형사처벌여부와 관계없이 가해운전자 및 차주, 보험회사 등을 상대로 위자료를 포함한 손해배상을 청구할 수 있습니다. 그러나 가해자에 대한 수사과정이나 형사재판과정에서 피해자가 가해자로부터 합의금 명목의 금원을 지급받고 가해자에 대한 형사처벌을 원치 않는다는 내용의 합의를 한 경우의 형사합의금은 가해자 자신이 형사처벌을 조금이라도 덜 받기 위하여 임의로 지급하는 것이므로 피해자측에서 가해자에게 법률상 강제로 청구할 수 있는 것은 아닙니다. 다만, 구체적 사안에 따라 형사합의금을 피해자가 받아야 할 민사상손해배상금의 일부로 보아 민사상의 손해배상금에서 형사합의금을 공제하는 경우도 있습니다.(민법 제393조, 제763조, 1994.10.14. 대법 94다14018)

◙ 수리비용이 차량가격을 초과할 경우 손해배상액

【답변】 ➡

　　교통사고로 인한 사고차량의 수리비용이 그 차량의 교환가격을 초과하는 경우에는 특별한 사정이 없는 한 차량의 교환가격 한도 내에서 손해배상을 받을 수 있을 것입니다. 이에 대하여 판례는 경제적인 면에서 수리불능이라고 보아 사고 당시 차량의 교환가격으로부터 고철대금을 뺀 나머지만을 손해배상으로 청구할 수 있다고 함이 공평의 관념에 합치되지만, 교환가격보다 높은 수리비를 지출하고도 차량을 수리하는 것이 사회통념에 비추어 시인될 수 있을 만한 특별한 사정이 있는 경우라면 그 수리비 전액을 손해배상으로 인정할 수 있다고 하였습니다.(1998.5.29. 대법 98다7735, 1990.8.14. 대법 90다카7569, 1991.7.23. 대법 91다15249)

◙ 교통사고와 의료과오가 경합한 경우의 책임

【답변】 ➡

교통사고로 부상을 당한 환자가 치료중 의사의 잘못으로 부상이 확대된 경우에는 가해운전자와 의사는 각각 독립한 불법행위의 요건을 갖추게 되어 공동불법행위가 성립될 수 있고, 이 경우 이들은 연대하여 피해자의 손해를 배상할 책임이 있습니다.

판례도 교통사고로 인하여 상해를 입은 피해자가 치료를 받던 중 의사의 과실 등으로 인한 의료사고로 증상이 악화되거나 새로운 증상이 생겨 사망에 이르는 등 손해가 확대된 경우에는 특별한 사정이 없는 한 그와 같은 손해와 교통사고사이에도 상당인과관계(相當因果關係)가 있다할 것이므로 교통사고와 의료사고가 각기 독립하여 불법행위의 요건을 갖추고 있으면서 객관적으로 관련되고 공동하여 위법하게 피해자에게 손해를 가한 것으로 인정된다면 공동불법행위가 성립되므로 이들은 연대하여 손해를 배상할 책임이 있다고 하였습니다.

(민법 제760조, 1994.11.25. 대법 94다35671)

◎ 피해자의 보험회사를 상대로 한 손해배상청구

【답변】 ➡

　교통사고를 낸 가해차량이 자동차종합보험에 가입된 경우 피해자는 보험금액의 한도 내에서 보험회사에 직접 보상을 청구할 수 있으므로 가해차량의 운전자나 차주에게 재산이 없거나 배상금을 받지 못하면 보험회사에 직접 청구하거나, 이들 모두를 상대로 손해배상청구소송을 제기할 수 있습니다. 판례는 이 경우 피해자의 보험회사에 대한 직접청구권은 보험회사가 가입자인 피보험자의 피해자에 대한 손해배상채무를 병존적으로 인수한 것으로써, 피해자가 보험자에 대하여 가지는 손해배상청구권이고, 소송절차에서 보험회사가 보상하여야 할 손해액을 산정함에 있어서 자동차종합보험약관상의 지급기준에 구속되는 것도 아니라 하고 있습니다(상법 제724조, 민법 제750조, 1994.5.27.대법 94다6819)

◙ 미성년자가 교통사고를 낸 경우 손해배상책임

【답변】 ➡

　미성년자가 불법행위를 한 경우에도 책임능력이 있는 한 그 부모 등의 감독의무자는 책임없음이 원칙이나, 여기서 책임능력이란 자기의 행위에 대한 책임을 변식할 지능이 있는 인식능력을 말하는 것으로써, 이를 정하는 일률적인 기준은 없고 개별사안에 따라 달리 판단될 수 있는바, 판례는 불법행위 당시 만16.5세인 고교 2학년의 재학생에게는 사회통념상 자기행위에 대한 책임을 변식할 지능이 있으나, 미성년자에게 책임능력이 있어 그 스스로 불법행위책임을 지는 경우에도 그 손해개 당해 미성년자 부모의 감독의무위반과 상당인과관계가 있으면 감독의무자는 일반불법행위자로서 손해배상책임이 있다고 하였습니다(민법 제755조, 1994.8.23.대법93다60588,

　1989.5.9.대법88다카2745, 1997.3.28.대법96다15374).

◘ 업무이탈행위로 발생한 재해에 대하여 산재보상을 받는지

【답변】 ➡

근로자가 근로시간 중에 입은 재해라고 하더라도 업무관련성이 없는 업무이탈행위인 경우에는 업무상의 재해로 인정될 수 없음이 원칙이나, 그러한 행위가 필요하고 합리적인 행위로 인정된다면 업무상의 재해로 인정되는 경우도 있을 것입니다.

판례는 운전직 근로자가 대리운전을 시키고 자신은 음주하였다가 재해를 당한 경우, 경비원이 근무시간 중에 식사를 하기 위해 자택에 가던 중 재해를 당한 경우, 근무시간 중 직장 상사의 문상을 가다가 교통사고로 사망한 경우 등은 업무이탈행위이므로 업무상재해로 볼 수 없으나, 회사 직원들이 사장의 교통사고처리를 위해 회사 소유 차량으로 경찰서로 가던 중 재해를 당한 경우, 야간당직 근무 중 두통이 생겨 약국에 갔다 오다가 교통사고를 당한 경우, 건물 신축공사 중 미장공사를 하도급 받은 자의 근로자가 하도급계약 개시일 전날 밤에 작업도구를 공사현장에 옮겨놓는 업무준비행위로 재해를 당한 경우 등은 업무를 이탈하여 재해를 당한 것이지만 업무상의 재해로 인정해 주는 것이 필요하고 합리적이므로 업무상의 재해로 인정될 수 있다고 하였습니다(1993.11.9. 대법 93다 25851, 1996.10.11. 대법 96누 9034).

◪ 업무수행 중 자동차사고를 당한 근로자의 보상청구권

【답변】 ➡

근로자가 업무를 수행하던 중 제3자의 과실에 의한 교통사고로 부상 또는 장해를 입은 경우에는 업무상의 재해에 해당되어 산업재해보상보험법상의 보험급여청구권을 행사할 수 있음과 동시에 사고운전자인 제3자 및 차량소유자 또는 자동차보험회사에 대하여도 민법이나 자동차손해배상보장법에 의한 배상청구권이 발생합니다.

그러나 재해를 입은 근로자가 민법이나 기타 법령에 의한 손해배상을 받은 때에는 그 금액의 한도 안에서 산업재해보상보험법상의 보험급여를 지급하지 않으며, 판례도 자동차종합보험계약상 그 사고의 피해자가 근로기준법에 의한 재해보상을 받을 수 있는 사람인 경우에는 그 사고로 인한 피보험자의 손해를 보험자가 보상하지 아니하기로 정한 면책조항은 노사관계에서 발생하는 재해보상에 관해서는 원칙적으로 산업재해보상보험법에 의하여 받도록 하고, 제3자에 대한 손해배상책임을 보상하는 것을 목적으로 한 자동차보험의 대인배상범위에서는 제외하려는데 그 취지가 있는 것으로 유효한 것이므로, 피해자가 산업재해보상보험법에 의한 재해보상을 받을 수 있는 사람인 경우에는 보험자인 자동차보험회사는 면책약관에 따라 피보험자에 대하여 보상책임을 지지 않는다고 하였습니다(1993.11.9. 대법 93다 23107, 1995.11.24. 대법 95다39540).

◪ 음주운전의 경우 운전면허취소처분의 기준 및 불복절차

【답변】 ➡

도로교통법시행규칙에서 규정하고 있는 운전면허행정처분기준은 행정청 내부의 사무처리기준을 규정한 것이므로 대외적으로 법원이나 국민을 기속하는 효력은 없습니다(대법원 1991.6.11. 91누2083).

따라서 운전면허를 받은 사람이 음주운전을 하다가 적발되어 운전면허의 취소 또는 정지의 행정처분을 받은 것이 정당한지 여부는 일률적으로 정할 수 없고, 보통 음주운전의 동기, 음주정도, 무사고운전경력, 음주 후의 운전거리 및 사고여부, 운전면허의 취소로 입게 될 불이익 등을 참작하여 구체적으로 법원에서 판단하게 됩니다.

최근 행정법원의 판례경향을 보면 혈중알콜농도가 0.1%이상이면 법규정대로 운전면허를 취소함이 원칙이고, 다만, 혈중알콜농도가 0.12% 미만으로 교통사고 전력이 없고 법규위반으로 처벌받은 적이 없으며 운전이 생계수단으로 판단되는 경우 등을 예외적·선별적으로 구제하고 있습니다.

운전면허취소처분에 대한 불복방법은 처분이 있음을 안 날로부터 90일, 처분이 있은 날로부터 180일 이내에 처분청(관할 경찰청장)을 상대로 행정심판을 제기하여야 하며, 행정심판절차를 거쳐 행정심판재결서정본을 송달받은 날로부터 90일, 재결이 있은 날로부터 1년 이내에 행정소송을 제기하여야 합니다.

◘ 교통사고처리특례법상 예외사유

【답변】 ➡

교통사고처리특례법에 의하면 업무상과실 또는 중대한 과실로 교통사고를 일으킨 경우에도, 교통사고 피해자가 사망하지 않고 피해자가 운전자의 처벌을 원치 않을 때에는 검사가 공소를 제기하지 못하도록 되어 있습니다.

또한 가해차량이 자동차종합보험이나 공제조합에 가입되어 있을 경우에도 마찬가지입니다.

그러나 피해자가 사망한 경우와 뺑소니운전자 및 교통사고처리특례법 제3조 제2항 단서 규정의 11가지 사유에 해당되는 경우에는 피해자와의 합의나 종합보험가입여부에 상관없이 처벌을 받게되는데, 이 특례법의 예외규정 11가지는 다음과 같습니다.

1) 신호위반, 2) 중앙선 침범, 3) 속도위반, 4)앞지르기방법 또는 금지 위반, 5) 건널목 통과방법 위반, 6) 횡단보도상의 보행자보호의무위반, 7) 무면허운전, 8) 음주 또는 약물복용운전, 9) 보도설치된 도로의 보도침범 또는 보도횡단방법위반, 10) 승객의 추락방지의무위반, 11) 어린이 보호구역에서 어린이보호의무 위반입니다.

◪ 손수레를 끌고 횡단보도를 건너는 자가 보행자인지

【답변】 ➡

교통사고로 인한 업무상과실치상죄 또는 중과실치상죄에 있어서 사고당시 가해차량이 종합보험 또는 공제조합에 가입되어 있거나, 피해자와 합의가 성립된 경우에는 원칙적으로 형사처벌을 받지 않습니다(교통사고처리특례법 제3조 제2항 본문, 제4조).

그러나 피해자가 사망한 경우, 뺑소니운전, 신호위반, 중앙선침범, 제한시속 20km초과, 앞지르기위반, 건널목통과위반, 횡단보도상의 보행자보호위반, 무면허·음주 또는 약물복용운전, 인도상의 사고, 승객의 추락방지위반사고, 어린이보호구역에서의 보호의무위반사고 등의 경우에는 가해운전자의 잘못이 크다고 보여지므로 보험가입여부나 합의에 관계없이 처벌을 받습니다(교통사고처리특례법 제3조 제2항 단서 및 제4조 제1항 단서).

손수레는 도로교통법상의 차에는 해당되지만 자전거나 오토바이와는 달리 끌고 가는 것 외에 다른 이동방법이 없으므로 자전거나 오토바이를 끌고서 횡단보도를 건너는 사람을 보행자로 보는 것과 마찬가지로 손수레를 끌고 횡단보도를 건너는 사람도 횡단보도상의 보행자로서 보호를 받아야 할 것입니다(대법원 1990.10.16. 90도761).

따라서 손수레를 끌고 횡단보도를 건너는 자를 친 경우에는 횡단보도에서의 보행자보호의무를 위반하였다 할 것이므로 종합보험에 가입되었다 하더라도 교통사고처리특례법에 의한 처벌을 면할 수 없을 것입니다.

참고로 오토바이나 자전거를 타고 횡단보도를 건너는 사람은 보행자로서 취급하지 않습니다.

◙ 교통사고 후 구호의무를 위반하고 도주한 경우의 가중처벌

【답변】➡

　　교통사고로 인하여 운전자가 사람을 다치게 하거나 죽게 한 때에는 즉시 차를 멈추어 사상자를 구호하는 등 필요한 조치를 취하여야 하는데(도로교통법 제54조 제1항), 이를 위반하여 연락처도 알리지 않고 사고현장을 떠났다면 비록 사후조치를 취할 마음을 갖고 떠났다 하더라도 구호 등 조치의무를 위반하고 도주한 행위에 해당하여 특정범죄가중처벌등에관한법률에 의하여 가중처벌받게 됩니다(특정범죄가중처법등에관한법률　제5조의3 제1항).

　　참고로 판례는 "특정범죄가중처벌등에관한법률의 도주운전죄가 성립하려면 피해자에게 사상의 결과가 발생하여야 하고, 생명·신체에 대한 단순한 위험에 그치거나 형법상 상해죄의 상해로 평가될 수 없을 정도의 극히 하찮은 상처로서 굳이 치료할 필요가 없는 것이어서 그로 인하여 건강상태를 침해하였다고 보기 어려운 경우에는 위 죄가 성립하지 않는다"라고 하였습니다(대법원 2000.2.25. 99도3910).

◘ 사고운전자 사망시 보험가입 확인방법

【답변】 ➡

　　교통사고로 갑자기 사망한 자의 유가족들은 가족관계증명서나 사망한 자와의 상속 또는 유증관계를 입증할 수 있는 서류를 구비하여 손해보험협회나 생명보험협회에서 운영하는 '보험가입조회센터'의 서비스망을 이용하면 사망자의 자동차종합보험 또는 생명보험 등의 보험가입여부를 확인할 수 있습니다. 유족들의 확인신청서를 접수받은 보험협회는 사망한 자가 보험에 가입했는지 여부 및 보험회사명, 보험회사 전화번호, 증권번호 등을 신청인에게 통보해 주고 있습니다.

제3편. 교통사고 관련서식

<구속적부심사청구서>

구속적부심사청구

사 건 : 특정범죄가중처벌등에관한법률위반(도주차량)등
피의자 : 김 철 수
주 소 : 서울시 ○○○구 ○○○동 ○○○○ - ○○
        (○○구치소 수감중)

피의자는 위 피의사건에 관하여 ○○○○년○○월○○일 서울지방
법원에서 발부한 구속영장에 의하여 현재 ○○구치소에 수감중인
바, 피의자의 처는 다음과 같은 사유로 구속적부심사를 청구하오
니 청구취지와 같이 결정하여 주시기 바랍니다.

청 구 취 지

"피의자 김철수에 대한 석방을 명한다" 라는 결정을 구합니다.

청 구 이 유

1. 피의사실의 요지
  피의자(남편)에 대한 피의사실 요지는 구속영장기재와 같은바
  다음과 같이 깊이 참작 할만한 정상이 있습니다.

2. 피의자는 처음 겪는 사고여서 당황하여 피해자를 살펴보지 못하고 현장을 떠난 것이 이와 같은 엄청난 결과를 초래하게 됐습니다.

3. 음주동기

피의자(남편)는 사고일에 시골에서 상경한 동생 및 형과 음주하였는 바 음주동기는 피의자의 처인 제가 자궁경부암으로 병원에 입원하여 피의자의 형제들이 피의자를 위로하기 위하여 올라와 식사를 하던 중 술을 마시게 된 것입니다.

피의자는 평소에 술을 자주하는 편은 아니나, 고생 끝에 중국음식점까지 개업하여 이제 좀 살게 됐다 싶었는데 아내가 자궁경부암에 걸려 병원에 입원하여 자칫 아이를 낳을 수 없는 상태에 이르렀고 더구나 IMF 등으로 음식점 사업이 점차 어려워지면서 음식점에서 일보던 아내마져 입원하여 입원비 마련도 쉽지 않고 그것도 병원에서 누군가가 옆에서 보호를 해주어야 하는 등 주변상황이 너무나 어렵게 돌아가게 되어 이날 술을 많이 마시게 된 것입니다.

4. 정상관계

가. 제가 자궁경부암으로 입원중입니다.

피의자의 처인 저는 ○○○○년○○월○○일부터 자궁경부암으로 ○○병원에 입원 중에 있습니다.

'자궁경부암' 이란 자궁에 암세포가 퍼져서 방사선치료를 받아 치료하거나 자궁을 들어내야 하는 병인데 저는 현재 아이가 없기 때문에 방사선치료중이며, 그 때문에 무기력증과 구토 및 근육이완이 있어 보호자가 없으면 혼자서 거동하기도 힘든 상태입니다.

따라서 저는 보호자가 24시간 병간호를 하여서 대소변까지 처리해야 되는 딱한 처지에 있습니다.

나. 피의자는 이제막 중국집을 시작하였습니다.

피의자는 시골인 ○○에서 ○○학교를 겨우 졸업하고 가정형편 때문에 무작정 상경하여 중국음식점 배달부로 취업하여서는 그 뒤 주방 보조 등 온갖 궂은 일을 하면서 고생하다가 10여년 동안 저축하여 모은 돈으로 ○○○○년○○월○○일 중국집을 아내인 제 명의로 인수하여 난생 처음 꿈에 그리던 내사업을 시작하여 저와 함께 새벽부터 밤늦게까지 일해왔습니다.

몇해전 IMF가 닥쳐 음식점 영업이 매우 어려웠으나 그런대로 부부가 버텼습니다만 제가 병원에 입원한데다 피의자까지 구속돼 지금 피의자는 음식점 문을 닫은 상태이고 저의 질병조차 어떻게 되고 있는지 모르는 상태입니다.

다. 합의 여부

피의자(남편)는 피해자에게 진심으로 사과하고 최대한의 성의를 갖추어 합의하였습니다.

라. 전과

피의자(남편)는 그동안 누구보다도 성실하게 살아왔으므로 본건 외에는 아무런 전과가 없습니다.

마. 피의자의 깊은 반성

피의자는 그동안 자신의 잘못에 대하여 깊이 뉘우치고 앞으로 두번다시 이번과 같은 잘못을 되풀이하지 않을 것을 다짐하고 있습니다.

5. 존경하는 재판장님

남편은 범행을 모두 인정하고 있어 증거인멸 가능성이 없고 스스로 사고현장으로 걸어왔으므로 도주우려가 없는데다 전과없는 초범입니다.

따라서 이번에 한하여 석방하여주셔서 피의자가 고생하여 처음 가져본 중국음식점을 운영할 수 있게 하고 또 아내의 입원비와 간병비를 마련할수 있도록 기회를 주시기를 바랍니다.

첨 부 서 류

1. 구속영장사본   1통
2. 가족관계증명서   1통
3. 사업자등록증(○○식당)   1통
4. 처 이영희 소견서   1통
5. 처 이영희 진단서   1통
6. 처 이영희 입원증명서   1통
7. 주민등록등본   1통

○○○○년 ○○월 ○○일

위 피의자의 처

이 영 희

서울중앙지방법원 귀중

주) 1. 구속적부심 신청은 피의자가 구속된 후 구속에서 풀려나게 해달라고, 즉 불구속 상태에서 수사를 받게 해달라고 할 때 신청하는 것이다.
  2. 피의자가 경찰 유치장에 있건 구치소에 있건 기소되기 전이라면 언제든지 가능하다. 다만 검찰에 송치되고 나서는 기소될 가능성이 높으므로 적부심을 신청하려면 신속히 해야한다.
  3. 기소되기 전에 신청하는 것이므로 기소 후 신청하는 보석과 다르다.
  4. 구속적부심은 초범이나 과실사범, 그 밖에 결과가 비교적 가벼운 경우에 허가될 가능성이 높다.
  5. 폭행이나 교통사고와 같이 피해자가 있는 경우 구속 당시에는 합의가

안되고 있다가 구속 이후 합의가 된 경우 석방될 가능성이 높으므로 적극적으로 신청해야 한다.
6. 신청서 접수는 구속된 경찰서의 관할법원에 접수한다.
7. 심사는 오전에 신청한 경우 오후 2시, 오후에 신청한 경우는 다음날 오전 10시 또는 11시에 공개적으로 하게 된다(다만 시간은 법원에 따라 차이가 있으므로 해당 법원에 확인할 것).
8. 심리는 공개된다. 가족도 방청이 가능하고 판사의 승낙을 받아 의견을 이야기할 수도 있다.
9. 구속적부심 청구는 처도 할 수 있다.
  처 이외에 가능한 사람은 다음과 같다. - 변호인, 직계친족, 형제자매, 가족, 동거인, 고용주 등
10. 구속된 피의자에게 유리한 서류는 모두 첨부한다.
  · 직장에 근무하면 재직증명서
  · 학생이면 재학증명서
  · 합의시에는 합의서

<보석허가신청서>

보석허가신청

사 건 : ○○고단 ○○○○호 특가법위반(도주)
피고인 : 김 철 수
주 소 : 서울시 ○○○구 ○○○동 ○○○○ - ○○

위 피고사건에 관하여 피고인의 처는 다음과 같은 이유로 보석청구를 하오니 청구취지와 같은 결정을 하여 주시기 바랍니다.

청 구 취 지

"피고인 김철수에 대한 보석을 허가한다" 라는 판결을 구합니다.

청 구 이 유

1. 피고인에 대한 범죄사실은 공소장 기재사실과 같습니다.
   피고인은 이건 범죄사실을 순순히 자백하고 있고 증거도 모두 조사가 완료되어 증거를 인멸할 염려가 없을 뿐 아니라 가정으로는 부모님과 두 형들이 있고 피고인은 약 ○○개월 전부터 한국○○○○ 영업사원으로 재직하고 있으므로 도주 우려 또한 전혀 없습니다.
2. 피고인이 뺑소니 치게 된 경위
   가. 피고인은 이 사건사고일인 ○○○○.○○.○○. 21:30경 퇴근

하여 직장동료들과 함께 저녁식사를 하고나서 술한잔 하자는 동료의 권유에 못이겨 호프집에 들러 500cc 4잔 정도를 마셨습니다.

그 후 그 동료와 헤어지고 집으로 가기 위하여 피고인의 승용차를 운전하던중 잠수교 부근에 이르러 앞서 가던 뒷 밤바를 추돌하였습니다.

나. 피고인은 이때에 즉시 피해차량에 다가가서 죄송하다고 사과를 하면서 "어디 다친데가 없느냐"고 묻고 "지금 이상이 없다 하더라도 이후 상해가 발견되면 연락을 하라"고 하면서 피고인의 명함을 위 피해자들에게 주었습니다.

그 때 ○○○○ 조수석에 동승한 피해자 중 한 사람이 "술을 마셨구면" 하면서 그 운전자에게 "경찰을 불러야겠어" 라고 하였였습니다. 그 소리를 들은 피고인은 한번만 용서해 달라고 빌면서 경찰을 부르지 말기를 요청 하였습니다. 그리고 그곳 사고장소는 차량왕래가 번잡한 곳이므로 위 피해자들은 자기 차를 따라오라고 하기에 피고인은 그러겠다고 하면서 따라갔습니다.

다. 그런데 피고인은 따라가다가 잠수교 부근에서 위 피해자들이 경찰을 부를지도 모른다는 생각에 겁을 먹고 있던 중 일단 명함을 주었으니 연락은 서로 될 것이므로 이 자리를 빨리 피하자는 생각에 갑자기 다른 길로 접어 틀어 집이 있는 쪽으로 주행을 하였습니다.

3. 정상

가. 피고인은 이 사건 사고가 발생한 점에 대해서는 피고인 자신도 인정하고 있습니다. 그러나 피고인은 이 사건 범행사실이 위와 같다 하더라도 미숙하지만 사후조치를 한 사실이 있는 등 그 정상에 참작할 사유가 있습니다.

나. 피고인의 사후조치

　피고인은 사고 당시 피해차량에 다가가서 죄송하다는 사과와 함께 다친데가 없는지를 묻고 자기 명함을 주었습니다. 법을 잘 모르는 피고인으로서는 자기에게 연락할 직장주소와 회사명 그리고 전화번호를 알려 주었기 때문에 이것으로 사후 보상만 하면 되는 것으로 알았습니다.

다. 피해자와의 합의

　피해차량 ○○○○를 탄 사람은 피해가 크지 않았습니다.

　그냥 브레이크를 밟은 상태의 가벼운 충격이었습니다.

　위 피해자들은 한결같이 피고인의 처벌을 원치 않고 있습니다.

라. 피고인은 종합보험에 가입하였습니다.

　피고인의 차량은 ○○○○종합보험에 가입된 차량입니다.

마. 피고인은 이건 범죄사실을 순순히 자백할 뿐만 아니라 비록 특가법위반(도주)이라 하나 전과가 전혀 없는 초범입니다.

바. 피고인은 이건으로 인하여 스스로 잘못을 뉘우치고 반성을 많이 하면서 앞으로는 절대로 술을 마시지 않겠다고 다짐을 하고 있습니다.

4. 존경하는 재판장님

　피고인은 위에서 본 바와 같이 참작할 많은 정상들이 있는 바, 피고인은 32세의 젊은 나이고 군에 제대하여 ○○○○에 사원으로 입사한 지 얼마 되지 아니한 아직 사회경험이 부족한 철없는 사람이라고 할 수 있습니다.

　저희 부부는 결혼한 지 이제 겨우 2년째로서 이제 돌이 갓 지난 딸 아이와 전세집에서 어렵게 살아가고 있습니다. 그런데 남편인 피고인이 구속돼 버려서 동인의 처는 눈앞이 캄캄합니다.

　그리고 운전면허를 취득하여 운전을 하고 있지만 법을 잘 몰라 미숙한 사후처리로 사건이 확대된 것에 대해 아내인 저도 어처

구니가 없습니다. 어떻든 피고인은 이 사건으로 많은 경험을 했습니다.

이 사회가 어떻다는 것도 알았을 것입니다. 그러므로 피고인은 이 사건 범행 자체가 사후처리 미숙으로 이루어진 것이지 고의성은 없다 하겠으므로 피고인은 하루 빨리 석방되어 어려운 시기에 직장으로 돌아가 새 출발을 할 수 있도록 보석을 허가하여 주시기 바랍니다.

첨 부 서 류

1. 교통사고합의서 사본   1통

1. 재직증명서   1통

1. 아버지의 탄원서   1통

1. 친지들의 탄원서(○○○외 13인)

○○○○년 ○○월 ○○일

위피고인의 누나

김 말 자

서울중앙지방법원 형사3단독   귀중

주) 1. 보석신청은 피고인이 구속에서 풀려나게 해달라고, 즉 불구속 상태에서
       재판을 받게 해달라고 할 때 신청하는 것이다.
    2. 보석청구할 수 있는자는 피고인, 변호인, 법정대리인, 배우자, 직계친
       족, 형제자매, 가족, 동거인 또는 고용주이다.
    3. 기소 후 신청하는 것이므로 기소되기 전에 신청하는 구속적부심과 다르
       다.
    4. 피해자가 있는 경우 합의가 중요하다. 따라서 폭행이나 교통사고로 구속
       됐을 때 피해자와 합의가 되면 바로 보석을 청구해 볼 일이다.
    5. 신청서는 재판을 받게 될 법원에 접수한다.
    6. 구속된 피의자에게 유리한 서류는 모두 첨부한다.
       · 직장에 근무하면 재직증명서
       · 학생이면 재학증명서
       · 합의시에는 합의서
    7. 공탁금은 현금공탁이 대부분이다.
    따라서 이런 경우 보증보험증권으로 대신할 수 없다.

<교통사고합의서>

교통사고합의서(사망사건)

1. 사고발생시기: ○○○○년 ○○월 ○○일 오전 ○○시○○분경

2. 사고장소 : ○○시 ○○군 ○○면 ○○리 경부고속도로 하행선
   서울기점 ○○○.○킬로미터 지점

3. 사고유형 : 사망사고

4. 사고차량 : 부산○○누 ○○○○ 아반테 승용차
   (운전자 : 김철수)
   서울○○가 ○○○○ 이스타나 중형승합차(운전자 : 홍길동)
   위의 교통사고에 의하여 가해자와 피해자의 유가족대표는
   아래와 같이 합의하며 이에 서명날인 합니다.

- 아   래 -

1. 피해자 유가족 대표는 피해자 유가족 전부를 대표한다.

2. 본 합의로 가해자와 피해자는 원만히 합의됐으므로 피해자 측
에서는 가해자의 형사상의 어떠한 처벌을 원치 않는다.

첨 부 서 류

인감증명원(유가족대표)   1통
가해자   성   명 :
주   소 :
주민등록번호 :

피해자   성   명 :
주   소 :
주민등록번호 :

유가족대표1   성   명 :   관계 :
주   소 :
주민등록번호 :

유가족대표2   성   명 :   관계 :
주   소 :
주민등록번호 :

가해자   성   명 :
주   소 :
주민등록번호 :

○○○○년 ○○월 ○○일

주) 1. 도장은 인감도장으로 찍는다.
    2. 피해자가 미성년자인 경우에는 부모가 대리한다.

<영수증>

영   수   증

1. 사고발생시기 : ○○○○년 ○○월 ○○일 오전 ○○시○○분경
2. 사고장소 : ○○시 ○○군 ○○면 ○○리 경부고속도로 하행선 서울기점
　　　　　　○○○.○킬로미터 지점
3. 사고유형 : 사망사고
4. 사고차량 : 부산○○누 ○○○○ 아반테 승용차(운전자 : 김철수)
　　　　　　서울○○가 ○○○○ 이스타나 중형승합차(운전자 : 홍길동)

　피해자의 유가족대표는 위의 교통사고로 가해자와 원만한 합의가 이루어져 아래의 금액을 수령하였음을 확인하며 이에 서명날인 합니다.

　　　　　　영수금액 : 금　　　　　　　　원정(₩　　　　　　)

피해자　　　　　성　　　명 :
　　　　　　　　주　　　소 :
　　　　　　　　주민등록번호 :

유가족대표1　　성　　　명 :　　　　　　관계 :
　　　　　　　　주　　　소 :
　　　　　　　　주민등록번호 :

유가족대표2　　성　　　명 :　　　　　　관계 :
　　　　　　　　주　　　소 :
　　　　　　　　주민등록번호 :

○○○○년 ○○월 ○○일

김 철 수 귀중

<탄원서>

탄 원 서

피해자의 유가족 대표는 아래의 교통사고로 가해자와 원만한 합의
가 이루어졌으며 가해자의 과실에 의한 사고이므로 가해자의 선처
를 부탁드리며 이에 탄원서를 제출합니다.

1. 사고발생시기 : ○○○○년 ○○월 ○○일 오전 ○○시○○분경
2. 사고장소 : ○○시 ○○군 ○○면 ○○리 경부고속도로 하행선
              서울기점 ○○○.○킬로미터 지점
3. 사고유형 : 사망사고
4. 사고차량 : 부산○○누 ○○○○ 아반테 승용차(운전자 : 김철수)
              서울○○가 ○○○○ 이스타나 중형승합차(운전자 : 홍길동)

유가족대표1   성   명 :   관계 :
주   소 :
주민등록번호 :

유가족대표2   성   명 :   관계 :
주   소 :
주민등록번호 :

○○○○년 ○○월 ○○일

■ 편 저 ■

대한교통사고 법률연구회

■ 법률자문 ■

김만길(前 법원 민사과장)

자동차사고의 법률적 해법과지식	定價 24,000원

2015年 6月 10日 인쇄
2015年 6月 15日 발행
　편 저 : 대한교통사고 법률연구회
　발행인 : 김 현 호
　발행처 : 법문 북스
　공급처 : 법률미디어

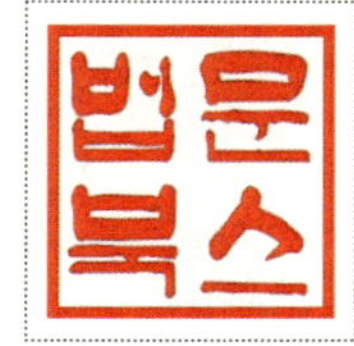

152-050
서울 구로구 경인로 54길4(구로동 636-62)
TEL : 2636-2911~3, FAX : 2636~3012
등록 : 1979년 8월 27일 제5-22호
Home : www.lawb.co.kr

▍ISBN 978-89-7535-319-2 13360
▍파본은 교환해 드립니다.
▍본서의 무단 전재·복제행위는 저작권법에 의거, 3년 이하의
　징역 또는 3,000만원 이하의 벌금에 처해집니다.